文史哲學集成

謝德瑩著

儀禮聘禮儀節研究

文史哲出版社印行

儀禮聘禮儀節研究/ 謝德瑩著. -- 初版 -- 臺北
市：文史哲, 民 103.06 印刷
頁; 21 公分（文史哲學集成;87）
ISBN 978-957-547-293-1（平裝）

094.2

文史哲學集成 87

儀禮聘禮儀節研究

著　者：謝　德　瑩
出版者：文　史　哲　出　版　社
http:// www.lapen.com.tw
e-mail：lapen@ms74.hinet.net
登記證字號：行政院新聞局版臺業字五三三七號
發行人：彭　正　雄
發行所：文　史　哲　出　版　社
印刷者：文　史　哲　出　版　社
臺北市羅斯福路一段七十二巷四號
郵政劃撥帳號：一六一八〇一七五
電話886-2-23511028・傳真886-2-23965656

實價新臺幣六〇〇元

七十二年（1983）七月初版
一〇三年（2014）六月 BOD 初版一刷

ISBN 978-957-547-293-1　00087

儀禮聘禮儀節研究 目次

凡例

一、本篇所引儀禮經文及鄭注以藝文印書館十三經注疏本為準。

二、儀禮聘禮全篇分三十三節，一以張爾岐儀禮鄭注句讀之章節為據。

三、儀禮聘禮所附記文各依其行禮之次第納入相關經文各節之下，以補全經義。

四、鄭注中所著古文今文之異，其於義無涉者，則略而不論；其有文異而義別者，自當辨析取舍。

五、宮室之制，以儀節所及約而論之。器服之制，非本篇主題，故從略。

六、各節之後，視其所需附以儀節圖。又標以數字以示行禮之次第。

七、儀節圖之繪製，以張惠言、黃以周二家之圖為主要參考依據，若有異議，則據各家所論，更以己意折衷之。然以去古久遠，文獻不足，其或有未諦者，姑據二氏禮圖以見儀節之度，而未能深考者，固亦所難免也。

八、篇後所附引用書目皆本篇引述所及者。其經參考而未引述者，則不錄焉。

總論

聘禮者，天子與諸侯之間，及諸侯與諸侯之間，遣使往來，以相通好之禮。所謂「聘」者，蓋有三義：其一，謂天子之聘諸侯，周禮秋官大行人之職：「王之所以撫邦國者，歲徧存，三歲徧覜，五歲徧省。」其二，謂諸侯之聘天子，春官大宗伯之職：「以賓禮親邦國：春見曰朝，夏見曰宗，秋見曰覲，冬見曰遇；時見曰會，殷見曰同，時聘曰問，殷覜曰視。」又禮記王制：「諸侯之於天子也，比年一小聘，三年一大聘，五年一朝。」其三，謂諸侯間相聘，大行人之職：「凡諸侯之邦交，歲相問也，殷相聘也，世相朝也。」禮記聘義：「故天子之制諸侯，比年小聘，三年大聘，相厲以禮。」觀乎以上諸文，其往來之際，分而言之，曰朝覲會同，曰覜視聘問，每因事而異名，統而言之，則諸侯之於天子曰覲，儀禮止列覲禮是也，諸侯遣使往來曰聘，此篇是也。其實聘者統聘問而言也。問亦稱小聘，所謂「歲相問也」、「比年小聘」是也，是卽問也。對小聘而言，則「殷相聘也」又稱大聘，卽所謂「三年大聘」是也，是卽聘也。儀禮本篇經文亦有云「小聘曰問」者，鄭玄三禮目錄亦曰「大問曰聘」（見儀禮疏引），皆明聘、問大小之別。而聘問之別，除三年或比年行之有異外，其遣使、儀節亦皆有等殺之差。

此聘禮所記，以諸侯之大聘爲主，末附小聘一節，蓋以大聘足包小聘，而附益其異同焉。而其遣使之等、禮物之數，則主侯伯之國而言之。所以知之者，以此篇所記遣使之國、所聘之國皆無天子之事，則斷非天子之聘也。而諸侯五等：公、侯、伯、子、男，其禮亦皆有等殺。周禮大行人之職云上公介（副使）九人；諸侯、諸伯介七人；諸子、諸男介五人。又云「凡諸侯之卿，各下其君二等。以下及其大夫士，皆如之。」而此經所記之賓，介爲五人（經文私覿時「上介奉束錦，士介四人皆奉玉錦束」），正減侯伯二人，是爲侯伯之卿。且禮記聘義云：「聘禮，上公七介，侯伯五介，子男三介。」亦知此五介乃侯伯之國，且介減其君二人，是使卿也。經文又云：「小聘曰問……其禮如爲介，三介。」然則小聘之介乃降大聘二等，是侯伯之國遣大夫也。且主國待之饔餼饗食諸節，如其爲大聘上介之禮是待大夫之制也。以此篇所記小聘遣大夫，其介爲三介，亦減於侯伯之卿五介，更足證此篇乃據侯伯之國大聘使卿之禮而言之也。

除由介之人數而推知其爲侯伯之國使卿聘外，又經云使者「張旜」（見於受命、及竟、至於近郊），而周禮春官司常之職云「孤卿建旜」，亦知使者爲卿也。郊勞及致饔餼時，主國之君使卿致之，使者迎於門外，是以相敵爲禮也，亦見使者爲卿。而郊勞受於舍門之內，鄭氏云此乃侯伯之臣，以公之臣當受於堂上也。又禮以互見爲義，覲禮據上公之禮，公食大夫禮據子男之臣，此聘禮據矦伯之臣，是卽互見之義，以明五等諸侯俱有是禮也（見賈疏）。

聘問之行，聘義以「比年小聘，三年大聘」爲常禮。或有不然者，則如大行人之職「歲相問也，殷相聘也，世相朝也」，鄭注：「小聘曰問。殷，中也，久無事又於殷朝者，及而相聘也。父死子立曰世，凡君卽位，大國朝焉，小國聘焉。」是君卽位則相朝，其間若久無事，則使卿相聘，卽所謂殷相聘也。然則「三年大聘」者，未必如期行之。鄭注所云「久無事」者，蓋據聘禮記以言之。案本篇記文曰：「久無事，則聘焉」，鄭注：「事謂盟會之屬。」據此，則世相朝之間，若有盟會之事，是諸侯間已嘗相見矣，固不必更行「三年大聘」之常禮。然則「三年大聘」或「殷相聘」乃卽事而行，非不可易者。但以久無盟會之事，則三年之間，必遣使聘問，所以通二國之好也。

聘禮記又云「若有故，則卒聘。」鄭注：「故謂災患及時事相告請也。」張爾岐儀禮鄭注句讀乃謂：「卒聘，倉猝而聘。」是謂若有災患及告請之故，則亦不待三年大聘之期，卽因事而使聘也。是以本篇聘禮聘享節，於聘享之事畢，經文又云「若有言，則以束帛如享禮」，鄭注：「有言，有所告請若有所問也。記曰：有故則束帛加書以將命。春秋臧孫辰告糴于齊、公子遂如楚乞師、晉侯使韓穿來言汶陽之田皆是也。」凡此告糴乞師及有所問皆事之急者，是以有故則猝聘。以其事故書之於策或方，卽所謂「有言」也，於聘享之大禮畢，又以束帛加書致之彼國之君，所以通其意也。凡此皆聘禮之所以行也。

又聘禮諸儀節多行于廟。如聘、享、醴賓、私覿行於諸侯之太祖廟；問大夫行於大夫之祖廟；歸饔餼、還玉行於賓介之館，而賓介在主國則館於降一等之廟（卿館於大夫之廟，大夫館於士之廟）也。餘如告禰亦於大夫之廟，授幣、受命、反命在諸侯之治朝，郊勞則於侯館也。其宮室之制，自來皆謂宗廟與正寢同。即庭之北爲堂，堂上後楣之下以北爲房室，堂上有東西序、東西夾、東西堂等。然自鄭氏云「天子諸侯左右房」（見公食大夫禮注），先儒遂有大夫士唯東房西室之說。而至宋儒以下多疑之。以聘禮還玉節云賓「退負右房而立」，以宮室面南，右房乃西房也，則見大夫有左右房矣。李氏儀禮釋宮謂其說當考，陳祥道禮書、敖繼公儀禮集說、萬斯大儀禮商、江永釋宮增注更決言東房西室之非。萬氏儀禮商曰：「宮室之制，如天子之堂九尺，諸侯七尺，大夫五尺，士三尺；天子諸侯臺門，此則尊卑之差也。若夫右房無之不爲卑，有之不爲僭，而且有之則于言禮合，無之則于言禮疎。果大夫士而必無右房也，徧考禮經何無一言及之乎。」江永釋宮增注云：「堂後室居中，左右有房，上下之制宜皆同。若東房西室則戶牖偏西，堂上設席行禮皆不得居中，疑古制不如此。」江氏又於群經補義曰：「宮室之制上下不同者，堂階高下，房室廣狹有降殺耳。先儒東房西室之說由鄉飲酒義而誤。」此皆謂房室之制上下皆同。此外胡培翬燕寢考則謂凡廟及正寢皆左右房，所謂東房西室者，爲燕寢之制，是又一說矣。

今本篇儀節研究於宮室之制未遑詳考，然各節依其所需繪製儀節圖以見行禮之度。既行禮皆在廟堂不及燕寢，故取左右房之說以製其圖，各附於該節之後。另製一廟堂總圖附總論之後，以見廟堂之位置名稱也。

余才質既魯，學植亦淺，幸蒙　周師一田訓誨提攜，諄諄誘導，乃能奮其愚鈍，勉成是篇。唯罣誤之處，固知難免，博雅君子，幸垂教焉。

廟堂總圖

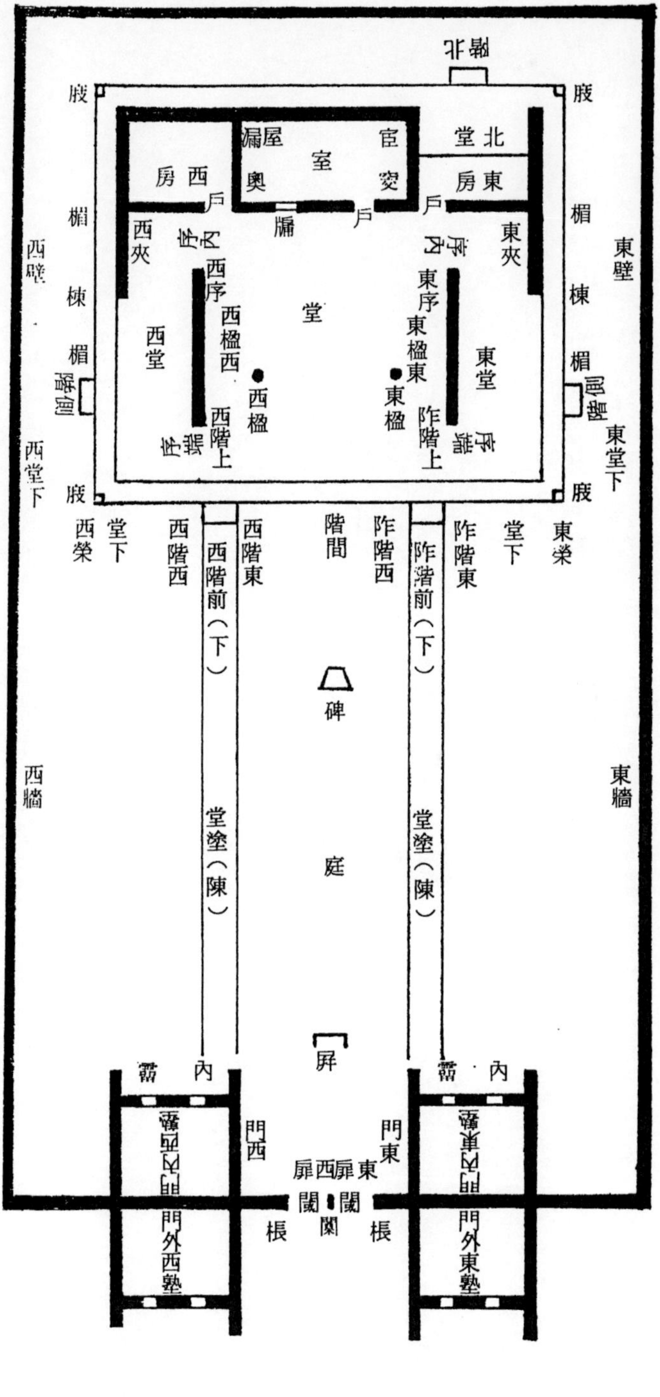
北階
北堂
東房
西房
屋漏
室
宧
奧
窔
戶
牖
戶
戶
東夾
西夾
內序
內序
東序
西序
堂
西楹西
東楹東
西堂
東堂
西楹
東楹
西階上
阼階上
序端
序端
側階
側階
庪
庪
庪
庪
楣
棟
楣
楣
棟
楣
東壁
西壁
東堂下
西堂下
西榮
堂下
西階西
西階東
階間
阼階西
阼階東
堂下
東榮
西階前（下）
阼階前（下）
碑
西牆
東牆
堂塗（陳）
庭
堂塗（陳）
屏
內
霤
內
霤
門內西塾
門西
門東
門內東塾
東扉
西扉
東扉
閾
闑
閾
棖
棖
門外西塾
門外東塾

第一節 命 使

君與卿圖事，遂命使者。

案：此節首云圖聘事，命使者之事。所謂圖事者，**鄭注**云：「圖，謀也。謀聘故及可使者。」以記云：「久無事則聘焉。若有故則卒聘。」然則圖事者，卽謀聘事。若無事，則謀殷聘之事；若有故，則謀卒聘之故。乃鄭所謂「謀聘故」也。於是更謀可使之人。所謀者，此三事也。蔡德晉禮經本義云：「圖事謂圖保境睦鄰出聘之事。」竊謂保境睦鄰之事，當爲平日朝時所常謀，本經特云聘禮，當是指謀聘事，宜以鄭說爲是。

君與卿圖事者，卿謂三卿也。周禮太宰職曰：「乃施典于邦國，而建其牧，立其監。設其參，傅其伍，陳其殷，置其輔。」鄭玄注謂監卽公侯伯子男各監一國。參謂卿三人，伍謂大夫五人，殷謂衆士也，輔謂府史，乃庶人之在官者。又禮記王制曰：「諸侯之上大夫卿、下大夫、上士、中士、下士，凡五等。」鄭注：「上大夫曰卿。」王制又云：「天子三公九卿。大國三卿，皆命於天子。次國三卿，二卿命於天子，一卿命於其君。小國二卿，皆命於其君。」唯鄭注曰：「小國亦三卿，一卿命於天子，二卿命於其君，此文似誤脫耳。」鄭所以謂小國亦三卿者，以王制經文又云：「小國之上卿位當大國之下卿，中當其上大夫，下當其下大夫。」是明小國有上中下三卿也。然則諸侯國皆設三卿，乃國之大臣，與主政事者，是以君與之圖事也。

若謀事之時地，則**鄭注**云：「謀事者必因朝。其位：君南面，卿西面，大夫北面，士東面。」江永鄉黨圖考謂古者諸侯每日視朝於路門外之正朝。朝禮畢，然後退適路寢聽政。此聘禮之君與卿圖事卽在此時，鄭所謂「謀事者必因朝」也。然則圖事在朝後，鄭所言朝位者，乃言正朝之位，非圖事之位也，以謀事必因朝而兼及朝位耳。李如圭儀禮集釋亦云：「此朝位，路寢門外正朝之面位也」。然金鶚求古錄禮說朝位考以爲鄭據燕禮之朝位而誤說正朝之位。金氏謂朝位中，君南面，當以北面對君之位爲尊，其次東面向陽，其次西面向陰。是故金氏以爲朝中當是君南面、卿北面、大夫東面、士西面。案周禮夏官司士職云：「正朝儀之位，辨其貴賤之等。王南鄉，三公北面東上，孤東面北上，卿大夫西面北上。」據此，金氏之說是也。燕禮，卿大夫入門初皆北面東上，君在阼階東南揖之，卿本在東上，乃違其位西面北上而近君也。此非正朝之位。鄭以禮無諸侯朝位，乃據此而言之，而未審此燕朝之位非正朝之位也。

〔記〕久無事，則聘焉。若有故，則卒聘。

案：此記言謀聘之故。諸侯之間，若久無盟會之事，則行聘禮，以修兩國之好。**鄭注**曰：「事謂盟會之屬。」賈疏曰：「此則周禮殷聘是也。」或有事故，雖未及殷聘之期，亦因事而聘，故曰「

卒聘」。張爾岐儀禮鄭注句讀曰：「卒聘，倉猝而聘。」所謂有故者，鄭注曰：「故謂災患及時事相告請也。」賈疏又據經文聘享一節「若有言」之鄭注（見下文），而云災患告請卽告糴乞師之類。案鄭於彼注亦舉此記「有故則束帛加書以將命」之文，明此「若有故」卽彼「若有言也」。蓋有故則書之，卽所謂有言也。而於聘享之禮既畢，則以束帛致其書也。

而敖繼公儀禮集說因謂：「故猶事也，此與經之所謂有言者互見爾。卒，已也。聘者兼享而言或亦通小聘也，小聘則無享。束帛加書，加書於帛上也。將命之時，但稱言以達其君之書而已。未必言及其故。」敖氏蓋以「若有故則卒聘」連下文「束帛加書將命」而讀，與上文「久無事則聘焉」無關，亦非相對爲文。故釋「卒聘」爲「已聘」，謂若有故，則於聘享之禮既卒，乃以束帛加書（書者，明其故者也）而致之。盛世佐儀禮集編、胡培翬儀禮正義皆以敖說爲是，而非張氏「倉猝而聘」之解。又朱子儀禮經傳通解及蔡德晉禮經本義、江永禮書綱目皆以此記文「若有故則卒聘」連下文「束帛加書將命」以下，皆列於經文聘享之禮後，而不與「久無事則聘焉」同列於圖事命使之後。其意蓋同敖氏之釋「卒聘」爲「已聘」也。

然細審儀禮經文，其行禮儀節固按先後之序一一敍之，其記文總附於後，亦合經文先後之序而爲次也。如首記久無事則聘焉（及有故卒聘），次則使者受命將行，次及朝聘玉幣之制、修辭之節，次賓館、設飧，次賓訝往復之禮，次聘用圭璧之故、授賓次，以及聘享之容、庭實貨幣之宜、襲裼之節，後及私獻、勞賓諸事，皆依經文先後次第而序列。其修辭之節，以郊勞時有及之，故列在賓館、設飧之前。其朝聘玉幣，本聘時所用，以受命於朝將行時，卽受聘圭，故記其制而列於受命將行之後，且因記問諸侯之圭更及朝天子之圭繅制也。又使者受命，而出朝問幾月之資；自受命之日，則使者與介朝同位，二者皆受命將行之事。而出祖釋軷，則初行時之事。以就使者本身言，其受命爲使之日起，至出國之時，其事一也，故出祖釋軷事雖在受圭璧之後，而記亦列之於圭繅制之前，與問資、朝同位爲次也。此乃記文排列次序之法。而「若有故則卒聘。束帛加書將命，百名以上書於策，不及百名書於方。主人與客讀諸門外。客將歸，使大夫以其束帛反命於館。明日君館之」一節，本當在聘享之後，若有故而更有言，則以束帛加書而將命。本經於享禮之後云「若有言，則以束帛如享禮」，卽言此事也，若記文「卒聘」但謂已聘之後，則此節記文當列於聘享之容、庭實貨幣之宜、襲裼之節之後，而本經乃提前而逕接「久無事則聘焉」之下，則必是以「若有故則卒聘」與久無事則殷聘相對爲言，然則「卒聘」當解作「倉猝而聘」，此釋經文「圖事」之故，鄭注所謂「謀聘故」者也。記因言「若有故則卒聘」，於是更及書其故於策或方、聘享後束帛以致書、門外讀書，乃至將歸反命諸事。此則儀禮記文次序之法。朱子儀禮經傳通解分列記文，各屬之經文後，但問儀節之次，而不問記文原來之序。以「若有故則卒聘，束帛加書將命，百名以上書於策，不及百名書於方。主人使人與客讀諸門外」一節屬之聘享後，「若有言」之下；又以「客將歸，使大夫以其束帛反命于館，明日君館之」一節屬之還玉報享之下。敖氏蓋沿朱子如此分列，因而更謂「卒聘」之卒爲「已」也。其他諸家亦但見束帛將命之事在已聘之後，而未察記文輔經爲說次序之法，遂皆從敖氏之說。竊以爲諸氏皆非也，仍以張爾岐「倉猝而聘」之說爲是。鄭氏賈氏之釋「有言」「有故」而謂告糴乞師之類，亦皆倉猝之事也。而記文起首釋經「君與卿圖事」卽明「久無事則聘焉，若有故則猝聘」之意，不亦宜乎。

今此篇儀節研究，亦將記文依其儀節之序，各屬之經文之後，以「若有故則卒聘」一句列之於此，明其與「久無事則殷聘」相對爲言，皆爲謀聘之故也。而於「有故則書於策」及「束帛將命」之文仍列於聘享儀節之後，以其行禮之時在彼也。

遂命使者。使者再拜稽首，辭。君不許，乃退。

案：此謂君與卿圖聘事畢，且可使之人亦已謀定，遂卽其時而命使者。**鄭注**曰：「遂猶因也。既謀其人，因命之也。聘使卿。」蓋諸侯三卿，而大聘使卿，說已見前。則使者必是與於圖事三卿之一也。故謀事已畢，君因而卽命使者。

使者聞命，則再拜稽首辭之。再拜稽首者，謂稽首拜而再拜之也。周禮太祝之職辨九拜，一曰稽首，賈疏曰：「稽，留也，謂叩首至地多時，爲拜中最重者，是臣拜君之拜。」此君命使者，使者卽拜謝之，故再拜稽首也。敖繼公儀禮集說曰：「使者少進而北面乃拜。君親命之，故拜而後辭，變於傳命之儀也。」是謂使者本列於朝位而議事，今受君命，乃少進出列，而拜君之親命也。曲禮曰「揖人必違其位」，且下文「君不許，乃退」，故知此拜必少進而拜也。又拜君命，固當北面。敖氏又云拜而後辭異於傳命者，以傳命則不得辭，故受命而後拜也。

云辭者，蓋謙退之義，辭以不敢受此重任，恐才不逮也。**鄭注**曰：「辭以不敏。」敖繼公集說云：「使者與上介必辭者，不敢以專對之才自許，謙敬也。」蓋使者受命出聘，受命不受辭，須順事而專對言，論語所云「使於四方不能專對，雖多亦奚以為」（子路篇）者也。故謙辭以才不逮也。

君不許乃退者，謂使者既少進而拜，辭以不敏，而君不許其辭，則使者既受君命，不敢再辭，乃退而就其朝位也。胡培翬儀禮正義曰：「不許者，不許其辭也。」又曰：「不許乃退，不再辭者，臣惟君所使，雖懼弗勝任，而亦不敢避也。」乃退者，**鄭注**曰：「退，反位也。受命者必進。」即上文所言進而再拜稽首辭，辭既不許，則受命而退反其位也。

既圖事，戒上介，亦如之。

案：此謂既命使者，即圖事之議已畢，**鄭注**曰：「既，已也。」於是又命上介，上介亦如使者再拜稽首辭以不敏，君不許，乃退。介者，輔使者以行禮者也（周禮秋官大行人鄭注）。此侯伯之卿介五人（見上文），其中上介一人，大夫為之、士介四人。上介大夫，亦由君親命之，蓋重其事也。而經文於上云命使者，而此云戒上介者，**鄭注**云：「戒猶命也。」敖繼公云：「使者言命，上介言戒，亦異尊卑也。」蓋命與戒同意，而尊卑有別也。又**鄭注**曰：「已謀事乃命上介，難於使者，易於介。」賈疏：「既謀事乃命介，在謀後別命之。謀使者是難。謀後命介是易。」蓋使者位尊而任重，故謀而命之，是謂難也。介則位稍卑而任稍輕，故不與於謀而於謀後命之，是所謂易也。蔡德晉禮經本義云：「上介，大夫爲之，所以副使者。或聘使有故，則上介攝其事，是其任亦重，故亦稽首辭，如使者。」此說是也。蓋此經後文云賓喪則介攝其命，又云小聘曰問，其禮如爲介，三介。所謂爲介，卽此大聘時爲上介也；三介，是侯伯之大夫也。是可證此上介乃大夫爲之。且使者有故則上介攝其事，是其職其任亦重，或亦有專對之事，故亦敬辭以不敏。示重其事也。

宰命司馬戒衆介，衆介皆逆命不辭。

案：此謂太宰奉君命而命司馬戒衆士介，衆士介皆受命而不辭。**鄭注**曰：「宰，上卿，貳君事者也。諸侯謂司徒爲宰。」賈疏：「天子有六卿，天地四時之官是。諸侯兼官而有三卿：立地官司徒兼冢宰，立夏官司馬兼春官，立冬官司空兼秋官。」以此聘禮乃言諸侯之事，故云宰乃司徒之兼官也。儀禮釋官曰：「諸侯三卿，本無冢宰之官，特上卿執政者亦以宰稱之。經傳單稱宰者，皆太宰。若小宰宰夫之屬無單言宰者，故鄭以此比天子冢宰也。」然則此宰爲上卿執政者之稱，故鄭云宰、上卿，貳君事者也。

衆介則士介四人也。**鄭注**曰：「衆介者，士也。士屬司馬，周禮司馬之屬司士，掌作士，適四方，使爲介。」案鄭所引周禮爲夏官司馬司士職文，故知士屬司馬。以士賤，且爲衆介，其任亦輕，故君不親命之，而由宰命司馬戒之，而衆士介亦直受命不辭，亦以位賤任輕，不敢辭又無須辭也。**鄭注**：「逆猶受也。」是逆命卽受命也。敖繼公儀禮集說云：「衆介受命，亦當再拜稽首。」蓋以此比較上文命使戒上介，但云「不辭」是爲有別，故以爲旣受命亦當再拜稽首。蔡德晉禮經本義深然其說。唯稽首拜爲臣拜君之拜，前已言之。禮記郊特牲云：「大夫之臣不稽首，非尊家臣，以辟君也。」大夫之臣尚且不稽首於大夫，此司馬奉宰之命而戒衆介，非拜君亦非拜君命，當不必稽首拜也。褚寅亮儀禮管見云：「宰命司馬戒之，與君親命有別。且旣不辭，似可不再拜稽首。」竊以爲此說是也。

〔記〕旣受行，出，遂見宰，問幾月之資。

案：此謂使者旣受命出使，出朝則遂見宰，問行道所用之糧多寡也。**鄭注**：「資，行用也。古者君臣謀密草創，未知所之遠近，問行用當知多少而已。」賈疏則曰：「使者受命於君，但知出聘，不知遠近，故問宰行糧多少，卽知遠近也，故知須問之。」是更以爲所以問行糧多少者，乃欲知其遠近之故也。唯使者旣身爲三卿，又與於圖事，旣知所聘之國，不當不知其遠近。所以問幾月之資者，或非不知而問，乃與宰共計度之也。朱子儀禮經傳通解亦辨之曰：「今按上言與卿圖事，則固已知所之矣。此但言與宰計度資費之多寡而已。注言未知所之，非是。」

又敖繼公集說云：「幾月之資，公費也。問之者，欲以爲私費之節度也。」乃以爲如今日之公務出差，有公費之制，有私用之計，以釋所以須問之故。惟古時遣使公費之制或未必如此之嚴，且使者卿，國之大臣也，出聘者，國之大事也，豈不能參與度制其行糧之用，而必問制於宰乃度其私費也。且卿行旅從（見左傳定公四年），又有宰夫賈人之屬隨之（見下文），從者甚衆，豈使者竟不顧念衆多從人行道資用，但惶惶於受行而出，遂卽問宰公費之資以便作爲私費之節度哉。且私費之用，私事也，私人度之可也，若問其公費之資，但爲度其私費而已，則何須記之於經，而與朝位之制並書，古之記禮者必不然也。是皆泥於「問」字之義，以爲必有不知而問也。不如朱子之說，以問爲參與計度之意爲長。

蓋初定聘事，其從人之數，行道之期，乃至行糧之用，皆有待計之後能定也。宰，上卿也，亦與於圖事，而掌制國之用（見禮記王制）者也。既同於君前謀事而定，使者卽其時而受命將行，出朝遂至宰之官府，共同計度其道之遠近、人之多寡，以制其行糧之多少也。

〔記〕使者既受行日，朝同位。

案：使者及介既受命將行，自此時以至夕幣之前，朝君時皆同面位。**鄭注**曰：「謂前夕幣之間。同位者，使者北面，介立于左少退，別其處臣也。」蓋使者爲卿，上介大夫，及士介平素面位各異。既已受命爲使，至夕幣之期間，朝君時則皆同北面，使者在東爲上，介在使者之左西方而少退，以示與處朝而不出使之臣有別也。盛世佐儀禮集編云：「同其位者，示奉命而往，榮辱苦樂無不共之。所以一衆志也。」斯則朝同位之義也。

第二節　授　幣

宰書幣，命宰夫官具。

案：此一節明出聘之前夕，君授禮幣與使者之事。命使之後，夕幣之前，宰書聘享將用之幣於策或方，又命其屬宰夫具備之，並及道路所需之物。以備夕幣及將行時授與使者。**鄭注**云：「書聘所用幣多少也。宰又掌制國之用。」案禮記王制曰：「冢宰制國之用必於歲之杪。」王制記天子之官，諸侯則以司徒兼冢宰之職，其上卿執政者稱之曰宰（說見前）。儀禮釋官曰：「案周禮大宰職以九式均節財用，六曰幣帛之式。故掌書幣。」然則制國之用、幣帛之節，皆宰掌之也。是故此云宰書幣也。

必書其幣者，周禮秋官司儀職：「凡諸侯之邦交，各稱其邦而爲之幣，以其幣爲之禮。」注曰：「幣，享幣也，於大國則豐，於小國則殺。主國禮之如其豐殺。」此經後記亦曰：「多貨則傷于德，幣美則沒禮」，故知聘享所用幣乃視國之大小而制其宜。而制之者，宰也。宰書之，百字以上書於簡策，百字以下則書於方板（見下記），以爲授幣及載行時校核之依據也。

而幣在官府，各有其司。**鄭注**云：「宰夫，宰之屬也，命之使衆官具幣及所宜齎。」賈疏曰：

「周禮宰夫掌百官府之徵令，故命諸官。云官具者，謂使宰夫命諸官各具所行幣。幣在官之府，其司非一，故言衆官，幣謂享幣，及問大夫問卿，揔具之。及所宜齎者，謂行道所用多少皆是。」則官具者，乃在彼國聘享問大夫等所用之禮幣，以及道路所用之行糧諸物前記所云幾月之資也。以諸物各有所司，而宰夫掌百官府之徵令，故宰命宰夫令諸官各具之也。

及期，夕幣。使者朝服，帥衆介夕。

案：此謂出聘之日前夕，展宰所具之幣以示使者，使者帥衆介受之。**鄭注**：「及猶至也。夕幣，先行之日夕，陳幣而視之，重聘也。」以前所述命使、書幣、官具皆出聘前之事，至將聘之期，乃授幣與使者，故云「及期夕幣」。賈疏云：「夕幣，先行之日夕。知者，下云厥明釋幣于禰，是行日，明此夕是先行之日夕也。」行之日前夕，陳幣使使者及衆介視之，乃重聘事也。賈疏云：「云視之者，正謂賓及衆介視之。故下云使者朝服帥衆介夕，注云視其事是也。」賈所謂賓，卽使者。此時受君命爲使者，據下文使於他國則稱賓也。

使者朝服帥衆介夕者，**鄭注**曰：「視其事也。」鄭此注乃釋「夕」字。胡培翬正義曰：「此夕爲暮見于君之名。左傳右尹子革夕（案：見昭公十二年傳）是也。與上夕字義異。衆介兼上介。言使者朝服，則衆介亦朝服可知。帥以暮見，因陳幣視之，故注云視其事也。」則此「夕」字，謂夕見於君而視其所用之幣也。

盛世佐儀禮集編云：「此暮夕於君而君臣皆朝服，重其事也。常時夕玄端。」以此云使者朝服帥衆介，則衆介宜皆朝服，下又云君朝服，是君臣皆朝服也。朝服而夕，以重其事也。盛氏云常時夕玄端者，蓋以士冠禮「玄端」，鄭注曰：「此暮夕於朝之服。玄端卽朝服之衣，易其裳耳。」朝服則日朝之服，禮記玉藻曰：「朝服而朝」，鄭注：「謂諸侯與群臣也。」是常時日朝諸侯與群臣服朝服，夕則服玄端也。此時夕而朝服，故云是重其事也。

管人布幕于寢門外，官陳幣。

案：夕幣之時，掌次舍帷幕之官布幕於寢門外正朝之地；掌器物之官則陳其幣于幕上。**鄭注**云：「管猶館也。館人謂掌次舍帷幕者也。布幕以承幣。」考周禮天官有掌舍、幕人、掌次之官。當王有事出行，則掌舍「爲帷宮設旌門」；幕人「共其帷幕幄帟綬」；掌次「有邦事則張幕設案」。賈疏云：「館人卽彼掌舍，以諸侯兼官，故鄭總言之也。」是以鄭云館人，而總曰掌次舍帷幕者也。而鄭於周禮幕人職注曰：「在旁曰帷，在上曰幕，幕或在地展陳於上。」則此所謂布幕以陳幣爲在地者也。張爾岐儀禮鄭注句讀曰：「此幕非在上之幕，乃布之地以爲藉者。」

布幕於寢門外，**鄭注**曰：「寢門外，朝也。」賈疏曰：「謂路門外，卽正朝之處也。」以路門外爲日常正朝之處，故賈云正朝而鄭云「朝也」。此則布幕陳幣于正朝之地上也。

幕已張布，則上文所稱官具之官卽以其所具之幣陳于幕上。賈疏曰：「官陳幣者，卽上文官具者也。」所謂幣者，則玉帛皮馬之類也，周禮小行人云：「合六幣，圭以馬、璋以皮、璧以帛、琮以錦、琥以繡、璜以黼，此六物者，以合諸侯之好故。」鄭注：「合，同也。六幣所以享也。五等諸侯享天子用璧，享后用琮，其大各如其瑞。皆有庭實，以馬若皮。皮，虎豹皮也。」然則玉帛皮馬之類皆所謂幣也。賈疏曰：「馬皮二者本非幣，以用之當幣處，故總號爲幣也。」享時皮馬不上堂，而陳之于庭，故曰庭實。以馬若皮，則是或用馬或用皮，視其國所產之有無也。禮記郊特牲曰：「旅幣無方，所以別土地之宜。虎豹之皮，示服猛也，束帛加璧，往德也。」本經下記云：「皮馬相間可也。」鄭注：「間猶代也。土物有宜，君子不以所無爲禮。畜獸同類，可以相代。」其云「畜」，謂馬也；「獸」謂皮也。又禮記禮器云：「天不生地不養，君子不以爲禮。」皆云皮馬各以土地之宜而用之也。

皮北首西上，加其奉于左皮上，馬則北面，奠幣于其前。

案：此言陳幣之法。其庭實用皮，則置於幕上，首向北，東西爲列，以西爲上，而以幣置於左皮之上。若庭實用馬，則牽馬立於幕南北面，亦以左西爲上，而置幣於左馬面前之幕上。**鄭注**曰：「奉，所奉以致命，謂束帛及玄纁也。」賈疏：「所奉，謂後享時奉入以致命。故知是以下文享時所致束帛加璧以享君，玄纁加琮以享夫人。鄭不言璧琮者，璧琮不陳，厥明乃授之也。」此注疏釋經文「奉」字，即享時所奉以入之束帛玄纁也。以下文享時所用之幣，其皮馬不上堂，而使者奉束帛加璧或玄纁加琮以升堂致君命，故稱之曰「奉」。**鄭注**曰：「古文奉爲卷」，胡承珙曰：「鄭不從古文者，以下文行禮凡幣皆言奉故也。」此亦足明曰奉之義也。而鄭云奉謂束帛玄纁，而不言璧琮，以此夕幣時不陳璧琮也。吳廷華儀禮章句曰：「不陳玉者，重器不暴于外也。」其璧琮與圭璋則明日將行時君乃親授與使者，以玉爲重器故也。此時陳束帛玄纁則加于左皮上或奠于左馬前。

君之位南鄉，則皮北首，馬北面，皆向君也。胡培翬正義曰：「馬言面，馬生物也。皮北首，故以西爲左，皮西上，則馬亦然。」皮北首亦馬北面之意也。以其北面，故以左爲西；云西上，則左者爲上，是故奠幣于左皮上或左馬前也。**鄭注**曰：「馬言則者，此享主用皮，或時用馬。馬入則在幕南。皮馬皆乘。」賈疏曰：「主用皮，謂有皮之國。國無皮者，乃用馬。」以下經享時乃主用皮言之，故曰此享主用皮。然或國無皮，乃用馬，則君子不以所無爲禮之義。是以經先言用皮之陳，又曰馬則北面，而鄭釋經言「則」之義，以見有時用馬也。**鄭注**曰：「今文無則。」胡承珙曰：「馬言則者，賈疏又引下文皮則攝之，鄭注皮言則者或用馬也。與此互明。今文無則，於義不備，鄭所不從。」此乃由經言「則」可見其義也。而曰皮馬皆乘者，以下經賓私覿時云「總乘馬」，還玉節云「禮玉束帛乘皮」，可知用皮馬皆以乘爲禮。乘者，四也。李如圭儀禮集釋曰：「物四曰乘」。

使者北面，衆介立于其左，東上。

案：此夕幣時以使者爲主，故使者北面以對君。衆介立于其左，則亦北面，在使者之西。東上，則使者在東爲上，上介及衆介依次而西。**鄭注**云：「既受行，同位也。位在幣南。」既受行，朝則同位，已見上文。此所以衆介與使者皆北面也。賈疏曰：「知在幕南者，幣在幕上，使者須視幣，故在幕南也。」使者在幕南北面，君在幕北南面，然後乃得視幣。此所以鄭知位在幕南也。

卿大夫在幕東，西面，北上。

案：此言處國內諸臣所立之朝位。**鄭注**曰：「大夫西面辟使者。」鄭據燕禮之朝位而以爲大夫之朝位在北面，說已見前，故此云大夫西面辟使者，以此時使者與介在北面之位也。使者與衆介在幕南北面，則處臣卿大夫皆在幕東西面以別於使者，而以在北近君之位爲上也。幕西則留以待賈人撫幣也。

宰入告具于君。君朝服出門左，南鄉。

案：幣皆已陳，使者與卿大夫各就其位，於是宰入路門至路寢告君以陳幣已具。君乃朝服出路門而至正朝處，南鄉卽君位。**鄭注**：「入告，入路門而告。」以前文云夕幣布幕於寢門外，卽路門外正朝處也。是故此時宰則入路門而告。賈疏曰：「朝在路門外，故知入路門至路寢而告君，以其在路寢聽政處也。」路寢聽政處，即上文君與卿圖事之處也。

君朝服出門左者，蔡德晉禮經本義曰：「出門左者，君出入由闑東也。」儀禮釋宮曰：「門之中有闑。」又：「闑者，門中所竪短木在地者也。其東曰闑東，其西曰闑西。」蓋闑者門中所竪短木以制門扉者也。玉藻曰「公事自闑西，私事自闑東。」鄭注曰公事聘享也，私事覿面也（事見下經）。以自闑西，客道也；自闑東，主道也。是故君出入宮門則自闑東。而由內出外，方向自北向南，以東爲左，故曰君出門左也。敖繼公儀禮集說曰：「出門左，出路門而少東，辟天子之朝位也。天子日視朝當宁而立。」乃謂諸侯各在其國當朝位而少東以辟天子，此說殊爲無據。且儀禮多有「出門左」，「入門右」之文，皆言出入自闑東闑西，未有爲辟正位者也。敖說殆誤之。

史讀書展幣。

案：君已即南鄉之位，則史讀宰所書幣之數於策或方者，一一校核之以示使者。**鄭注**云：「展猶校錄也。史幕東西面讀書，賈人坐撫其幣，每者曰在。必西面者，欲君與使者俱見之也。」是故讀書展幣，一一校之者，一以詔告于君，一以交付使者。賈人者，執幣以從使者行者，每者曰在，即示領受其幣也。鄭云史讀書而在幕東西面，乃欲君與使者俱見之。若然，則在幕西東面亦可。故敖繼公儀禮集說云：「史蓋幕西東面讀書，有司北面展之。」敖氏謂此者，蓋以幕東西面有卿大夫在也。唯經文下接曰「宰執書告備于君」，則史讀書畢，又以書還授宰，而宰在幕東西面（上文卿大夫幕東西面。宰，上卿也）。若史在幕西，則不便矣。故史當亦在幕東西面。而賈人撫幣每者曰在，則宜在幕西東面也。賈疏曰：「賈人當在幕西東面撫之，亦欲使君與賓俱見之也。」

又敖氏曰：「有司北面展之」，蓋以為夕幣時無賈人。吳廷華儀禮疑義亦曰：「此經第言官，及下行時受圭乃言賈，則夕幣無賈人可知。況上經明言官陳幣，下言官載幣，則此亦官展之又可知。敖氏以有司言是也。注疏舍有司而言賈人，大悞。」吳氏所言「官」，即敖氏所言「有司」，而敖氏云「有司北面展之」，則當是指使者之有司展而受之也，以北面乃使者與介，且其訓展為「詳視之」」又舉下經入竟展幣節「拭圭遂展之」可證。吳氏所舉上經「官陳幣」乃宰夫所令諸官；下言「官載幣」，乃使者從行之官；則此云「官展之」，又是敖氏之說，則當亦指使者之從官。而使者所從行之有司，則未必非賈人也。據下文使者受命遂行時，既受圭璧，即以授上介而出授賈人，下又云展幣於賈人之館，則知賈人乃將幣以行者也。既圭璧等由賈人受之而行，則此展幣帛皮馬等亦當由賈人受之，而經之例常略于前而詳於後，後經鄭注曰「賓彌尊事彌錄」（見郊勞節），則此雖不云賈人，而據後文可知受幣者賈人也，此所以鄭云「賈人坐撫其幣每者曰在」之故。賈疏曰：「知賈人撫幣者，以其賈人主幣行者，故知賈人撫幣受之。」是故當仍從注疏之說。賈人坐而撫幣者，由便且賤不與為禮也，據下文受玉及聘享之節可知。

又胡培翬儀禮正義曰：「敖氏以展幣為有司是也。但當西面，不北面。」斯蓋以敖氏之言「有司」乃宰夫之屬，所謂「命宰夫官具」及「官陳幣」者，故以為當與宰史等同西面。然此有司既已陳幣於幕矣，何須更「展之」，唯使者之有司乃依史讀書而一一展錄之以受耳。且既為使者之有司，則不當西面與宰史同位，亦不便北面而礙使者之視幣，然則，仍當如注疏所言：賈人幕西東面坐撫其幣，每者曰在也。

又貢汝成三禮纂註於「讀書」有異說。其言曰：「按上文云宰書幣，此云史讀書，舊說皆謂書其所用聘物。古者邦交必有詞命，此書當是問聘之詞也。故下文云使者受書授上介。」然聘問之辭不必載之書且由史讀之。此經記文曰「辭無常，遜而說。」公羊傳亦云「聘禮，大夫受命不受辭」（莊公十九年），豈有聘問之詞載於書且授使者之事？而聘享用幣固已書之（宰書幣），而展幣正須讀書以校之，且使者已行，至所聘國，入竟、及郊、及館皆展幣以慎其事，又須校之以書，此所以使者受書授上介也。然則貢氏之誤明矣。

宰執書告備具于君，授使者。使者受書，授上介。

案：展幣既畢，宰告於君，而以書授使者。使者受書以表受幣，隨即授之上介，上介將書以行。**鄭注**：「史展幣畢，以書還授宰。宰既告備，以授使者。」此時宰及史皆在幕東西面，史讀書展幣訖，即以書授宰。宰受書而執書告備具于君。盛世佐儀禮集編曰：「告備具者，言其幣一一與書符無闕少也。」宰既告備具于君，則又至使者東授書與使者。**鄭注**曰：「其授受皆北面。」謂宰授使者，使者授上介，三者皆北面也。賈疏曰：「三者皆北面，向君故也。」李如圭儀禮集釋云：「下文宰授使者圭，授受同面。」釋鄭所以知皆北面者，由下文授圭經明言皆同面（受命遂行節）也。受命於君，固當皆北面。

公揖入。

案：授幣之禮既畢，公揖禮群臣，遂入於路寢。**鄭注**曰：「揖，禮群臣。」淩廷堪禮經釋例曰：「凡推手曰揖。」說文段注曰：「拱其手使前曰揖。」公揖群臣，爲將入而禮之也。賈疏曰：「以展幣授使者訖，禮畢，故入於寢也。」入者，入路門適路寢也。

官載其幣，舍于朝。上介視載者，所受書以行。

案：使者既已受幣，其從行之官遂以車載幣而舍于朝。上介監其安處，然後出。并將所受書以行。賈疏云：「官謂官人從賓行者，與前官陳幣者異。必知行者，以下文入竟又展之，又有司展群幣以告，注云有司載幣者自展自告是也。」李如圭集釋亦曰：「官，從行之官，入竟展幣之有司也。」案前官陳幣者，乃命宰夫官具之官，是爲在朝掌器物之官，故各具其幣而陳之。此時則受幣之禮既畢，乃使者已受其幣，固當由使者從行之官載而守之矣。敖繼公儀禮集說曰：「載謂載之於車。幣亦兼皮言也。古者載幣之車以人推之。」

經云舍于朝者，**鄭注**曰：「待旦行也。」賈疏：「舍于朝，不出，待旦則行，以其須守幣也。」其所以守幣不出者，則蔡德晉禮經本義說之曰：「公幣不可以入私家也。」既受幣而不可以入私家，乃載而守之舍于朝，待旦以行，此所以重君事之道也。

上介省視所載之幣，**鄭注**云：「監其安處之，畢乃出。」謂上介監載幣者安處其幣，無所失誤，然後出朝。以上介乃使者副使，敬愼其職而重愼其事也。其所受之書則將之以行。**鄭注**云：「爲當復展。」下經至彼國入竟、及郊、及館皆有展幣，亦當據書而校之，故將之以行也。敖繼公集說曰：「別言以行，見其不與幣同處。」以先言載其幣舍于朝，又曰上介視載者，乃言所受書以行，是則幣由有司載而守之，書由上介將之以行，不同其處。至國竟展幣乃復驗之是否相符也。

一、夕幣

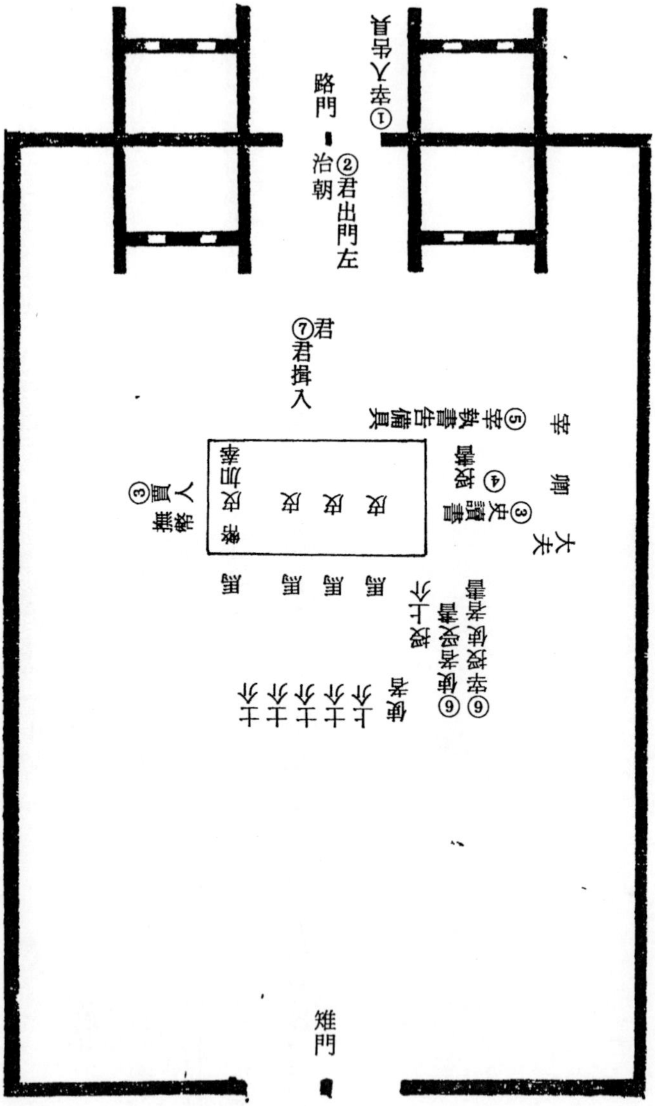
①宰入告具
路門
②君出門左
治朝
君
⑦君揖入
宰
⑤宰執書告備具
卿
④展幣
大夫
③史讀書
皮
加幣
幕
馬
⑥宰授使者書
⑥使者受書
使者
雉門

第三節　將行告禰與行

厥明，賓朝服釋幣于禰

案：此夕幣之次日，即將行之日，天初明，賓著朝服釋幣告於禰廟以將出使，是猶親在時出必告之意也。此處稱「賓」，即前所命使者也。**鄭注**曰：「賓，使者謂之賓，尊之也。」以在己國受命為君使則稱使者；今將往他國而為國賓，遂尊之稱賓。

釋幣于禰者，**鄭注**曰：「告為君使也。天子諸侯將出告群廟，大夫告禰而已。」為君使而去國，大事也，故告於廟。禮記曲禮曰：「為人子者，出必告，反必面。」又中庸曰：「事死如事生，事亡如事存，孝之至也。」此則告禰之義。禰廟者，父之廟也。公羊隱公元年傳注曰：「生曰父，死曰考，入廟稱禰。」天子諸侯將出告群廟見於禮記曾子問。大夫告禰而已，則降于君也。

鄭注又曰：「凡釋幣設洗盥如祭。」賈疏曰：「執幣須絜，當有洗而盥手。其設洗如祭祀之時，亦洗當東榮，南北以堂深，水在洗東，篚在洗西。」賈先釋設洗盥之意在絜手，以釋幣雖無祭（說見下文）但執幣亦須絜也。鄭云設洗盥如祭，故賈氏據少牢饋食（諸侯之卿大夫祭其祖禰）禮而言設洗盥之法也。少牢禮曰：「設洗于阼階東南，當東榮。」又：「司官設罍水于洗東、有枓。」

設篚于洗西，南肆。」注曰：「枓，㪺水器也。凡設水用罍，沃盥用枓。禮在此也。」鄭云「凡設水」又云「禮在此」，謂禮經中凡設水皆如此也，他處文不具者，皆參照此處可知。是故鄭云設洗盥如祭，賈氏乃據此說之也。賈疏又謂洗當東榮而南北以堂深者，乃據士冠禮「設洗，直于東榮，南北以堂深。水在洗東」而知。南北以堂深，則南北當碑也。下經歸饔餼節注曰：「設碑近如堂深」（碑之設見下文）。士冠禮注曰：「洗，承盥洗者棄水器也。榮，屋翼也。水器，尊卑皆用金罍及大小異。」榮爲屋翼者，李如圭儀禮釋宮曰：「卿大夫以下唯南北有霤，而東西有榮。檐之東西起者曰榮。謂之榮者，爲屋之榮飾；謂之屋翼者，言其軒張如翬斯飛耳。」又云屋有四榮，東西各有南北（或稱前後）二榮。然則「榮」爲東西屋檐之翼然軒張者也。謂「設洗當東榮，水在洗東，篚在洗西」者，則設洗之處，在阼階東南，東西直東榮，南北當碑，罍、洗、篚東西並列，以罍設水在東，有枓以挹水而盥手，棄水則以洗承之。洗西則設篚。篚之用者，少牢禮曰：「勺爵觚觶實于篚」，以彼有祭祀之禮，故用勺爵觚觶諸器，且此諸器亦洗然後用，故設于洗旁，若此時告禰無祭，不用此器，且鄭但云設洗盥，然則此時蓋不必設篚也。

又鄭云「如祭」，則當是無祭也。賈疏曰：「必知無祭事者，下文還時云：乃至于禰，筵几于室，薦脯醢，觴酒陳。鄭云行釋幣，反釋奠，略出而謹入，是其差也。」然則是唯反時有祭，而出告但釋幣而不祭，是其略出謹入之差也。且曾子問「凡告用牲幣」，鄭注「牲當爲制，字之誤也。」孔疏引皇氏熊氏云諸侯以下不用牲，且謂「卿大夫唯入祭而已，故聘禮既使而反祭，用牲也。」

凡此皆言出告不祭。但「設洗盥如祭」者，則以執幣須絜之故耳。

有司筵几于室中。祝先入，主人從入。主人在右，再拜，祝告，又再拜。

案：此言釋幣之儀。以在使者之禰廟行禮，故又稱之爲主人。**鄭注**曰：「更云主人者，廟中之稱也。」賈疏云特牲少牢皆稱主人，故知此乃廟中之稱也。其家臣之有司設筵几於室中，敖繼公集說云：「筵几蓋亦蒲筵漆几也。室中，室中奥也。筵亦東面而右几。」案周禮春官司几筵職云天子祭祀席三重，諸侯二重，賈疏乃云「卿大夫已下唯見一重耳。若爲賓饗則加重數，非常法，故不與祭祀同也。」又公食大夫禮設蒲筵加萑席，此公食饗賓而加萑席，然則卿大夫祭祀席一重則當是蒲筵也。司几筵又云天子玉几、諸侯彫几、孤彤几，鄭注此聘禮乃云：「卿大夫其漆几與。」（下主君禮賓節）敖氏云此「蓋亦蒲筵漆几」者，或由此推之也。

其設筵几之法，則少牢饋食禮有云：「司宮筵于奥，祝設几于筵上，右之。」鄭注：「布陳神坐也。室中西南隅謂之奥，席東面，近南爲右。」然則設筵几爲安神主之位也。以室戶近東，西南隅最深隱故謂之奥，而爲祭祀或尊者之處。筵在西南隅，是故東面向戶；以其東面，故右爲近南，几在筵上南端也。

祝先入，主人從入，敖繼公曰：「祝升自西階先入，主人升之阼階從之。」此亦從少牢禮也。且少牢禮祝及主人皆盥然後升，此時亦設洗盥，當先盥然後升而入於室也。

主人在右，則祝在左，以筵東面，則主人宜西面而拜，西面以北爲右，則主人在北，祝在南也。主人再拜，而祝告於神，**鄭注**曰：「祝告，告以主人將行也。」胡培翬儀禮正義曰：「其辭當云：孝子某，奉君命使于某國，以某日行，敢奠幣告。」祝既告，則主人又再拜。

釋幣，制玄纁束。奠于几下，出。

案：此言奠幣及幣之制也。**鄭注**曰：「祝釋之也。」謂經云「釋幣」乃祝釋之也。賈疏曰：「案曾子問：君薨而世子生，太祝裨冕執束帛升自西階，命無哭，告曰某子之生，敢告。奠幣於殯東。則知此亦太祝釋之。」祝爲贊禮之人，前云祝告，此時奠幣，皆祝爲之也。

制玄纁束，言其所奠之幣也。**鄭注**曰：「凡物十曰束，玄纁之率，玄居三纁居二。朝貢禮云：純四只，制丈八尺。」賈疏曰：「言率皆如是也，玄三纁二者，象天三覆地二也。」禮記曾子問孔疏亦云：「十端，六玄四纁，五兩三玄二纁。纁是地色，玄是天色也。」按玄爲黑色，纁爲絳色。士冠禮鄭注曰：「凡染黑五入爲緅，七入爲緇，玄則六入與。」又：「凡染絳，一入謂之縓，再入謂之赬，三入謂之纁，朱則四入與。」十端六玄四纁，合爲五兩，則是三玄二纁，蓋帛十端爲束，其玄纁之比率皆如此也。賈疏又推周禮（天官內宰職）鄭注云純謂幅之廣狹，制謂舒之長短。純四只當爲「三只」之誤，以古文三四積畫，是以三誤爲四也。「只」又作「咫」，長八寸。純三只，謂幅廣二尺四寸也；制丈八尺，謂每卷長丈八尺也。張爾岐句讀云：「制玄纁束，丈八尺之玄纁，其數十卷也。」貢汝成三禮纂註曰：「每二制合之，十制五合爲束，五合之中，玄以三纁以二。」以物十曰束，故知有十制，又以鄭云玄居三纁居二，故知是每二制合之，曾子問孔疏所謂五兩者也。

祝奠幣于几下，敖繼公集說曰：「奠于几下，亦縮之。」縮，直也（見檀弓鄭注）。以几直設于席右，故謂幣奠于几下亦縮之也。奠幣訖，祝及主人皆出。敖氏曰：「亦祝先而主人從。」此亦從少牢禮而知之。

主人立于戶東，祝立于牖西。

案：此時祝與主人出立於室戶之外少頃以俟于神。**鄭注**曰：「少頃之閒，示有俟于神。」賈疏曰：「案士虞禮，無尸者出戶而聽，若食間。此無祭事，故云有俟于神也。」賈氏乃據士虞祭出戶而俟食間之義，以明此雖無祭，而出俟于神少間，其義同也。

主人與祝立之位，則主人在戶東，祝在牖西。以室戶在東，牖在西，則戶東、牖西，中隔戶牖而相對也。敖繼公曰：「其立，東西相鄉。」謂主人與祝東西相向而立也。

又入，取幣。降，卷幣，實于笲，埋于西階東。

案：祝與主人又入于室中，取幣以出，降階，以幣實于笲而理于西階東之處。**鄭注**曰：「又入者，祝也。」敖繼公曰：「又入者，祝及主人也。祝既取幣，乃與主人俱出。」案鄭謂又入者祝，敖謂主人與祝俱入，盛世佐，胡培翬皆從敖說。竊以為敖說為長。蓋取幣者祝也，是故鄭云又入者祝也。然前者釋幣亦祝也，而主人亦從入。而此句上承經文皆並言主人及祝之入、出、立，此處言「又入」並未單言祝，則承上文當亦是主人與祝俱入也。

既入，則祝取幣以出，主人亦出。祝降自西階，主人降自阼階，卷幣而實之于笲。胡培翬正義曰：「幣每端長有丈八尺，則奠時固已卷之矣。此云卷幣，蓋卷以實于笲也。」幣每端長丈八尺，計十端，不卷固不可執之以奠。此處特云卷幣，明整理之，然後實于笲中也。**鄭注**曰：「埋幣必盛以器，若藏之然。」此言實于笲之道。士昏禮鄭注曰：「笲，竹器而衣者。」又士昏記：「笲，緇被纁裏，加于橋。」鄭注：「橋所以庪笲，其制未聞。」緇被纁裡，卽笲之所衣也。此時以笲盛幣而埋之於堂下西階東。敖繼公曰：「幣必埋之者，神物不欲令人褻之。」

又釋幣于行。

案：出廟門，又釋幣于行神之位，告之以將行，蓋求道路平安也。**鄭注**曰：「告將行也，行者之先，其古人之名未聞。天子諸侯有常祀。在冬，大夫三祀，曰門、曰行、曰厲。喪禮有毀宗躐行，出于大門，則行神之位在廟門外西方。不言埋幣，可知也。今時民春秋祭祀有行神，古之遺禮乎。」云行者之先，蓋謂古人有後世奉為行神者，而其人之名今未聞也。賈疏云：「謂古人教人行道路者，其人名字未聞。」云天子諸侯有常祀在冬者，蓋卽禮記月令所云「孟冬之月，其祀行。」云大夫三祀，見禮記祭法。皆言祀行之事也。鄭注祭法亦舉聘禮此文明大夫出使釋幣於行之事。云喪禮有毀宗躐行，則禮記檀弓上之文，明葬時躐行而出于大門，猶生時出行躐行壇而出，使道中安穩然也。鄭注月令曰：「行在廟前外之西，爲軷壇，厚二寸，廣五尺，輪四尺。祀行之禮，北面設主于軷上。」既祀後，以車輪轢軷而過，以喻無艱險也（說詳下文釋軷）。此則祀行之法。此時唯釋幣，無祭祀，蓋亦在廟門外西方行神之位爲軷壇，不設主（釋幣于禰設筵几而無主），釋幣，然後埋之。鄭云「不言埋幣，可知也。」因上文釋幣于禰可知之也。旣埋幣，躐壇而行。

遂受命。

案：使者既釋幣于禰及行，遂在門外會同衆介往至朝中受君命而行矣。**鄭注**曰：「賓須介來乃受命也。言遂者，明自是出，不復入。」以此「遂受命」句上承釋幣于行，故鄭謂明自是出於門外，遂不復入也。賈疏曰：「自釋幣于門，不復更入。若然，則待介於門矣。」案下經曰「上介及衆介俟于使者之門外」，以賤者宜先俟于尊者，故待使者已釋幣于行，遂同出而受命於朝矣。

上介釋幣亦如之。

案：上介亦於是日厥明釋幣於禰與行，其禮皆如使者。**鄭注**曰：「如其於禰與行。」上介、大夫也，故其禮亦同。蓋上介釋幣告行於己廟，然後來至使者門外俟使者同往至朝也。

二、告禰與行

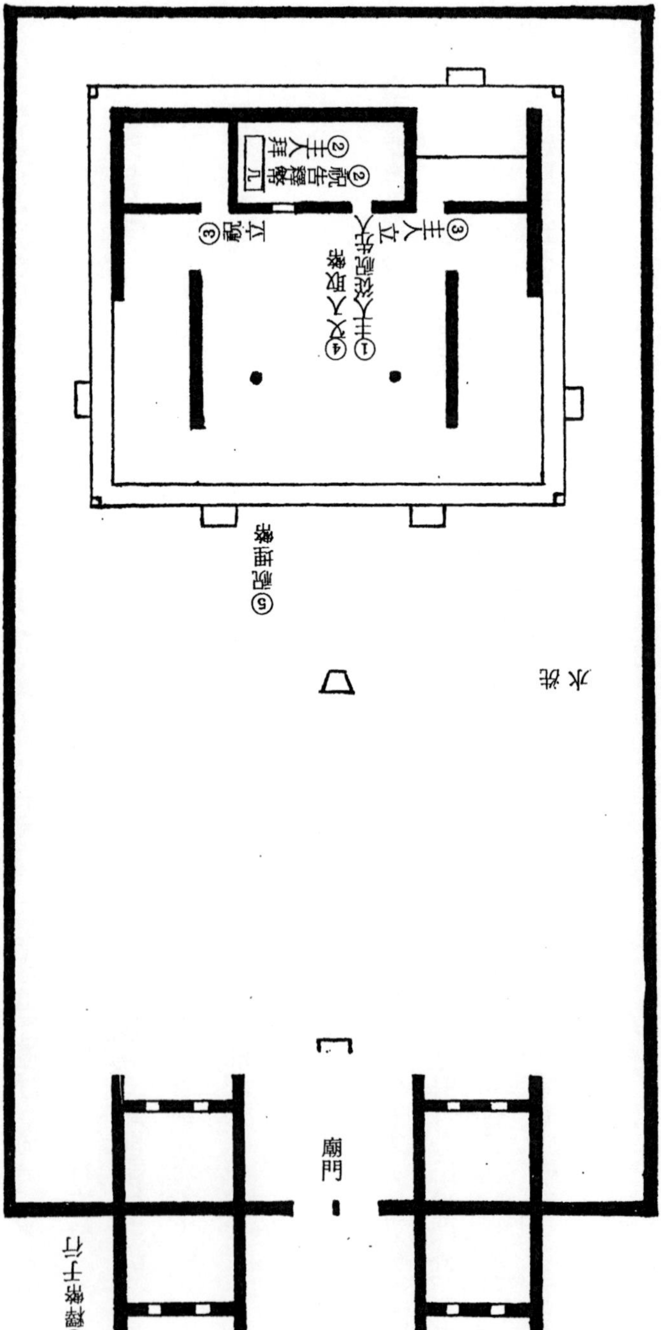

第四節　受命遂行

上介及衆介俟于使者之門外。

案：上節言使者既釋幣於禰與行，遂赴朝受命。此節乃接言受命遂行之事。當使者釋幣未訖，上介及衆介先來至使者之大門外，俟其釋幣于行而出，遂從使者入朝受命而行　**鄭注**云：「俟，待也。待於門外，東面北上。」賈疏曰：「言東面北上者，依賓客門外之位。」賓客之位在西，故東面。門外北上近門，故以北爲上，由此往南依次而立。

使者載旜，帥以受命于朝。

案：使者既出大門，建其旗幟—卿以旜—於車，即率上介及衆介赴朝以受君命。**鄭注**：「旜，旌旗屬也。載之者，所以表識其事也。周禮曰通帛爲旜，又曰孤卿建旜。」所謂旜者，乃表幟卿位之旗也。周禮春官司常職曰：「司常掌九旗之物……通帛爲旜。」又曰：「孤卿建旜」、「凡祭祀各建其旗，會同賓客亦如之，置旌門。」是以此時出聘爲賓客，乃建其旜以爲幟。賈疏曰：「人見張旜，則知是孤卿爲使之事，是表識其事也。」又**鄭注**曰：「古文旜皆爲膳。」鄭氏蓋據周禮

「通帛爲旜」、「孤卿建旜」之文，故從今文皆作「旜」也。

其旜之制，則「通帛」爲之。鄭注周禮曰：「通帛謂大赤，從周正色，無飾。」則此旜以純赤色之帛爲之，不畫無飾也。然聶崇義三禮圖曰：「無他物之飾，然仍注旄羽於杠首，亦繫旆於末若燕尾也。」

使者及衆介至外朝而立俟君命。**鄭注**曰：「至於朝門，使者北面東上。」賈疏曰：「凡諸侯三門，皐應路，路門外有常朝位，下文君臣皆朝列位，乃使卿進使者，使者乃入至朝，卽此。朝門者，皐門外矣。」路門外爲正朝，卽平日常朝之處，前者夕幣亦在此處。下文君臣各卽朝位，乃進使者，故知使者先俟于朝門之外也。賈氏謂諸侯有皐應路三門，而使者俟于皐門外，乃在大門之外也。秦蕙田五禮通考云：「諸侯三門：庫雉路，無皐應。使者所俟，蓋庫門外也。賈疏誤。敖氏以爲雉門外亦非。」（卷二百三十）江永鄉黨圖考、焦循群經宮室圖亦稱諸侯庫雉路三門，與秦氏同。證之禮記明堂位「庫門，天子皐門；雉門，天子應門」之文，則秦氏、江氏、焦氏之說較賈疏爲長。敖繼公云：「此時蓋俟於雉門外」，則是在中門之外矣。參之下文聘時賓俟于大門外，且賓客之禮皆迎送于大門，則敖氏蓋非。當仍從疏說俟于大門外，而大門者，庫門也。門外之位，則如鄭說乃「北面東上」，是亦同如夕幣時之位也。

君朝服南鄉，卿大夫西面北上。君使卿進使者。

案：此在路門外正朝之處　君與卿大夫之處者，皆朝服各卽其位。然後君使卿召使者入朝。敖繼公曰：「此在朝固朝服矣，必著之者，嫌命聘使或當皮弁服也。」若賓至彼國行聘時則皮弁服矣。此時命使雖仍服常朝之朝服，經爲述禮乃特著其服也。君負路門南鄉，卿大夫皆西面北上，以避使者，與夕幣時之位同。若常時朝則卿當北面東上（說見前命使節）。使者不自入而必待君之召者，**鄭注**云：「進之者，使者謙，不敢必君之終使己。」而使卿進之者，則敖氏曰：「重其事也。」

使者入，及衆介隨入，北面東上。

案：卿進使者，使者乃入，衆介亦隨入，至於治朝，立於北面東上之位。使者在東，上介及衆介依次而西。

君揖使者進之，上介立于其左，接聞命。

案：君揖使者，使者稍進前，上介亦稍進，立於使者之左。**鄭注**云：「進之者，有命宜相近也。」是故君揖使者進之，以將命之也。使者稍進而近君以聽命。上介亦進於使者之左而接聞君命。**鄭注**：「接猶續也。」謂接續而聞命也。敖繼公曰：「上介必接聞命者，爲使者或有故，則上介攝使事，宜與聞之。」使者或有故者，則下經云「賓入竟而死」之故，則上介攝其事，故上介亦宜接聞君命也。

賈人西面坐，啓櫝，取圭，垂繅，不起而授宰。

案：此時君將命使者，授之聘圭等玉。玉由賈人掌之，而玉爲重器，盛于櫝中。享用之幣前夕已展而授使者，玉則此時乃連櫝將至朝中，由賈人取而授宰，聽君命以授使者。

賈人者，**鄭注**曰：「賈人，在官知物賈者。」朱子儀禮經傳通解云：「官上疑有庶人二字。」據此，則當爲王制所云「執技以事上者，不貳事，不移官」之類也。以其知物價，故在官掌管器物之事。

圭者，朝聘之禮玉也。此圭爲瑑圭，諸侯用之以覜聘（說見下記）。所謂垂繅者，**鄭注**云：「繅所以藉圭也。其或拜則奠于其上。」賈疏則謂繅有二種：一者以木爲中幹，以韋衣之，乃鄭注所云其或拜則奠玉于其上者，此則無垂繅屈繅之事；一者以絢組爲之，所以繫玉於韋版，使不失墜，此乃有屈垂之法，卽此經所云者是也。賈疏又曰：「案向來所注，皆以韋版繅藉解之者，鄭意以承玉及繫玉二者，所據雖異，所用相將，又同名爲繅，是以和合解之，故以韋版爲之以解絢組之繅也。」審賈疏所言，旣云二者所用相將，又强分繅有二種，曲折以解鄭意，反生紛擾。張爾岐：「據疏所言，仍是一物，韋版絢組相待爲用，何得言二也。」此說是也。考古人之釋「繅藉」者，其說紛紜。敖氏乃云繅以帛爲之，藉玉而有擀之者；又或以「有藉則裼，無藉則襲」（

見聘享節）亂之者，其說皆非，容後辨之。

惟李如圭儀禮集釋所說最為曉然。其說曰：「繅者，以韋衣木，畫以雜采，以之薦玉。廣袤各如其玉之大小。又以五采組繫焉。有事則組或垂或屈之。垂者，垂之向下；屈者，屈之于手。凡言屈垂者，皆據組而言。」唯此言屈為屈之於手，不若江永鄉黨圖考所云「無事以繫玉」為長。此正所謂韋版、絇組本是一物，韋版上又繫以絇組，用以持玉。拜則奠玉其上者，則韋版也；或垂或屈者，則絇組也。絇組解則垂之，或繫玉則屈之。其廣袤大小及五采，幷見下記。

賈人取圭垂繅，不起而授宰者，敖氏曰：「授玉不起，賤者宜自別也。」案鄭注行聘節曰：「授圭不起，賤不與為禮也。」意與敖氏同。以行禮者皆立於朝，賈人賤，不與於禮，故坐而不起，以自別也。然則敖氏又云「宰於其右亦坐受之」當非也，宰宜立而受之。

宰執圭，屈繅，自公左授使者。

案：宰執圭，在公之左以君命而授使者。**鄭注**云：「自公左，贊幣之義。」蓋禮記少儀曰「詔辭自右，贊幣自左」故也。君南鄉，自公左則在公之東也。據下文使者受圭同面，則宰行至使者東北面並授與使者也。

宰執圭「屈繅」者，**鄭注**曰：「屈繅者，斂之。禮以相變為敬也。」乃謂前者宰受圭於賈人時垂繅，故此時變為屈乃所以為敬也。唯何以相變為敬，則義有未明。胡培翬儀禮正義引江氏筠之說解之曰：「自賈人取圭至上介授圭賈人凡四授受，垂繅與屈繅相間。鄭注謂禮以相變為敬也。敖君善謂蓋相變以為儀，然亦莫不有義存焉也。蔡敬齋本義錄高紫超說曰垂繅以示文，屈繅以示敬。筠謂此所以一垂一屈者，卽上展幣之謂耳。賈人啟櫝取圭解組繫以呈之宰，宰得而省視之；則歛繅以授使者；使者受而開視，因執以受命于公，受命訖卽以示上介；上介既審視則屈授賈人，命藏諸櫝。賈人之所以必垂繅授宰者，一以明典守不失，又以便尊者之審之也。宰之所以屈繅授使者，付重物於人宜整理歛束以示付託之慎也。使授上介垂而不屈者，聘使有故則上介當攝其事，故須令省識之，又其後入竟展圭但上介北面視之而賓不視，其行聘時賓但受上介圭襲執之而繅不垂，介實有代賓展視之義，故其授時宜如此也。其聘時賈人垂繅授上介，上介屈繅授賓者，蓋其義與初同，於臨時復加審慎耳。至歸反命，使者執圭垂繅北面者，垂以呈見于君，明使命之不辱，猶賈人執展鄭注謂持之告在之意。宰既受玉則屈而持之。其上介執璋屈繅立於其左者，特以其事未至，迨賓受上介璋則亦垂之以致命，以其儀與圭同，故經云亦如之也。」此說頗見合理，方苞儀禮析疑亦同此義，蓋可從也。

唯若反命時使者執圭垂繅以呈見于君而授宰，則此時宰於君前授使者圭當亦垂繅以致命乃合其義，而經乃云屈繅授使者，必於此而示其慎，至使者受圭乃開視因以受命，於義終覺有所未慊。而經凡授受皆必屈垂相間此蓋鄭氏但以「禮以相變為敬」說之之道歟！

使者受圭，同面，垂繅以受命。

案：使者從宰受圭，皆北面。使者既執圭，則垂繅而受君命。**鄭注**曰：「同面者，宰就使者，北面並授之。既授之而君命出矣。凡授受者，授由其右，受由其左。」以使者本北面，而經云受圭同面，是故云宰就使者。賈疏曰：「知宰就使者北面者，以經言同面，不見使者進文。」吳廷華章句則謂同面者，西面也，蓋欲牽就「宰自公左」之文。胡培翬辯之曰：「受圭受命皆當北面。經不直云公左而云自公左者，宰西面本在公左，今自公左至使者之右北面授之耳。」此說是也。經不云使者易其位，宜是宰就使者，且授受於君前，宜皆北面。而下接云垂繅以受命，臣受君命，固當北面也。而受圭卽是受命，故鄭云「既授之而君命出矣」，蓋授之圭意在命之爲使也。楊復儀禮圖曰：「案授使者圭特以受命言之者，受命莫重於受圭，故圭所以致君命而通信誠也。」當宰授使者圭時，必有君命之辭，故曰君命出矣，且下又有述命也。

既述命。同面授上介。

案：此承上文言使者既受君命，復述其命。述命迄，乃授圭與上介，此時授受亦皆北面。所以述命者，**鄭注**曰：「述命者，循君之言，重失誤。」張爾岐句讀曰：「又重述之以告上介。故上文云接聞命也。」此說殆非。蓋君命使者，上介在其左，當已聞之矣，斯乃接聞命也。豈使者在君前而逑君命以告上介，竟置其君不顧乎。斯必不然，仍以注所云「重失誤」愼其事爲是。

上介受圭，屈繅，出授賈人。衆介不從。

案：使者以圭垂繅授上介，上介復屈繅而出門外以授賈人。以上介出門既授圭當復入，故衆介皆於原地不從之出。**鄭注**曰：「賈人將行者，在門外北面。」賈疏曰：「對上云賈人出玉者是留者也。」蓋賈人乃庶人以知物價而從事於官者。是以掌此玉。前出玉者，留國內掌玉者也，故出玉以授使者。使者既行，亦當有賈人從之以掌聘玉，故上介出而授之，使再藏之櫝中以行也。其在門外北面者，則前使者在門外俟君命之位也。賈疏曰：「知在門外北面者，以其使者在門外時皆北面，此賈人不入，明依本北面可知。」知上介既授圭與賈人當復入者，以下文猶有受享璧，受夫人之聘璋享琮諸儀，上介仍須行禮如初，且待禮畢而從使者同出也。是以衆介不從之出。

受享束帛加璧，受夫人之聘璋，享玄纁束帛加琮，皆如初。

案：使者既受聘圭，繼之又受享璧，受夫人之聘璋享琮。而其儀皆各如前受圭之儀。其聘時用圭璋乃特達而無幣，享時用璧琮則加束帛玄纁。而束帛玄纁已於夕幣時受而載於車矣，璧琮以貴而於此時與圭璋同時受之。此時實不受束帛玄纁，乃又言之者，張爾岐儀禮鄭注句讀曰：「以方授璧琮，取其相配之物兼言之。如云『享時束帛上所加之璧，玄纁束帛上所加之琮』耳。」

其既以圭聘，又享以璧者，**鄭注**云：「享，獻也。既聘又獻，所以厚恩惠也。」其聘以圭特達而無幣，以見君子之德而不在於貨，故聘義曰：「圭璋特達，德也。」且聘用圭璋，於使者將歸則還之（見後經還玉節）故既聘又獻以束帛加璧，則示其厚於恩惠也。是以**鄭注**云：「圭璋特達，瑞也，璧琮有加，往德也。」禮器亦云：「圭璋特」，禮以少爲貴者也；又云：「束帛加璧，尊德也。」蓋君子比德於玉，故享用束帛又加璧以厚其德也。

鄭注又云：「夫人亦有聘享者，以其與己同體，爲國小君也。」是故既以圭璧聘享其君，又以璋及玄纁束帛加琮聘享夫人也。

聘享用圭璋璧琮者，以其爲國之所寶也。周禮春官大宗伯曰：「以玉作六瑞以等邦國。王執鎭圭，公執桓圭，侯執信圭，伯執躬圭，子執穀璧，男執蒲璧。」典瑞亦云：「公執桓圭、侯執信圭、伯執躬圭，繅皆二采三就；子執穀璧、男執蒲璧，繅皆二采再就，以朝覲宗遇會同于王。諸侯相見亦如之。瑑圭璋璧琮，繅皆二采一就，以覜聘。」此經就侯伯之國言之，其所執者圭，下記云「凡四器者，唯其所寶以聘可也」，侯伯所寶者圭，故此聘用圭。聘夫人以璋者，**鄭注**曰：「其聘用璋，取其半圭也。」公羊傳定公八年曰：「璋判白」，何休注云「判，半也。半圭曰璋。」白虎通義卷八瑞贄亦曰：「半圭爲璋。」皆同此說。此經賈疏曰：「周禮典瑞云：四圭有邸（鄭司農云：於中央爲璧，圭著其四面）以祀天；兩圭有邸以祀地；圭璧（鄭注：圭其邸爲璧）以祀日月；璋邸射（典瑞注：璋有邸而射。玉人注：邸射，剡而出也）以祀山川。以上向下差之，以兩圭半四圭，圭璧半兩圭，璋邸射又半圭璧，是半圭曰璋也。」則賈氏更就周禮用玉之制以證半圭曰璋之說，夫人爲國之小君，故聘夫人以璋，半於聘君之圭也。

圭璋之形，則下記云：「圭九寸，剡上寸半，厚半寸，博三寸。」禮記雜記：「贊大行曰：圭，公九寸，侯伯七寸，子男五寸，博三寸，厚半寸。剡上左右各寸半玉也。」周禮冬官玉人注：「凡圭剡上寸半。琰圭，剡半以上，又半爲瑑飾。」說文土部：「圭，瑞玉也，上圜下方。」又玉部：「璋，剡上爲圭，半圭爲璋。」刀部：「剡，銳利也。」白虎通義卷八：「圭者兌上，象始生見於上也。上兌，陽也。下方，陰也。」鄭注周禮大宗伯云：「圭銳象春物生；半圭曰璋，象夏物半死。」綜合以上諸說，可知圭之形長，博三寸，厚半寸，長度則各有差等（說詳下記），下方，上銳，或亦有上圓者，如琬圭（周禮玉人注：琬猶圜也）。其上銳者，以博三寸，左右各剡其寸半，則成銳形也。郝敬云：「圭形下寬上狹，下寬三寸、上削寸半，上居下半也。」（見儀禮集編引）盛世佐曰：「剡上寸半者，謂圭長九寸，上寸半削之使圓，其下七寸有半自若也。」二說皆不合雜記「剡上左右各半」之義，不足取。璋形則如圭而上剡其一側，乃爲半圭之形也。

享用璧琮者，**鄭注**曰：「君享用璧，夫人用琮，天地配合之象也。」白虎通義曰：「方中圓外曰璧，圓中牙外曰琮。」（瑞贄篇）鄭注大宗伯職曰：「璧圜象天，琮八方象地。」此卽所以象天地配合之象也。

又**鄭注**：「周禮曰：瑑圭璋璧琮以覜聘。」（典瑞職文）則此時授使者以聘之圭，非君所執之信圭、躬圭，乃瑑圭璋也。周禮典瑞注引鄭司農曰：「瑑，有圻鄂瑑起。」冬官玉人注曰：「瑑，文飾也。」則所謂瑑圭璋者，有圻鄂以爲文飾，諸侯用以覜聘者也。

又經云享君「束帛加璧」，享夫人「玄纁束帛加琮」，其於琮則言束帛之色玄纁，於璧則未言其色。盛世佐儀禮集編曰：「於夫人之帛言其色，則享君者素也。禮有以素爲貴者，亦此之謂也。」胡培翬儀禮正義非其說，而取敖繼公「享束帛不言玄纁，文省耳」之言，又申之曰：「古禮幣多用玄纁色。於享君不言玄纁，享夫人乃言玄纁，舉後以包前耳。其實一也。」是以爲享君璧所加之束帛亦色玄纁也。然此經**鄭注**曰：「帛，今之璧色繒也。」則是帛仿璧之色，且此法至漢猶存。賈疏據周禮以釋鄭說，周禮大宗伯云：「以蒼璧禮天，以黃琮禮地……」又云：「皆有牲幣，各放其器之色。」然則禮之重者，則倣玉之色以爲幣帛也。李如圭儀禮集釋亦因周禮而謂「此束帛當如其璧之色，未知璧用何色耳。」唯用享之璧正未知何色，且各國、每次所用容或有異，故鄭但云「璧色繒」而未詳何色也。當從注疏之說爲正。

〔記〕凡四器者，唯其所寶，以聘可也。

案：此記明聘享君及夫人用圭璋璧琮四器之義。**鄭注**曰：「言國獨以此爲寶也。四器謂圭璋璧琮。」蓋器即玉瑞也。周禮春官大宗伯職云：「以玉作六瑞以等邦國」，又云「以玉作六器以禮天地四方」。賈疏曰：「對文則人所執曰瑞，禮神曰器，散文則通，雖執之亦曰器。」是此云四器，即四種玉瑞也。又春官天府職云：「凡國之玉鎮大寶器藏焉。」鄭注：「玉鎮大寶器，玉瑞玉器之美者。」是以國之寶者，卽大宗伯之職所謂六瑞六器也。而用以聘者，必以其國之所寶。張爾岐曰：「非所寶，則不足以通誠好矣。」此聘禮據侯伯之國言之，故聘以圭，蓋「侯執信圭，伯執躬圭」也。聘禮最重用圭，享禮以及夫人聘享而等差之，已如前述。賈疏又曰：「此據公侯伯之使者，用圭璋璧琮。若子男使者，聘用璧琮，享用琥璜。」蓋據周禮「子執穀璧，男執蒲璧」也。大宗伯之職又云：「以玉作六器以禮天地四方。以蒼璧禮天，以黃琮禮地，以青圭禮東方，以赤璋禮南方，以白琥禮西方，以玄璜禮北方。」然則圭璋璧琮琥璜皆國之所寶器，可用以聘享也。

盛世佐儀禮集編云：「圭璋璧琮玉器凡四，聘享並行，而聘尤重，故必以其所寶者聘也。云惟其所寶者，五等諸侯所寶不同，則所用以聘者亦異。公侯伯寶圭璋，子男寶璧琮。上用則已僭，下用則已卑，皆不可也。經但見公侯伯之聘玉，嫌璧琮可以享而不可以聘，故記明之，且以杜僭與卑之失也。」此言極明。蓋子男與公侯伯所執以聘固異。此經但就侯伯言之，故記特申明唯國所寶以聘，一以明子男之聘不必用圭璋，而可用璧琮；一以明非國所寶，不足以聘，則一以杜僭，一以杜卑也。

〔記〕所以朝天子，圭與繅皆九寸，剡上寸半，厚半寸，博三寸。繅三采六等，朱白蒼。問諸侯，朱綠繅，八寸。

案：此記明朝聘所用玉幣之宜。於聘禮而記朝天子之玉者，並明之也。繅以藉圭，並繫以組，已見上述。此云圭與繅皆九寸，則韋版之繅也。朝天子之圭與繅，其長皆九寸。剡上寸半，厚半寸，博三寸，則是圭之形制。**鄭注**曰：「圭，所執以爲瑞節也。剡上，象天圜地方也。九寸，上公之圭也。」禮記雜記下曰：「圭，公九寸，侯伯七寸，子男五寸，博三寸，厚半寸，剡上左右各寸半玉也。藻，三采六等。」據此可知此記所以朝天子之圭九寸，乃據上公言之。且知圭之長短有等差，其厚、博皆同也。說文刀部：「剡，銳利也。」圭博三寸，其上左右各剡寸半，則正成銳利之形。或者削而圜之，則成上圓下方之形。

繅之色以朱白蒼三色而重之，合爲六匝，故曰「六等」，其「三采」則朱白蒼也。**鄭注**云：「雜采曰繅，以韋衣木板，飾以三色再就，所以薦玉，重愼也。古文繅或作藻，今文作璪。」朱子經傳通解謂雜記疏引此聘禮記爲「三采六等朱白蒼朱白蒼」，因謂此記只有「朱白蒼」三字，不知何時傳寫之誤失此重三字。又金日追儀禮經注疏正譌亦謂經文脫「朱白蒼」三字。然則據雜記疏所引，是三采爲「朱白蒼」，又重「朱白蒼」即所謂「再就」，乃爲六等也。

鄭注云「雜采曰繅」者，蓋繅乃以韋衣板，大小如玉，而飾以雜采，用以薦玉。雜采者，即三采再就是也。以其雜采爲飾，故名之曰「繅」。此亦所以字或作「藻」，今文又作「璪」也。說文玉部曰：「璪，玉飾如水藻之文。」至其所用，則薦玉之器，所謂「繅藉」者也。

記又云「問諸侯，朱綠繅，八寸」，乃據上公之聘問而言。此云繅八寸，則玉亦八寸。敖繼公集說曰：「上言朝玉與其繅九寸，故於此但言繅而不及玉，蓋省文耳。」以繅玉之大小等，故言繅而玉可知。考工記玉人職云天子之圭尺有二寸，公之命圭九寸，侯伯命圭七寸。上引雜記與此同，且子男五寸，亦等殺以兩。玉人職又云：「璧琮九寸，諸侯以享天子。瑑圭璋八寸，璧琮八寸以覜聘。」諸侯以享天子之璧琮與所以朝天子之圭皆九寸，與所執者同，固知是據上公言之。若侯伯所執七寸，則朝享天子當亦七寸；子男之朝天子，則所用玉璧當是五寸矣。而瑑圭璋璧琮八寸以覜聘亦是據公言之，差於朝天子一等，以此推之，則侯伯之相聘圭璧六寸，子男聘問之玉則四寸也。**鄭注**曰：「於天子曰朝，於諸侯曰問，記之於聘，文互相備也。」明此聘禮記所以兼言朝天子、問諸侯玉繅制之故也。且此聘禮本據侯伯之國，而此記據上公朝問之玉，蓋亦互相備之義也。

聘問之玉，朱綠繅，**鄭注**曰：「二采再就，降於天子也。」按周禮春官典瑞職云：「王晉大圭，執鎮圭，繅藉五采五就，以朝日。公執桓圭，侯執信圭，伯執躬圭，繅皆三采三就。子執穀璧，男執蒲璧，繅皆二采再就，以朝覲遇會同于王。諸侯相見亦如之。瑑圭璋璧琮，繅皆二采一就以覜聘。」則鄭注朱綠繅「二采再就」與典瑞異。盛世佐儀禮集編曰：「註云二采再就，再字誤，當依典瑞作一也。云降於天子者，謂降於朝天子也。」盛氏是也，當依典瑞職以改鄭注。且若從鄭氏則與子男無異。蓋非也。且典瑞之職云瑑圭璋璧琮以覜聘「皆二采一就」則是遣大夫之聘其繅皆同，不若諸侯之親朝五等各有差也。又上文朝天子繅三采六等—朱白蒼朱白蒼，鄭注曰「三色再就」；則「二采一就」當是「朱綠」二采各一等（一帀）。此所以記文於「朱白蒼」則重之（據雜記疏正），於「朱綠」則不重也。李如圭集釋所云：「此聘圭之繅采爲一行，二采共爲再行」是也。若賈疏强解鄭氏之說云：「一采爲一就，二采共爲再就，是臣二采共當君一采一帀之處」則非矣。

〔記〕皆玄纁繫長尺，絇組。

案：此言朝聘之玉及繅各有等異，而皆以玄纁爲組繫，其長以尺，又飾以五采之文也。**鄭注**曰：「采成文曰絇。繫，無事則以繫玉，因以爲飾，皆用五采組。上以玄下以絳爲地。」賈疏曰：「上文繅藉尊卑不同，此之組繫尊卑一等。」是所以經及注云「皆」也。賈疏又曰：「無事謂在櫝之時，亦以繫玉，因以爲飾。」據賈疏謂此繫卽組。其質地則上玄下纁，以玄法天、絳法地（纁卽染絳三入之色。見士冠禮注）。又以五采成章之文爲飾，故云絇組也。其長尺，故繫玉而垂以爲飾。此組繫亦爲「繅」之一部分，卽所以有垂繅屈繅之事者也。李如圭集釋、張爾岐句讀、胡培翬正義、及褚寅亮儀禮管見皆從此說。盛世佐集編則取敖繼公之說而於玄纁斷句，以「繫」字屬下讀。謂玄纁乃帛爲之，用以爲繅，又以絇組爲繫。蓋敖氏釋繅，謂以帛爲之—表玄裏纁，所以藉玉，又揜其上。又謂揜之則繅屈卽所謂屈繅；開之而不揜，則繅下垂，乃爲垂繅。貢汝成三禮纂註亦從其說。然此與經云圭與繅皆九寸、八寸之說不合。故此說不足取，仍以從注疏之說爲是。

〔記〕多貨則傷于德，幣美則沒禮。

案：此言玉幣之宜不必多不必美，唯在其當而已。**鄭注**曰：「貨，天地所化生，謂玉也。君子於玉比德焉。朝聘之禮，以爲瑞節，重禮也。多之，則是主於貨，傷敗其爲德。」此言聘享用玉者，在於君子於玉比德之故，亦即所以重禮也。禮記聘義曰：「夫昔者君子比德於玉焉：溫潤而澤，仁也；縝密以栗，知也；廉而不劌，義也；垂之如隊，禮也；叩之，其聲清越以長，其終詘然，樂也；瑕不掩瑜，瑜不掩瑕，忠也；孚尹旁達，信也；氣如白虹，天也；精神見於日月，地也；圭璋特達，德也，天下莫不貴者，道也；詩云言念君子，溫其如玉，故君子貴之也。」斯乃君子所以於玉比德而以之聘享之義。其用玉之義在比德，故不宜多，多則疑其主於貨而傷敗其爲德也。張爾岐句讀曰：「圭璧璋琮，聘享君與夫人，各用一而已。本取相厲以德，多之，是所重在貨而傷于德也。」謂各用其一，是不多也。

又敖繼公云：「貨指聘物而言」，盛世佐曰：「貨謂玉帛庭實之屬，註專指玉言，非。」案敖所謂聘物者，或言圭璋，或兼言玉帛庭實，而鄭於此「貨」專指玉，爲天地所化生，乃對下「幣美」之「幣」，乃人所造成而言，故鄭注不誤也。

又「幣美則沒禮」**鄭注**云：「幣，人所造成以自覆幣，謂束帛也。愛之斯欲衣食之，君子之情也，是以享用幣，所以副忠信。美之則是主於幣，而禮之本意不見也。」此解享 用束帛之意，謂君子之情，愛之斯欲衣食之，束帛卽所以衣之也，故副之以見其忠信也。然亦有其定制，不宜過美，過美則見其主於幣，而失其忠信以禮之本意矣。

鄭以「幣」對上「貨」言，而爲人所造成，所以「自覆幣」，乃謂束帛也。張爾岐句讀曰：「註以自覆幣謂束帛也，幣字疑當作蔽字，自覆蔽，謂其可爲衣也。」褚寅亮則謂「注：幣者人所造成以自覆爲句，幣謂束帛也爲句」，然仍以張氏之言存參。按如褚氏所言，兩句重舉「幣」字，似於文氣不合，此蓋褚氏仍以張說存參之由。胡培翬正義亦曰「張說較勝」。今亦存參於此。

又周禮司儀職曰：「凡諸侯之交，各稱其邦而爲之幣，以其幣爲之禮。」鄭注：「幣，享幣也。於大國則豐，於小國則殺。主國禮之如其豐殺，謂賄用束紡、禮用玉帛乘皮及贈之屬。」是謂聘國之享幣及主國之贈賄（見下文還玉及主國贈送兩節）各稱其邦之小大以爲豐殺。蓋亦猶前文授幣節所言或用皮或用馬以其國之所有爲禮之義。朱子儀禮經傳通解亦引此司儀職文以證此句記文，蓋用幣之宜皆然也。

又李如圭集釋云：「荀子曰：聘禮志曰聘厚則傷德，財侈則殄禮，禮云禮云，玉帛云乎哉。」案荀子之文見大略篇，其引聘禮志當卽此記而文異，義則同也。荀子又擧論語文，亦此義也。

遂行。

案：此時既受聘享之玉，且受命于君，遂行出國而卽道路。**鄭注**云：「曲禮曰：凡爲君使，已受命，君言不宿於家。」鄭氏引曲禮以明使者受命遂行而不再返家之義。此即所以將受命於朝離家時先告禰與行之道也。

〔記〕出祖，釋軷，祭酒脯，乃飲酒于其側。

案：此謂使者行出國門而道祭，卿大夫之處者於是餞之而飲酒于其側。**鄭注**曰：「祖，始也。既受聘享之禮，行出國門，止陳車騎，釋酒脯之奠於軷，爲行始也。詩傳曰：軷，道祭也。謂祭道路之神。春秋傳曰：軷涉山川。然則軷山行之名也。道路以險阻爲難，是以委土爲山，或伏牲其上，使者爲軷，祭酒脯祈告也。卿大夫處者於是餞之，飲酒于其側。禮畢，乘車轢之而遂行，舍于近郊矣。其牲犬羊可也。」乃明釋軷之義及其法。引春秋傳者，左傳襄公二十八年文，知「軷」本爲山行之名。以山行多險阻，故祭之以祈告求平安，是以又爲道祭之稱。鄭引詩傳者，大雅生民「取羝以軷」句毛傳文。又周禮夏官大馭職云：「掌馭王路以祀及犯軷。王自左馭，馭下，祝登受轡犯軷，遂驅之。」鄭注：「行山曰軷。犯之者，封土爲山象，以菩芻棘柏爲神主。既祭之，以車轢之而去。喩無險阻也。」說文車部曰：「軷，出將有事於道，必告其神，立壇四通，尌（樹）茅以依神，爲軷。既祭犯軷，轢牲而行，爲範軷。」案許氏所說義與鄭注周禮同，而未以「軷」爲祭名。盛世佐儀禮集編曰：「案始行而祭曰祖。詩云韓侯出祖是也。軷，軷壤也。釋軷者，舍其所祭之物於軷上也。鄭註月令乃軷字的解。又因祖行之祭皆釋奠於軷，故或以軷爲道祭之名。

此處祖軷並言，則祖爲祭名而軷爲設祭之處，不可混也。註引詩傳似誤。」盛氏此辨甚明。胡培翬正義則謂其「以祖爲祭名，而軷爲設祭之處，非鄭義矣。」又曰：「此經軷既爲祭名，則祖不得又爲祭名，故鄭以始解之。」此蓋所謂寧疑經不疑鄭者是也。案「軷」者，本山行之名，委土象山，以車軷之，則象山行而無險阻之義。故委土立壇以依神爲軷，卽鄭注月令所謂「軷壇」是也（見前文釋幣于行）；以車轢之而過曰「犯軷」，或云「範軷」（說文）。而「祖」，則爲祭名。詩經大雅韓奕云「韓侯出祖」，鄭箋：「祖，將去而犯軷也。」烝民：「仲山甫出祖」，鄭箋：「祖者，將行犯軷之祭也。」左傳昭公七年云「公將往，夢襄公，祖」，杜注：「祖，祭道神。」句皆與此記同，謂將出國而行祖祭，祖祭則有犯軷之事也。此記亦言出國而行祖祭，釋奠於軷壇而祭酒脯也。鄭注引詩傳而以「軷」謂道祭，遂解釋「祖」爲始行。然詩傳所云亦謂軷爲道祭之事耳，未必卽以軷爲祭名也。且鄭氏箋詩常以「犯軷」爲稱，可見鄭氏亦未敢遽以「軷」爲祭名也。

鄭注云「委土爲山，或伏牲其上」，以此記聘禮但言祭酒脯，當是無牲；而釋軷之禮，或亦有用牲者也。如說文所言「轢牲而行」，則是有牲。詩生民「取羝以軷」，以羝爲牲也。毛傳云：羝，牡羊。周禮秋官犬人曰：「掌犬牲。凡祭祀供犬牲，用牷物。伏瘞亦如之。」鄭注：「伏謂伏犬以王車轢之。」是則犯軷用犬之證。所以鄭於此注謂「牲用犬羊可也」。

「飲酒于其側」，謂卿大夫之處者送行出國門，旣祖而飲酒于軷壇之側，卽所謂「餞別」是也。詩經邶風泉水云「出宿于泲，飲餞于禰」，毛傳曰：「祖而舍軷，飲酒於其側曰餞。重始有事於道也。禰，地名。」孔疏：「舍軷卽釋軷也。」又詩韓奕云：「韓侯出祖，出宿于屠，顯父餞之，清酒百壺。」亦言飲餞之事。與此可以互證。蓋祖祭之事，爲軷壇以依神，釋酒脯之奠，既祭告，飲餞於其側，然後乘車轢軷壇而遂行。

又**鄭注**：「古文軷作祓。」徐養原儀禮古今文異同疏證云「說文：軷，出將有事於道，必先告其神爲軷。从車犮聲。又祓，徐惡祭也。从示犮聲。二字俱以犮爲聲，古蓋通用。」胡承珙儀禮古今文疏義曰：「祓爲徐惡之祭。周禮：女巫掌歲時祓除釁浴。注云：歲時祓除，如今三月上巳如水上之類。此祓與軷音同義別，故鄭從今文。」按徐氏之說不如胡氏爲確。以此時言出國門祖祭釋軷之事，非歲時除惡之祭，故知祓爲同音而譌也。是以此鄭氏從今文作軷。

舍于郊。歛旜。

案：使者既祖，犯軷遂行，至於近郊而舍，歛其載車之旜。**鄭注**曰：「於此脫舍衣服乃卽道也。」下經賓有私喪節鄭注：「吉時道路深衣」。則此時行道當服深衣。而前此朝服告禰，又載旜入朝受命，出至國門又祖祭與大夫飲餞，而犯軷遂行，至此猶著朝服，故舍於郊而脫舍朝服改服深衣也。

又歛旜者，**鄭注**曰：「此行道耳，未有事也。歛，藏也。」以前者載旜爲表其事，此時行道無事，故歛而藏之也。

〔記〕問大夫之幣，俟于郊，爲肆，又齎皮馬。

案：此於聘享之外，使者問卿、問下大夫之幣，不受之於朝，而由宰夫載而俟于郊，並陳列之，以待使者既受命，遂行至於郊時而視之，然後付與之也。此幣包幣帛皮馬言。**鄭注**曰：「肆猶陳列也。齎猶付也。使者既受命，宰夫載問大夫之禮待於郊，陳之爲行列，至則以付之也。使者初行舍于近郊。幣云肆馬云齎，因其宜，亦互文也。」以幣宜於陳，馬難於陳，而皆付之，故云幣爲肆，又齎皮馬，實皆陳而付之也。所以必陳者，**鄭注**：「不於朝付之者，辟君禮也。必陳列之者，不夕也。」是夕幣及朝命於朝而付者，皆聘君之幣，此問卿大夫之幣則辟君幣，而於此乃陳而付使者也。以夕幣時幣皆有陳，故此時問大夫之幣亦陳之也。知是宰夫載而俟之于郊者，以經云宰夫官具，故此亦當宰夫具之；經云遂行舍于郊，故此亦俟于郊也。

又私覿之幣當亦同此而俟于郊。周禮校人職曰：「凡國之使者，供其幣馬。」鄭注：「使者所用私覿。」則私覿之幣馬亦公家所供。唯私覿之物對聘享問大夫之幣則爲私耳。聘享君夫人之幣受于朝；問大夫之幣則俟于郊，推而下之，則私覿之幣當亦俟于郊。但以事輕而不言，於此可推而知也。

鄭注又曰：「古文肆爲肄。」胡承珙儀禮古今文疏義曰：「古肆肄字多互譌。周禮小宗伯：肄儀爲位。注：肄，習也。故書肄爲肆。杜子春讀肆當爲肄。此爲肆之肄，鄭云肆猶陳列也。非肄習之義，故不從古文。」胡氏舉小宗伯及注，以證肆肂常互譌之例。徐養原因謂二字通用無別。其實二字以形近而常致譌，義實有別。此記宜取「肆，猶陳列」之義，而非肂習之義。故知古文作肂乃形近之誤，是以此字鄭從今文作「肆」而不從古文。

路門

宰　卿　大夫

君④揖使者

⑤宰受授取置圭宰圭宰圭人

⑥使者盥手受圭

⑦使者左手授玉手受下授

④使者辟

③使者

②擯者揖

橫

雉門

①卿進使者
②擯者…人
擯人

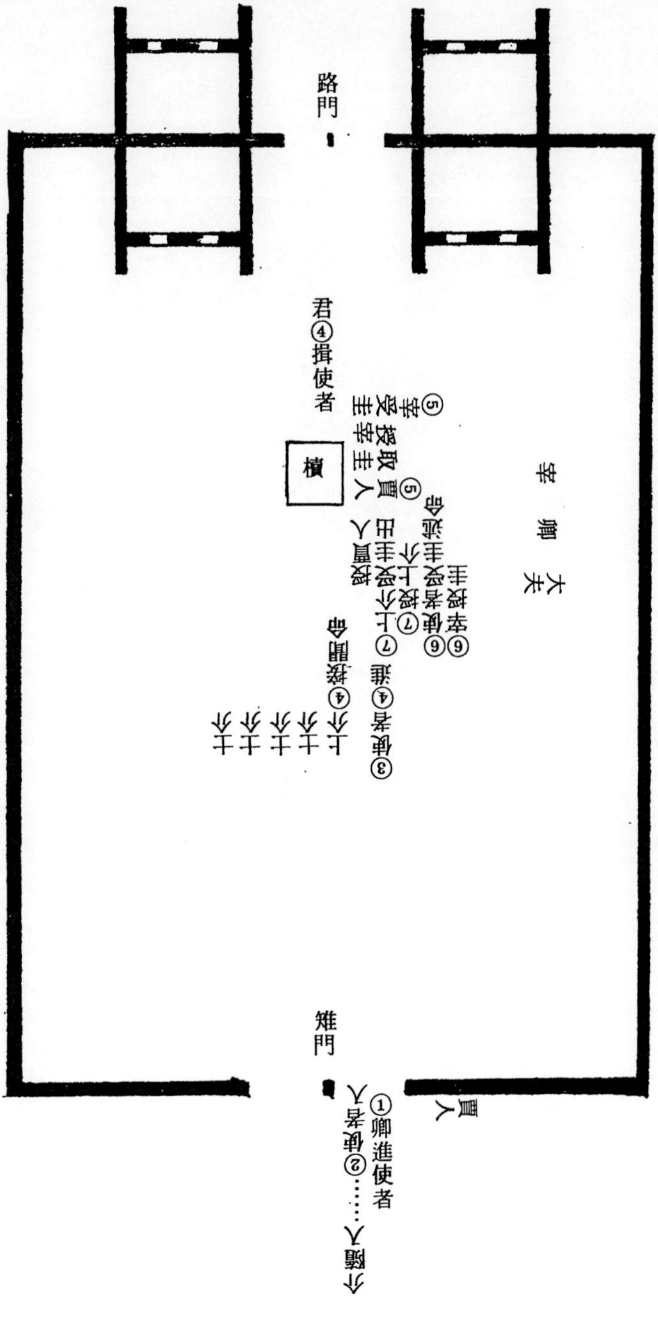

第五節　過他邦假道

若過邦，至于竟，使次介假道。束帛將命于朝，曰：請帥。奠幣

案：若未至所聘之國，而途中道經他國境內，則假道焉。**鄭注**云：「至竟而假道，諸侯以國爲家，不敢直徑也。」蓋亦猶今日各國之有領土主權，他國之人未經准許，未便徑行經過也。賈疏則舉左傳僖公三十三年秦師襲鄭，不假道於晉，爲晉所敗；及國語周語定王使單襄公聘於宋，遂假道於陳以聘於楚之事，而明春秋猶有假道之禮。天子以天下爲家而猶假道者，韋昭解曰：「是時天子微弱，故以諸侯相聘之禮假道也。」

其假道使次介。次介，士也（見命使節）。敖繼公集說曰：「假道禮輕，故使次介。」次介以束帛爲禮幣，至於所過之邦外朝，奉君之命而請導其所當由之道。並奠其幣。其所過之國以下大夫應之於朝門外。**鄭注**曰：「將猶奉也。帥猶道（音導）也。請道己道路所當由。」將命卽奉己君之命，猶下文凡言「致命」卽致己君之命也。將命于朝，敖氏曰：「此朝爲大門外。」知在大門外者，以下經云「下大夫取以入告出許」，明在朝門外也。據江永鄉黨圖考云諸侯三門：庫、雉、路，庫門外爲外朝。下文聘禮，賓皮弁至于朝而公迎賓于大門內（主人尊則迎賓于門內），

則賓「至于朝」在大門外也；又賓入國告至時，經云「至于朝」，鄭注：「賓至外門」，則此「將命于朝」當亦是大門外之外朝也。

其奠幣而不徑以授受者，敖氏曰：「賤不敢授也。」蓋亦猶下文「私覿」時，賓介見主國之君以臣禮，故奠幣而不敢授也。

下大夫取以入告，出許，遂受幣。

案：次介奠幣爲禮，彼國之下大夫未敢逕受，乃取以入告其君，出而達其君許假道之命。而辭其禮幣，辭讓不得，遂受幣。**鄭注**曰：「言遂者，明其受幣非爲許故也。容其辭讓不得命也。」意謂若爲許假道而受幣，則既出許，卽言受幣可也，言遂受幣，則知其中容有辭讓之節，以辭讓不得遂受其幣也。故知受幣非爲許故，其幣乃禮幣也。胡培翬正義曰：「此奠幣受幣與常時授受禮異者，皆以假道禮略，且不欲久稽過賓也。」蓋其將命奠幣受幣皆在外朝而不入，則是不欲久稽過賓之意。又以在外朝而禮略，是故遣次介也。至其奠幣而不授受，則次介以賤不敢授，下大夫亦以在門外未得君命而不敢卽受之故也。觀其入告出許，辭讓乃受可證之矣。

餼之以其禮。上賓大牢，積唯芻禾。介皆有餼。

案：此言所過之邦餼賓介之事也。**鄭注**曰：「凡賜人以牲生曰餼。餼猶稟也，給也。以其禮者，尊卑有常差也。常差者，上賓上介牲用大牢，群介用少牢，米皆百筥。牲陳于門內之西北面，米設于中庭。上賓上介致之以束帛，群介則牽羊焉。上賓有禾十車，芻二十車，禾以秣馬。」

鄭云「賜人以牲生曰餼」者，以下文主國歸饔餼與賓飪一牢、腥二牢、餼二牢。賈疏又舉論語曰「告朔之餼羊」，春秋僖三十三年云「餼牽竭矣」。故知餼爲生牲。鄭又云「餼猶稟也，給也」，賈疏曰：「於賓爲稟，稟，受也；於主人爲給，給賓客也。」則「餼」亦爲賜物之通稱也。王聘珍儀禮學云：「說文云：氣，餼客米芻也。鄭氏於儀禮注以餼爲牲；於周禮注以餼爲納稟食，周禮注與說文合。儀禮注又云餼猶稟也給也，則餼者饋牲牢芻米之通稱也。」然則或以牲生曰餼，或以餼爲饋稟食之稱，而此時「餼之以其禮」、「介皆有餼」，蓋以生牲而兼其芻禾之稱也。

「餼之以其禮」者，則用太牢，少牢之常差也。經但云「上賓大牢」，鄭乃謂上介亦太牢，而群介用少牢者，曹元弼禮經校釋曰：「禮命者，大夫本當用少牢，爲賓介加一等用太牢；士本當用特牲，爲介加一等用少牢。」此乃解釋鄭氏說上介大牢群介少牢之義。賈疏曰：「經不言上介，知與賓同大牢者，若上介與群介同，當爲『介皆少牢』。」謂以經不言「介皆少牢」乃知上介不用少牢而用太牢也。疏又曰：「以經上賓云唯芻禾，言唯者異，明上介無也。」此則又解上介亦用大牢而經不以上介同上賓言之者，乃唯上賓有積之故。然賈氏所言乃基於「群介用少牢」之說。而經並未言介皆少牢，但言「介皆有餼」且「餼之以其禮」耳。設若上介仍用少牢，士介仍用特牲，則經總言「介皆有餼」宜矣。且曹氏以賓加一等用大牢，遂言衆介亦各加一等亦有所不可，且各加一等矣，何得謂「以其禮」哉？

盛世佐儀禮集編引李氏微之曰：「賓大牢，則介不得用大牢。」敖繼公集說、蔡德晉禮經本義皆云「賓大牢，上介少牢，群介特牲」。竊謂設如曹氏所說大夫當用少牢，士當用特牲（曹氏蓋據大夫用少牢禮，士用特牲禮爲言），則「各以其禮」當如敖氏蔡氏之說爲是。以賓爲上大夫，且出使爲上賓，故特加之而用大牢，是以經特云「上賓大牢」，其餘則各以其禮而不加，故但云「介皆有餼」耳。若鄭氏以上賓大牢而各加一等，賈疏又舉下文大夫餼賓上賓上介皆太牢，以證上介與賓同之義，雖曲折爲說，而殊不合此經文「各以其禮」之義，固不足取。而下文大夫餼賓乃主國待來使之禮，此則待假道之客耳。禮之輕重固別，經所書亦異，固不可强以彼說此也。

「積唯芻禾」者，鄭注云禾十車，芻二十車，及庭中米百筥則皆有之。此說後人亦頗疑之。案下文致飧及歸饔餼門外之積有米禾薪芻，載之以車，謂之車米；歸饔餼時又有庭中之米百筥，其中黍粱稻各二十、稷四十筥，謂之筥米。此時經云「積唯芻禾」，則鄭以門外之積但有禾芻無米薪，却又謂賓介皆有米百筥，賈疏云乃據歸饔餼之禮。然歸饔餼乃所聘之國待來使之大禮也，大夫餼賓介時，上賓、上介太牢，士介少牢，米且八筐六筐耳。此假道也，乃據以爲說，恐亦不合於理。盛世佐儀禮集編引李微之云「積唯芻禾，則無米可見矣。」敖繼公集說云：「米禾薪芻皆謂之積，積唯芻禾，是無薪與米也。上賓有積，上介以下未必有之。此餼積唯若是，所以降於主國之禮賓也。然以此待過客，亦不為不厚矣。」竊謂此說是也。若李如圭集釋云「言積唯芻禾，則無車米與薪，且獨上賓有之耳。」又云：「上賓上介群介米皆百筥」，是從鄭氏所言雖無車米，而皆有筥米，其米百筥之禮太盛，固不合於待假道之客，前已明之。而褚寅亮儀禮管見更謂非但庭中筥米仍有，且介皆有餼「實兼積在內，否則介以下之人馬可不須芻禾耶。」此又求之太過。按歸饔餼時群介餼太牢、米百筥而無積，豈假道反過之？且人馬之須本不當求之假道之國，假道之國餼之以其禮乃盡其禮耳，豈又負責供其所須也。誠如敖氏所言「以此待過客，亦不為不厚矣！」

鄭云禾芻之數，則據下文致飧及歸饔餼，禾視死牢，牢十車，芻車倍禾。而此時上賓但有生牢一，則取生牢之數，故禾十車、芻二十車也。上介以下但少牢、特牲，則無積也，固宜。

又鄭云「牲陳于門內西北面。上賓上介致之以束帛，群介則牽羊焉」，亦約歸饔餼之文。但此時既云群介特牲，則宜束豕而致之矣。而上介少牢，是否須用束帛致之，亦有可疑。若下文大夫餼上賓上介大牢而牽牛致之，設飧時亦不以束帛致，此時假道，非賓客之大禮，何須如歸饔餼之大禮而以束帛致之。竊謂蓋亦如大夫餼賓而牽牛、牽羊以致之耳！

士帥沒其竟。

案：此云所過之國使士導其國內之行道，至盡其國境而止，即前文「請帥」而許之事也。**鄭注**曰：

「沒，盡。」沒其竟，即盡其國境之地也。胡培翬儀禮正義曰：「周語候人爲導。夏官候人，士爲之。」按周禮夏官候人職云：「若有方治則帥而至于朝。及歸送之于竟。」鄭注：「候，候迎賓客之來者。」即此帥賓客沒其竟之事也。胡氏引周語所以證候人爲導之事。周禮夏官序官則云：「候人，上士六人，下士十有二人。」是此帥沒其竟者，候人，士也。

誓于其竟。賓南面，上介西面，衆介北面東上。史讀書，司馬執策，立于其後。

案：此言過他邦假道，未入國境前，誓于其境之事。**鄭注**曰：「此使次介假道，止而誓也。」賈疏釋之謂此誓當在使次介假道之時，止其衆於竟而誓其紀，然後入竟。未有既沒其竟然後誓者也。而經文書於「士帥沒其竟」之下者，以前述彼國假道之禮，因述帥于其竟，畢，然後補述己國誓軍之事也。敖繼公曰「此當在次介假道而復命之時。」則其時更確矣。

鄭注又云：「賓南面，專威信也。史於衆介之前北面讀書，以勑告士衆，爲其犯禮暴掠也。禮，君行師從，卿行旅從。司馬主軍法者，執策示罰。」案「君行師從，卿行旅從」見於左傳定公四年。注云：師，二千五百人；旅，五百人。以所從者衆，故須誓其紀以免士衆之犯禮於彼國也。其列位，則賓南面，上介西面，衆皆北面；士介四人在旅衆之前，北面東上；史又在士介之前北面讀書；司馬執策立於史後，亦北面。南面本君位，賓此時亦南面者，則鄭氏云爲專威信，而便於執軍法以戒衆也。是以史讀誓戒之書，司馬執策立於其後，亦所以示其威罰也。儀禮釋官云：「史讀書，謂誓戒之書也。」敖氏又引春秋（左氏）傳：昭六年楚公子棄疾聘晉過鄭，禁芻牧採樵，不入田、不樵樹、不採蓺、不抽屋，不强丐，誓曰「有犯命者，君子廢，小人降」，因謂所誓當此類也。

儀禮釋官曰：「司馬執策立于其後，此司馬之屬官，從聘賓行者。大夫本有家司馬，此爲君聘，上介士介皆公臣，則司馬當亦公臣。周禮大司馬以下至伍長皆得稱司馬，故有公司馬兩司馬之稱，此司馬蓋其類也。」則此司馬爲司馬之屬官，猶之史讀書者亦大史之屬官也。周禮秋官掌客職有「凡介行人宰史皆有飧饔餼，以其爵等爲之禮。」，鄭注云：「凡介行人宰史，衆臣從賓者也。行人主禮，宰主具，史主書。」賈疏：「此云史止謂大史之屬官，以其有爵等故知也。」雖掌客所記爲諸侯之事，然亦可見朝聘賓客之各有主事之屬官相從。此聘禮以大夫爲賓，則史、司馬宜皆大史、司馬之屬官也。吳廷華章句謂此史乃大史，蓋非。

第六節　豫習威儀

未入竟，壹肆。

案：自出聘，未至於所聘之國，凡有過他邦者，其事皆如上節所述。將至於所聘之國竟，未入竟前，則先豫習聘享之儀。**鄭注**云：「謂於所聘之國竟也。肆，習也。習聘之威儀，重失誤。」以聘爲大禮，恐正式行聘時有所失誤，故豫習以嫻熟之，可免失誤也。

爲壝壇，畫階，帷其北，無宮。

案：其習儀時，委土而象壇之形，畫地爲階形以習升降之節，於堂北則帷之以象堂深，且以爲鄉面之依憑，而不畫外垣，無宮之象。壝壇者，**鄭注**曰：「壝土象壇也。」敖繼公集說云：「築壇而卑曰壝壇，象堂也。」吳廷華儀禮章句亦云：「封土爲壇，起土爲壝，無成又無尺數，象壇而已。」張爾岐據廣韻「壝，埒也，墳也」，因謂「蓋壇之形埒也。壇須築土高厚，有階級，壝則略，除地聚土，令有形埒而已。以壝壇兼名，壝亦有壇名也。」其說亦與敖、吳同。胡培翬正義據鄭說，又舉周禮巴人職鄭注社壝「壝謂委土爲墠壇」，因謂「壝土卽委土也。」而非敖、張二氏之說。

竊以爲𨛫人職鄭注正見壝乃委土象壇之形也。且經云「爲壝壇」，則是壝亦壇也，但卑而不成壇，象形而已也。敖說得之，胡說非也。以壝壇卑而但象壇形，故畫地爲階，敖氏曰「必畫階者，習升降之儀也。」「帷其北者，於壝壇之北設帷，鄭注：「帷其北，宜有所鄉依也。」敖氏曰：「象房屋以爲堂深之節。」」二說相輔以明，是謂設帷以爲習儀方向進退節度之依憑也。無宮者，鄭注云：「不壝土畫外垣也。」」是旣不積土亦不畫地以象牆，吳廷華曰：「禮所不及也。」以行禮不及於宮牆，故無須畫宮以象之。

朝服，無主，無執也。介皆與，北面西上。

案：習聘禮之時，賓介衣朝服。無主君之位，亦不使人象之。不執圭。但徒手以象其威儀而已。介皆與於其儀，止於門左北面西上。云「朝服」者，敖繼公集說曰：「嫌肄聘儀則當如聘服也。凡以道路常服卿大夫朝服，以下則玄端與。」按下經云聘時皮弁服，故敖氏謂嫌肄儀則當如聘服，以此朝服非聘服也。然遂謂朝服爲道路常服則又誤之。蓋上文卿受命而至郊脫去朝服，已明道路深衣，是此朝服已變其常服，唯未用皮弁耳。盛世佐儀禮集編云：「道路深衣，至是乃易朝服者，以習儀，重之也。不皮弁，下於聘也。」此說是矣。

無主無執者，**鄭注**云：「不立主人，主人尊也。不執玉，不敢褻也。徒習其威儀而已。」鄭氏以無執爲「不執玉」；敖繼公則謂「不執玉帛也。無主則無授受之儀，故不必執，且不敢褻也。

徒習其威儀而已。」是敖氏以無執兼云「不執玉帛」。胡培翬正義以下文云「習享」，則此時介皆北面西上者，當是專指習聘而言，聘時用圭特達，無幣帛，因從鄭氏而非敖說。唯下文習享時但言士執庭實，則享時有束帛而習時亦不執也。且「無主」亦兼習享而言之，是則無執亦當兼聘時用圭及享時玉帛言之，然則敖說不誤也。又習享，士執庭實，鄭云「庭實必執之者，皮則有攝張之節」，則玉帛不執者，以但有授受之儀，徒手習之可也，不僅以不敢褻之故耳。且又無主者，亦不僅以主人尊不敢以人象之而已，亦以無執因無授受之節，而他國主君事，亦所不必習之也。

介皆與西面北上者，**鄭注**云：「入門左之位也。」李如圭儀禮集釋曰：「賓行聘時，介止於門左北面西上。然則所習者，習廟門內之禮。」此亦所以為壝壇象堂而無宮者，不習門外之儀也。賈疏曰：「以其於外威儀少而易行，故略之。但習入廟、聘享、揖讓、升降、布幣、授玉之禮，是以直云北面西上之位也。」所云於外威儀少者，則由大門至廟門行步之儀耳，故不習之，但習廟內之禮；至如入廟、布幣、授玉，雖不盡在廟內，亦在廟門之事，亦與廟內事先後為節，故習之。布幣，謂在廟門外之西布陳聘享之幣于幕之事，有司主陳幣者，則習布幣之法，賓與上介習儀則不執也。

介皆與，**鄭注**云：「古文與作豫。」胡承珙儀禮古今文疏義云「與正字；豫古文假借字。」是以鄭氏從今文作「與」。

習享，士執庭實。

案：此言習聘後又習享，享有庭實，則士執庭實以習其攝張之節。**鄭注**曰：「士，士介也。庭實必執之者，皮則有攝張之節。」前時習聘，賓無執，衆介皆立門左北面西上之位；此時習享，賓仍無執，士介則執庭實而習之。以玉帛但有授受，徒手習之可也，庭實則有攝張之節，故當習之。案下文享時，庭實用皮，攝而執之，致命則張之（詳見下文），故此時宜習之也。

又下文行享，未云孰執庭實，此云習享士執庭實，蓋互文以見義，則享時執庭實者，士也。鄭云士介也，以從行之士則士介四人，故知此士爲士介也。敖繼公曰「士乃有司之主執庭實者也。」案經文或云「官陳幣」，或云「官載其幣」、或云「有司筵几」、或云「賈人啟櫝」，未有以有司稱「士」者，此既云士，固是士介。且下文享時「士受皮」，則主國受皮者士，益見聘賓之執庭實者，亦士也。

下文云「庭實皮則攝之」，以庭實或皮或馬也。以皮馬稱庭實者，敖繼公曰：「此庭實謂皮若馬也。對堂上之幣而言，故謂之庭實。」胡培翬云「實謂實于庭者也。」以幣帛則奉之堂上而授，皮馬則不上堂而在於庭中，是以謂之庭實也。

習夫人之聘享亦如之。

案：既習聘君、享君之儀，又習夫人聘享之儀。其無主、無執、或執庭實，其立位，皆如習主君聘享之節也。

習公事，不習私事。

案：其豫習威儀，公事則習，私事不習。**鄭注**云：「公事，致命者也。」謂奉致君命而行者為公事，其賓介以己而行之禮為私事。李如圭集釋曰：「聘享、夫人之聘享、問卿，公事也。私覿、私面，私事也。」案下經聘享及問卿皆云「賓致命」，故知是公事。私覿、私面則入門右，鄭云「私事自闑右」，故知是私事也。然則，習夫人之聘享後，當又習問大夫之禮也。

第七節　至竟迎入

及竟，張旜，誓。

案：此節言使者至所聘國之國境，將入境，先謁關人，告以來聘，關人稟告其君，於是彼國之士奉君命迎之入竟事。**鄭注**曰：「及，至也。張旜，明事在此國也。張旜謂使人維之。」前文云未入竟時豫習威儀。今至于竟將入，則張旜，以明來此國聘問。

鄭云張旜乃使人維之，賈疏又據周禮節服氏及禮緯稽命徵以使人維之乃使人「維持之」。案周禮節服氏職云「六人維王之太常」，又「諸侯則四人」。鄭注：「維之以縷。王旌十二旒，兩兩以縷綴連，旁三人持之。禮天子旌曳地。鄭司農云：維，持之。」鄭玄釋維乃「維之以縷」，而兩旁各三人持之，其義仍與鄭司農同。彼天子諸侯之旌使人持其旒而張之，此孤卿之張旜，則賈疏曰：「大夫或一人或二人維持之。」以禮無所據，未敢確言也。

既張旜，又誓其衆。蔡德晉禮經本義引高紫超曰：「及境而將行禮，恐後者怠肆不謹，疏于禮節，故嚴誓之。」是謂於前假道時禁其犯禮暴掠之外，更謹其聘使之禮節。蓋交聘本爲謀兩國之好，不可以禮節之疏而害其事也。其誓衆之儀，當亦如前經「賓南面，上介西面，衆介北面東上，史讀書，司馬執筴立於其後」也。

乃謁關人。關人問從者幾人，以介對。

案：及竟將入國，乃謁竟上守關之人告以來聘之事。關者問從者幾人，則以介之人數對。**鄭注**：「謁，告也。古者竟上爲關，以幾異服，識異言。」鄭云謁告也乃爾雅釋詁文，釋此「謁關人」爲告於關人以將入竟也。周禮地官序官有「司關」，上士二人，中士四人，每關下士二人，鄭注：「關，界上之門」，關乃國界上之門，入國者所經由也，卽鄭此注「古者竟上爲關」者。司關職曰：「凡四方之賓客敂關則爲之告」，鄭注：「謂朝聘者也，敂關猶謁關人也。」所言正是此事。賈疏云天子十二關，司關爲都總，主十二關，居在國都；每關下士二人，各主一關，卽此所謂關人者。凡賓客來，告於關人，關人馳告於司關，司關爲之告王，王於是使小行人以節迎之也。賈疏又云「諸侯未知幾關，魯廢六關，半天子，則餘諸侯亦或然也。」又國語周語曰「周之秩官有之，曰敵國賓至，關尹以告，行理以節逆之，候人爲導，卿出郊勞，門尹除門。……」韋昭注「關尹，司關掌四方之賓客叩關則爲之告。」又：「門尹，司門也。」案周禮地官有司關、司門，而國語曰關尹，門尹，胡培翬正義因謂「是關人之長天子謂之司關，諸侯謂之關尹；猶天子有司門，諸侯謂之門尹也。」

據鄭云，關人除待賓客叩關而告外，亦「以幾異服，識異言」。按禮記王制曰：「關執禁以譏，禁異服，識異言。」此蓋鄭氏所本。王制鄭注曰：「關，竟上門。譏，呵察。」孔疏曰：「譏察出入之人，禁此身著異服之人，又記識口為異言之人，防姦偽察非違。」斯則關人掌管國竟門戶之職責也。

使者既謁關人，關人乃問其從者幾人。**鄭注**曰：「欲知聘問，且為有司當共其委積之具。」蓋聘使卿，問使大夫，其介差二等。且賈疏曰：「君行師從，一州之民；卿行旅從，一黨之人，若大夫小聘，當一族之人，百人也。」案「君行師從、卿行旅從」見左傳定公四年，杜注云「二千五百人」及「五百人」，賈氏乃據以推大夫小聘當從一百人。故問從者幾人，便知是聘抑問也。且知人數，亦為使有司視其多寡以共委積之具也。而問從人不逕問使人者，賈疏則曰：「關人卑者，不敢輕問尊者，故問從者。」問從者，即知使者也。

又敖繼公曰：「欲知其人數者，所以防奸人。」意知其從人，則容或有奸人混迹其中以隨入者，便可知之。胡培翬正義曰：「關人之問，蓋亦兼有此義。」是仍以賈說為正，而兼取敖說也。

問從者而以介對者，**鄭注**曰：「以所與受命者對，謙也。聘禮上公之使者七介，侯伯之使者五介，子男之使者三介。以其代君交於列國，是以貴之。周禮曰凡諸侯之卿其禮各下其君二等。」蓋介同在君前受命出使，其位較尊，又蔡德晉禮經本義曰：「問從者幾人，將預備牲牽芻米之數，止以介對，不敢以餘隸煩主人也。」是故但以介對，為謙也。且既知介幾人，便知使者為卿為大大夫，亦知所從者幾人矣。鄭所言介數及引周禮，已詳於前文總論中。

君使士請事，遂以入竟。

案：關人既經關尹告君以他國使者來聘，君於是遣士至竟迎之以入。經云「請事」者，**鄭注**曰：「請猶問也，問所為來之故也。遂以入，因道之。」賈疏曰：「使士請事，君子不必人，故知而猶問也。」蓋前者謁關人，是已告以來聘矣；今使士來至竟上而猶請事，乃君子與人恭，不以人為必入，故見使者而又請事也。既得使者之言，遂乃迎之入竟矣。賈疏曰：「若然，向來賓之問猶停關外，君使士請訖，乃導以入竟。」敖繼公亦曰：「使者既謁關人，因止於竟，未敢輒入，關人以告於君，于是君使士請事。」蓋使者來至他國，未得主君之命，亦不敢逕入也。君使士請事，因導以入，乃可入人之國。

胡培翬正義曰：「此請事之士，疑卽訝士。」胡匡衷儀禮釋官亦擧此條經文曰：「案周禮有掌訝，又有訝士，皆中士八人。疑此士卽訝士也。」案周禮秋官掌訝職曰：「若將有國賓客至，則戒官脩委積，與士逆賓于疆，為前驅而入。」鄭注：「士，訝士也。」又訝士職曰：「邦有賓客，則與行人送逆之，入於國則為之前驅，出入則導之。」然則掌訝理待賓客脩委積之事（詳下文致館設飧節），此導賓客入竟之士，乃訝士也。二胡氏之說是矣。

又經文「遂以入竟」，王引之經義述聞云「竟」為衍字。其文曰：「上竟字因下竟字而衍。故鄭曰：遂以入因道之，入下無竟字。下文下大夫勞者遂以賓入，與此遂以入文同一例，則無竟字可知。且賓至於竟則士道之，至于近郊則下大夫道之，是自近郊以外皆士道之也。士道之，則下文曰入竟、曰及郊、曰及館、曰至於近郊，皆在遂以入三字之中，非但道之入竟而已也。然則遂以入下不當有竟字明矣。聘義正義引此文曰：君使士請事，遂以入。入下亦無竟字。自唐石經始衍竟字，而各本遂沿其誤。」案王氏之說甚詳，引據甚明，其說蓋是也。

第八節　入竟展幣

入竟，斂旜，乃展。

案：此節述入竟後三度展幣校錄之事。既入竟，先斂旜，**鄭注**曰：「斂旜，變於始入。」將入竟時，張旜以見有事於此國。今已入竟矣，復將行道，而無他事，故斂旜而行，是變於始入也。上文出行舍于郊時，以行道無事而斂旜，此亦同也。

入竟而後展幣，**鄭注**曰：「復校錄幣，重其事也。」前授幣時已展錄之，此時入竟又展，故曰復校錄，重其事故也。蔡德晉禮經本義曰：「展，展視玉帛皮馬之類，恐遠道齎持疎虞也。」亦因境上之館而爲之。」蓋以下文國中之展幣於賈人之館，且此處經不言壝壇，因謂入竟、及郊之展幣當亦在館舍也。

布幕。賓朝服立於幕東，西面；介皆北面，東上。賈人北面，坐拭圭。

案：此言展幣時賓介之立位。展幣時布幕於地以陳幣，亦猶夕幣時也。敖氏曰「布幕，亦管人也」，亦從夕幣之文。蓋凡事各有所司，上文受幣後經云「官載其幣」，此時下文又云「有司展群幣」，則卿之出聘，凡各職掌之有司皆有從行者，然則敖說此布幕亦管人，蓋是也。

賓朝服立於幕東西面，介皆北面，則上介與士介同也，以東爲上。賈人北面，坐拭圭，當在衆介之前，幕之側也。誓衆時賓南面，而此時西面者，李如圭集釋曰：「賓誓，則南面專衆也；展幣，則西面將命也。」謂此時猶以臣道，將君命，故西面；誓衆時則欲以示威信，故南面也。

賈人北面坐拭圭者，鄭注曰：「拭，清也。側幕而坐，乃開櫝。」開櫝而拭圭，欲使清潔也。敖繼公曰：「拭圭者，就櫝而拭之。故下乃云執。」以下乃云「遂執展之」，是此拭圭時尚未執也，則必是就櫝中而拭之矣。

遂執展之。上介北面視之，退，復位。退圭。

案：賈人既拭圭，遂執之以告，上介進前視之，畢，退圭而先藏之。賈人執圭展之，**鄭注**曰：「持之而立告在。」告此圭在，無他故也。斯即前文所云遠道齎持恐有疎虞，所以展幣之意也。賈疏曰下文乃云上介視之，則此告在乃告賓也。以賓爲聘使之長，固當告賓。於是上介進前近幕而視之，雖云物在，猶視之有他失誤否，亦重其事者也。既視而退，復其東上之位。**鄭注**曰：「言退復位，則視圭進違位。」謂經既云退復位，明知視時乃違其位而進也。

上介既視而退復位，則賈人又置圭於櫝而退藏之。**鄭注**曰：「圭璋尊，不陳之。」既展圭又展他幣，各陳於幕，此時圭已執之告在，上介視訖乃退，是圭璋尊貴，故不陳之，亦猶前授幣時圭璋亦不與他幣同陳也。此時本是展圭，而鄭氏並言璋者，欲見圭璋皆然。則下文展夫人之聘享時，璋亦拭而執展之，旣乃退藏，亦不陳之也。若璧琮則加於皮上，與圭璋異矣。

陳皮，北首西上。又拭璧展之，會諸其幣，加于左皮上。上介視之，退。

案：旣展聘圭，復展享璧束帛庭實，亦上介進而視之。其享用諸幣陳於幕上，亦同於夕幣之時，唯初時璧琮不與他幣同受，此時則合而展之。**鄭注**曰：「會，合也。諸，於也。古文曰陳幣北首。」鄭從今文作「陳皮北首」者，蓋由夕幣時經云「皮北首西上」、「馬則北面」，又下文始云「會諸其幣加左皮上」，且「幣」無所謂北首，唯皮馬則有北首、北面，固知此當是「皮北首」也。璧亦取而拭淸之，合於束帛，加左皮之上，皮北首西上，則左皮爲上也。夕幣時奠幣于左皮上，此亦然。賈疏曰：「璧言合諸幣者，享時當合，故今亦合而陳之。」聘時圭璋特達，無幣，故但拭而展之卽退。享璧當合諸幣，前在朝分別受之，至此乃合，亦以見享時用幣之法也。

馬則幕南北面，奠幣于其前。

案：庭實視國中所有，此經享主用皮，若國無皮，則用馬。陳幣時牽馬立於幕南北面，亦與皮北首同義。束帛加璧奠於左馬之前幕上。**鄭注**曰：「前，當前幕上。」幕以陳幣，馬在幕南北面，奠幣其前，正當幕上也。

展夫人之聘享亦如之。賈人告于上介，上介告于賓，

案：展君之聘享訖，復展夫人之聘享。**鄭注**曰：「展夫人之聘享，上介不視，貶於君也。賈人既拭璋琮，南面告於上介，上介於是乃東面以告君，亦所謂放而文之類。」如鄭氏說，前展君之聘享，上介進前視之，今展夫人之聘享，則上介不視，但賈人拭璋執展，反身南面告于上介，上介東面告於賓，賈人退璋，又拭琮加幣而告上介，上介復告於賓。此展夫人之聘享乃貶於君，故上介不視，而告上介以告於賓，卽禮器所謂「放而文」之類。賈疏曰：「今夫人之聘享展訖，但上介不視，至於賈人南面告上介，上介東面告賓，放象君禮而為文變，是其類也。」

又敖繼公說異於注疏。敖氏云「展璋如圭，展琮如璧，無以異也。」而以賈人告于上介，上介告于賓乃「告之以展聘享之玉幣已畢也。」盛世佐從敖說。蓋皆以經云「亦如之」乃謂無以異，而展幣既無以異，然則「告」必是告展玉幣已畢也。

然褚寅亮則又從注說。其儀禮管見云：「如之者，如上圭則拭之展之，璧則拭展而會幣加於左皮也。不兼上視之在內。蓋君之聘享，上介視之；夫人聘享，上介不視，俟賈人告而轉告於賓；群幣則有司自展而直告於賓，差降之義也。」案褚氏所言，除「直告於賓」於下文辨之外，其論差降之義甚合乎理。若敖氏所云告為「告展玉幣已畢」，則下文猶有「有司展群幣」，則何必又於其間告展玉幣已畢而分隔其事乎？以經之常例言「亦如之」則是「皆如之」，故敖氏特見此文

而下文又云有司展群幣，故不得已而說告爲「展玉幣」已畢也。如褚氏所說差降之等旣明，而「亦如之」乃言拭玉陳幣之法，不含上介視之在內，此亦經所以又云賈人告上介、上介告賓，以明其別也。是故此解仍從注說爲宜。

有司展羣幣，以告。

案：聘享之幣展訖，又展其他諸幣，有司自展其所司之幣以告。**鄭注**曰：「群幣，私覿及大夫者。有司，載幣者，自展自告。」案下經聘享畢又有私覿及問卿面大夫諸儀節，鄭云私覿及大夫者，卽凡此諸事所用之幣也。有司載其幣者自展自告，以此等禮幣無玉，故不由賈人告之。若夫人之聘享有玉，他幣統於玉，則由賈人告之矣。敖繼公曰：「有司自展旣，則以告上介，上介亦告於賓。」褚氏則謂有司自告於賓。竊以爲此當從敖說。蓋褚氏專以上介視之、不視、不告爲差降之義，却不謂上介旣立於其位，豈有有司逕告於賓而上介不與之義？且差降之義豈盡在於上介之行耶？而展夫人之聘享，則旣展而賈人以告，展群幣則有司自展自告，其中禮之嚴疏已自有差降矣。故此宜參同上文，而從敖氏之說也。

及郊，又展如初。

案：前入竟而展幣，此行至國之遠郊又展幣，其儀皆如前：展君之聘享、夫人之聘享、及展群幣之儀。**鄭注**曰：「郊，遠郊也。周制天子畿內千里，遠郊百里。以此差之，遠郊上公五十里，侯伯三十里，子男十里也。近郊各半之。」以下文有云「賓至於近郊張旜」，故謂此「及郊」乃遠郊也。爾雅釋地曰：「邑外謂之郊」，郭注：「邑，國都也。」而鄭此注所言遠郊之制，胡培翬正義云有譌脫，以詩經魯頌（駉）孔疏、及爾雅釋地邢疏引聘禮此句鄭注皆作「遠郊上公五十里，侯四十里、伯三十里，子二十里，男十里也」。今詩經、爾雅疏皆可考見。且周禮大司徒職亦云「制其畿方千里，諸公之地封疆方五百里，諸侯之地封疆方四百里，諸伯之地封疆方三百里，諸子之地封疆方二百里，諸男之地封疆方百里」，亦是五等諸侯各有等差，然則胡氏所言是矣。又李如圭集釋曰：「各以其國封疆十之一差去國之數爲遠郊也。」又引大司徒職之文，亦同胡氏之意。鄭所言天子遠郊百里，近郊半之者，於周禮載師之職鄭引杜子春曰「五十里爲近郊，百里爲遠郊。」白虎通義朝聘篇亦言諸侯之朝京師，「天子遣大夫迎之百里之郊，遣世子迎之五十里之郊」，意與杜子春言相類，蓋古時儒者之言皆如是。是以鄭氏推之，以封疆十之一差去其國都之地爲遠郊，遠郊之半，乃爲近郊也。又案此聘禮去國、入國常以近郊爲節，竊疑此及郊當是近郊也。

及館，展幣於賈人之館，如初。

案：此言至於主國中之館舍，又第三度展幣。此事未在至國中致館之後，經文以連言展幣之事，乃次之於此也。**鄭注**曰：「館，舍也。遠郊之內有侯館，可以小休止沐浴。展幣不于賓館者，爲主國之人有勞問己者，就焉便疾也。」鄭氏以此館乃遠郊之內侯館，蓋以下節方言郊勞事故也。若然，則此及館展幣何異於前及郊而展歟？是鄭氏之誤明矣。且鄭說不展於賓館乃為主國有勞問己者。若此為遠郊之館，則不當有勞問之事。賈疏曰：「下文使卿近郊勞，此乃遠郊之內，得有此勞問己者，謂同姓舅甥之國而加厚恩者，別有遠郊之內問勞也。」此雖曲為鄭說，然義仍難通，豈此制禮專為有別加厚恩者而設乎。賈疏又曰：「案周禮遺人職云：十里有廬，三十里有宿，五十里有市，市有侯館。畿內道路皆有侯館。鄭云遠郊之內有侯館者，據此。侯館在遠郊之內，指而言之，不謂於此獨有也。」此引周禮，足以證明遠郊之內有館，而上文及郊展幣乃在館內，却不足以證此「及館」即在侯館也。

竊謂經文既首云「入竟乃展」，又云「及郊又展」，復云「及館，展於賈人之館」，則此「及館」必是國中主國所致之館。否則，士既導以入竟，每所止息當皆有館舍（下節郊勞鄭注：「每所及至皆有舍」），何以獨於此曰「館」耶？且唯其於國中致館，始得賓從各有別館，其於遠郊，館舍當較簡陋，或不得各別其館。是以前皆不云展於何館也。蔡德晉禮經本義云：「及郊又展，亦因遠郊內之侯館為之；館，國中舍也，即後章卿所致者。此以展幣而連及之。賈人之館，館之旁室也。展幣不于賓館者，慮主國使命往來，見之為不恪也。」此說蓋是也。盛世佐儀禮集編亦同此說，其言曰：「展幣皆於館舍，非如習儀時之於壝壇也。此云及館者，謂卿致館之館，前聘一日也。次於此者，因上事而終言之。註云遠郊之侯館，誤。」鄭氏但以此文在近郊受勞之前，遂謂此乃遠郊侯館，而未念及此以三展幣而連上文乃次於此也。且由遠郊行至國中，道途遠矣，恐又有所疏虞，乃於聘前一日又展幣，亦所以重愼其事也。其展於賈人之館者，一以恐賓館中有往來勞問之事，一以賈人乃主幣者，時間迫促，遂乃由便也。

第九節　郊　勞

賓至于近郊，張旜。

案：此節言賓至於近郊，主君使人勞賓之事。賓至近郊而張旜，以將有事而自表其身分也。敖繼公集說云：「亦爲有下事也。此後不見斂旜之節，至館爲之可知。」敖氏所云有下事，即有下文請行、郊勞之事也，故張旜以表其事。唯前經數云載旜、斂旜之節，至此言張旜，後遂更無斂旜之文。故敖氏以爲此時張旜必載之至於館。然下節至館亦不言斂旜，竊謂賓在館中當猶載旜以爲表幟，迨乎去國行至近郊然後斂旜歟。蓋前受命遂行時建旜而至朝，行至近郊乃斂旜；此時至近郊而張旜，是於國中有事而張旜，以近郊爲之節也。

君使下大夫請行。反。君使卿朝服用束帛勞。

案：賓已至近郊，主國之君遂使下大夫請其所行。下大夫反朝告以賓將來聘，於是君又使卿至郊勞問之。上文使者入竟時君已使士請事，則已知其來聘矣，而至近郊又請行者，**鄭注**云：「請行，問所之也。雖知之，謙不必也。」蓋雖知其來聘，恐其容有他故而將他往，不敢謂其必來也。蔡德晉禮經本義引高紫超曰：「不敢當其聘禮，故詳愼如此。」及下大夫反朝告以賓將必來，乃使卿至郊勞賓，重愼之至也。

鄭注又曰：「士請事，大夫請行，卿勞，彌尊賓也。其服皆朝服。」所以彌尊賓者，以其行彌近，事彌重，而其來聘也必，故使卿郊勞，以其爵之稱也。敖氏曰：「使卿亦以其爵也。主君於朝君則親郊勞。」郊勞時服朝服，經但於此曰朝服，而鄭氏云「皆朝服」者，賈疏曰：「以卿勞禮重，尙朝服，明以外士大夫輕者朝服可知。故擧後以明前也。」謂前時士請事、大夫請行亦皆朝服也。敖繼公曰：「勞，謂勞其道路勞苦，殷勤之意也。用束帛致之，乃重愼其禮也。」

上介出請，入告。賓禮辭，迎于舍門之外，再拜。

案：賓於館舍中，而主君使卿來勞之。上介出於舍門外而請問來事，又入告賓以主卿來勞，賓禮辭之，乃出迎於舍門之外，迎再拜。**鄭注**曰：「出請，出門西面，請所以來事也。入告，入北面告賓也。每所及至皆有舍，其有來者，皆出請入告。于此言之者，賓彌尊，事彌錄。」胡培翬云上介出門西面者，由闑東也。以賓在舍則以主人之道，故出入由闑東，在門外則西面，然則勞卿當在門西東面也。而上介入告北面者，胡氏云以賓在阼階西面也。案士冠禮冠之日，主人就門內之位在阼階下西面直東序，蓋此爲主人常處之位也。

其禮辭者，一辭而許也。士冠禮鄭注云：「禮辭，一辭而許也；再辭而許曰固辭；三辭曰終辭，不許也。」禮自卑而尊人，主君使卿來勞，賓不敢卽受，一辭以示謙遜。主卿再請，則許之矣。其辭則當如左傳昭公二年所記：「魯叔弓聘於晉，晉侯使郊勞。辭曰：寡君使弓來繼舊好，固曰女無敢爲賓，敢辱郊使。致館，辭曰：敢辱大館。」斯乃禮辭所致之辭，卽如此聘禮記所云「辭無常，遜而說」者也。敖繼公曰：「賓禮辭者，以其用幣也。」恐或不然。觀左傳所云：無敢爲賓、敢辱郊使，乃爲有勞郊使而辭，非直以用幣耳。

賓迎于舍門外者，淩廷堪禮經釋例曰：「凡迎賓，主人敵者，于大門外；主人尊者，于大門內。」此聘賓與郊使皆卿也，是敵者，故迎於舍門外。

再拜者，拜迎之也。黃以周禮說略詳辨周禮太祝九拜之制，謂諸經傳之單言拜者，卽空首拜也。其拜之法，則曰：「拜必先跪而拱手，而首俯至手，與心平，乃下兩手拱至地。」其拱手之制，「吉尚左，凶尚右」，則此時之拱手宜尚左也。

又鄭云「每及所至皆有舍，其有來者皆出請入告」，是謂前之士請事，大夫請行亦皆有出請入告之節，前未言之者，略也。此時賓彌尊，事彌錄，故于此記之，然由此可知凡有客來者，皆有出請入告乃出迎之儀。經於此詳述郊勞之儀，前請事、請行則但書其事而已，卽事彌錄之義也。唯請事、請行時，聘賓爲尊，則當迎於門內也。

勞者不答拜。賓揖，先入。受于舍門內。

案：此言賓迎勞者入，受禮于舍門內之事。勞者，卽主君所使之卿也。前云賓迎于舍門之外，再拜，而此云勞者不答拜者，**鄭注**曰：「凡為人使，不當其禮。」言「凡」者，概言之辭。如士昏禮納采，主人迎再拜，賓不答拜；下經聘享時主君迎再拜，賓辟不答拜，皆此義也。

賓揖先入者，淩廷堪禮經釋例云：「凡入門，賓入自左，主人入自右，皆主人先入。」入門時由南向北，賓入自左，自闑西也；主人入自右，自闑東也。此時聘賓為主人，勞者為客，故賓揖先入也。士冠禮鄭注云：「先入導之。」故此時賓自闑東先入為導，勞者自闑西從入也。

受于舍門內者，**鄭注**曰：「不受于堂，此主於侯伯之臣也。公之臣受勞於堂。」按鄭據周禮司儀職，諸公之臣相為國客，大夫郊勞之文而知公之臣受勞於堂，又於彼注云「侯伯之臣受勞於庭」，則是據此聘禮。以經文既云「受于舍門內」，明知是不受于堂也。

勞者奉幣入，東面致命。賓北面聽命，還，少退，再拜稽首，受幣。

案：此言庭中致禮受幣之儀。賓揖先入自右而在庭東，勞者從入自左而在庭西，故此時勞者奉幣東面致命。**鄭注**曰：「東面鄉賓。」以賓在西也。奉幣，即前所言用束帛勞者也。致命，致其君勞賓之命也。

此時賓在庭東西面，當勞者致其君命，賓則轉而北面聽命。**鄭注**曰：「北面聽命，若君南面然。」此言若主國之君南面而命然也，故執臣禮而北面聽命。然則此卽前引左傳所謂謙云「無敢為賓」

之意，而以臣自處爲禮也。還，少退而拜者，**鄭注**曰：「少退，象降拜。」以臣受君命，當降階而拜（見下經主君禮賓節），此時受幣於庭，乃少退而象降階也。

再拜稽首，拜主君之賜也。稽首拜爲九拜中最重之拜，乃臣拜君之拜（說詳本節下文）。此時勞者以君命來，賓拜主君之賜，故以再拜稽首。其受幣，當亦是北面而受，如受於君然，而勞者之授幣，則宜是南面矣。李如圭集釋曰：「勞者授幣當南面，賓北面訝受之，凡卑者訝受，敵者竝受。」此以君命，固當訝授受也。

勞者出。授老幣。

案：勞賓之事已畢，則勞者出於門外，賓授幣與其室老。**鄭注**曰：「老，賓之臣。」士昏禮納采畢，「賓降出，主人降，授老鴈」，鄭注：「老，群吏之尊者。」賈疏：「大夫家臣稱老。是以喪服公士大夫以貴臣爲室老（按喪服傳：公卿大夫室老士，貴臣）；春秋左氏傳云執臧氏老（見昭公二十五年）；論語云趙魏老（見憲問篇）；禮記大夫室老行事（見曾子問），皆是老爲家臣之貴者。士雖無君臣之名，云老亦是群吏中尊者也。」是「老」即所謂「室老」者也。此勞者出，遂授老幣，其禮亦與士昏禮同。亦猶聘享畢，君授宰幣然也。此時賓不送勞者，以將迎而儐之也。

出迎勞者，勞者禮辭。賓揖先入，勞者從之。

案：此郊勞之事畢，又行儐勞者之禮。敖繼公儀禮集說曰：「勞者出俟于門外，上介出請，勞者告事畢，上介入告賓，乃出迎之而告以欲儐之辭。」此云上介出請者，請事之有無也，此亦君子不必人事之有無也。迨勞者告以事畢，上介乃入而告賓以事畢，然後賓始出迎而告勞者欲儐之辭。經、注皆無文而敖氏知有此出請入告之儀者，蓋以勞者來時有出請入告之節，且經於聘享至主君醴賓，而至私覿、送賓皆有出請入告之文，故推知此亦當有出請事、入告事畢之儀。經於此無文，而詳於聘享之節者，蓋亦「賓彌尊，事彌錄」之故也。

勞者既告事畢，賓乃出迎勞者，**鄭注**曰：「欲儐之。」賈疏：「凡言儐者，謂報於賓。」報謂答其禮也。淩廷堪釋例曰：「凡賓主人行禮畢，主人待賓，用醴則謂之禮，不用醴則謂之儐。」又曰：「賓主人行禮既畢，必有禮賓及儐使者之禮，所以申主人之敬也。」此時郊勞於賓之舍，以賓爲主人，而勞者爲賓，勞事既畢，故賓待勞者，不用醴，是以謂之儐也。

勞者禮辭，亦一辭而許。於是賓揖先入，自門右，勞者從入，自門左，皆當如前也。

乘皮設。賓用束錦儐勞者。

案：此言賓所以儐勞者之禮物。乘皮設者，**鄭注**曰：「設於門內也。物四曰乘，皮，麋鹿皮也。」此謂以麋鹿之皮四張設于門內，其設之法，當亦如享禮，使士四人執之，覿幣之授受爲節而張皮（詳見於聘享節），蓋致庭實之法皆如是也。

所以用麋鹿之皮者，賈疏曰：「案郊特牲云：虎豹之皮，示服猛也。彼諸侯朝享天子法用虎豹，此臣聘君降於天子法，用麋鹿皮。故齊語云齊桓公使諸侯輕其幣，用麋鹿皮四張。亦一隅也。」蓋諸侯之朝享天子用虎豹皮，此侯伯之國使臣相爲禮，宜有降殺，不當用之矣。且齊桓公固有用麋鹿皮事，故知此乘皮當是麋鹿皮也。

其設于門內者，賈疏曰：「庭實當三分庭一在南設之。今以儐勞者在庭，故設于門內也。」庭實當「三分庭一在南」設之者，見於士昏禮記。庭實既設，賓又親奉束錦以儐勞者。敖氏曰：「聘禮，凡大夫士所用之幣皆以錦，蓋不敢與尊者之幣同。」按所謂凡大夫士用幣皆以錦，謂如儐勞者、儐歸饔餼使者、私覿、私面等，幣皆用束錦，異於將君命之用束帛也。

勞者再拜稽首受。賓再拜稽首送幣。

案：此言勞者受幣，賓送幣，皆再拜稽首以爲禮也。**鄭注**曰：「稽首，尊國賓也。」謂此時臣與臣行禮，本不當稽首，而勞者乃再拜稽首者，爲尊國賓也。既如此，則賓亦再拜稽首以答勞者矣。

案周禮春官太祝之職辨九拜，一曰稽首，二曰頓首，三曰空首，是爲常用之拜，黃以周禮說略云是九拜之綱。賈氏周禮疏云稽首爲臣拜君之拜，平敵則頓首拜。黃氏云臣拜君用稽首，平敵用空首。淩廷堪釋例亦云：「凡臣與君行禮皆當下再拜稽首，異國主君亦如之。」又：「亦有非君臣而再拜稽首者，皆尊之，故盛其威儀。」諸家皆云稽首爲臣拜君之拜。據左傳哀公十七年：「

非天子，寡君無所稽首。」及禮記郊特牲：「大夫之臣不稽首，非尊家臣，以避君也。」則此說是也。唯淩氏、黃氏皆謂亦有非臣拜君而用稽首者，賈疏周禮亦舉大誓、洛誥之文所言武王、成王之拜周公而拜手稽首，證此君拜臣用稽首，乃謂「其有敬事亦稽首。」按賈氏所舉大誓之文，今本尚書不見，洛誥所言成王拜周公事則可稽考。於此可證於其所尊敬亦可用稽首拜也。唯夏炘學禮管釋則謂稽首之拜，非臣於君不可，因辨此時之拜亦拜君命也。其說曰「彼以君命勞使者，使者必以君命儐勞者可知。」其謂使者亦以君命儐勞者，故勞者再拜稽首，容或可通；若然，則使者不當更答拜，上文有云凡爲使不答拜也。查下文聘、享、歸饔餼、問卿大夫，使者未有拜送幣者，而此經云「使者再拜稽首送幣」何也？蓋此處唯有解作勞者尊國賓而再拜稽首，賓爲報勞者之敬亦從而再拜稽首，方爲可通。是故當仍從注疏之說。

又**鄭注**曰：「受送拜皆北面，象階上。」是謂勞者拜受幣及賓拜送幣，皆北面，象階上之拜。以此郊勞及儐勞者皆在庭中，故釋之曰象階上。李如圭儀禮集釋曰：「若鄉飲酒，賓受爵、主人送爵，各拜於其階上北面也。」按階上之拜，卽堂上近階處也。而淩廷堪釋例曰：「堂上之拜，皆北面。」賈疏曰：「案歸饔餼賓儐大夫時，賓楹間北面授幣，大夫西面受（朱子通解云此疏文『西面當作南面』，據下文朱子之說是也）。此賓亦宜與彼同，北面授，還北面拜送。若然，云受送拜皆北面者誤。當云授送拜皆北面，並據賓而言也。」張爾岐句讀又駁之，謂若如疏說，則當云「授拜送」而不得作「送拜」。以送幣之拜皆作「拜送」，不作「送拜」也。張氏蓋亦同褚寅亮儀禮管見之說，以「受送」一讀，「拜皆北面」爲句，則是指勞者之受、賓之送，其拜皆北面也。盛世佐儀禮集編亦同此說。案經一云勞者再拜稽首「受」，又云賓再送稽首「送幣」，則張氏等說是也。賈疏非矣。

勞者揖皮出，乃退。賓送再拜。

案：勞者旣受幣，執之以出。乘皮設于門內，勞者揖執皮者（賓之從者）示親受之，執皮者乃從之出，遂以皮授勞者從人。於是勞者乃退，賓再拜送之。**鄭注**曰：「揖皮出，東面揖執皮者而出。」以皮設於門內居中，勞者在庭西，出時由西陳（堂塗）而行，故當東面而揖也。所以揖之者，鄭於公食大夫禮注云：「揖執者，示親受。」蓋此時己已執束錦矣，不得更執皮，故揖之以示親受。賈疏曰：「執皮者是賓之使者，執皮者得揖從出，勞者從人當訝受之。」以公食禮賓揖庭實以出，上介受賓幣，從者訝受皮。故知此亦然也。

又賓送再拜，當亦是出門外再拜送之，以敵者之禮迎送皆於門外也。而賓送再拜，勞者遂去，不答拜矣。淩廷堪釋例曰：「凡拜送之禮，送者拜，去者不答拜。」以禮有盡也。下文聘享及私覿諸事已畢，公送賓再拜，賓去不顧，亦是此義。

夫人使下大夫勞，以二竹簋方，玄被纁裏，有蓋。

案：此言主國之君夫人使下大夫勞賓之事。君使卿勞，夫人使下大夫勞，是降於君一等也。李如圭集釋曰：「大夫對卿爲下大夫。」謂此通稱之「大夫」，對卿言則稱「下大夫」，以卿又稱上大夫（見禮記王制及鄭注）也。敖繼公集說曰：「夫人使勞之者，以其亦奉君命而聘享己也。」是謂賓奉己國君及夫人之命來聘享君與夫人（見前文使者受命節），以夫人亦將受聘享，故亦使使勞賓也。

夫人之勞不用束帛而用棗栗，其器則「二竹簋方」。**鄭注**曰：「竹簋方者，器名也，以竹爲之，狀如簋而方。如今寒具筥。筥者圓，此方耳。」案經文及注上「簋」字，諸家多有作「簠」者。據阮元校勘記云唐石經作「簋」。而經典釋文作「簠」，又曰或本作「簋」，且云「外圓內方曰簠，內圓外方曰簋。」張淳儀禮識誤則謂「釋文明著內外方圓之制，蓋辨或本之誤。」故從釋文作「簠」。然程瑤田儀禮經注疑直曰：「據鄭注本作簋。又鄭注玉人引聘禮作二竹簋方，是簋字非簠字也。況唐石經作簋，嘉靖本及從宋元豐本覆刻亦作簋，則此字斷宜從唐石經及宋槧本，不必因陸氏偶據別本而致疑也。」程氏以版本考之，其言甚確。且竊以爲釋文以內外方圓言之，其辭甚淆，不若賈疏爲明。賈疏曰：「凡簋皆用木而圓，受斗二升，此則用竹而方，故云如簋而方。受斗二升則同。」案「簋」字从竹，賈氏曰皆用木，言或可疑，蓋爲對經文竹而言，然其所言方圓之別則甚明。且與周禮地官舍人職鄭注「方曰簠，圓曰簋，盛黍稷稻粱器」相合。又說文竹部：「簋，黍稷方器也。」「簠，黍稷圜器也。」說方圓之形，許鄭互異。說文段氏注曰：「師傳各異也。」且不論許鄭之正誤，而鄭氏以圓曰簋方曰簠明矣，則此經注當皆作「簋」。蓋若作「簠」，則原本方形，不必更言方也。又鄭言如今寒具筥者，賈疏云：「寒具若籩人先鄭云：朝事謂清朝未食先進寒具，口實之籩。實以多食，故謂之寒具。筥圓此方者，方圓不同爲異也。」

又考工記玉人職曰：「案十有二寸，棗栗十有二列，諸侯純九，大夫純五，夫人以勞諸侯。」鄭玄注謂「案，玉飾案也。夫人，王后也。棗栗實於器乃加於案。」又引此聘禮文見器用二竹簋方。淩廷堪禮經釋例曰：「凡盛婦摯之器曰笲，夫人則曰竹簠方。」然則以竹器盛贄，爲婦人之禮也。唯彼王后之禮則又有玉案。

玄被纁裹者，李如圭集釋曰：「被，表也。玄被纁裹，竹簋方之衣也。」蓋婦人之贄，覆衣爲飾也。其色則表玄裏纁也。如士昏禮記云：「笲，緇被纁裏。」亦加衣覆之於笲也。其色稍別，蓋夫人與士婦之差也。唯鄭注士冠禮云染黑七入爲緇，六入爲玄，則其色亦近似也。「有蓋」，則竹簋方之形制也。

其實，棗蒸栗擇，兼執之以進。

案：此言二竹簋方所盛之實爲棗栗。棗栗並治去其皮核，且蒸熟之。蓋愼其事，使便於食也。特牲饋食記「棗蒸栗擇」鄭注曰：「果實之物多皮核。優尊者，可蒸裹之也。蒸擇互文。」賈疏曰：「言多皮核者，栗多皮，棗多核。」蒸擇互文，謂棗亦擇，栗亦蒸之也。是多核者去其核，多皮者去其皮，皆蒸熟之也。又據上引玉人之職，見王后之勞來朝諸侯亦用棗栗，此蓋婦人之禮也。唯彼王后之勞諸侯，故爲數多，且有案；此則侯伯之夫人勞大夫，則爲數二，且無案，故兼執之以進。

鄭注曰：「兼猶兩也。右手執棗，左手執栗。」褚寅亮儀禮管見曰：「授受之法，左右各執一物者，先將右手之物授人。受者以兩手受，旋亦以右手執之。授者乃以兩手授左手所執者，受者以左手受之。先所受，後所授必兩手者，所謂授受不游手也。經云二手授栗，則是右手先授棗，然後二手授栗也。」以經先云賓受棗，後云大夫二手授栗，故褚氏云授受之法如此，且鄭知右手執棗，左手執栗也。

賓受棗，大夫二手授栗。賓之受，如初禮。

案：此言棗栗授受之法，及賓受禮之法也。據前文所釋，則賓先以二手受棗，而以右手執之。大夫乃以二手授栗，賓以左手受之。賓先受棗，大夫後授栗時，皆以二手，**鄭注**曰：「受授不游手，愼之也。」

賓之受如初禮者，**鄭注**：「如卿勞之儀。」然則據前文當是「受於舍門內，賓揖先入，勞者執棗栗入，東面致命，賓北面聽命，還，少退，再拜稽首受。」張爾岐句讀曰：「如其北面再拜也。」張氏但云再拜，恐意有未盡。經云如初禮，當是皆如也。下文賓受夫人之歸禮，經亦言「如受饔之禮」，是亦降階再拜稽首也。

儐之如初。

案：此謂既受夫人之勞，又儐下大夫勞者，其儀皆如儐君之勞卿，亦用束錦乘皮也。貢汝成三禮纂註曰：「君使以束帛，夫人使以棗栗勞賓，賓儐之皆以束錦乘皮者，亦輕財重禮之意也。」

下大夫勞者遂以賓入。

案：下大夫既勞賓，遂導之以入朝。猶至竟時士請事遂導而入竟也。**鄭注**曰：「出以束錦授從者，因東面釋辭，請導之以入。然則賓送不拜。」勞者出而以束錦授從者，亦猶前君之勞卿出授從者幣，又有他從者受皮於賓之從者執皮出者也。此特云既授從者，便卽釋辭請導以入也。釋辭東面者，以此在賓之舍門外，故賓在門東西面，而勞者在門西東面也。經無文而鄭云釋辭者，賈疏曰：「經言遂以賓入，明知有辭請導之。雖無文，鄭以意言之。」

鄭又云「然則賓送不拜」，亦意度之辭。賈疏釋曰：「謂若公食大夫，使人戒賓，不拜送，遂從之其類也。」賈又云：「覲禮大夫勞侯氏，侯氏卽從大夫入，拜送。大夫，天子使，尊，故雖從，亦拜送。與此異。」胡培翬正義疑其說，以爲公食禮大夫戒賓，無儐禮，與此異；此有儐禮當拜送，已明著於上儐卿勞者，此不云拜送，已統於「如初」中矣。覲禮儐勞者，亦遂從之，而有拜送，此當與彼同。竊以爲胡氏之說是也。蓋公食禮大夫戒賓，但致命而無幣，因亦無儐，賓受命遂從之，故不拜送。是猶士請事遂以入竟之類也。此則郊勞，有儐，禮當拜送，猶覲禮之郊勞，儐勞者，「侯氏送于門外，再拜。侯氏遂從之」之類也。

〔記〕辭無常，孫而說。辭多則史，少則不達。辭苟足以達，義之至也。

案：此記明辭對之道。蓋使者受命不受辭，其辭則卽事而言之，但須順理而和悅也。故曰辭無常，遜而說也。**鄭注**曰：「孫，順也。大夫使，受命不受辭，辭必順且說。」胡培翬正義曰：「辭必順且說者，聘以修好睦鄰故也。說與悅同。」唯辭雖無常準，而須順適事理，悅於人情。然亦不可多而近乎史祝，論語所謂「文勝質則史」（雍也篇）也。**鄭注**云：「史謂策祝。」策祝之流但擅於辭令口給，非大臣之道也。辭亦不可少而至於不達其意，故論語曰「辭達而已矣。」（衞靈公篇）與此記義同。

又**鄭注**：「至，極也。今文至爲砥。」說文厂部「厎，从厂氐聲。」又：「砥，厎或从石。」詩小雅祈父鄭箋「厎，至也。」然則「砥」與「至」同，鄭從古文作「至」，以其明白易曉也。所謂「義之至」者，吳廷華章句曰「言于應事之宜爲極至也。」卽辭以達意，乃爲義之極至，故不可少，亦無須多也。張爾岐句讀曰：「聘問之辭，難豫爲成說。其大要在謙遜而和悅，辭多則近史祝，辭少則不足以達意。苟足以達意，而不失之多，修辭之義於是爲至。」此說最明。

〔記〕辭曰：非禮也，敢。對曰：非禮也，敢辭。

案：此記因前文「孫而說」之道而例舉辭對之法。**鄭注**曰：「辭不受也，對，答問也。二者皆卒曰敢，言不敢。」賈疏曰：「辭謂賓辭主人，答謂賓答主人，介則在旁曰非禮也敢。」張淳儀禮識誤云據鄭注「二者皆卒曰敢」及賈疏語，因謂此記經文末羨一「辭」字；且疑注首當重一「辭」字而誤入經文者也。諸家或未從其後一說而於注首增重一字，然多從其前一說而將經文刪一字，作「對曰：非禮也，敢。」阮元校勘記亦同此說。

據鄭說，或賓辭主人之禮，或賓答主人之問，皆曰「非禮也，敢。」此曰「敢」，即言「不敢」也。校勘記曰：「二者皆曰不敢，一則不敢不辭，一則不敢不對。」此則孫而說，所以致謙讓之道也。

段玉裁經韻樓集云：「此經二句謂常事常禮之外，有非禮之加，非禮之問，必咢咢不阿，乃爲偁職。主人施以非所當施，則辭之；主人問以非所當問，則對之。」段氏又舉僖十二年王以上卿禮饗管仲，管仲辭；及文四年衞寧武子來聘，公與之宴，爲賦湛露及彤弓，寧武子不辭又不答賦之事，以爲「非禮也」之證。竊以爲若云禮經記此文乃專爲非禮之事而著之，恐有不然。未若盛世佐所說爲長。盛氏曰：「此擧辭之少而達者以示例也。辭者，不受其辭，對者，不許其辭，辭與對皆兼賓與主人而言，所用之節蓋多矣。」竊謂此說是也。蓋凡賓主人行禮多有辭讓之節，此即辭對之辭也。既已言「辭無常」，「少則不達」，遂舉此以爲例，亦非云說必如此也。主人以盛禮待迎，賓辭之曰「非禮也，不敢受之。」亦未必果眞非禮也。乃謙之耳。

此乃辭對之例，所用之節甚多。而朱子通解列之於郊勞章，且儀禮原文亦列於「卿館於大夫」之前（記文序列之次已說於本篇首節），蓋以郊勞之時，首有賓主辭對之禮節也。

又賈疏謂此乃介所述之辭，段玉裁、盛世佐皆非之。據前所引盛氏之言，此乃通言賓主辭對之例，賈氏專屬之介，誤矣！

四、郊勞

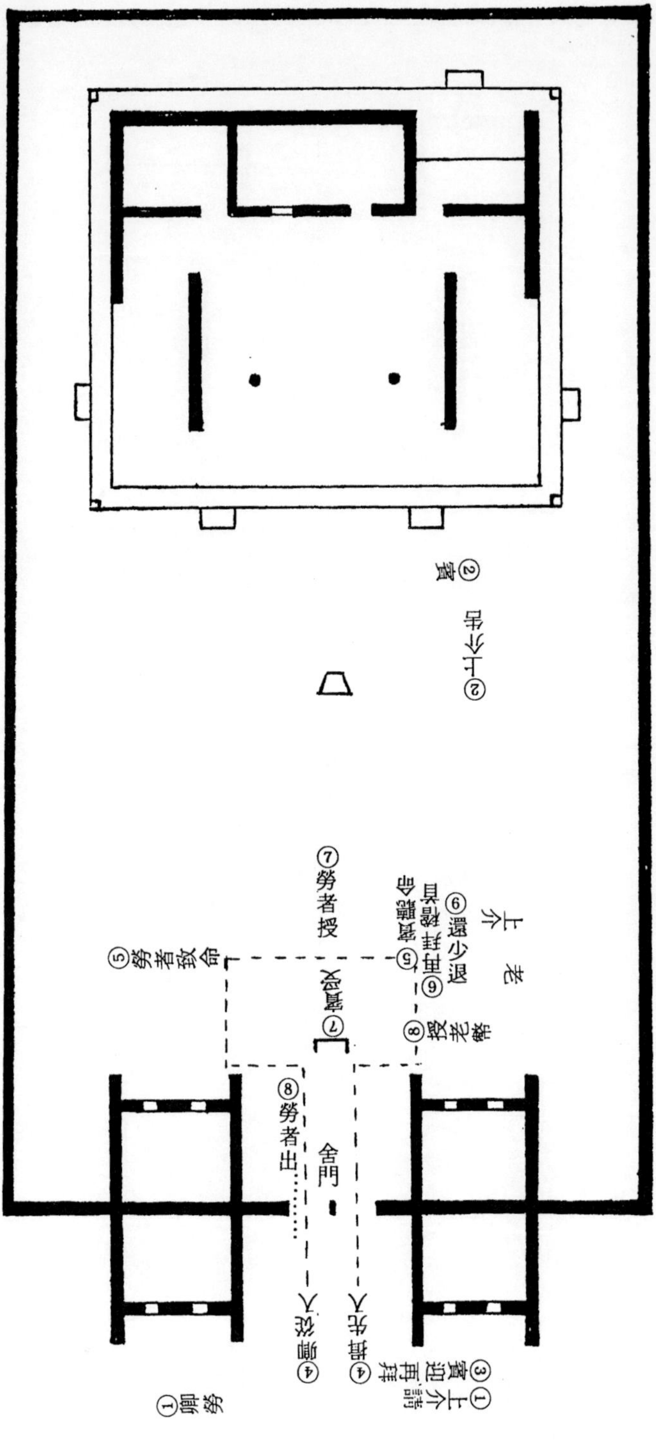

五、儐勞者

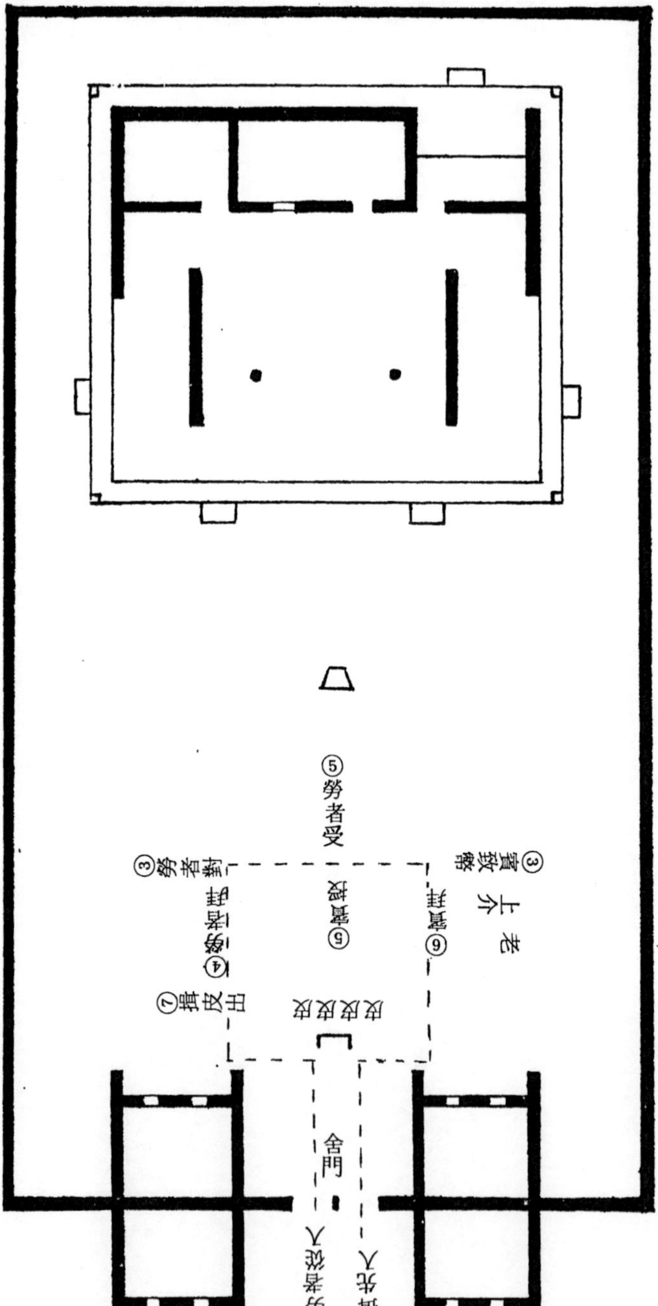
①賓迎
①勞者禮辭
②揖先入
②勞者從入
舍門
皮皮皮皮
⑦揖皮出
④勞者對
⑤賓授
⑥賓拜
上介
老
③賓致幣
③勞者對
⑤勞者受

第十節　致館設飧

至於朝。主人曰：不腆先君之祧，既拚以俟矣。賓曰：俟閒。

案：此謂賓既至於所聘國之朝，主君言欲受其聘，以示不敢稽賓之期。賓則謙云俟其閒乃行聘也。**鄭注**曰：「賓至外門，下大夫入告，出釋此辭。主人者，公也。不言公而言主人，主人，接賓之辭。明至欲受之，不敢稽賓也。腆猶善也，遷主所在曰祧。周禮天子七廟，文武爲祧。諸侯五廟，則祧始祖也。是亦廟也。言祧者，祧尊而廟親，待賓客者，上尊者。」鄭云賓至外門，是謂此朝爲外朝也。賓奉君命來使，既至主國，卽至於朝以告至也。既至朝，未便卽入，故由前導以入國之下大夫（致夫人勞之下大夫遂以賓入者）入朝以告君，遂奉君命出而請之。故鄭云主人者君也，又云下大夫入告，出釋此辭。

鄭之釋廟祧，以經言不腆先君之祧也，李黼二禮集解曰：「先君之祧，諸侯太祖廟也。凡先君祧主皆藏於太祖廟左右夾室。故名之曰祧。」蓋祧卽始祖廟也，以諸侯五廟，親盡而祧之主皆藏於始祖廟，故云遷主所在曰祧，又云祧始祖也。以祧爲始祖廟，故云祧尊也。經言此者，明下聘享之禮在此太祖廟行之，故鄭云待賓客者上尊者。

云「既拚以俟」者，辭之恭也。拚者，灑掃也。賈疏曰：「少儀云埽席前曰拚。拚者，埽除之名。」蓋通言則不僅掃席前曰拚，此則廟之內外皆掃除以潔之也。拚而俟矣，明卽可行聘禮也。鄭所謂明至欲受之，不敢稽賓也。稽者，稽留也。謂旣知賓將來聘，卽預先掃除太廟以俟賓來卽可行禮，示不敢怠慢而遷延賓之時日也。

賓曰俟閒，謂俟主人之閒暇而行之可也。此亦聘賓謙恭之辭也。**鄭注**曰：「賓之意，不欲奄卒主人也。且以道路悠遠，欲沐浴齋戒。俟閒，未敢聞命。」胡培翬釋奄卒爲促遽之意，謂賓意不欲以怱遽迫主人也。且行道悠遠，而倉卒行禮亦非所宜。賈疏引玉藻謂見己君當齋戒沐浴，故知此見主君亦當齋戒沐浴也。以此二故，皆不宜來卽行禮也。但主君以尊賓，故曰拚以俟矣；賓則曰俟閒，示未敢聽其命也。賈疏曰：「謂不腆先君之祧既拚以俟之命，不敢聞之也。」

大夫帥至於館，卿致館。

案：此謂下大夫既導賓以入朝告至，遂又帥賓至於館舍。賓既至館，主君又使卿來致館也。敖氏云：「大夫卽曏者以賓入者也。」**鄭注**曰：「致，至也。賓至此館，主人以上卿禮致之，所以安之也。」賈疏云：「以上卿禮，明有束帛致。」謂此致館，使上卿以禮致之，所謂「禮」者，卽以束帛之禮也。蓋周禮秋官司儀職云「諸公之臣相爲國客……大夫郊勞……致館如初之儀」，鄭注曰：「如郊勞也，不儐耳。」司儀職又云「凡諸伯子男之臣以其國之爵相爲客而相禮，其儀亦如之。」

是侯伯之臣亦然也。云如郊勞，則是以束帛也，其事見前。而云不儐者，胡培翬謂鄭氏亦據此經下文但言賓送再拜而不言儐以決之。然則是郊勞以束帛致，又有儐使者之儀。此時則以束帛致，而不儐也。

〔記〕：卿館於大夫，大夫館於士，士館於工商。管人爲客三日具沐，五日具浴。

案：此記明致館之所，各降其一等之宮、及管人之所供也。**鄭注**曰：「館者必於廟，不館於敵者之廟，爲太尊也。自官師以上有廟有寢，工商則寢而已。」以本經歸饔餼云「及廟門，賓揖入」，故知館於廟也。若館於敵者之廟，則爲太尊，故降一等而館之，如禮運云「天子適諸侯，必舍其祖廟。」亦是此意。故卿館于大夫之廟，大夫館於士之廟。士則館於工商之寢，以工商無廟但有寢也。鄭玄注周禮夏官隸僕職「掌五寢之埽除糞洒之事」云：「五寢，五廟之寢也。周天子七廟，惟祧無寢。詩云寢廟繹繹，相連貌也。前曰廟，後寢。」是館於廟，卽館於廟寢也。禮記祭法曰：「大夫立三廟，適士二廟，官師一廟，庶士庶人無廟。」鄭注：「適士，上士也。官師，中士下士。庶士，府吏之屬。」又王制曰：「大夫三廟，士一廟，庶人祭於寢。」鄭注士一廟「謂諸侯之中士下士，名曰官師者。上士二廟。」以庶人無廟而祭於寢，故知工商與庶人同，無廟而館於寢也。

管人爲客三日具沐五日具浴者，**鄭注**云：「管人，掌客館者也。客謂使者下及士介也。」胡培翬儀禮正義謂管人卽夕幣時管人布幕者也。鄭於彼注曰：管猶館，館人謂掌次舍帷幕者也。（說見前文），周禮掌舍之前又有宮人，「掌共王之沐浴」，諸侯兼官，蓋皆所謂館人之職也。其三日五日之節者，禮記內則言子事父母之禮曰「五日則燂湯請浴，三日具沐」，又曰「少事長，賤事貴，共帥時（是）」，蓋古人平常沐浴之節如此也。

賓迎再拜。卿致命，賓再拜稽首。卿退，賓送再拜。

案：此明卿致館之儀節也。**鄭注**曰：「卿不俟設飧之畢，以不用束帛致故也。不用束帛致者，明爲新至非大禮也。」蓋鄭之意以此「致命」爲「致飧」也，故曰不俟設飧，又曰不用束帛致故也。若致館則既曰以禮致之，明有束帛矣。是鄭以上文「卿致館」與此「卿致命」爲二事，故作如此解釋，又明不用束帛，乃以新至國，非大禮也。賈疏又釋之，謂非大禮乃對聘日致饔爲大禮而言。且謂此致飧無束帛而空以辭致君命也。且又擧下記「飧不致」爲不以束帛致也。朱子經傳通解非之，曰：「此致，止謂致館耳。章首目其事，而下詳其節也。上無飧字，而但云致命，注疏何以見其爲致飧耶。」竊以爲朱子之說是也。上文「卿致館」乃目其事也，此則詳其致館之節，「卿致命」卽致其致館之命也。鄭必以此爲致飧者，蓋以下文卽接云宰夫設飧，更無致飧之文故也。然周禮司儀職「致館如初之儀」下鄭注云：「侯伯之臣致館於庭。不言致飧者，君於聘大夫不致飧也。聘禮曰飧不致，賓不拜。」然則是鄭已擧此聘禮記文而云不致飧矣，何以此又生出致飧不以束帛空以辭致君命之說耶？且注疏又因之而婉曲解釋，皆無謂也。經於致館後逕言宰夫設飧而無致命之文，卽是飧不致矣。

敖繼公曰：「致命者，致其君致館之命也。致命於門外者，以無幣也。致館不以幣而在門外，亦與周官異。」蓋敖氏已同朱子之說以此致命爲致館，却又惑於無幣之說，又不見入門之文，竟謂致館在門外。且又知與周官異，而不知誤在何處也。據周禮致館如郊勞之禮，有束帛，卽是有幣矣。郊勞于庭，則此賓迎再拜，卽是迎入庭也。其不於門外決矣。

賓迎再拜卿致命者，賈疏曰：「賓在館如主人，故先拜也。卿不言答拜，答拜可知，但文略耳。雖不言入，則入門可知，言卿致命者，亦東面致君命也。」案司儀職「致館如初之儀」鄭已明言如郊勞矣，而郊勞時，則經明言「勞者不答拜」，然則此賓迎再拜，卿亦不答拜也，以「凡爲人使，不當其禮」之故。賈疏誤矣。賓迎，當亦迎於舍門之外也；迎入於庭，卿東面致命，當皆同郊勞之儀。賓再拜稽首，亦拜主君之命也。既致命，卿退，賓送於門外再拜，卿亦不答拜。凡此皆與郊勞同，但郊勞有儐，此則無儐耳。

〔記〕賓卽館，訝將公命。

案：此謂主君所使迎待賓客之人（掌訝）於賓既卽館後，遂見賓致其主君命己迎待之命。以便賓在館中有所需求之時，可相通而爲之備辦也。**鄭注**云：「使己迎待之命。」賈疏曰：「掌訝職云：

賓入館，次于舍門外，待事于客。注云次如今宮府門外更衣處，待事于客，通其所求索。彼謂天子有掌訝之官，共承客禮。此處諸侯使無掌訝，是以還遣所使大夫士訝將公命；有事通傳于君。」李如圭集釋亦云：「周禮掌訝，中士爲之。與士迎賓于疆，至于國，賓入館，次于舍門外，待事于客。又曰凡賓客，諸侯有卿訝，卿有大夫訝，大夫有士訝，士皆有訝。彼天子之禮，掌訝與訝賓異人，此諸侯禮，無掌訝。通以訝賓爲之。賓即館，訝始將公命，明非與士逆于竟者。」案李氏與賈疏之說義同，蓋周禮一云掌訝中士，又云諸侯有卿訝，卿有大夫訝，明掌訝與訝賓（周禮鄭注：朝聘之日迎賓于館之訝）異人。於此乃曰諸侯無掌訝，故通以訝賓爲之。然此聘禮之賓卿也，則大夫訝，豈大夫亦次于舍門外待事通其求索乎？以大夫之位之職，恐不便亦無暇爲之。且賈疏於經文「厥明訝賓于館」下云「天子諸侯雖有掌訝之官，朝聘之賓不使掌訝爲訝，直以尊卑節級爲訝。」此又云諸侯無掌訝，亦是矛盾。蓋以此記上承「卿大夫訝，大夫士訝，士皆有訝」之文下，又云訝將公命，故以二者爲一，而鄭於下文「見之以其摯」注曰「大夫訝者執鴈，士訝者執雉」，蓋亦是以此將公命之訝爲訝賓之訝。皆以上下文相承而合之也。却與周禮不合，乃又解謂諸侯無掌訝，說既矛盾，且又無據，殊不可信。

唯敖繼公集說云：「此節宜在卿致館之後。」蓋雖儀禮本文此記在「卿，大夫訝；大夫，士訝；士皆有訝」之下，而參之周禮、鄭注，明知彼訝乃聘日厥明訝賓於館之事，而敖氏以爲此乃賓初即館，掌訝待賓之事，故云此節宜在卿致館之後。案周禮秋官掌訝職云：「掌邦國之等籍以待賓客。若將有國賓客至，則戒官脩委積，與士逆賓于疆爲前驅而入，……至于國，賓入館，次于舍門外，待事于客。及將幣爲前驅……凡賓客之治令訝，訝治之。」據周禮掌訝職，則掌訝正爲迎賓客者也。且於賓入館之後，則次于舍門外，以待事於客。則敖氏所云是也。盛世佐儀禮集編非敖氏之說，而云：「賓卽館謂聘享畢就館之時也。」蓋以聘享禮畢，經有「賓卽館」之文，與此文同，故以爲也。然聘享畢，則迎待之事行之已久，何以始將公命？於事不合。此蓋泥於文字而昧於事理，不足取也。李如圭集釋亦云：「賓卽館，訝始將公命，明非與士逆于竟者。」然前士逆於竟、大夫請行、卿郊勞，爲君特遣之使，掌訝以其職掌待賓客致委積之務而與訝士逆賓于竟，而其時禮不在于己，至此時賓卽館，掌訝將次于舍門外，以待賓事，故此時方將君使己迎待之命，又有何不可？李說之非前已辨之，玆不再贅。然則此訝將公命必爲掌訝之訝，而非「卿，大夫訝；大夫，士訝」者明矣！

〔記〕又見之以其摯。

案：此謂掌訝將公命，又以私禮見賓，以其贄，卽相見之禮也。**鄭注**云：「又，復也。復以私禮見者，訝將舍於賓館之外，宜相親也。大夫訝者執鴈，士訝者執雉。」云又見爲復見者，以前訝將公命，已見賓矣，故此乃復以私禮見之也。云將舍於賓館之外，卽據周禮掌訝之文。云大夫訝者執鴈，士訝者執雉，蓋以聘日訝賓之訝通此次舍待事之訝，前已辨之。見之各以其贄，據周禮春官大宗伯云：「以禽作六摯以等諸臣。……大夫執鴈，士執雉，庶人執鶩，工商執雞。」據上文所辨，此指掌訝之官。周禮天子之制，掌訝中士爲之，此諸侯之制當降等，則宜下士爲之，當執雉也。

宰夫朝服設飧。

案：卿已致館，宰夫卽設飧以待賓也。宰夫朝服，胡培翬云：「尊賓也。」周禮天官宰夫職云：「凡朝覲會同賓客，以牢禮之法掌其牢禮、委積、膳獻、飲食。賓賜之飧牽，與其陳數。」是此設飧乃宰夫之職也。鄭玄於周禮注曰：「飧，客始至所致禮。」卽此致館設飧也。

此經**鄭注**云：「食不備禮曰飧。詩云不素飧兮，春秋傳曰方食魚飧，皆謂是。」案鄭注所引詩見魏風伐檀，箋曰：「飧讀如魚飧之飧。」所引春秋傳見公羊宣公六年，言趙盾方食魚飧，見其儉也。故鄭注引之以見食不備禮曰飧。賈疏釋云：食不備禮乃對饔餼言也。饔餼則「生與腥飪俱有，餘物又多」，此飧則「有腥飪而無生，餘物又少」，故云不備禮也。案此云飪，謂熟物；腥，謂生物；生，謂未殺之牛羊豕也。餘物則豆壺簋鉶之類也。

飪一牢，在西，鼎九。羞鼎三。腥一牢，在東，鼎七。

案：此言設飧之鼎實，上文所謂有腥飪者也。其飪一牢，列九鼎，在西方，又有陪鼎三。其腥亦一牢，列七鼎，設在東方。一牢者，牛羊豕各一也。鼎有九，有七，而皆曰一牢者，以牛羊豕為主也。**鄭注**曰：「中庭之饌也。飪，熟也。熟在西，腥在東，象春秋也。鼎西九，東七，凡其鼎實與其陳如陳饔餼。羞鼎則陪鼎也。以其實言之，則曰羞，以其陳言之，則曰陪。」鄭謂此乃中庭之饌者，以下經云「堂上之饌」，故知此飪腥乃中庭之饌，且下文歸饔餼時明飪腥陳于中庭也。腥為生物，飪為熟物。以腥列於東，以飪列於西，鄭云象春秋者，賈疏曰：「腥之言生，象春物生；飪，熟也，象秋物有成熟。」此則所以或在西或在東之故也。

其鼎實及陳列之法，鄭云如陳饔餼。案下歸饔餼經文曰：「飪一牢：鼎九，設于西階前，陪鼎當內廉，東面北上，上當碑，南陳，牛、羊、豕、魚、腊、腸胃同鼎、膚、鮮魚、鮮腊，設扃鼏。膷、臐、膮，蓋，陪牛羊豕。腥二牢：鼎二七，無鮮魚鮮腊，設于阼階前，西面，南陳如飪鼎。二列。」是其陳列之位則飪在西階前，東面，北上；腥在阼階前，西面、北上。其上當碑，而依次南陳。飪鼎有九，牛羊以至鮮腊。腥鼎有七，此設飧腥一牢，故七鼎一列，歸饔餼則腥二牢，故鼎二七，而為二列。鼎七者，如飪而無鮮魚鮮腊也。飪鼎之西又有陪鼎三：膷、臐、膮，以陪牛羊豕。陪鼎設于內廉，鄭注曰：「辟堂塗也。」歸饔餼時經云陪鼎；設飧時，經云羞鼎，鄭注所謂以實言之曰羞，以陳言之曰陪者也。其鼎實庶物容下文歸饔餼時更說明之。

堂上之饌八，西夾六。

案：此言設于堂上之饌。**鄭注**云：「八、六者，豆數也。凡饌以豆爲本。堂上八豆、八簋、六鉶、兩簠、八壺；西夾六豆、六簋、四鉶、兩簠、六壺。其實與其陳亦如饔餼。」經但言堂上之饌八、西夾六，而鄭云八、六乃豆數也，餘物則配合豆之數而設。蓋以凡饌皆以豆爲本也。賈疏曰：「凡設饌先設豆，乃設餘饌。」是解經所以但言豆數，而亦兼該他饌也。除豆數外，而鄭所言簋鉶簠壺之數加此者，蓋皆從饔餼之饌也。即鄭所云：「其實與陳亦如饔餼」者也。賈疏曰：「鄭必約與陳饔餼同者，以其陳鼎饔餼同，故知餘亦同也。」蓋鄭以飪腥之鼎與饔餼同，堂上豆數又同，故推其餘饌亦同也。

其實與陳如饔餼者，案歸饔餼經文云：「堂上八豆，設于戶西，西陳，皆二以竝，東上韭菹，其南醓醢，屈。八簋繼之，黍，其南稷，錯。六鉶繼之，牛，以西羊豕，豕南牛，以東羊豕。兩簠繼之，粱在北。八壺設于西序，北上，二以竝，南陳。西夾六豆，設于西墉下，北上，韭菹，其東醓醢，屈。六簋繼之，黍，其東稷，錯。四鉶繼之，牛以南羊，羊東豕，豕以北牛。兩簠繼之，粱在西。皆二以竝，南陳，六壺西上，二以竝，東陳。」其陳列之形見本節後附圖，其實說明詳見下文歸饔餼節。

門外米禾皆二十車。薪芻倍禾。

案：此言門外之積，米禾各二十車，薪芻各四十車。**鄭注**曰：「禾，稾實幷刈者也。諸侯之禮，車米視生牢，禾視死牢，牢十車。大夫之禮皆視死牢而已。雖有生牢，不取數焉。米陳門東，禾陳門西。」賈疏謂鄭云諸侯之禮米視生牢禾視死牢者，據周禮秋官掌客之文。大夫之禮皆視死牢，則見此飧禮及下歸饔餼之陳而推知也。李如圭儀禮集釋亦曰：「周禮大夫之車米禾無文。此飧禮死牢二而米禾皆二十車；饔餼生牢二，死牢三，而米禾皆三十車。知惟視死牢，不取生牢之數。」案此聘禮下經歸上介饔餼云「門外米禾視死牢，牢十車」，蓋亦鄭云大夫米禾皆視死牢之所據。此中庭之饌飪腥各一牢，是死牢二也。牢十車，故米禾各二十車。薪芻倍禾，故**鄭注**曰：「各四十車。」

上經（過邦假道節）鄭注曰：「禾以秣馬。」盛世佐儀禮集編引郝氏曰：「供爨曰薪，飼馬曰芻。」竊以為不當禾芻皆以飼馬也。案說文云「芻，刈艸也。象包束草之形。」段注：「謂可飼牛馬者。」又說文：「禾，嘉穀也。」段注：「民食莫重於禾，故謂之嘉穀。嘉穀之連稿者曰禾，實曰粟，粟之人曰米，米曰粱，今俗云小米是也。」又說文：「米，粟實。」段注：「實當作人。」然則粟之人（仁）謂之米，禾則連稿者之名，鄭此注所謂「稿實并刈」者也，實乃民食之重者。其連稿而刈，當取其實以為人食，其稿則以秣馬或供爨也。

其陳處，則米薪陳於門外東方，禾芻陳於門外西方。皆如饔餼。**鄭注**云「凡此之陳亦如饔餼。」饔餼之陳見於下文。

上介餼一牢，在西，鼎七，羞鼎三。堂上之饌六，門外米禾皆十車，薪芻倍禾。

案：此上介之饌，殺於賓之數也。餼一牢，無腥牢。鼎七在西，**鄭注**云：「西鼎七，無鮮魚鮮腊。」則是牛、羊、豕、魚、腊、腸胃、膚也。羞鼎三亦陪牛羊豕，而陳當西內廉也。堂上之饌六者，李如圭集釋云：「與賓西夾同，西夾無饌。」門外米禾各十車者，亦依牢數，此死牢一，故米禾十車也。薪芻倍禾，則各二十車。

衆介皆少牢。

案：此衆介之飧又殺於上介也。上介一牢，衆介則少牢也。**鄭注**：「亦餼在西，鼎五：羊、豕、腸胃、魚、腊。新至尚熟。堂上之饌四豆、四籩、兩鉶、四壺，無簠。」李如圭集釋曰：「承上文餼，知衆介亦餼也。歸饔則衆介無餼。」案餼，熟食也，新至國而致飧，未便卽薪爨，故尚熟而致餼。若歸饔餼時，則衆介有餼而無餼矣。賈疏云鼎五及堂上之饌，皆視上介而殺以兩也。又少牢饋食禮五鼎，玉藻「朔月少牢五俎」，故此少牢亦當五鼎也。唯少牢饋食五鼎有膚無腸胃，鄭於此五鼎則有腸胃而無膚者，賈疏曰乃生人食與祭異故也。且玉藻諸侯朔月之食少牢五俎，亦是有腸胃而無膚（據鄭注），與此同也。又據七鼎依九鼎而殺以末次之鮮魚鮮腊，則此五鼎殺于七鼎，除無牛外，當亦殺末次之膚鼎也。

堂上之饌，鄭氏亦據上介而殺之以兩，敖氏以爲此少牢，當無之。褚寅亮儀禮管見亦云：「歸饔餼，盛禮，而士介無堂上之饌，此亦宜無。注所云俟訂。」竊以爲此說是也，經不云堂上之饌，當是無之也。

〔記〕飧不致，賓不拜。沐浴而食之。

案：此記言設飧而不致君命，賓亦不拜受，但沐浴而食之。**鄭注**曰：「不以束帛致命，草次饌，飧具輕。」然其曰不致者，非僅不以束帛，且無致命之辭也，說已見前。賈疏謂草次言始至也，具輕對饔餼言也。竊以爲草次當亦有具輕之意，以賓初至館，諸事未具也。方苞儀禮析疑曰：「賓初至，力乏事紛，故飧不致，重煩賓答禮也。」蓋此卽所以不致飧，賓亦不拜受之故也。

李如圭集釋謂賓不拜爲「明日不拜賜於朝」，對歸饔餼則明日拜於朝也。賈疏則曰：「云不拜者，宰夫朝服設飧，無拜受之文。」蓋此設飧，不僅不拜於朝，且設時亦不拜也。「不拜」者，**鄭注**曰：「以不致命。」謂不致命，故不拜，則必是設時不拜受也。且此記「不拜」直承「飧不致」而言，其意甚明。李氏所言非也，當從注疏之說。

沐浴而食之者，**鄭注**曰：「自絜清，尊主國君賜也。記此，重者沐浴可知。」蓋沐浴者，一以道路風塵，故自潔清也；一以尊主君之賜，故潔清而食之。賈疏釋曰：「云記此重者沐浴可知者，以其食禮輕，尚沐浴而食，饔飧食重者，沐浴而食可知。」張爾岐句讀亦曰：「重者謂饔餼。」然則受饔餼亦必沐浴而後食，以尊主君之賜也。

六、設飧

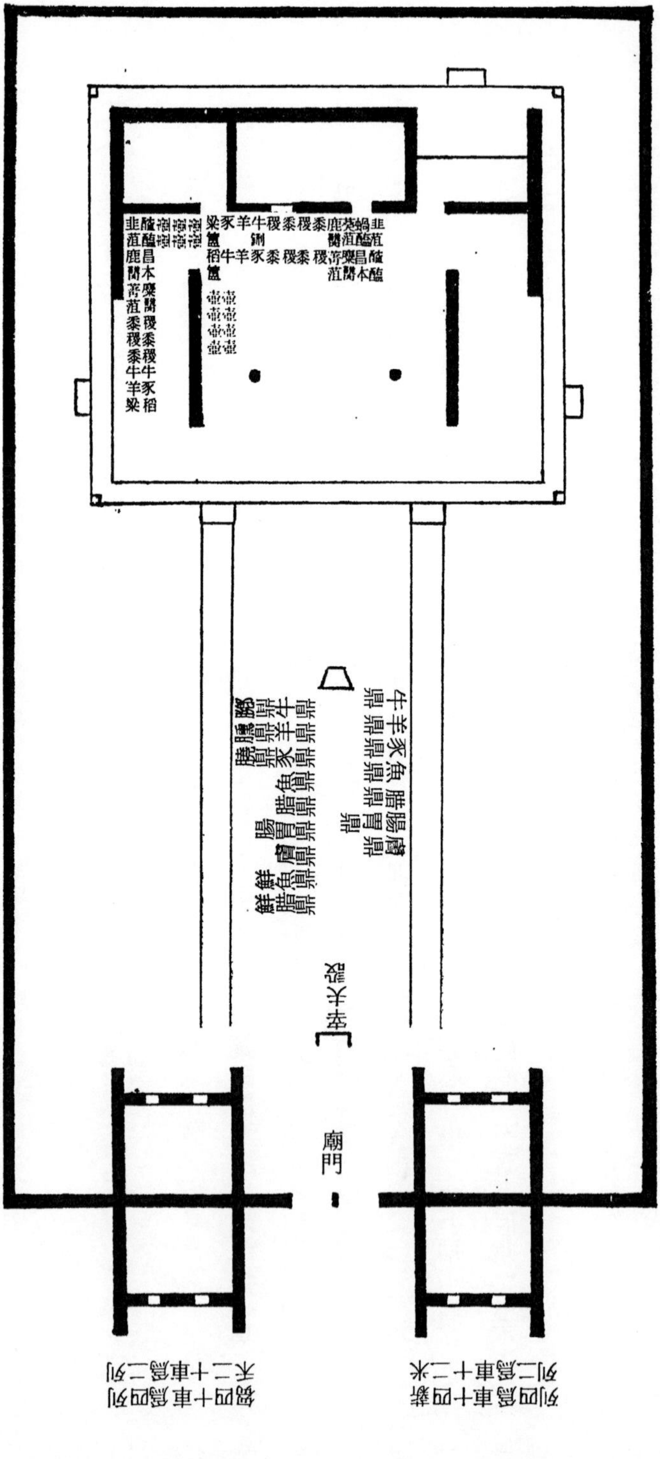

第十一節 聘 享

厥明，訝賓于館

案：此節乃行聘禮之事。於致館設飧之次日晨，主國之君卽使人至館迎賓來至朝廟而行聘禮。**鄭注**曰：「此訝，下大夫也。以君命迎賓謂之訝。訝，迎也。亦皮弁。」云此訝爲下大夫者，以下記云：「卿，大夫訝。大夫，士訝。」卿卽上大夫，次一等以下大夫訝，故是下大夫也。云「以君命迎賓謂之訝，訝，迎也」，明此乃奉君命而迎賓，與掌訝之官異也。知下大夫亦皮弁者，以下經云聘賓及主君皆皮弁，故知此下大夫訝者當亦皮弁也。

〔記〕卿，大夫訝。大夫，士訝。士皆有訝。

案：經旣云厥明訝賓於館，此記又明訝之人。**鄭注**曰：「卿，使者；大夫，上介也；士，衆介也。訝，主國君所使迎待賓者，如今使者護客。」周禮秋官掌訝云：「凡賓客，諸侯有卿訝，卿有大夫訝，大夫有士訝，士皆有訝。」文與此記近同。鄭彼注曰：「此謂朝覲聘問之日，王所使迎賓客于館之訝。」然則所云卽此事也。唯彼記天子之禮，故云諸侯有卿訝，此記據諸侯之大聘，故但云卿有大夫訝以下也，敖繼公集說曰：「云士皆有訝者，嫌其賤不必訝。若上士則使中士訝之，中士則使下士訝之也。」胡培翬正義更接云：「若下士則當使庶人在官府史之屬訝之。」是所謂士皆有訝也。鄭云「如今使者護客」，蓋舉漢時法以況之也。

賓皮弁聘。至于朝，賓入于次。

案：賓服皮弁服以聘。至於朝，在大門外暫歇于次，以俟有司陳幣，然後行禮也。聘禮而服皮弁，**鄭注**曰：「服皮弁者，朝聘主相尊敬也，諸侯視朔皮弁服。」案禮記玉藻「諸侯皮弁以聽朔於太廟，朝服以日視朝於內朝」，是皮弁尊於朝服，此時行聘於太廟，主相尊敬，故賓主皆服皮弁也。所謂次者，卽下記所云「宗人授次，次以帷」之次。**鄭注**曰：「入于次者，俟辦也。次在大門外之西，以帷爲之。」周禮天官有掌次之官，諸侯朝覲會同則張大次、小次。孤卿有邦事則張幕設案。蓋以帷布爲帳幄以爲暫息之所。此聘時賓入于次者，以賓率從者來至於朝，須俟有司陳幣，然後可以行聘禮，故入于次以俟辦也。是以經言賓入于次，下則接陳幣事也。鄭云次于大門外之西者，以賓位在西故也。（詳見下文）

〔記〕宗人授次。次以帷，少退于君之次。

案：經主聘賓行禮之事，云賓至于朝，遂入于次。此記則補敘主國有司設次之儀。此云「宗人授次」，而朱子通解曰：「今按周禮幕人掌相會共帷幕，掌次掌張幕。此宗人字恐誤。」以周禮無宗人掌幕次之事也。敖繼公集說云：「授次，授賓次也。設次者，掌次也，宗人則主授之耳。」是以爲授次者，但主其事耳，設次，則由掌次設之。又按胡匡衷儀禮釋官云：「掌禮之官，天子有大宗伯、小宗伯，諸侯以司馬兼之，無宗伯，唯立宗人而已。文王世子云宗人授事，雜記云宗人納賓，是諸侯謂之宗人也。鄭注文王世子云宗人掌禮及宗廟。孔疏云別言及宗廟，則宗廟之外諸禮皆掌。此云宗人授次，謂授管人張之。上注管人掌次舍帷幕者。」胡培翬正義亦據左傳證春秋時諸侯有宗人之官而無宗伯。然則宗人爲諸侯掌禮之官，故此云宗人授次也。而掌設次者，據周禮當爲掌次。周禮掌次職云：「諸侯朝覲會同，則張大次小次。」正此張次也。唯前夕幣時經云「管人布幕」注云掌次舍帷幕者，蓋以諸侯兼官，以掌次、幕人、掌舍通謂管人（說詳前文），故釋官云宗人授管人張之也。釋官又據周禮大宗伯卿，小宗伯中大夫，而諸侯五大夫無小宗伯，推云然則宗人不在大夫之列，當以士爲之也。

次以帷者，謂此次以布帷爲之也。周禮幕人掌帷幕，鄭注云：「在旁曰帷，在上曰幕，帷幕皆以布爲之。」

云「少退于君之次者」，**鄭注**曰：「主國之門外，諸侯及卿大夫使者，次位皆有常處。」云主國門外，即經云賓至于朝，入次以俟辦者也，是次設在門外也。云諸侯及卿大夫使者次位皆有常處者，吳廷華章句云兩君相朝亦有次也。賈疏曰「君次在前，臣次在後，故云少退于君之次。」

少退之形，敖氏曰：「少退之，則似謂在其南而少西也。」盛世佐曰：「少退者，不敢當朝君設次之處也。退，退而北，次南向，故以近門爲退。」案盛氏之說較敖說爲長。蓋周禮大行人云朝位上公九十步，侯伯七十步，子男五十步，亦以相去而遠爲尊也。

乃陳幣。

案：此言有司先入而陳幣于主國之廟門外。以聘禮在廟內行之，而幣則陳于門外，以備賓奉以入也（皆見以下經文）。**鄭注**云：「有司入於主國廟門外以布幕陳幣如展幣焉。圭璋，賈人執櫝而俟。」謂如展幣者，則入竟時展幣布幕，故此陳幣亦布幕而陳之，他如陳皮北首西上，璧琮會諸幣加左皮上等陳列之法亦皆如展幣時。而圭璋則不陳（亦如展幣時），由賈人執櫝俟於幕西，待賓入聘時，乃啓櫝取圭而授賓也（見下經）。

卿爲上擯，大夫爲承擯，士爲紹擯。擯者出請事。

案：此言主君之臣以接賓事者之制。**鄭注**云：「擯，謂主國之君所使出接賓客者也。紹，繼也。其位相承繼而出也。主君公也，則擯者五人，侯伯也，則擯者四人，子男也，則擯者三人。」鄭所云擯者之人數，蓋據周禮大行人天子待諸侯之禮推之。賈疏云蓋諸侯卑降於天子，不敢自分辨之，故據天子待己之禮以爲制度也。其擯者卿最尊，故爲上擯，大夫士曰承擯、紹擯者，則取其位相繼，又承繼其事之意也。賈疏又謂子男之擯者三人，則正卿、大夫、士各一人矣，若侯伯四人，公五人，則餘一人、二人而以士充其數。然則若此聘據侯伯言之，則是上擯卿一人，承擯大夫一人，紹擯士二人也。

又**鄭注**：「聘義曰：介紹而傳命。君子於其所尊，弗敢質，敬之至也。」鄭注聘義：「質謂正自相當。」孔疏曰：「此一節明聘禮之有介傳達賓主之命，敬之至極也。」然則擯之與介，其義同也，在主君為擯，在賓為介，所以傳命，以避免質而當面者也。故所謂交擯傳命者，即是此法。如周禮秋官司儀言諸公及侯伯子男相為賓，其主君郊勞、將幣皆交擯。鄭司農云「交擯，擯者交也。」鄭玄注主君郊勞交擯曰：「各陳九介，使傳辭也。」云九介者，據諸公言之。且在道路，俱不為主，故皆以介。若將幣交擯，則有擯介之別矣。使傳辭之法，此聘禮**鄭注**曰：「天子諸侯朝覲乃命介紹傳命耳。其儀各向本受命反面傳而下，及末則向受之反面傳而上，又受命傳而下亦如之。」賈公彥據此釋周禮司儀職曰：「上擯入受命，出請事，傳辭與承擯。承擯傳與末擯，末擯傳與末介，末介傳與承介，承介傳與上介，上介傳與賓；賓又傳與上介，上介傳與承介，承介傳與末介，末介傳與末擯，末擯傳與承擯，承擯傳與上擯，上擯入告君。諸交擯者，例皆如此也。」司儀職又言諸公及侯伯子男之臣相為國客，則大夫郊勞，及將幣皆用「旅擯」。故此聘禮「擯者出請事」，**鄭注**云：「此旅擯耳，不傳命。」不傳命即不傳辭也，但陳列擯介，而上擯逕請事於賓，遂入告于君也。故曰旅擯，而別于交擯也。**鄭注**曰：「上擯之請事，進，南面揖賓，俱前，賓至末介，上擯至末擯，亦相去三丈六尺。止揖而請事，還入告于公。」此則旅擯傳命之法也。然則擯者出請事，則此時賓已出于次，而率衆介立於大門外，待其請事而爲禮也。其位列，則**鄭注**云：「於是時賓出次，直闑西北面，上擯在闑東閾外西面，其相去也，公之使者七十步，侯伯之使者五十步，子男之使者三十步。上介在賓西北，東面；承擯在上擯東南西面，各自次序而下，末介末擯旁相去三丈六尺。」又**鄭注**：「此三丈六尺者，門容二徹參个，旁加各一步也。」曰門容二徹三个蓋據冬官匠人「應門二徹三个」，鄭於彼注云：「二徹之內八尺，三个二丈四尺。」又於旁各加一步，賈疏曰：「人之進退周旋，不過再舉足一步，故門傍各空一步丈二。」是以一步六尺，左右各一步則丈二，加于原有門廣二丈四尺，故其間相隔三丈六尺也。諸侯之門制經無文，鄭玄則以天子應門之制而推諸侯庫門之制作爲降差，蓋以天子庫門將更廣於是也。案此旣以一步爲六尺，則鄭注所云七十步、五十步者未免相去太遠。鄭氏蓋據周禮大行人所言公侯伯之朝天子賓主朝位而降殺之。吳廷華儀禮疑義亦云以實度之，未必如此之遠。玆姑存疑。

案黃以周禮書通故禮節圖，於末介末擯之東西相去三丈六尺，又與其旁南北亦相去三丈六尺，非也。蓋鄭注但以門廣擬東西相去之數，其南北則無三丈六尺之別也。送賓時注云紹擯與賓並行，其閒亦六步，是只有東西相隔，無南北之距也。

又經云「擯者出請事」，**鄭注**曰：「旣知其所爲來之事，復請之者，賓來當與主君爲禮，爲其謙，不敢斥尊者啓發以進之。」謂此事陳幣已畢，衆擯已列，當請賓行禮矣。然聘賓將與主君行禮，是爲尊者，不敢逕啓發以進之，故但謙云請事耳。上擯之請事，則**鄭注**云：「上擯之請事，進，南面揖賓，俱前，賓至末介，上擯至末擯，亦相去三丈六尺，止，揖而請事，還入告于公。天子諸侯乃命介紹傳命耳。」是此乃旅擯，以上擯逕向賓請事也，請事而入告亦禮之常。經未云入告，略之也。然江永鄉黨圖考以爲出請入告當有三辭之事。蓋周禮司儀職於郊勞，將幣，或公朝交擯，或臣聘旅擯，皆有「三辭」之文。禮記聘義云：「三讓而后傳命，三讓而后入廟門，三揖而後至階，三讓而後升，所以致尊讓也。」鄭注云「三讓而後傳命，賓至廟門，主人請事時也。」孔疏謂鄭云廟門當是大門之誤，以聘禮主人請事在大門外也。觀聘義於「三讓而後傳命」，下文曰「三讓而后入廟門」，則孔疏之說是也。孔疏又謂此「三讓」當是「三辭」，以鄭注鄉飲酒云「事同曰讓，事異曰辭」，而此請事時乃辭不敢當大禮，是事異而當曰「辭」，但記者則通言辭讓也，義亦可通。又此聘禮於賓入廟之前有主君辭玉，當亦三辭。（說詳後）此經於至階、升堂有三揖、三讓之文，則此入門時固當有三辭之儀也，參之司儀、聘義之文皆然，江氏之說是矣。且禮記禮器亦有云「七介以相見也，不然則已愨，三辭三讓而至，不然則已蹙。」信乎此當有三辭，不然則已蹙矣。

公皮弁迎賓于大門內。大夫納賓。

案：此則上擯既入告以賓聘事，三辭之後於是主君服皮弁，至大門內而迎賓。**鄭注**曰：「公不出大夫，降于待其君也。」淩廷堪禮經釋例云「凡迎賓，主人敵者于大門外，主人尊者于大門內。」此主君為尊，故迎于大門內。若主君待來朝之君，則迎於大門外矣。而上擯乃納賓，以前者出請事，入告君皆上擯之職也，故此納賓亦然。**鄭注**云：「大夫，上擯也。謂之大夫者，上序可知；從大夫總無所別也。」謂從上文知接賓事者乃上擯卿也，而此云大夫納賓，亦上擯之卿。蓋別言之則以上大夫曰卿，曰下大夫，總言之，皆曰大夫也。

又**鄭注**云：「於是賓主人皆裼。」李如圭集釋曰：「未執玉，尚文飾也。袒上服見裏衣曰裼。」蓋以下文賓執圭則襲，公受玉則襲，故云此則未執玉而裼，是尚文飾也。禮記玉藻曰：「君衣狐白裘，錦衣以裼之。君子狐青裘豹褎，玄綃衣以裼之；麛裘青豻褎，絞衣以裼之；羔裘豹飾，緇衣以裼之；狐裘，黃衣以裼之。」是言君子衣裘，又加外衣以便裼之也，鄭注：「袒而有衣曰裼。」所謂袒而有衣，即袒外衣見裼衣也。玉藻又云：「裘之裼也，見美也。弔則襲，不盡飾也。君在則裼，盡飾也。服之襲也，充美也。是故尸襲，執玉龜襲，無事則裼。弗敢充也。」鄭注：「充，覆也。」是謂裼乃袒其外衣以見其中衣之美，故曰裼見美也。君在則裼，尚文飾之義也。若覆其外衣而不見中衣之美，則曰襲，是謂充美，不盡飾也，則至敬無文，以素為貴（禮器文）之義也。是故弔則襲，尸襲，執玉龜亦襲，皆以示敬也。案執玉襲，則此聘禮賓致圭璋，公受圭璋則襲也。此時則君迎於大門內，大夫納賓，尚未執玉，故裼，則是君在則裼，盡飾之義也。清高宗欽定儀禮義疏亦云：「是時公與賓皆裼。經不著之者，以裼乃其常，鄉來原未襲也。」以執圭時方襲，既授圭復其常則裼。而此時未襲，固是裼也。

賓入門左，公再拜，賓辟，不答拜。

案：上擯納賓，揖先入自門右，賓從入自門左。淩廷堪禮經釋例云：「凡入門，賓入自左，主人入自右，皆主人先入。」賓介入門自闑西，即在門左，入而立于門內西方，北面。此時主君在門內南面立而拜迎。賓辟位而不當其禮，亦不答拜。入門左者，**鄭注**曰：「內賓位也。」謂入門內而左立，是門內之賓位也。以賓位在西，門內左，即西方賓位也。**鄭注**又云：「衆介隨入，北面西上少退。擯者亦入門而右，北面東上。上擯進相君。」以下文賓入廟門，經云「介皆入門左北面西上」，故鄭云於此亦然也。且介皆北面，則賓當亦北面也。而介立時少退于賓，不敢與賓齊也。又以介皆入門左，則擯當亦皆入門右北面東上，擯介相當也。上擯主相君事，故鄭云上擯進相君也。

公再拜者，**鄭注**云：「南面拜迎。」賓辟不答拜者，**鄭注**云：「辟位逡遁，不敢當其禮。」郊勞節鄭注：「凡為人使，不當其禮」，此賓奉君命而使，亦不當其禮也。故不答拜。

公揖入，每門每曲揖。

案：此謂公揖賓入至廟。行經門或曲行時，則揖之以示其道。蓋行聘禮在太祖廟（上經云「不腆先君之祧」），而宮室之制「左宗廟右社稷」（周禮小宗伯文），以宮南鄉，則宗廟在東。小宗伯鄭注云：「庫門內雉門外之左右」。朱子儀禮經傳通解云：「今按江都集禮廟制，諸侯立廟宜在中門外之左右。古者宗廟之制，外爲都宮，內各有寢廟，別有門垣，太祖在北，左昭右穆，以次而南。與此疏不同，未知孰是。」蓋賈疏謂廟在宮左，太祖廟居中，左昭右穆，諸廟並列，入每門卽行經二穆乃至太祖廟其每廟中間隔牆之閤門也。此則朱子所謂不同者。案賈疏以太祖廟與昭穆一字並列，無上下之分，爲後來各家所皆不取，當以朱子所據江都集（晉孫毓撰）爲是。則所謂每門者，既入庫門，又經東閤門而入都宮門也。每曲揖者，入庫門折而東，經閤門又折而北，乃入都宮門至太祖廟也。任啓運、秦蕙田、夏炘、褚寅亮、盛世佐諸氏皆從此說。

除賈疏所云以太祖廟居中左昭右穆一字並列爲諸家所斥外，敖繼公云太祖廟最東，高祖而下以次而西，亦爲諸家斥爲無昭穆之別而共非之。又有金鶚（廟在中門內說）、戴震（三朝三門考）皆以爲廟在中門之內，乃得有「每門」之揖。胡培翬正義從之。且謂經先云每門，後有每曲，必是先經中門，乃有東曲。竊以爲但爲解釋「每門」之說而必言廟在中門之內，未免牽強。且下文問卿節亦有「每門每曲揖」之文，則大夫亦有三門耶？

竊謂此兩處「每門每曲揖」之文，或不必泥於文字而以二門以上及先經門後有曲解之，此蓋通言禮儀也。蓋每有經門，或每有曲行，是行道有所變，則主人宜當揖客以指其徑，導其行，以示敬讓，猶入門三揖至階亦此意也。

鄭注：「每門輒揖者，以相人偶為敬也。凡君與賓入門，賓必後君。介及擯者隨之，並而鴈行。既入，則或左或右相去如初。玉藻曰：君入門，介拂闑，大夫中棖與闑之閒，士介拂棖，賓入不中門，不履閾。此賓謂聘卿大夫也。門中，門之正也，不敢與君並由之，敬也。介與擯者鴈行，卑不踰尊者之迹，亦敬也。賓之介猶主人之擯。」蓋公揖賓入，而賓以位卑，故皆後君而入。君入自闑東中門（曲禮鄭注：「中門謂棖闑之中央。」）賓則在闑西近東拂闑而入，以玉藻云賓入不中門，李如圭儀禮集釋曰：「聘賓入門還依為君介時，近東而拂闑，不敢中門也。」所謂依為君介時，即兩君相朝卿為上介之時。介及擯隨之鴈行，則玉藻所云（上）介拂闑，大夫（次介）在棖與闑之間，士（末）介拂棖。所以然者，則卑不踰尊者之迹以為敬也。既入則或左或右相去如初，謂如在大門外相去三丈六尺也。

案儀禮釋宮云，閾為門限，即門下橫木為內外之限者。闑，乃門之中央所豎短木。棖則門兩旁之木。賈疏謂門有二闑，中門謂兩闑之間；君由中間，介等鴈行，上介乃得拂闑，則上介拂西闑，上擯拂東闑也。胡培翬正義舉玉藻疏、爾雅注以駁之，並稱玉藻言公事自闑西，私事自闑東，而不言東闑西闑，是賈疏於經無據，故不取賈說。又案玉藻鄭注云：「兩君相見也，君入必中門，上介夾闑，大夫介士介鴈行於後。」所謂上介夾闑，云兩君之上介左右近闑夾之而過，則止有一闑也。曲禮注又云：「中門謂棖闑之中央」，是鄭意止一闑明矣。且闑乃門中央所豎短木以制門者，門必二扇，中夾一闑，焉得有東西二闑，賈疏之誤明矣。

及廟門，公揖入，立于中庭。

案：此謂公迎賓至於廟門，公揖而先入，以省內事之佈置，遂立于中庭以俟賓。**鄭注**曰：「公揖先入，省內事也。既，則立於中庭以俟賓，不復出。如此得君行一臣行二，於禮可矣。公迎賓于大門內，卿大夫以下入廟門卽位而俟之。」賈疏云先入省內事，卽曲禮所謂「客至於寢門，則主人請入爲席」之類。唯曲禮所記乃卿大夫士平等之客禮，故爲席「然後出迎客」，此則主君爲尊者，故既省內事而不出迎，乃立于中庭以俟賓。且如此乃得君行一臣行二，而於禮爲可也。惠棟儀禮古義曰「立讀爲位，古者立位同字」。若然，則是中庭乃君立之常位。而下文聘事既畢君裼降立，亦立於此位也。其立于中庭之位，張惠言讀儀禮記云當庭南北之中。張氏又云：「賓入門左曲，公南面與揖；賓北曲，公西南面與揖；揖訖，公東行向堂塗，北行當碑，而賓相及，俱揖。是君行一臣行二矣。」所謂「君行一臣行二」者，王應麟困學紀聞（卷五）云見於韓詩外傳晏子之言。案韓詩外傳卷四云：晏子聘魯，上堂則趨，授玉則跪。既退，子貢疑之，孔子問焉。晏子對曰「夫上堂之禮，君行一，臣行二。今君行疾，臣敢不趨乎？今君之授幣也卑，臣敢不跪乎？」此蓋鄭注之所本。中庭之位，說詳本節下文。

　鄭云公迎賓于大門內之時，其卿大夫以下卽入廟門各卽其位而俟之者，賈疏曰：「當見行事之時，公授宰玉、士受皮、宰夫授公几，皆是於外無事，在廟始有事，更不見此官等入廟之文，明君未入廟時此官已在位俟矣。」其卿大夫以下廟門內之位詳見下文。

賓立接西塾。

案：此在廟門外，主君既揖而先入，賓則立於門外近西塾之處以俟出請之命。西塾之南，卽布幕陳幣之所，上經所謂「至于朝，賓入于次，乃陳幣」者也。**鄭注**曰：「接猶近也。門側之堂謂之塾。立近塾者，已與主君交禮，將有出命，俟之於此。介在幣南北面西上。上擯亦隨公入門東東上，少進於士。」鄭云門側之堂謂塾者，乃據爾雅釋宮之文。謂立而近塾，乃已與主君交禮，故立此以俟命者，賈疏云：此對前在大門外未與主君交禮時，待擯者傳命，而立去門七十步、五十步、三十步之遠而言。此則已與主君交禮，每門每曲揖而至廟門，以主君先入省內事，故此俟命而立近塾，不必如未交禮時之去門遠立也。

鄭云介在幣南北面西上，賈疏曰：「以上文入竟展幣時布幕，賓西面，介北面東上統於賓；今此陳幣，賓在門西北面，明介北面西上統於賓也。」張惠言讀儀禮記云疏門西當作幕西，以介西上，則可知賓在幕西；又「北面當作東面，下注云上介北面受圭，進西面授賓，疏云賓東面，故上介西面授是也，皆寫誤。」案張說是也。注云介在幣南北面西上，賓固當在幣西東面，乃得曰介統於賓也。以上介受圭授賓之事，則更可證之矣！

鄭云上擯隨公入門東東上者，賈疏云：「案下几筵既設擯者出請命，更不見上擯別入之文，明隨公入可知也。」胡培翬正義曰：「言東上者，明承擯紹擯亦隨入也。」李如圭集釋曰：「下文介入門左北面西上，知上擯之入當門東東上。」然則隨公入門者，非僅上擯耳，擯者皆隨入也。門內之位，則與下經「介皆入門左北面西上」左右相當，則擯當在門東北面東上也。鄭又云「少進於士」者，以門東北面有士位也。賈疏曰：「知門東有士者，案公食云：士立于門東北面西上。鄭云統于門者，非其正位也。故知此亦然。以儐者是卿，又相君，故知進於士，在士前也。」案公食大夫禮於公揖賓升之後，敍主國卿大夫立位，有云：「大夫立于東夾南西面北上，士立于門東北面西上，小臣東堂下南面西上，宰東夾北西面南上，內官之士在宰東北西面南上。」則此聘禮當亦有如此之位，卽上文鄭云公迎賓于大門內卿大夫以下入廟門卽位而俟者也。以門東北面有士位先立焉，此上擯隨公入而門東北面固當少進於士，以尊卑別也。

几筵既設，擯者出請命。

案：此謂賓在門外西塾之時，則廟內設几筵，既設，則擯者出請命於賓也。**鄭注**曰：「有几筵者，以其廟受宜依神也。賓至廟門，司宮乃於依前設之，神尊，不豫事也。席西上，上擯待而出請受賓所以來之命，重停賓也。至此言命，事彌至言彌信也。周禮諸侯祭祀席蒲筵繢純右彫几。」鄭謂有几筵以其廟受宜依神，賈疏乃曰「此對不在廟受不几筵。」案賈說非也。蓋下經聘遭喪不几筵，固不致命於廟；而小聘乃廟受，亦不設几筵也。當如李黼二禮集解所云：「以其廟受，重其事也」。

故小聘禮輕，雖廟受亦不設几筵是爲異也。

此几筵乃爲神設，固待賓至廟門乃設之，以神尊故不豫設之，對上文主國卿大夫皆先即位於廟而俟主君之入省事也。且因是神之席，故西上而不統於人。若統於人，則從主君而東上。案士昏禮納采：「主人筵于戶西，西上，右几。」鄭注：「筵，爲神布席也。戶西者，尊處，將以先祖之遺體許人，故受其禮於禰廟也。席西上，右設几，神不統於人。」賈疏謂此言神不統于人，以別於鄉射、燕禮之席統於主人而東上也。案鄉射禮云「乃席賓南面東上」；燕禮云「司宮筵賓于戶西東上」，是皆爲人之席而東上。故此聘禮之几筵乃同於士昏之几筵爲神設者也。士昏乃將以先祖之遺體許人，故設神筵以告神，此則「臨之先君以結二國之好」（胡培翬正義）故亦設神之几筵也。其几筵之設，則亦如士昏禮之「筵于戶西、西上，右几」，于筵右設几，以筵當依面南，則几在筵西也。

又鄭云「司宮乃於依前設之」者，蓋據燕禮「司宮筵賓于戶西東上」而推以爲司宮設之。儀禮釋官又以本聘禮下文云「宰夫徹几改筵」（主君禮賓節）疑以爲此几筵當亦宰夫設之，且公食禮亦云「宰夫設筵加几席」可證也。案燕、公食皆諸侯禮，所設皆人之席。又燕禮於「司宮筵賓」（設賓之筵）之前又云「膳宰具官饌於寢東」；公食大夫記又云「司宮具几，與蒲筵常緇布純，加萑席尋玄帛純，皆卷自末。宰夫筵，出自東房」。蓋司宮掌几筵之制及其設，宰夫（亦即膳宰）掌饌具。公食禮於「宰夫設筵加几席」句之前敍鼎洗槃匜之設，下接云「無尊，飲酒、漿飲，俟于東房」，蓋皆饌具之事。故稱宰夫。此聘禮下云「宰夫徹几改筵」卽徹神筵改用人饌食之筵，故云宰夫；此處則設神位之几筵，當是司宮之職，故宜從鄭氏之說。儀禮釋官非也。又知設于依前者，以覲禮云：「天子設斧依于戶牖之間。」爾雅釋宮云：「牖戶之間謂之扆（依）」。天子設斧依，鄭氏謂設屏風繡以斧（黼）文也，諸侯則但設几筵于戶牖之間，無屏風，是爲異也。

又經云「擯者出請命」，文異於前至竟「請事」、及郊「請行」、大門外「擯者出請事」，故鄭氏釋之曰「出請受賓所以來之命」，又曰「至此言命，事彌至言彌信也」。敖繼公集說云：「請命者，請致其君命也。」案致其君命，卽賓所以來之命也。前此未曰請命，以不敢必其事也，今者賓來至廟門，卽將入而行禮，其事信矣，故曰請命。是以鄭云事彌至言彌信也。

鄭又引周禮者，乃春官司几筵文，其文曰：「諸侯祭祀席蒲筵繢純，加莞筵紛純，右彫几。」敖氏曰：「註似脫加莞席紛純五字。」賈氏於此聘禮注曰：「彼諸侯祭祀席三重，上更有加莞筵紛純。不引之者，文略可知，引之者，證此所設者，設常祭祀之席也。」是賈亦以注引周禮當有「加莞筵紛純」五字。又賈於周禮疏謂諸侯大祫祭時席三重，禘與時祭則二重。而此聘設神筵，賈云常祭祀之席，則據周禮蒲筵繢純一重，加莞筵紛純一重，正二重席也。今聘禮鄭注引周禮「蒲筵繢純右彫几」而少「加莞筵紛純」五字，敖說是也。據周禮及公食禮鄭注：蒲筵繢純，謂用蒲爲席而用畫文爲緣也；莞筵紛純，謂用細葦爲席而以白繡爲緣也。蓋純，緣也。莞，亦作萑，細葦也。

賈人東面坐啓櫝，取圭，垂繅，不起而授上介。

案：此在廟門外近西塾，賓將入行聘，賈人乃取圭授上介而轉授賓也。**鄭注**云：「賈人鄉入陳幣，東面俟，於此言之，就有事也。授圭不起，賤不與爲禮也。繅有組繫也」。賈人鄉入陳幣，卽前賓入于次乃入陳幣時也，蓋其時旣陳幣，卽東面而俟矣，彼時未言，於此乃言其面位者，以向無事，於此乃有取圭之事，就有事乃言之也。胡培翬正義云：「賈人東面坐啓櫝，與在國西面異者，主賓之地殊也。」謂受命將行時賈人坐啓櫝在櫝東西面，以彼在己國，此則在他國爲賓，不宜東坐西面，故東面俟，亦東面而坐取圭也。取圭垂繅，不起而授上介，亦同於前使者受命時也，鄭云繅有組繫，以垂繅卽垂其組繫也（說并見前）。鄭又云「不言裼襲者，賤不裼也」，蓋以經下文云「上介不襲」又云「賓襲」，而此賈人取圭則不云裼襲，故謂賤不裼。竊謂當亦賤不與爲禮也。蓋賈人旣以賤而不與爲禮，故不起而坐授上介以圭矣，又何遑顧襲裼之節乎？且下文上介不襲，鄭云「不襲者，以盛禮不在於己也。」蓋執圭無藉當襲（見下記），上介以盛禮不在於己，己但以圭授賓耳，故不襲，則賈人又何與於襲裼哉？賈疏云：「若不賤以垂繅當裼，以賤故不裼。」非也。蓋裼襲不以垂繅屈繅別，乃以有藉無藉別（說詳下），賈但見鄭「賤不裼也」之文而釋之，故云。鄭當云不言裼襲者，賤不與爲禮也；或曰賤不與於裼襲也。

上介不襲，執圭，屈繅，授賓。

案：此言上介從賈人手中受圭，不襲，屈繅而執之以授賓。**鄭注**曰：「上介北面受圭，進西面授賓。不襲者，以盛禮不在於己也。屈繅，幷持之也。曲禮曰：執玉，其有藉者則裼，無藉者則襲。」上介在西塾南之位本北面西上。賈人東面在幕西，取圭不起而授上介，上介正在其原位北面而受之，以賓在幕西東面，故上介進西面授賓。敖繼公儀禮集說云「授賓東面於其右」。蓋敖氏謂賓主之禮訝受，相禮則竝受。鄭氏則謂敵者竝受，不敵者訝受，夏炘學禮管釋廣採聘禮、燕禮、鄉飮、鄉射、昏禮諸儀，詳細辨之，得其結論云「凡授弓、授圭、授鴈等敵者皆竝受，卑者皆訝受，凡授爵、授觶等尊卑俱訝授受，細繹經文無不脗合。」以其所列甚爲中理，則此宜從鄭說，上介與賓尊卑不敵，以訝授受，故西面授賓也。胡培翬正義曰：「賈人不徑授賓而上介執以授賓，尊卑之節也。」

云「不襲」者，以對下文「賓襲」而言。敖氏曰：「襲而執圭者，惟賓與主人行禮者二人耳，故上介不襲而執之。必言之者，嫌聘時執玉者必襲之。」此卽鄭所云「以盛禮不在於己」之意也。鄭氏又引曲禮之文者，以釋裼襲之制，明無藉當襲，故經特言之，但以盛禮不在己，故上介不襲。

所謂「屈繅」者，以絢組繫圭故屈而幷持于手中也，故鄭云「幷持之」也。說詳見前使者受命節。

〔記〕上介執圭，如重，授賓。

案：此記言上介執圭時之儀容戒愼之至也。**鄭注**曰：「愼之也。曲禮曰：凡執主器，執輕如不克。」鄭引曲禮，卽以證「如重」之義。圭者，主器之貴者也，其物體雖輕，固當執之如重如不克以示戒愼之極也。賈疏曰：「此謂當將聘，於主君廟門外，上介屈繅以授賓，賓襲受之節。」敖繼公集說云：「謂上介凡執玉皆如是，不惟將聘授賓之時爲然。記者特於此發之耳，其餘執玉者亦如之，不盡見也。」案記於此節（含下言賓入廟、廟中、出廟之容）皆特言聘享時賓介之儀容，此句固當如賈疏所云。但敖氏云凡執玉皆如之，亦是。以曲禮所云，凡執主器皆然，亦不僅於執玉也。此特言上介執圭，固就聘時言之耳。

賓襲，執圭。

案：此言賓襲而受圭於上介。**鄭注**曰：「執圭盛禮，而又盡飾，爲其相蔽敬也。玉藻曰：服之襲也，充美也。是故尸襲，執玉龜襲也。」玉藻所云裘之裼也，見美也；服之襲也，充美也，其義已見上文迎賓節。蓋君在當裼以盡飾，所以敬君也；然此執圭乃盛禮，若又裼以盡飾，則蔽執圭之敬，是故襲而執圭以示敬。賈疏曰：「今聘賓於主君亦是臣於君所，合裼以盡飾。今旣執圭以瑞爲敬，若又盡飾而裼，則掩蔽玉之敬，故不得裼也。」此亦申言鄭注所釋當襲之義。胡培翬正義曰：「

經至是言襲，則賓前此不襲可知矣。」此說是也，蓋亦前迎賓時，賓主人相見而未執圭，鄭云「於是賓主人皆裼」之意也。

敖氏又曰：「不言垂繅，可知也。」謂賓執圭當垂繅而執之。蓋據賓在己國受命時，賈人垂繅而授宰、宰屈繅而授使者、使者垂繅以受命而言之，彼時鄭注禮以相變爲敬，則此亦然也。或如吳廷華、方苞頗非「相變」之說，而前在君前垂繅受命，若屈繅，則將斂之矣。此時執玉以行大禮，固當垂繅以呈見玉。則敖氏所言垂繅亦宜。

〔記〕凡執玉，無藉者襲。

案：此記釋賓襲而受圭之義。**鄭注**曰：「藉謂繅也，繅所以縕藉玉。」賈疏乃謂繅有二種，若以木爲中幹而施以五采三采者乃常有，故不得謂無藉；是故此當據絢組而言。（案賈說二種其實一也，說已詳見上文）於是賈氏又謂：「若廟門外賈人啓櫝取玉垂繅以授上介，上介裼受；上介屈繅以授賓，賓卽襲受，卽此執玉無藉者是也。此文與曲禮同。曲禮：凡執玉，其有藉者則裼，無藉者則襲是也。」案此記但云執玉無藉者襲，曲禮更對言有藉者裼，其理固同也。蓋賈氏以垂繅爲有藉，以其絢組垂則見之矣，乃爲有藉，於是謂賈人垂繅授上介，上介則裼受；屈繅爲無藉，以其繅屈（於手）則不見也，是爲無藉，故上介屈繅以授賓，賓則襲受。然經但云上介不襲而受圭，非言裼而受也。且鄭注謂不襲者以其盛禮不在於己，若是垂繅爲有藉當裼，而上介裼受，則不可云盛禮不在於己矣，是故賈疏未可信也。

又禮記曲禮「執玉其有藉者則裼，無藉者則襲」鄭注曰：「藉，藻（亦作繅）也。裼襲文質相等（或作變）耳。有藻爲文，裼見美亦文；無藻爲質，襲充美亦質。圭璋特而襲，璧琮加束帛而裼，亦是也。」然則鄭於曲禮注或以有藻無藻爲有藉無藉，或以璧琮加束帛爲有藉，而以圭璋特爲無藉也。曲禮孔疏釋其前一說與賈疏同，且引皇氏說謂玉亦有裼襲，爲諸家所共非之；又引熊氏云上明賓介爲裼襲，下明賓主各自爲裼襲，而釋其後一說。曰：朝時用圭璋特，賓主俱襲；行享時用璧琮加束帛，賓主俱裼，亦是也。後世如陳祥道、陸佃皆取後說，以此有藉則裼、無藉則襲，專指圭璋特達無束帛爲無藉，璧琮加束帛爲有藉而言。陳氏禮書曰：「玉有以繅爲之藉，有以束帛爲之藉。有藉則裼，無藉則襲特施於束帛而已。聘賓襲執圭，公襲受玉；及享則賓裼奉束帛加璧，蓋聘特用玉而其禮嚴，享藉以帛而其禮殺，此襲裼所以不同。先儒以垂繅爲有藉，屈繅爲無藉，此說非也。」（卷五十三）陸氏曰：「無藉者，若圭璋特是也。經言繅又別言藉，則藉非繅著矣。藉若璧以帛，琮以錦之類。」（見朱子通解引）朱子據鄭二說及孔疏所引皇氏熊氏，與陳陸二氏之說，而未論其是非。楊復儀禮圖更詳辨之，謂裼襲是一事，垂繅屈繅又別是一事，不容混爲一說。楊氏云當使者受命時，賈人以圭授宰，宰授之使者，使者授上介，凡四易手，但云屈繅垂繅之節，不云裼襲之別；賓在主國行聘享及還玉報享時，但致圭璋則無束帛而皆襲，致璧琮則有束帛而皆裼，此時但言裼襲不言垂屈繅之節；賓介返國反命於己國之君，則又但言垂繅屈繅則不言裼襲（此皆見於經文），是可見裼襲專就賓在主國行聘享盛禮時而言也。是故楊氏云：「陳氏陸氏之言足以破先儒千百載之惑。」竊謂楊氏之說乃眞足破千百載之惑也。其後敖繼公、淩廷堪、張爾岐、盛世佐、胡培翬，諸家皆從此說，唯張爾岐但云曲禮陳（澔）氏（禮記集說）之解爲定說，實者陳氏之說亦出楊氏也。

此外，淩廷堪既取楊氏之說，又兼許戴震之說，謂鄭氏兼以繅及束帛爲藉，而上介持圭屈繅亦是有藉故裼（經云不襲），更曲說鄭於彼引曲禮以證介之不當襲，乃稱後人之以垂繅爲有藉，屈繅爲無藉是誤會鄭說（見淩氏禮經釋例卷十二）。竊以爲此說殊不可通。設或上介持圭屈繅爲有藉故裼爲合禮，則鄭何云盛禮不在於己以釋其不襲哉？且上介屈繅以授賓，則既有繅（不論其垂屈）即爲有藉，則賓持之何以又襲耶？其理不通明矣。李如圭儀禮集釋亦兼取二說，既先云「圭璋特達，無藉也；璧琮加于束帛，有藉也。」後乃又曰：「若據繅藉而言，則垂繅爲有藉，屈繅爲無藉，上介受賈人圭，垂繅而不襲，亦謂之有藉則裼；賓受上介圭，公受賓圭，皆屈繅，亦謂之無藉則襲。凡享玉，既藉以束帛，不復用繅藉也。」此說之不可通已如前述。是凡以繅釋此有藉無藉者，皆非也。是故楊氏復曰：「自鄭氏之說始差，熊氏皇氏從而傅會之，而經意始汨然。經文粲然如日星之在天，又豈得終汨之邪。」

擯者入告，出辭玉。

案：上擯既出請命，於是賓執圭將入，上擯乃入告君以賓將執圭致命之事，又奉君命而出辭其玉圭。以圭爲貴重之物，故謙而辭之也。**鄭注**曰：「擯者，上擯也。入告公以賓執圭將致其聘命。圭，贄之重者，辭之亦所以致尊讓也。」云擯者爲上擯，以相禮皆上擯事也。上擯見賓已執圭將以致聘命，故入告其君，又以圭爲重器，故辭之。左傳莊公廿四年：「御孫曰：男贄大者玉帛。」文公十二年：「秦伯使西乞術來聘，襄仲辭玉曰：君不忘先君之好，照臨魯國，鎭撫其社稷，重之以大器，寡君敢辭玉。對曰：不腆敝器，不足辭也。主人三辭，賓曰：寡君願徼福于周公魯公以事君，不腆先君之敝器，使下臣致諸執事以爲瑞節，要結好命，所以藉寡君之命結二國之好，是以敢致之。襄仲曰：不有君子其能國乎。國無陋矣。厚賄之。」皆是以玉爲重贄也。故辭之。左傳云三辭，此則但言辭玉，賈疏曰：「彼主人無三辭者，文不具，亦當三辭也。」敖繼公曰：「此辭亦禮辭耳。」然據左傳言主人三辭，及禮記聘義云：「三讓而后傳命，三讓而后入廟門，三揖而后至階，三讓而后升，所以致尊讓也。」是凡辭讓皆三，則此辭玉當亦三辭，賈疏是也。鄭云「辭之亦所以致尊讓」者，據聘義言之也。且據聘義「三讓而后入廟門」，則下文納賓，當亦有三讓之儀也。

納賓，賓入門左。介皆入門左，北面西上。

案：此云上擯既三辭玉，然後納賓入廟門，賓入門由左。介亦皆隨賓入由門左，既入，北面西上而立。**鄭注**入門左云：「公事自闑西。」此玉藻文。玉藻曰：「公事自闑西，私事自闑東。」鄭注：公事聘享也，私事覿面也。」蓋聘享爲致己國國君之命，故爲賓客而入自闑西；私覿私面時，以臣自居，故自闑東後主人也。此時以圭聘，故自闑西。入門時，西爲左也。

介皆入，**鄭注**：「隨賓入也。介無事，止於此。今文無門。」隨賓入者，隨賓入自闑西（門左）也。其行當亦同於入大門時鴈行而入。入於門內北面西上，亦與入大門之位同。鄭云介無事止于此者，以賓入則揖讓而升堂，介則無事，故止立于此位也。

云「今文無門」者，蓋以今文無門字爲於文不備，故此有門乃從古文也。

〔記〕賓入門，皇。

案：此記言賓執圭入廟門時之儀容宜有莊肅之貌。**鄭注**：「皇，自莊盛也。」

〔記〕執圭入門，鞠躬焉。如恐失之。

案：此亦云賓執圭入廟門之儀容敬謹之至，猶如唯恐玉或失墜也。**鄭注**云：「記異說也。」蓋以上記已曰入門皇，此又記之，故曰記異說也。又案論語鄉黨篇記孔子「執圭，鞠躬如也，如不勝」，亦與此記義同。論語何晏集解引包氏曰：「爲君使聘鄰國，執持君之圭。鞠躬者，敬謹之至。」以鄉黨下文接云「享禮，有容色；私覿，愉愉如也。」固知論語所云執圭是爲君使聘鄰國也。

張淳儀禮識誤云此記「鞠躬」當從釋文作「鞠窮」，如爾雅釋言云「鞠究窮也」，「鞠窮」爲復語，若「踧踖」之謂。張氏且云「自論語作鞠躬，學者遂不復致思於其間。」李如圭儀禮集釋亦從其說。然若據爾雅以「鞠窮」爲復語，則爾雅之「鞠究窮也」郭注：「皆窮盡」也，於此解不合。而論語鄉黨篇曰：「君在，踧踖如也」、「入公門，鞠躬如也」、「攝齊升堂，鞠躬如也」、「復其位，踧踖如也」、「執圭，鞠躬如也」，言踧踖者二，言鞠躬者三，不可謂「鞠躬」與「踧踖」意同也。又阮元論語注疏校勘記云「躬」又作「窮」而仍讀如「躬」，蓋鞠躬本雙聲字，同屬見母，史漢中亦屢見之。然則論語作「鞠躬」，此亦當仍作「鞠躬」，不當別作「鞠窮」，且此記與鄉黨文類似（「如不勝」卽「如恐失之」也），或同出一源者歟！

〔記〕皇且行。入門主敬，升堂主愼。

案：此亦記執玉行步之法。**鄭注**云：「復記執玉異說。」異說者，蓋異人之記也。此云「皇且行」卽上記「賓入門皇」也。蓋禮有此說，而記者不同，文遂小別，此書遂並錄之。賈疏曰：「上已二度記執玉行步之法，今又云皇且行，是別有人更記此執玉行法。故云復記執玉異說也。」此說是矣。敖繼公乃曰文有不同，是謂異說，非也。胡培翬正義曰：「記文雖異，大指不外致謹於行步威儀而已。蓋聘使鄰國，不可隕越失容以爲君羞也。」此說固然。又記云「入門主敬，升堂主愼」，而敬於心必愼於事，是敬愼一也。唯別之則敬以心之恭爲重，而愼以行之謹爲主。蓋入門始執圭而行大禮，故特主於敬；升堂則有步履之不平，故特主其愼也。

三揖。

案：此謂賓既入門，行至于階，其間主君三揖之。**鄭注**曰：「君與賓也。入門將曲揖；既曲，北面又揖；當碑揖。」此卽三揖之地也。朱子儀禮經傳通解謂疏說蓋印本差誤，致不可讀，乃更定之曰：「前云公揖入立于中庭，三分庭一在南。賓後獨入，得云入門將曲揖者，謂公先在庭南面，賓入門將曲之時，既曲北面之時，主君皆向賓揖之。再揖訖，主君乃東面向堂塗，北行，當碑乃得賓主相向之揖，是以得君行一臣行二。非謂賓入門時主君更向內霤相近而揖也。」朱子更定賈疏說三揖之法，諸家皆從之，以其足明注說。唯敖繼公持異說，謂三揖乃「賓入門左而揖；叄分庭一在南而揖；又皆行而至於參分庭一在北而揖。是三揖也。」凌廷堪禮經釋例斥之與注乖違不可從。凌氏又以士冠、士昏諸禮釋三揖之理云：「堂塗與門不相直而與階相直。故賓主入門至內霤將右（左）曲就堂塗，則賓主必相背，故揖；既至堂塗，俱曲而北，則賓主又相見，故再揖；當碑則將及階矣，故三揖。非此固無緣相揖也。」案鄭注士冠禮云：「入門將右曲，揖；將北曲，揖；當碑，揖。」注士昏禮曰：「入三揖者，至內霤將曲，揖；既曲北面，揖；當碑，揖。」然則凌氏此說足發鄭氏之義。蓋此庭中三揖，亦猶每門每曲揖者，行道有所變，則揖之以示敬讓也。唯此時賓主不敵，主君先在中庭，而賓後入，不同於主賓皆入揖而左右曲相背之情。則但賓入門將左曲，主君南面與之揖；賓既至堂塗曲而北面，主君又西南面與之揖；賓向北行，則主君向東堂塗而北行，賓主俱至碑（參分庭一在北）則東西相對而揖，是所謂三揖也。

又主君中庭之位，賈疏、朱子皆謂在三分庭一而南，張惠言讀儀禮記則云在南北之中。張氏據享時設庭實三分庭一在南，介覿時亦北行三分庭一而東行當君，其時君立中庭，不可亦在此處，則當稍北而在庭南北之中也。又下文歸饔餼節經云「米百筥設于中庭」，鄭注：「中庭者，南北之中也。」賈疏曰：「上享時直言庭實入設，不言中庭，則在東西之中，其南北三分庭一在南，此更言中庭，欲明南北之中也。上文公立于中庭，宰受幣于中庭，皆南北之中也。」賈疏彼此矛盾，蓋後文因注而言，此則未及之也。褚寅亮儀禮管見且曰：「經凡言中庭者，南北之中也。」然則張說是也，今從之。

至設碑之處，賈疏士昏禮曰：「碑在堂下三分庭一在北。」李如圭儀禮釋宮從之。敖繼公則云「古者宮庭有碑，蓋居其庭東西南北之中。」案歸饔餼米百筥設于中庭，乃在南北之中，其北有醯醢百甕夾碑而設，則碑不得在庭南北之中明矣。凡三揖，乃賓主各在東西堂塗北行至碑而揖，則碑宜在庭中近北，然則賈說是矣！

至于階，三讓。公升二等，賓升，西楹西東面。

案：賓入廟自西陳（堂塗）北行，主君再揖後自東陳北行，至于碑東西相向而揖，遂至于階。於是三讓而升，**鄭注**曰：「讓升」。聘義：三揖而后至階，三讓而后升，所以致尊讓也。鄭注鄉飲酒云：「事同曰讓，事異曰辭」前賓執圭將聘，主人辭玉，是事異故曰辭，此賓將升堂行聘，主人讓升，故事同而曰讓。

既三讓，主君先升二等，然後賓升。淩廷堪禮經釋例云：「凡升階皆讓。賓主敵者俱升，不敵者不俱升。」此主君尊而聘賓卑，故不俱升，乃君先升，然後賓升。而公先升二等者，**鄭注**云：「先賓升二等，亦欲君行一臣行二。」君行一臣行二之說已見前述。

賓升堂立於西楹西，卽西楹與西序之間，東面向君而立。**鄭注**：「與主君相鄉。」胡培翬正義云：「下云公左還北鄉，則公初時升堂西鄉可知。故注以賓東面爲與主君相鄉也。」李黼二禮集解云：「賓升西楹西東面，則公升東楹東西面可知。」

〔記〕升堂，讓。

案：此云賓執圭升堂之容。**鄭注**云：「讓，謂舉手平衡也。」賈疏曰：「謂若曲禮凡奉者當心。下又云執天子之器則上衡，注云謂高於心。國君則平衡，注云謂與心平。則此亦執國君器也，故引之爲證。」王士讓釋曰平衡則不亢，故云讓。敖氏則以爲讓謂必後主君而升也。盛氏從之。然褚氏云：「依注舉手平衡，擬執玉之容，方與上文皇，下文志趨一貫。」按記文上承「上介執圭如重」而下，接云入門皇、升堂讓、將授志趨，蓋皆言執圭之容。其升堂三讓之儀節，經文中自具之，此記固是補敍其容也。當依注疏所引曲禮之說爲是。

擯者退中庭。

案：此時主君與賓皆升堂，賓將致命，而主君親受，不用擯者相之，故擯者退立於中庭之位。**鄭注**云：「鄉公所立處。退者，以公宜親受賓命，不用擯相也。」前者云「公揖入，立於中庭」，此又曰退中庭，故云是鄉公所立處也。案前據張惠言云中庭當南北之中也。敖繼公儀禮集說云：「至是而退於中庭，則是擯者從公而立於階下矣。」蓋以經云「退中庭」而不言「降」，則是擯者未升堂也，而旣云退中庭，則必前已隨公進於中庭而前，故是至階下也。蓋至于階三讓，皆擯者相之，公旣升堂，則擯者不升，而退立於中庭也。

賓致命，公左還北鄉。

案：賓東面向主君而致其君命使來聘之命，主君原立東楹之東西面鄉賓，此時則左迴其身而北面，俟擯者贊而拜之也。**鄭注**賓致命云「致其君之命也。」又**鄭注**公左還北鄉云「當拜」。蓋淩廷堪禮經釋例云：「凡門外之拜皆東西面，堂上之拜皆北面。」且下接云「公當楣再拜」，旣堂上之拜皆北面，故知此時左還北鄉，爲當拜之故也。

擯者進。

案：擯者趨進至阼階之西，釋辭以相公之拜。**鄭注**云：「進阼階西，釋辭於賓，相公拜也。」此云進阼階西，則是不升堂也，蓋以公食大夫記云「卿擯由下」，鄭注曰：「不升堂也」，故知此亦不升堂。進而不升堂，則以阼階西之位爲最近堂上公立處，故云進阼階西也。江永鄉黨圖考云：「論語趨進翼如也，即在斯時。」此乃論語鄉黨文，而上承「君召使擯」，故推知「趨進」即此時「擯者進」之時。進而趨者，胡培翬云：「其時賓已致命，公已左還北鄉將拜，擯者從中庭進至阼階西有數十步，不宜紓緩，故必當趨。趨則急遽，或至垂手掉臂難其容，故特記容。」其容即論語所云「翼如也」。朱子論語集注云：「疾趨而進，張拱端好，如鳥舒翼。」是則趨進步疾，而尤須飭其容，不失其敬謹之至也。前者無事而退立中庭，今有事而趨進，以示敬其事。敖繼公集說云：「必退乃進者，禮以變爲敬，公必待擯者進之然後拜，尊者之禮尚多儀也。」

公當楣再拜。賓三退負序。

案：擯者既趨進釋辭以相，公乃當楣面北再拜，賓則三退逡遁而負西序立，以示不敢當公之拜也。**鄭注**：「拜貺也。貺，惠賜也。楣謂之梁。」此經記云「寡君拜君之辱」，此又云「拜貺」，賈疏云此出聘義之言：北面拜貺，拜君命之辱，所以致敬也。然則拜貺亦以拜君命之辱，以彼君命使來聘辱臨本國而致重賜（以圭聘）故拜之以致其敬。敖氏云此拜爲將受玉，胡氏（培翬）以爲此拜乃拜聘君之命，而非敖說。竊以爲胡氏過責，敖氏亦是也。蓋拜聘君之命卽是拜貺，而所貺之物卽玉是也，拜貺亦是將受玉也。說法雖異，意則同也。拜而當楣，楣謂前楣也。儀禮釋宮云：「堂之屋南北五架，中脊之架曰棟，次棟之架曰楣。」又「楣前曰庪」。鄭注云「楣謂之梁」，乃爾雅釋宮文，彼郭注云「門戶上橫梁」，蓋指後楣而言，（儀禮釋宮：後楣以北爲室與房。）故門戶上橫梁卽此後楣也。此賓主在兩楹之東西，則當楣謂當兩楹間之前楣也。褚寅亮儀禮管見云：「當者，面向之也，蓋在楣下少南，初時卽西面立於此。拜時乃還而北面。」

賓三退負序者，**鄭注**云：「三退，三逡遁也。不言辟者，以執圭將授之。」云三退三逡遁者，非眞退，唯以不敢當公之拜，故三逡遁以示退而不當其禮。賓位本在西楹西東面，今三退則負西序矣。敖氏集說云：「公再拜之間，賓凡三退，見其頃刻不敢安也。三退則負序而立矣。此拜雖非爲己，然猶不敢自安若是，敬之至也。」此極釋三退負序之義，亦可謂至矣！李如圭集釋曰：「司儀職曰拜客三辟，凡爲人使者不答拜。」既不答拜，則三辟之。三辟卽三退也。以此時賓執圭將授之主君，故不言辟而言三退負序也。鄭亦解釋此字異同用法，故曰「不言辟者，以執圭將授之」，明此云退，實卽辟也。賈疏乃以周禮司儀職文曰諸公之臣相爲國客，「登拜，客三辟，授幣」，遂曰：「彼諸公之臣相聘之禮，與侯伯之卿聘於鄰國之禮少異故也。」案賈說甚誤。觀鄭於彼注曰：「客三辟，三退負序也」，明謂彼云三辟，卽此三退負序也，何云公臣與侯伯之臣禮異耶？此說褚氏寅亮、胡氏培翬皆有辨之。

公側襲。受玉于中堂與東楹之間。

案：公將受玉，乃先襲之于東序及坫之間。然後至中堂與東楹之間而受玉。**鄭注**曰：「側猶獨也。言獨，見其尊賓也。他日公有事必有贊爲之者。凡襲於隱者，公序坫之間，可知也。中堂，南北之中也。入堂深，尊賓事也。東楹之間，亦以君行一，臣行二。」鄭云側猶獨者，謂公獨於序坫之間襲之，而不用贊者，以尊賓也。而他日之襲必有贊爲之者，賈疏據大射儀：卒射，小臣正贊公襲以證之，故云此側（獨）襲無贊乃異於他日，以示尊國賓故也。記曰凡執玉無藉者襲，此時公將受圭無藉，故襲之。

鄭云公襲于序坫之間，以凡襲必於隱處，而堂上隱處卽序坫之間也。坫者，堂東南角之坫也。賈疏據士喪禮小斂時主人襲于序東，謂喪事尙襲于隱處。況吉事乎。蓋襲有更衣之事，不更行於賓前，故于隱處。經言側而鄭推言其處，賈云推之可知也。

盛世佐儀禮集編謂側乃旁側之側，其言曰：「側蓋堂之東偏也。以其近於側階而名之與。襲宜於隱蔽之所，故公不於拜處爲之，而如堂側也。鄭訓爲獨，恐未安。凡經中側字有獨意，有偏義，當隨文解之，不可執一而論也。」竊以爲盛氏釋側爲偏是也，唯不必卽以爲堂之東偏近側階處乃名之曰側，若鄭氏云襲於序坫之間亦是在旁側之處也。經云側襲，卽襲於旁側隱處也。案士冠禮

「側尊一甒醴在服北」句下，賈疏云「禮之通例，稱側有二：一者無偶特一爲側，則此禮、昏禮側尊甒醴于房中、昏禮合升側載、聘禮側襲、士虞禮側尊，皆是無偶爲側之類；一者聘禮云側受几者，側是旁側之義也。」然賈氏既以「側受几」爲旁側之義矣，何必又以此側襲而訓獨邪？蓋以鄭於此注「側猶獨也」，故云。觀士冠禮賈疏其他側訓獨者，皆「側尊」，唯聘禮「側襲」爲公（主人）之動作，當與「側受几」爲類，而必以之與「側尊」之類同訓爲獨，殊爲不合。且既襲於隱處矣，卽所以尊賓也，何必又以無贊以示尊賓？且若必以側訓獨，側襲爲無贊以尊賓，然則賓既出，公側授宰玉，其側（獨）而無贊又何爲也？是又不通於理。蓋襲有更衣之事，以公之尊，固當有贊。既大射儀卒射而襲有小臣贊之，則此當亦有贊。且襲於隱處，卽是在旁側也。而下文「公側授宰玉」，宰主藏玉，受之於公，當親受之，不必特云「側」以示無贊。鄭云授于序端，則側授亦旁側之義，與此側襲義同也。是以此云「側襲」，固宜解作旁側之側。

受玉於中堂與東楹之間者，鄭注以中堂爲南北之中。以堂有五架，後楣之北爲房室，則堂上南北之中當前楣與棟之間，而原立處在當楣，今南北之中，故云入堂深以尊賓事。胡氏正義以爲凡云之間必有兩物對待。若以中堂爲南北之中，則「與」字及「之間」二字無著落，不若從李如圭集釋及吳廷華章句之說，以中堂爲堂東西之中也。李氏云：「中堂，堂東西之中也，是爲兩楹間。凡敵者受玉于兩楹間。聘賓與主君非敵，故進東近主君，受玉于中堂與東楹之間也。下賓覿受幣當東楹，覿私事，賓又宜近東而當東楹。則此受幣在東楹之西明矣。」案此說近理，亦合鄭注「

君行一臣行二」之說。鄭以南北之中解中堂之位，蓋以中庭爲庭中南北之中故也。然庭中以入門由南而北，至中庭而立，故是南北之中，此堂上主賓東西對立，中堂宜作東西之中，其勢不同，固當隨之而解，不必泥也。若賈疏據鄭說，又解「東楹之間」曰「兩楹之間爲賓主處中，今乃於東楹之間，更侵東半間，故云君行一臣行二也。」君立已近東楹，若更侵東半間，豈合理，且亦不得爲君行一臣行二也。故知此解甚爲牽強，不足取。

〔記〕將授，志趨。授如爭承。下如送。君還而后退。

案：此記賓授玉時之容色也。**鄭注**志趨云：「志猶念也。念趨謂審行步也。孔子之執圭，鞠躬如也。如不勝，上如揖，下如授，勃如戰色，足蹜蹜如有循。」案孔子執圭乃鄉黨文。集解引鄭注：「戰色，敬也。足蹜蹜如有循，舉前曳踵行」。張爾岐句讀云：「謂審乎君行一臣行二之節也。」然則此將授志趨，謂賓由西楹西之位，趨至中堂與東楹之間，其時君行一臣行二，則賓行當趨，如韓詩外傳晏子聘魯上堂則趨也。而又執君之圭將授，敬愼之至，故心念而審其趨行之節，行時，則舉前曳踵，足不離地而行也。

授如爭承，謂授玉時，如與人爭接其物，恐有失墜也。**鄭注**曰：「重失隊也。而后猶然後也。」下如送者，賈疏云：謂聘享每訖，君實不送，而賓之敬如君送然，又君迴還，賓則退出廟門。然則賈疏以下如送爲下階也。張爾岐則云「下如送，當如論語下如授同解，言其授玉時手容也。君還謂君轉身將授玉於宰，而後賓退而下階。若以下爲下階，退爲出廟門，恐非文次。」蓋以記於此句下接「下階發氣怡焉」，故知此時非下階出廟門也。然則當如張說以「下如送」謂授玉時手容也。唯張氏以君還謂轉身授玉於宰，而後賓退下階則不然。蓋經明言賓出後，君側授宰玉也。盛世佐云「退謂自東楹之間而退也」，此說蓋得之。以授玉前賓主之位各在西楹西、東楹東相向而立，授玉時，則君行一臣行二而至於中堂與東楹之間；既授，則各返其位。主君先還其主位，然後賓退至賓位。既成禮，則賓乃降階而出也。

擯者退，負東塾而立。

案：君已受玉，聘事將畢，擯者無事，故退至於東塾，北面負塾而立。**鄭注**云：「反其等位，無事。」謂既無事，故反其等位。等位者，即門內東塾北面之位也。以初入門時，衆介由闑西入門北面西上負西塾而立，衆擯由闑東入門北面東上負東塾而立。其後主君與賓三揖升堂，擯介皆各立於其等位。唯上擯以相公事，故違其位至於中庭或階前。至此無事，故反於其等位負東塾北面而立，與衆擯介爲列也。

賓降，介逆出，賓出。

案：聘圭授受已畢，則賓自堂上降階而出廟門，衆介本立於西塾北，當賓已降，則皆先賓逆次魚貫而出。賓則在介後而出廟門。**鄭注**曰：「逆出，由便也。」李如圭集釋曰：「賓不拜送玉者，爲君使也。逆出，後入者先出。」以前入門時，上介、士介依次而入，北面西上，位卑者後入近東，今近東者先出，故曰逆出由便。李氏云不拜送玉者，以私覿時有拜送。而此不拜送而遂出，故釋之曰爲君使故也。案爲君使者不答拜，故亦不拜送也。

〔記〕下階，發氣，怡焉。再三舉足，又趨。

案：此記明賓降階時之容也。**鄭注**曰：「發氣，舍息也。再三舉足，自安定，乃復趨也。至此云舉足，則志趨，卷遯而行也。孔子之升堂，鞠躬如也，屏氣似不息者，出降一等，逞顏色，怡怡如也。沒階，趨進，翼如也。」王引之經義述聞云：「下及享發氣焉盈容，注云發氣，舍氣也。兩舍字皆音舒，謂發舒其氣也。」觀鄭引論語鄉黨文孔子升堂屏氣似不息者，而此下階乃發氣，則王氏所云是也。鄉黨之出降一等，亦此降階時，論語集解引孔安國曰：「先屏氣，下階舒氣，故怡怡如也。」皇疏云逞，申也。則既舒氣，申其顏色，故怡怡如也。與此記發氣怡焉義同。

鄭謂此云再三舉足，則將授志趨時卷遯而行明矣。案玉藻云「圈豚行不舉足」，鄭注：「圈，轉也。豚之言若有循也。不舉足，曳踵則反之。」又鄉黨：「孔子執圭，足蹜蹜如有循。」集解引鄭云：「足蹜蹜如有循，舉前曳踵行」，皆明在堂上授玉時，行不舉足，以見其敬愼之至。至此下階乃三舉足，以復其常行之步，故鄭云自安定也。然後又趨，卽鄉黨所云「沒階趨進翼如也」。

謂出廟時之步容也。趨進翼如，亦示其恭謹也。

〔記〕及門，正焉。

案：賓既下階趨行而出廟門，及門，則復正其容色。**鄭注**云：「容色復故。此皆心變見於威儀。」張爾岐句讀云：「出門將更行後事。此皆心變見於威儀，統指賓入門以下而言。」謂賓入門行聘，心之恭肅，而見於威儀。如經既述聘禮之儀，記又特明其容色之變也。

〔記〕出，如舒鴈。

案：此言賓介出廟門之容也。**鄭注**曰：「威儀自然而有行列舒鴈鵝。」張爾岐句讀曰：此兼指賓介蓋謂賓介逆出而行有次序如舒鴈也。賈疏云：「舒鴈鵝者，爾雅釋鳥文。」案爾雅邢疏云「鵝，一名舒鴈。」鄭云舒鴈鵝，言其有行列如此也。此於儀禮記文上承執圭、及享、私覿容色之下，蓋凡賓介出廟門其儀容如此也。

公側授宰玉，裼降立。

案：賓出廟門，而公於堂上授玉與宰。然後裼、降階立于中庭。**鄭注**公側授宰玉云：「使藏之，授於序端。」授宰玉使藏之者，以宰掌制國之用及幣帛之式者也。前使者受命于己國時，受玉於宰，且宰書幣，命宰夫官具，故此時公受玉亦授宰使藏之。側授，謂授於旁側之處，不於受處也。旁側之處，卽序端是也。賈疏曰：「鄭知授於序端者，凡公授受皆于序端，是以下文公升側受几於序端，故知此亦授于序端也。」經於下文云側受几於序端，此但云側授不言序端，蓋亦省文而互見可知也。盛世佐儀禮集編云：「公之授玉也，不於受處而必如側者，見其親受而藏之之意也。」胡培翬正義云：「側授者，無賓也。」蓋以上文公側襲，鄭云側猶獨，是無賓，故胡氏於此亦倣之。然上經側襲，鄭云無賓爲尊賓，以他日襲而有賓也，然則此又云側授玉而無賓，又何爲耶？他處公之授受未必皆有賓，且此時賓已出廟，又不必無賓以示尊賓。故知訓側爲獨固非也。宜訓旁側之側。說亦見前。

　裼降立者，以前此公襲而受聘圭，此時聘事已畢，公則變襲而裼，然後降階立于中庭，以俟享。

鄭注曰：「裼者，免上衣見裼衣。凡當盛禮者，以充美爲敬；非盛禮者，以見美爲敬，禮尚相變也。玉藻曰：裘之裼也，見美也。又曰：麛裘青豻褎，絞衣以裼之。論語曰：素衣麛裘。皮弁時或素衣，其裘同，可知也。裘者爲溫，表之爲其褻也。寒暑之服，冬則裘，夏則葛。凡襢（同袒）裼者左。降立，俟享也。亦於中庭。」案裼襲之義，已見前說，玉藻及論語之說，前亦已隨文說之。此經記文云凡執玉，無藉者襲；曲禮亦云有藉者則裼，無藉者則襲。聘時執圭無藉，故公襲而受圭；此時將享，是璧加束帛爲有藉，故當裼。是以公裼而俟之。裼者，免去上衣見裼衣，是見美也。聘爲盛禮，故充（覆）美襲爲敬；享非盛禮，故見美裼爲敬也。寒暑之服，冬衣裘，夏衣葛，皆有上服，上服與裘葛之間則有中衣，亦名裼衣，其色與裘葛同，所謂裼者，卽免其上衣以見裼衣，以其與裘葛色同，故見裼衣卽如見裘葛，故謂之見美也。鄭云凡袒裼者左，據江永鄉黨圖考云：「古人有袒袖之禮，行禮時開出上服前衿，袒出左袖。士喪禮主人左袒扱諸面之右。扱卽揷字。吉禮亦當以左袖揷諸前衿之右也。」此則裼之法也。袒上服之左前衿，卽見裼衣也。案裼襲之法說者紛紜，本篇於服飾未遑詳考，江氏此說據士喪禮，或可信從，姑錄於此以存參。

鄭云降立俟享者，以下卽接享事也。立亦於中庭，則與聘時君先入立于中庭同也。

至此，聘禮畢，下則接行享禮。

擯者出請。賓裼，奉束帛加璧享。擯者入告出許。

案：上文聘禮既畢，賓出於廟門外。擯者乃又出請賓問事之有無，賓於是奉束帛加璧將行享禮。擯者又入廟門告主君以賓將享；主君許之，然後擯者出而許賓。擯者出請，**鄭注**曰：「不必賓事之有無」，所以尊事國賓也。褚寅亮禮儀管見曰：「賓始至竟，未知其所以來之故也，故使士請事。至道之入竟，知爲聘來矣，然至近郊又使下大夫問其所之之國。及行聘之朝，訝賓於大門外矣，擯者又出請事，蓋明知其行聘禮，而不敢晏然直受以爲聘己也。謙之至也。正聘已行，至於將享，擯者又出請焉。至享禮既終，明知其公事畢矣，而擯者又出請事，蓋不敢逆料賓必無事而遽行醴賓之禮，謙之至也。至私覿已行，眞無事矣，然猶未敢必賓謂事已竟也，而復請焉。必賓告事畢，公乃出送，此則謙而又謙者也。比前後而觀之，可以識禮意矣。」蓋禮以謙讓爲本，自卑而尊人。

故自聘賓至於國竟而張旜，則固已知來聘矣，而一再請事、請行。至於國將行聘，已訝至大門外，而又請事，其後每事皆請，不敢必事之有無，蓋謙之至也。亦卽禮自卑而尊人之義，恭謹之至也。聘禮畢，必有享禮。淩廷堪禮經釋例曰：「凡賓主人受摯畢，禮盛則行享禮。」而聘覲卽所謂禮盛者也。聘用圭璋（聘君用圭，聘夫人用璋）特達，享用璧琮（享君用璧，享夫人用琮），則加束帛。特達，卽所謂無藉，則賓主人皆襲；加束帛則所謂有藉，故賓主人皆裼（說見上文）。是以前文，聘事畢，則主君裼，降立于中庭。此時賓將奉束帛加璧以享，故亦裼之也。敖繼公曰：「賓出則裼矣，言於此者，亦因事見之。」此說是也。蓋，聘事既畢，公卽裼而立俟中庭，賓固亦出則裼以俟請事而行享也。

賓既裼而奉束帛加璧，明將行享禮，故擯者入以告君，乃又出而告賓以君許受之。**鄭注**云：「許受之」，許受，亦以見結好之意也。

庭實，皮則攝之，毛在內，內攝之，入設也。

案：賓奉束帛加璧而行享，有司則先入而設庭實。庭實若用獸皮，則以左手兼執前足，右手兼執後足，執之以毛在內，前後隨入，至庭中北面西上而立。**鄭注**曰：「皮，虎豹之皮。攝之者，右手并執前足，左手并執後足。毛在內，不欲文之豫見也。內攝之者，兩手相鄉也。入設，亦參分庭一在南。言則者，或以馬也。凡君於臣，臣於君，麋鹿皮可也。」蓋庭實者，謂皮與馬也。記云凡庭實，皮馬相間可也。是謂皮馬爲庭實。蔡德晉禮經本義云：「庭實，皮馬之類，實於庭者」，蓋以皮馬之類爲禮幣時，則不上於堂而實于庭，故謂之庭實。經云「皮則攝之」，鄭釋曰「言則者，或以馬」，則庭實或以皮或以馬，各以其地所產以爲禮，故云皮馬相間可也。鄭注：間，代也。此就皮言，故曰「皮則攝之」，然則以馬則牽之也。

鄭云皮爲虎豹皮者，賈疏曰：「郊特牲云：虎豹之皮示服猛也；束帛加璧，往德也。文無所屬，則天子諸侯皆得用之。此聘使爲君行之，故知皮是虎豹之皮也。」以虎豹之皮天子諸侯皆得用之，卽鄭所云君於臣、臣於君麋鹿皮可也之義。以此爲君使而聘享，是諸侯間之禮，故云是虎豹皮也。其皮之數，則以四也。以郊勞儐勞者曰「乘皮設」，賓覿曰「總乘馬」，蓋庭實之數，以乘爲禮也。攝有兼義，故云皮則攝之，爲前足幷持，後足幷持也。前後足各幷持，而以毛在內，乃不欲毛文豫見，須待張之而後見文也。內攝之，則兩手相鄉幷執前後足，若以皮在兩手之內然也。唯鄭以執皮時，右手幷執前足，左手幷執後足，則頗致疑議。案庭實用皮而其執皮受皮之節，士昏禮記有言之，其文曰：「納徵，執皮攝之內文兼執足，左首隨入西上，參分庭一在南。賓致命，釋外足見文，主人受幣，士受皮者自東出于後，自左受，遂坐攝皮。逆退適東壁。」鄭於彼注曰：「兼執足者，左手執前兩足，右手執後兩足。」又云「左首象生。曲禮曰執禽者左首。」鄭於士昏記言左執前右執後，而此云右執前左執後者，蓋以彼記云「左首」，而此則下文云「右首而東」，故彼注曰左首象生，而於此下文注曰：「右首者變於生也。」然同爲執皮，彼則象生，此則變於生，是何理也？且此聘禮下記亦有云：「凡庭實隨入，左先。」亦是尙左也。淩廷堪禮經釋例曰：「士昏納徵，聘禮行享，執皮受皮，其例皆同。士昏執皮云左首，聘禮受皮云右首，鄭君遂生異義。士昏記注左手執前足，右手執後足，聘禮注右手執前足，左手執後足。以爲左首右首之別。又云左首象生，右首變于生，其說非也。蓋執皮者則左首；受皮者則右首也。士昏記執皮者左首而受皮者無文；聘禮受皮者右首而執皮者無文，其例互見也。鄭氏以士昏爲左首聘禮爲右首；敖氏據士昏記欲改聘禮爲左首，皆失經意。蔡氏德晉曰：凡獻者左首，受者右首，禮相變也。方之舊說爲長矣。」（卷六）案此說甚明，宜從之。然則此執皮入設宜左首，卽以左手幷執皮兩前足，右手幷執皮後兩足也。鄭云「入設亦參分庭一在南」者，則從士昏記之文。

又案此時賓之有司執庭實者，疑是士介四人也。前時習享經云「士執庭實」，下文主國之受幣又云「士受皮」，則此時經雖未言，但互見可知此執皮者或士介也。

〔記〕凡庭實，隨入，左先。皮馬相間可也。

案：此記言庭實入設之形，及用庭實之宜。**鄭注**：「隨入，不並行也。閒猶代也。土物有宜，君子不以所無爲禮。畜獸同類可以相代。」云隨入不並行者，以凡庭實以四爲禮，入時不得並行，故前後魚貫而入也。旣有前後，則以入門而列於左者爲先，蓋爲客者入門而左，北面西上，是以在左者爲上，故經云左先，是亦可證執皮時固當左手執前足，而以左首向上也。賈疏曰：「云左先者，以皮馬以四爲禮，北面以西頭爲上，故左先入陳也。云君子不以所無爲禮者，案禮器云：天不生，地不養，君子不以爲禮。言當國有馬而無虎豹皮，則用馬；或有虎豹皮并有馬，則以皮爲主，而用皮也。云畜獸同類可以相代者，畜謂馬，獸謂虎豹。爾雅釋云：在家曰畜，在野曰獸。云同類者，爾雅又云：二足而羽謂之禽，四足而毛謂之獸。若然，則馬畜亦是四足之類，故云同類，可以相代也。」云皮馬同類可以相代，是鄭釋「閒」爲「代」之故也。其所以相代者，則禮器所云「天不生地不養，君子不以爲禮」之故也。胡培翬正義又舉禮器云：「居山以魚鼈爲禮，居澤以鹿豕爲禮，君子謂之不知禮」以證之，是則所謂土物有宜，君子不以所無爲禮之故也。然則有皮則以皮，無皮則以馬也。

淩廷堪禮經釋例曰：「呂氏春秋愼大覽權勳篇：晉獻公乃使荀息以屈產之乘爲庭實，而加以垂棘之璧以假道於虞而伐虢。是晉人聘虞享時束帛所加之璧爲垂棘之璧，庭實所設之馬爲屈產之乘，言其良也。左傳哀公七年，邾茅夷鴻以束帛乘韋自請救於吳。乘韋者，四皮，亦庭實也。聘禮記：凡庭實，隨入，左先，皮馬相間可也。注間猶代也，畜獸同類可以相代。故晉國產馬，庭實用馬。邾國不產馬，庭實用皮也。若皮馬並產，則享用皮，覿用馬，介又用皮。如經所云，亦相間之義也。」案淩氏舉晉國邾國之事，是可證用皮用馬，固可相代也。唯楊復儀禮圖釋「間」謂「間厠之間」，則亦敖繼公集說所云：「一節用皮，一節用馬，相間而設，亦自無害於禮。故云可也。可者，許其得用之辭。」然則敖氏亦以皮馬相間爲相間而設。則如本經享禮用乘皮，賓私覿用乘馬，介私覿用儷皮。淩氏所云「亦相間之義」也。唯敖氏又特釋「可也」二字，謂其雖非正禮，用之亦自無害。褚寅亮儀禮管見曰：「虎豹之皮未必皆有，故無者以馬代。既有皮何必更用馬。敖氏謂一節用皮，一節用馬，相閒而設，殊不可解。用皮者庭實之正也，故言左先。無皮用馬，通其窮也，故又言皮馬相間可也。」褚氏云用皮者庭實之正，其說是也，是亦如賈疏所云或有虎豹皮幷有馬，則以皮爲主而用皮也。此蓋即郊特牲「虎豹之皮示服猛也」之義。唯虎豹之皮未必皆有，或雖有而其數不足，則用馬以通其窮，正敖氏所云「一節用皮一節用馬」而謂之「可也」之義。褚氏謂敖說不可解，蓋未通敖氏之義故也。

賓入門左。揖讓如初。升。致命，張皮。

案：庭實既設，賓乃入廟門。李如圭釋上文庭實「入設也」曰：「言也者，節賓入也。」蓋以庭實先入設，然後賓始入。此亦猶前迎賓時，賓入於次，以俟陳幣訖然後入行禮之義也。此云賓入門左，亦如前聘時然，左爲賓位也。揖讓如初，亦如聘禮時三揖而至階，三讓而升堂之禮也。既升堂，賓致命時，庭中有司執皮者則張皮，以與堂上賓致命相應。**鄭注**云：「張者，釋外足見文也」。胡氏正義曰：「張皮，執皮者張之也。士昏記曰：賓致命，釋外足見文。與此張皮同。故鄭引以爲證也。」案釋外足張皮者，以原本兩手各執前後兩足，而以毛文在內，今釋其遠於身之外足，則文自見。其所以張皮見文者，則以賓於堂上致命，則此庭中張皮見文，以示將稟公命授皮，猶賓於堂上將授幣然也。故張爾岐曰：「當賓於堂上致命之時，庭實卽張之見文，相應爲節也。」且下文公受幣士受皮，亦是庭中與堂上相應爲節也。

〔記〕及享，發氣焉，盈容。衆介北面，蹌焉。

案：此記上承「執圭入門，鞠躬焉如恐失之」之文，以前云賓執圭入聘之容，此則云享時之容。**鄭注**：「發氣，舍氣也。孔子之於享禮，有容色。」案此云「發氣」，亦猶聘時「下階發氣怡焉」。鄭於此注「舍氣」，於前注「發氣，舍息也。」王氏父子謂舍讀爲舒（見經義述聞。且詳上文）。舒氣盈容，則是色緩於聘時矣，故鄉黨云孔子執圭，勃如戰色，於享禮有容色也。有容色，卽盈容是也。盛世佐曰：「盈容，則和氣且溢於面矣。聘主於敬，享貴於和，故其容貌亦異。」證之鄉黨文，正如是也。

云衆介北面，蹌焉，明衆介之容也。前聘禮時云「介皆入門左北面西上」，而享禮文簡，未言及介。於此則明享禮時衆介亦皆入門左北面西上一如聘禮時也。其容則「蹌焉」，**鄭注**：「容貌舒揚。」敖氏曰：「於享乃云蹌焉，以見聘時之不然也。然則衆介容貌之變，其節亦略與賓同矣。」胡氏正義取敖氏之說，又幷舉荀子大略篇注：蹌蹌，有行列貌。然此記上下文皆云聘享時之容色，「有行列貌」非云容色，且衆介無論聘享皆行列有序，不待此而述之也。是故仍當以注及敖說爲是。

公再拜受幣。士受皮者自後右客。

案：此云公再拜受享幣，其儀當亦如前受聘圭之時：公左還北鄉，擯者進釋辭，公當楣再拜，賓三退負序，然後公受幣於中堂於東楹之間。此以承上文而略之也。敖繼公集說云：「其儀亦如初，惟不襲耳。幣亦兼玉而言。」幣而兼玉，即上文賓裼奉束帛加璧也。不襲，以享璧有束帛爲藉，故不襲也。其儀如初，而不逕言如初者，除不襲爲有異外，特言「再拜受幣」以爲堂下受皮者之節也。張爾岐句讀曰：「當公於堂上受幣，士亦於堂下受皮。」

士受皮者自後右客，**鄭注**曰：「自由也。從東方來，由客後西居其左受皮也。執皮者既授，亦自前西而出。」堂上公親受幣，堂下則主君之士受皮。士自東方來者，以主君之臣位在東方也。「由客後西居其左受皮」謂本來自東方，士四人經客之後而各至於西方居客之左而受皮。以經云「右客」，客四人本各執皮北面西上，北面則以東爲右，故士受皮者來至於客之左乃受皮也。此亦與士昏記：「士受皮者自東出于後，自左受」儀同。執皮者既授皮又自受皮者之前向西而出。賈疏曰：「云執皮者既授亦自前西而出者，此約下私覿時牽馬者自前西向出相類。故云亦也。」蓋既授皮而出之儀此經未言，而見於私覿，鄭氏乃因彼而謂此亦然也。又主君之士東來自後，賓執皮者西出而自前，蓋亦尊賓客故也。

賓出當之坐攝之。

案：此言賓既授幣，降階而出廟門，行經堂塗時，士受皮者則面賓而攝其皮，以象受之於賓也。**鄭注**云：「象受于賓。」賈疏曰：「坐攝之者，向張皮，見文；今攝之者，還如入時執前後足內文也。」張爾岐曰：「士初受皮，仍如前張之，及賓出，降至庭，乃對賓坐而攝之。當，對也。」案此時經云坐攝之，則前張皮時，當亦坐而張之也。蓋前賓致命時，執皮者則張皮見文示將授之，其時當亦坐而張之也；及公受幣時，則士受皮，仍張之如前，士則坐受之；賓降階至庭，士則對之而攝執皮，象受皮於賓也。此蓋亦猶郊勞時，賓儐勞者，乘皮設於門內，勞者既受幣，揖皮而出以示親受之法也。

公側授宰幣。皮如入，右首而東。

案：此云公側授宰幣，當亦如聘時「公側受宰玉」，授之于序端，使宰藏之也。庭實乘皮則在庭中由士受皮者執之而入於東壁以藏之也。皮如入者，**鄭注**曰：「如入，左在前。」蓋皮入時前者在左北面西上，此云如入，則亦左者在前。士昏記云「逆退適東壁」則是在前者後出，與此異也。「右首而東」者，則亦如昏禮記「適東壁」，蓋下記所云「賓之幣，唯馬出，其餘皆東」之意也。而云「右首」者，**鄭注**曰「皮右首者，變于生也。」案鄭注之非，前已辨之。當如蔡德晉所云「

獻者左首，受者右首。」蓋獻者爲客，入門而左，北面西上，故以左爲上而左首；受者爲主，庭中之位北面東上，故以右爲上而右首也。是以此執皮而東皮則右首也。至此享禮畢。

〔記〕賓之幣，唯馬出，其餘皆東。

案：此記主君既受聘賓之幣收藏之法，亦以釋經所云皮右首而東之義也。**鄭注**曰：「馬出當從廄也。餘物當東藏之內府。」胡氏正義曰：「此幣蓋統謂玉帛皮馬也。」是玉帛皮馬之幣，唯馬當牽出而之於廄，餘物皆東入藏於內府。是以此經皮則之東也。賈疏曰：「知東藏之內府者，案天官內府職云：凡四方之幣，獻之金玉齒革兵器，凡良貨賄入焉。注云：諸侯朝聘所獻國珍。彼天子禮，諸侯亦當有內府。諸侯自朝聘其貨獻珍異亦入內府，故注依之。」是鄭據周禮知朝聘之幣皆藏之內府也。

〔記〕若君不見，使大夫受。自下聽命，自西階升受。負右房而立。賓降亦降。不禮。

案：此言若君有故而不親見聘賓，使大夫代受之法。**鄭注**云：「君有疾若他故，不見使者。」賈疏曰：「他故者，病之外或有哀慘也。」如本經下云：「遭夫人世子之喪，君不受，使大夫受于廟」。是即有故而君不見使者之例也。若君不親受，則使大夫受之，**鄭注**曰：「受聘享也。大夫，上卿也。」賈疏曰：「知受聘享者，以其在後雖有覿獻之法，聘享在前，是以據在先者而言。」然則君不受，是君有故而皆不受也。鄭云聘享，以聘享在前，故就聘享言，且聘享乃大事，舉聘享以該其他覿獻，既聘享不受，覿獻則更不受矣。經云使大夫受，而鄭云上卿者，胡氏正義曰：「注云大夫上卿也者，卿亦稱大夫，必知使上卿者，以其代君受聘享當使職尊者，不使下卿也，」此說是也。賈疏亦謂無故則君親受，有故則使大夫代，必使上卿也。以上卿職尊，而卿亦通稱大夫也。是故經但云大夫。

云自下聽命，上卿在堂下碑內聽命也。**鄭注**曰：「此儀如還圭然，而賓大夫易處耳。」案還圭時經云：「大夫升自西階，賓自碑內聽命，升自西階，自左南面受圭。退負右房而立。大夫降中庭，賓降，自碑內東面授上介于阼階東。」蓋還圭時大夫代君還圭於賓，此則大夫（上卿）代主君受圭，其義同，而賓主易處，故其儀同而賓與主君之大夫易位而處也。還圭時賓在堂下碑內聽命，鄭注曰：「聽命於下，敬也。」是此大夫代受，自下聽命，亦以敬也。其儀則詳見下文還玉節。

不禮者，不以醴待賓也。**鄭注**曰：「辟正主也。」淩廷堪禮經釋例云：「凡賓主人行禮畢，主人待賓用醴則謂之禮，不用醴則謂之儐。」據此聘禮，於聘享訖，主君則禮賓；於郊勞、歸饔餼畢，賓皆儐大夫。而此時主君有故，以大夫代受聘享，則不以醴待賓，辟以正主行禮也。胡氏正義云：「以大夫代受，不敢儼然如君行禮賓之禮，故云辟也。」

聘于夫人，用璋。享用琮。如初禮。

案：公之聘享畢，又行夫人之聘享。公之聘用圭，享用束帛加璧；夫人之聘用璋，享用束帛加琮。此聘享用玉，已詳見於上文受命遂行節，其夫人聘享行禮皆如公受聘享之禮。經云「如初禮」者，**鄭注**曰：「如公立於中庭以下。」案公立於中庭，以下則行聘禮也。敖繼公集說云：「聘享皆致聘君之命也。夫人不可以親受，君代受之。其受之之禮則皆與己之所受者同。以夫妻一體也。不言束帛加琮，省文耳。」蓋經云如初禮，則一切之禮皆同也。如圭璋特而賓主皆襲；璧琮以束帛及庭實，而賓主皆裼，其儀皆同也。且下經「公館賓」時云「聘享，夫人之聘享，問大夫，送賓，公皆再拜」，可知夫人之聘享，亦由公受之也。

若有言，則以束帛，如享禮。

案：此謂若有事故而有所告請之言辭，則於夫人之聘享禮畢，再以束帛加書致命於主君。其儀皆如享禮。**鄭注**曰：「有言，有所告請若有所問也。記曰有故則束帛加書以將命。春秋臧孫辰告糴于齊，公子遂如楚乞師，晉侯使韓穿來言汶陽之田皆是也。無庭實也。」鄭云無庭實，以經既言如享禮，而但言以束帛，且記亦但云「束帛加書將命」，則是其儀如享禮，而較之享禮之幣則但用束帛而無庭實也。所謂有言則有所告請若有所問者，告如告糴，請如乞師，有所問則來言汶陽之田是也，凡此皆記所謂「有故」，有故則書之加束帛以將命，亦卽此所謂「有言」也。有言則於聘享禮畢，更以束帛加書行如享禮。是以經於聘享畢附以「若有言」於此以明之。張爾岐曰：「此容有告請之事。」案經云「如享禮」，而上文夫人之聘享「如初禮」，鄭云如「公立于中庭以下」，則此如享禮當是如「裼降立」以下，然則自是有告請之事也。若無事，則聘享及夫人之聘享畢，出請時則賓巡告以公事畢而請覿（見下文），或有言，則賓以致書事告之也。其事則詳於下記。

〔記〕若有故，則卒聘。束帛加書將命。百名以上書於策，不及百名書於方。

案：此記若有事故，則猝而行聘，不待殷聘之期。說已見首節。有故而聘，則書其事於策或方，於聘享之禮畢，以束帛加書致其命，行禮如享禮而無庭賓。經文於聘享夫人之禮畢，附言「若有言，則以束帛，如享禮。」乃更於記中明其事。**鄭注**云：「故謂災患及時事相告請也。將猶致也。名，書文也。今謂之字。策，簡也。方，板也。」所謂災患，卽上文告糴乞師之類，時事相告請，卽言汶陽之田之類，以有此故，是以不待殷聘之期而猝（卒）聘也。若此之事，則書之於簡策或方板。記云「百名以上書于策，不及百名書于方」，鄭云「名，書文也，今謂之字」，是卽字少而不及百字，則書之於方板，以百字以下，一板可盡也。百字以上則字多而書於策，策由衆簡連編而成。賈疏曰：「簡據一片而言，策是連編之稱。是以左傳云南史氏執簡以往，是簡者未編之稱。

此經云百名以上書之於策，是其衆簡相連之名。鄭作論語序云：「易詩書禮樂春秋策皆二尺四寸；孝經謙，半之；論語八寸策者，三分居一，又謙焉。是其策之長短。鄭注尙書三十字一簡之文。服虔注左氏云古文篆書一簡八字。是一簡容字多少者。」然則簡有長短，書字亦有多少，而不論其長短多少，以其連編爲策，固可書其多字之言也。是以百字以上則用之。方板者，不假連編，故字少不及百字可言而盡者，則用之。而或以策，或以方，皆加于束帛以致其命與主君也。

〔記〕主人使人與客讀諸門外。

案：此承上節，有故則束帛加書而行如享禮之儀。**鄭注**曰：「受其意，既聘享，賓出而讀之。不於內者，人稠處嚴不得審悉。主人，主國君也；人，內史也。書必璽之。」云受其意，卽以束帛加書行如享禮，此時公受束帛及書，卽受其意也，而猶未審書中之事。待行禮畢，賓出廟門，主君乃使內史與賓讀其書於門外。敖氏曰：「公既受書，客降出，公以書授宰，降立，乃使人與客讀書於廟門外。必與客讀之者，欲其審也。不於內讀之者，客降則出矣，無其節也。」案敖氏云客降出，公以書授宰，降立，皆如享禮之儀。宰者，貳君事者也，或宰既受書，乃以君命使內史出而與客讀書門外。必知使人乃內史者，賈疏曰：「案內史職云：凡四方之事書，內史讀之。此云使人與客讀諸門外者，亦是四方書事，故知人是內史也。」又儀禮釋官云：「案周禮有大史、小史、內史、外史、御史。諸侯亦有大史、小史之官。左傳季孫召外史掌惡臣而問盟首焉。則諸侯亦有內史、外史明矣。」既明諸侯亦有內史，而周禮內史職又如此。則鄭固知使人者，使內史也。

敖氏云必與客讀之，欲其審也，其說是也。蓋古人書簡，且往往不能盡意。故必與客讀之，書有未審，乃得當面商定也。是以鄭亦云讀之不於內，爲人稠處嚴，不得審悉。蓋行聘享禮時，主國卿大夫士及有司各有其位，是人稠處，不宜商討書中急事、隱事（如告糴、乞師之類）也。而敖氏以爲讀書於廟門外，由於行禮之儀，事畢則賓出，而賓未出在內時，無其讀書之節也。此說與鄭異。胡氏正義據鄭云人稠處嚴不得審悉而析其二義：「一則門外乃清靜之所，讀之可以審悉；一則告請或有密事，不欲使衆共聞之故也。」此說較敖氏爲合理也。

鄭又云書必璽之者，賈疏曰：「案襄二十九年左傳云：公如楚還及方城，季武子取卞，使公冶問璽書，追而與之。故知此書亦璽之也。」

〔記〕客將歸，使大夫以其束帛反命於館。明日，君館之。

案：此亦承上節言有故致書之事。其有故而書之於簡策或方板，既於聘享之日致其書矣，則主君又於聘賓將歸之時爲書而報之，所謂反命也。其致書反命亦以束帛，如聘享日致書之時然也。於此**鄭注**曰：「爲書報也。」賈疏曰：「此爲書報上有故之事。彼以束帛加書將命，此亦以束帛加書反命於館。」案經雖但云束帛而未云有書，但以其云「反命」，必知乃反其有故致書之命，是以知有書以報之也。所以鄭云爲書報也。又以束帛，亦與初有故致書時同。敖氏集說曰：「大夫卽還玉之卿也。束帛言其，是卽勵者加書者也。以其束帛反命，亦如還玉之義。蓋以之爲信也。此一節當繼禮玉之後，不見於經者，以其或有或無，不可必也。」案敖氏云此大夫卽還玉之卿，以其束帛反命亦如還玉之義，則此反命當亦行之於還玉之日也。還玉者，亦以賓將歸，故反其聘玉；此云客將歸反命於館；是與還玉同義也。敖氏又云此節當繼禮玉之後，此說是也。致書在享禮之後，反命固宜在禮玉之後也。經不言者，以其事不必有之。案此節本屬記文，以若有故而卒聘乃有之，平時之聘無此事也。經但於聘享之禮畢而附書「若有言則以束帛如享禮」，而於記中明此一段有故猝聘致書及反命之事，故不著之於經也。

明日君館之，**鄭注**曰：「既報館之，書問尙疾也。」賈疏曰：「爲昨日爲書報之，今日君始就館送客者，書問之道尙疾故也。必須尙疾者，以其所報告請多是密事。」蓋禮於還玉後有君館賓之事，君已館賓，明日則賓行反國矣（皆見下經）。唯經未明君館賓之日，此則云反命之明日卽君館賓以送客，是故爲疾也。其所以疾者，以其有書來而猝聘，必有急事，故曰書問尙疾也。賈氏云以其所報告請多是密事，竊謂其未必皆密事，然皆急事則可必矣。夫然，所以猝聘也。是以旣反命，明日君卽館之，胡氏正義曰：「欲以便賓之早歸，俾復書得早達於彼君。故云書問尙疾也。」以君已館賓，賓始得反國也。

案自若有故以下至此所記，非平時殷聘所常有，而有故卒聘之事。其禮不行在一時，而總記於此，以明事之首尾也。

擯者出請，賓告事畢。

案：此聘享公及夫人之禮畢，或有故致書之禮亦畢，賓已出廟門，擯者又出而請事，亦不必賓事之有無也。此時賓乃告以事畢，**鄭注**云：「公事畢。」公事卽聘享也。聘享之公事既畢，下則賓請私覿，是爲私事矣。

七、迎賓

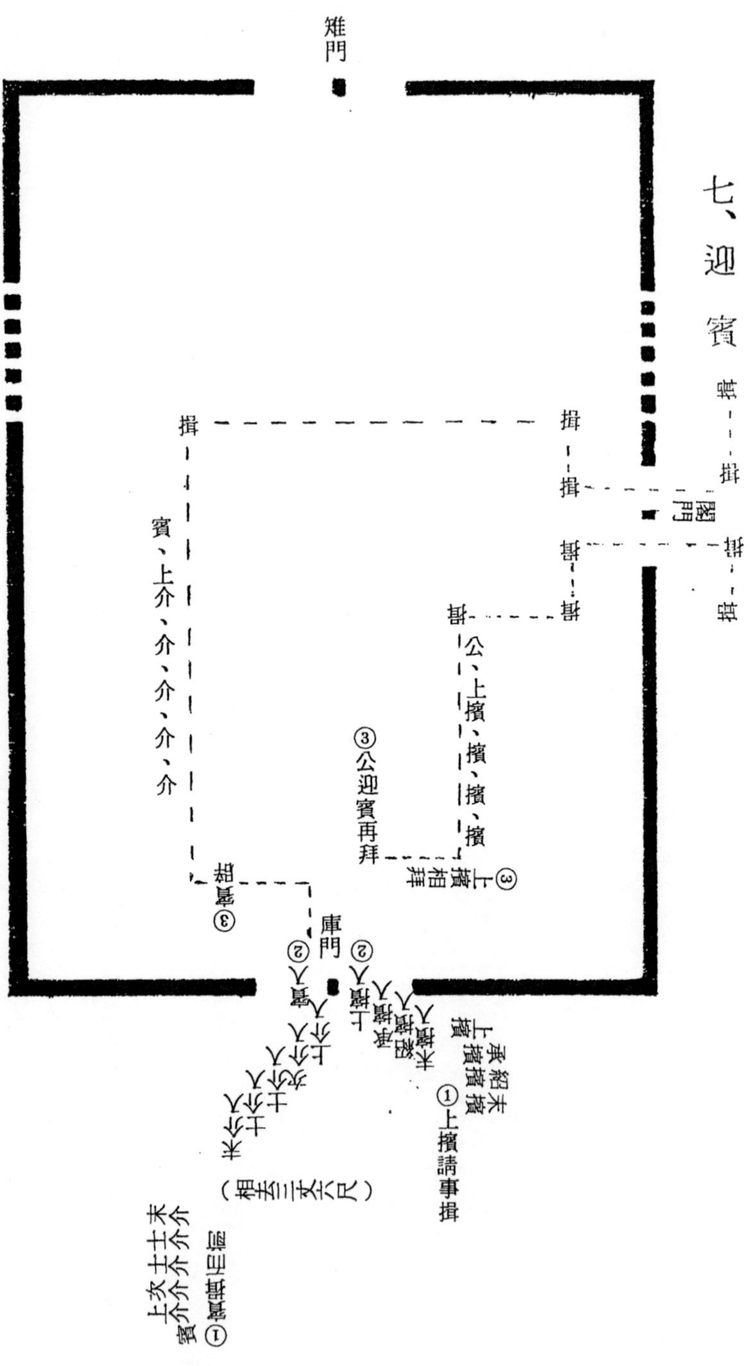
雉門
閤門
庫門
揖
公、上擯、擯、擯、擯、擯
賓、上介、介、介、介、介
③公迎賓再拜
③上擯相拜
③賓拜
①上擯請事揖
承擯
紹擯
末擯
(相去三丈六尺)

八、聘

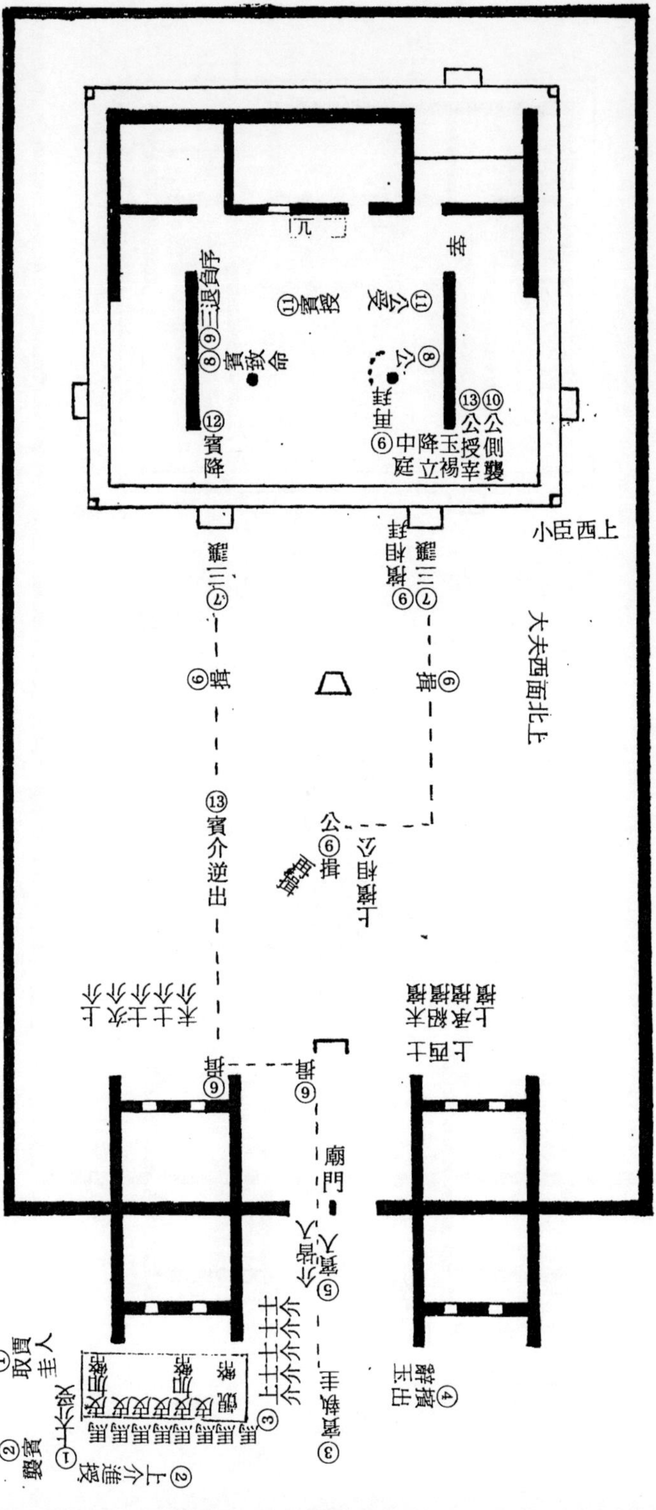

九、享

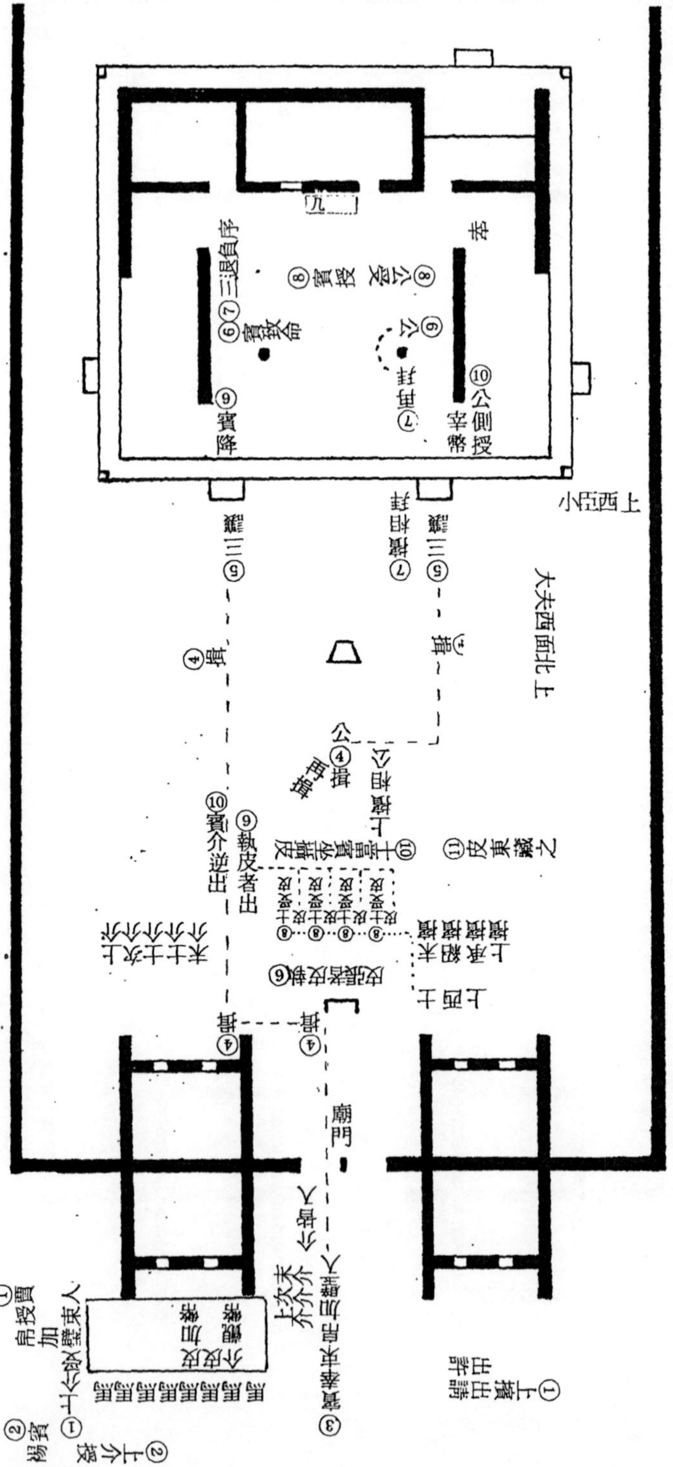

第十二節　主君禮賓

賓奉束錦以請覿。擯者入告，出辭。

案：上文賓既告擯者以公事畢。於是又奉束錦請行私覿禮。蓋前者聘享乃將君命，代君行禮，故此時又請私覿以申己之敬於主君。擯者乃入廟告主君以賓請覿，又奉君命出而辭之。蓋主君將以醴禮賓，故不許其卽行私覿之禮也。**鄭注**曰：「覿，見也。鄉將公事，是欲交其歡敬也。不用羔，因使而見，非特來。」所謂鄉將公事，以鄉者行聘享之禮而見主君，乃將本國君之命而見。至此，乃欲行私見之禮，以己之贄而見主君，欲以交其歡而致其敬也。奉束錦，及下文私覿時之乘馬，卽私覿之贄也。而聘賓，卿也，於禮當用羔，案周禮春官大宗伯職云：「以六禽作六摯以等諸臣：孤執皮帛，卿執羔，大夫執鴈，士執雉。」儀禮士相見禮亦云下大夫相見以鴈，上大夫相見以羔。然則若按相見禮，卿當以羔爲贄也。故鄭釋之曰：不用羔者，以此卿乃爲國之使而來此國，因而以禮見主君，非特來見，故變其禮不用羔而用束錦與庭實也。又周禮校人職云：「凡國之使者，供其幣馬」。鄭注：「使者所用私覿。」是亦見私覿用幣馬而不用禽贄也。吳廷華章句曰：「用束錦不用帛，嫌如享也。」蓋享爲代君行禮，而用束帛，故私覿異之而用束錦也。

賓既奉束錦請覿，擯者入告又出辭者，**鄭注**曰：「客有大禮來，未有以待之。」大禮者，聘享是也，待之者，則禮賓之事也。淩廷堪禮經釋例云：「凡賓主人行禮畢，主人待賓，用醴則謂之禮，不用醴則謂之儐。」是凡行禮畢，必有待賓之事，若郊勞畢而賓儐勞者是也。此賓行聘享乃大禮，故宜以醴待賓。是以主君將行禮賓之事，所以暫辭其私覿也。

請禮賓，賓禮辭，聽命。

案：此時擯者既出廟門而辭賓所請私覿，遂又秉主君之命而請禮賓。賓禮辭而聽命，乃受其禮。士冠禮注：禮辭者，一辭而許，故此云「賓禮辭，聽命。」聽其「醴賓」之命而受醴也。

案經云「請禮賓」者，李如圭、敖繼公、夏炘皆以為「禮」當作「醴」。淩廷堪禮經釋例云：「凡賓主人行禮畢，主人待賓用醴則謂之禮，不用醴則謂之儐」，然則所謂「禮（醴）賓」乃大禮畢，主人待賓之禮，而用醴者也。士冠禮三加既字之後，「請醴賓」、「乃醴賓」、「若不醴則醮用酒」、「醴辭、醮辭」；昏禮納采問名「請醴賓」、「贊醴婦」、「老醴婦如舅姑醴婦之禮」；昏禮記：「女子許嫁笄而醴之」，經凡多見矣，或主人待賓，或醴子（冠者）、醴女、醴婦（嫁，娶），皆以用醴而以「醴」為名，未有名「禮」者。而獨於此聘禮經云「禮賓」，鄭氏蓋據此及周禮司儀職「及禮，私面私獻」遂于冠昏禮注皆云「醴當作禮」。褚寅亮儀禮管見云：「冠禮昏禮注讀醴為禮者，從此經也。敖氏力欲異鄭，故於冠禮昏禮從經文，而此則讀禮為醴。」雖未云當從何說，而稱敖氏云「力欲異鄭」則其意可知，蓋輕於非敖氏而篤於信鄭者也。又聘禮記云「禮不拜至」，今文禮作醴（見鄭注）而下接云醴賓之儀物（詳見後文），是於此記今文亦作醴賓，則此經之作「請禮賓」蓋少數異文之一。夏炘學禮管釋云：「以醴敬賓謂之醴。說文：一宿孰也。鄭注酒正云：醴猶體也，成而汁滓相將。是醴者未純酒之稱。凡醴賓之禮與凡飲酒不同。凡飲，兩尊有元酒；醴，側（獨也）尊無元酒。蓋醴不純酒，猶存上古之質，故不設元酒以存古也。凡飲酒無柶，醴必有柶，爲其有糟必以柶扱之也。凡飲酒用爵，醴獨用觶，凡飲皆有酬酢，醴無酬酢皆所以尙質也。冠昏醴子醴女醴婦醴賓皆作醴，古人以醴名醴之義如此。聘禮禮賓亦用醴，則當從醴。而從禮者，寫者亂之耳。鄭氏因聘禮作禮賓，遂將冠昏兩禮醴賓字皆云當作禮。朱子因鄭氏之說遂將醴子醴女諸字亦云當作禮。殊失古人正名之義。」案夏氏此說以所用之物及行禮之異以辨其命名之義，證之士冠禮「若不醴，則醮用酒」而其儀稍異，又「醴辭曰：甘醴惟厚……」「醮辭曰：旨酒既清……」則夏說是也。鄭氏必改多者以從少者，豈理哉？或謂鄭氏乃從周禮以改儀禮，然司儀職於諸侯相朝待賓之「儐」亦作「賓」，云「賓亦如之」，鄭注「賓當爲儐，謂以鬱鬯禮賓也」。用鬱鬯而曰儐，蓋卽淩廷堪所云「主人待賓用醴則謂之禮，不用醴則謂之儐」，而周禮作「賓」，於是可知周禮於名義之別較之儀禮爲疏矣。鄭不據周禮改儀禮之「儐」作「賓」，奈何改「醴」作「禮」也？是以今從儀禮多數之文以「醴賓」爲是，不從鄭氏。

擯者入告。宰夫徹几改筵。

案：上文擯者奉君命而請醴賓，賓禮辭而許，擯者乃入廟門告君以賓許事。**鄭注**云：「告賓許也。」於是宰夫乃徹去聘享時所用之神几，又改設筵以將待賓。**鄭注**曰：「宰夫，又主酒食者也。將禮賓，徹神几改神席更布也。賓席東上。公食大夫禮曰：蒲筵常，緇布純；加萑席尋，玄帛純。此筵上下大夫也。周禮曰：筵國賓于牖前，莞筵紛純，加繅席畫純，左彤几者，則是筵孤也。孤彤几，卿大夫其漆几與。」鄭云宰夫又主酒食者，蓋前經命使授幣時經云「命宰夫官具」，以周禮宰夫職：「凡禮事贊小宰比官府之具」；而此徹几改筵經亦云宰夫任之，故鄭云宰夫又主酒食者也。蓋周禮宰夫職又云掌賓賜之飧牽，此亦見於前「宰夫朝服設飧」。胡匡衷儀禮釋官云：「案周禮宰夫職掌賓客之飲食，注：飲食，燕饗也。是其又主酒食之事。故此禮賓，實觶、薦籩豆脯醢，皆宰夫掌之。」是皆證宰夫又主酒食之事也。

又經云徹几改筵者，以前此聘享時設神筵，鄭云「諸侯祭祀席蒲筵繢純（加莞席紛純）右彫几」，今則將醴賓，故改神筵爲禮賓之筵，故鄭云「徹神几改神席而更布」也，更布者，即更布待賓之席也。聘賓，卿也，上大夫也，故鄭據公食大夫記謂其席用「蒲筵常，緇布純；加萑席尋，玄帛純」，以此乃筵上下大夫者也（公食記又云：「上大夫蒲筵加萑席，其純皆如下大夫純」，是上下大夫之筵同也。）據公食記鄭注曰：「丈六尺曰常，半常曰尋。純，緣也。萑，細葦也。必長筵者，以有左右饌也。」又周禮春官宗伯序官司几筵鄭注曰：「筵亦席也。鋪陳曰筵，藉之曰席。然其言之筵席通矣。」然則筵、席本爲一物，若分別言之，則鋪陳在地者曰筵，加之在上者曰席。故或莞筵繅席，或蒲筵莞席，或蒲筵萑席，皆先鋪者曰筵，後加者曰席。此時醴賓之筵「蒲筵常緇布純，加萑席尋玄帛純」卽以蒲草之席緣之以緇布以爲鋪陳之筵，其長丈六尺；上加細葦之席緣之以玄帛以爲藉席，其長八尺。

而其所更設之几，則當爲漆几，設於筵左，亦卽筵東。蓋筵設于戶牖之間南面，以東爲左且賓席東上也。鄭云卿大夫其漆几歟，蓋以卿大夫之几經無文，而周禮筵來朝之諸侯用彫几，筵來聘之孤用彤几，差以次之，故推云筵卿大夫當用漆几也。蓋司几筵職云「掌五几五席之名物，辨其用與其位」，其天子用玉几，諸侯用彫几，孤用彤几，卿大夫差次之則漆几也，若素几則凡喪事所用。吳廷華儀禮疑義云「卿大夫舍漆几外更無他几，故鄭以意言之，非實有所據也。」又鄭云賓席東上，以爲人設席皆東上，神席皆西上也。周禮經文亦凡祭祀右設几，凡筵賓客左設几。以主君在東，賓客之筵則東上統於君，故几在左東；神席不統於人，故西上設几於右以別之（說亦見前）。唯此時「徹几設筵」，則筵既改布矣，而几徹而未設也，下文主君親授賓几，然後設之。鄭於此言所用之几，及所設之位，以几與筵同以五等辨其用與其位，故於此並言之也。

公出迎賓以入，揖讓如初。

案：此謂主君出廟門，迎賓以入，三揖而至階三讓而升，如聘享時之儀。**鄭注**曰：「公出迎者，己之禮更端也。」蓋聘享時公俟於中庭而不出迎，此時則公出而迎賓，以前是賓來致禮，此則公致禮於賓，故云是己之禮，而更致其謙敬也。敖繼公云：「出，出廟門也。公於門內之揖不盡與鄉者同處，乃云如初者，見其亦三揖耳。」經云揖讓如初，謂揖讓如聘享時也。然聘時公迎賓至廟門，揖而先入，立于中庭，然後擯者納賓。享時公裼降立於中庭，亦不出迎，此則公出廟門而迎賓，則三揖之處固不盡同也。此三揖當是入門將右（君）左（賓）曲揖、至堂塗俱曲而北揖、當碑揖，凡三揖（說詳見前聘享節）。

公升側受几于序端。宰夫內拂几三，奉兩端以進。

案：此謂公既升階至堂，於序端從宰夫受待賓之几。宰夫將授前向內拂几三次，然後奉几之兩端以進授與主君。**鄭注**曰：「漆几也。今文無升。」待賓用漆几，已見上文，故於此云「漆几也」以見公此受几乃待賓之几。鄭云今文無升字，則此蓋從古文也。胡承珙云：「案上文但云公出迎賓以入揖讓如初，此當有升字，故鄭從古文。」以聘享時揖讓之後，經皆云「升」，故以爲此亦當有升字也。

胡培翬正義云：「側受几者，公自受几於宰夫，無擯相也。」案鄭於此側字無解，胡氏蓋由前文「公側襲」鄭云「側猶獨也」襲而無贊之說而推言此亦然也。賈氏則以爲此側當是旁側之側，愚意則謂此「側受几」及前「側襲」、「側授宰玉」皆當訓爲旁側之側（說詳見前）。經于受于序端，卽旁側之處也。

宰夫內拂几者，**鄭注**曰：「內拂几，不欲塵坋尊者。以進，自東箱來授君。」李氏集釋曰：「內拂几，拂之向己也。坋，被也。」蓋宰夫拂几，示欲致其潔淨也。而恐拂之而塵被尊者（君也），故內拂之向己也。敖氏集說云：「先言拂，乃言奉，是拂時几猶在地也。」然有司徹主人儐尸拂几之法以左手執几，以右袂拂之，而宰夫卑也，不當反在地而拂之也。鄭云「自東箱來授君」者，蓋據覲禮記「几俟于東箱」而言之。鄭於彼注曰：「東箱，東夾之前，相翔待事之處。」賈疏亦云：「經直云進，不云升，明不從下來，從東箱來可知也。」亦證鄭氏所言是也。

宰夫進授几之位，敖氏云：「進于序端，南面以授公。」盛世佐儀禮集編曰：「案下云公東南鄉，則宰夫進几蓋西北鄉也。」愚謂盛氏之說是也。敖氏蓋以經於「公升」下逕云「側受几」，遂以爲公升自阼階，乃卽於序端北面受几，故謂宰夫南面以授公。實則，賓主既升，當卽各立於其位，賓在西楹西東鄉，君在東楹東西鄉也。若拜至，則主君左還北鄉當楣拜，此時不拜至（說見下記）則主君自其東楹東之位東南鄉而之序端受几，故下接云「公東南鄉外拂几」也。

〔記〕禮不拜至。

案：此謂醴賓之時，既升堂，主君不拜賓之來至也。**鄭注**曰：「以賓不於是始至。今文禮爲醴。」

此記所云「禮」當是聘享訖主君醴賓之禮，今文作醴可證。而鄭概取「禮賓」之字，已見前說，故不從今文，然皆謂主君待賓之事則無疑矣。唯賈疏則以爲此指聘時不拜至。賈疏曰：「此文承執玉帛之下聘臣事。據鄉飲酒賓主升堂，主人有拜至之禮。此賓昨日初至之時，主人請賓行禮，賓言俟閒。此時賓已至矣，故聘時不拜至。是以鄭云以賓不於是始至。」則賈疏以爲昨日賓至於朝時爲已至矣，故謂聘時不拜至也。（案其時賓至外門下大夫導賓入者入告出釋辭，賓主尚未相見也。）李如圭集釋更云：「諸侯以國爲家，賓入竟則既至矣。」若然，則凡朝聘皆不須拜至之禮矣，更無肅著之明文也。

案周禮秋官司儀職凡諸公相爲賓，及將幣，「登，再拜，授幣。賓拜送幣」，鄭注曰：「登再拜授幣，授當爲受。主人拜至，且受玉也。」又諸公之臣相爲國客，及將幣，「客登，拜，客三辟授幣」，鄭注曰：「拜至，君拜客至也。」賈疏曰：「客登者，主君與客俱登，據客而言，故云客登也。云拜客三辟者，主君與客俱登訖，主君於阼階上北面拜，拜賓喜至此堂，并拜受幣。」據此則朝聘皆有拜至之禮矣。然則賈、李二說俱非也。張爾岐曰：「禮爲聘享畢公禮賓也。疏以爲聘時，似非經意。」胡承珙云：「當是謂聘享畢禮賓時事。蓋經於聘時無拜至明文，記獨言禮不拜至，正見聘有拜至，與經文互相備。注云以賓不於是始至，亦對聘時而言。賈云聘時不拜至，非也。賈蓋謂此文承上執玉帛之下，不知此文乃合下文醴奠于東箱及祭醴再扱爲一節耳。」此說以「禮不拜至」句接下文而皆言醴賓之事，甚合經例。若賈氏以此句承上執玉帛遂以爲聘時事，則不合記文排列之例。蓋原儀禮記文此句上承「凡執玉無藉者襲」，又前爲庭實貨幣之宜，又前爲聘享之容。若此句乃言聘時儀節，則當列於聘享之容前，而不當更在襲裼衣服之節後也。且以「賓不於是始至」爲對聘時而言，亦較以之對入國至朝爲合理。又以此云「禮不拜至」，以見聘時雖未明文實有拜至，亦深合經文著言之旨。盛世佐引司儀鄭注「主人拜至且受玉也」，乃謂「愚謂鄭誤。主君再拜與此經公當楣再拜同，皆爲拜受，非拜至也。始至不拜至，則儐時亦不拜至可知。」案盛氏以始至及儐時，禮賓時皆不拜至，非也，若向無拜至之事，則經何著拜至之文耶？唯盛氏以周禮司儀之主君再拜，當此經之公當楣再拜，則足以明此經聘時實有拜至之義。蓋周禮鄭注「拜至且受玉」；此經公當楣再拜時，鄭注曰：「拜貺也」而擯者釋辭曰：「寡君拜君之辱」（聘禮記文），是卽拜至且拜受玉也，以辱至及致（幣）玉實一事也。而聘時有「當楣再拜」，此醴賓時則無此再拜之禮，故記云「禮（醴）不拜至」以明之也。

公東南鄉，外拂几三，卒，振袂，中攝之，進西鄉。

案：公東南鄉受几，又向外拂之三下，振袂去塵後，從几之中腰攝執之，進位西鄉以授賓。公東南鄉，以升階後，堂中之位在東楹東，行至東序端而受几，故東南鄉也。外拂几三者，敖氏曰：「宰夫既拂几，公又親重拂之，敬也。卒謂既拂也。振袂，去塵也。中攝之，謂二手于几之中央攝之也。」蔡德晉云：「中攝之，謂君攝几中，便賓執兩端也。」宰夫內拂几，爲恐塵坋尊者，主君尊，故拂几則外拂之也。清高宗欽定儀禮義疏曰：「卒拂而後攝之，則拂時猶宰夫執之也。」褚寅亮儀禮管見亦云：「拂時猶宰夫奉。至振袂後公乃中攝之。」然上文云公受几於序端，宰夫拂几以進，下更未有授受之文，則是當時已受几也。此時公東南鄉拂几，不當猶宰夫執之。盛世佐儀禮集編則謂宰夫進几，乃「措諸公前而已不親授也」，若然，則公拂几時，几在地也。然公授几而中攝，爲便賓執兩端，是親授之，則宰夫授公當不致措之於地。有司徹儐尸云「主人西面，左手執几縮之，以右袂推拂几三，二手橫執几進授尸于筵前。」彼云推拂几者，卽外拂之也。然則此時公東南鄉，外拂几三，當亦如彼以左手執几縮（直）之，而以右手拂之歟！至授几時則以二手也。

公進西鄉者，**鄭注**云：「進就賓也。」敖氏、蔡氏皆云此時賓在西階上；盛世佐、胡培翬以爲此時賓當在西楹西東面。胡氏正義曰：「前行聘時，公升二等，賓升西楹西東面。此公升時，賓亦升，不言者，省文也。賓在西楹西東面，故知進西鄉爲就賓。」竊謂胡氏之說是也。前聘時已明賓主之位，此云公升則賓亦升，而各卽其位，然後公受几時乃東南鄉也。敖氏以爲賓主升而皆在階未至堂上，故又以爲宰夫授几時南面，却與「公東南鄉」「進西鄉」皆不合，敖說非矣！

擯者告。賓進訝受几于筵前，東面俟。

案：擯者告賓以公將授几，賓乃進至筵前受几，受几時對面而受，則公仍西鄉而賓東鄉以授受也。

賓既受几，執几而東面立俟。**鄭注**擯者告云：「告賓以公授几。」。據前行聘時「擯者進」於阼階西釋辭，則此時擯者告，當亦仍在此位也。前云公進西鄉，則此賓進必東向也。故訝受几。李如圭集釋曰：「訝受，迎受也。公中攝几，賓以兩手從兩端受之。」士昏禮賈疏云：「凡授几之法，卑者以兩手執几兩端，尊者則以兩手於几間執之。是以聘禮宰夫奉兩端以進，有司徹云尸進二手受于手間，注云受從手間，謙也。」案有司徹主人以二手橫執几進授尸，是欲尊尸也，尸不中執之，而以二手受于手間，故云謙也。然則此時公中攝几，賓以兩手從兩端受之，乃以賓卑不敵故也。其受几之位則在筵前，既受几而東面俟，暫不設之，**鄭注**曰：「未設也。」賈疏曰：「未設而俟者，待公拜送訖乃設之故也。」

公壹拜送。

案：此主君拜送几以壹拜之禮。**鄭注**曰：「公尊也。」蓋以下文云賓再拜稽首，此公則壹拜爾，故鄭云公尊，以釋主君禮輕之故。敖繼公集說云：「壹拜者，送几之常禮。必著之者，以賓答再拜稽首，嫌此拜為再拜也。公及賓拜或不言北面者，可知也。」淩廷堪禮經釋例云「凡門外之拜皆東西面，堂上之拜皆北面。」如行聘時公北鄉當楣再拜，則此堂上之拜固當北面。經不言者，固然也。

賓以几辟，北面設几。不降，階上答再拜稽首。

案：賓以几辟者，以上文賓既受几而君拜送，賓不敢當其禮而逡巡辟位，故以手中之几而辟位也。**鄭注**云：「辟位，逡遁。」此亦與上文「三退負序」同也。公拜送後，賓則設其几。**鄭注**云：「凡賓左几。」賓几，人之几也，設筵左，與神几設筵右者別，說已見前。賈疏士昏禮云：「受時或受其足，或受于手間，皆橫受之。及其設之，皆旋几縱執，乃設之於坐南，北面陳之。」又案有司徹云：「尸進，二手受于手間。主人退，尸還（同旋）几縮之，右手執外廉，北面奠于筵上左之南，縮，不坐。」北面奠于筵上左之南，以筵設于戶牖間南鄉也。而北面奠几于筵左，故以右手執外廉而設之也。

賓既設几，然後至階上答拜，而不降至庭中。其答拜則以再拜稽首之拜。此臣拜君之拜，拜他國之君亦用之，所以致其恭敬也。**鄭注**云：「不降，以主人禮未成也。」不降者，不降至庭也。凌氏禮經釋例云：「凡臣與君行禮皆堂下再拜稽首。異國之君亦如之。」是以此賓拜主君之禮當至堂下，而此經云「不降」故鄭釋其不降之理，在於主人之禮未成也。敖氏則曰：「不降者，辟盛禮也。此醴賓之禮以用幣之時為盛。」案敖氏所云盛禮，即鄭所謂之成禮。至其盛禮（致幣）行，然後成禮也。胡培翬正義曰：「今案下送幣，公再拜，注云事畢成禮也。是禮賓之禮至用幣乃成，故此受几及下受醴皆不降拜；而受幣則降也。」是可證此受几及下受醴時，皆未成禮，即非其盛禮，故不降而拜，以與受幣之盛禮別也。

宰夫實觶以醴，加柶于觶，面枋。

案：此宰夫贊公酌醴，將以醴賓之事。鄭注曰：「酌以授君也。君不自酌，尊也。宰夫亦洗升實觶，以醴自東箱來。不面擸，不訝受也。」經云宰夫實觶以醴，卽酌禮於觶也。宰夫酌醴將以授君，由君醴賓也。鄭云君所以不自酌者，以君尊，故由宰夫代酌之。胡培翬頗疑此說，且據禮經釋例云士冠禮賓禮（醴）冠者，士昏禮女父醴使者，皆不自酌而用贊者酌之；至士昏禮舅姑醴婦，則贊者酌之，亦贊者授之，然則醴不自酌，蓋禮經之通例，非獨聘禮由宰夫實醴授公爲尊君也。案鄭氏謂此君醴賓由宰夫代酌爲尊君者，蓋以燕禮獻賓、酬賓皆由主人親洗親酌故也。唯燕禮之主人亦由宰夫任之，而君於其大夫，雖爲賓亦不親獻之。而此則君於他國之大夫，爲尊賓故，乃由主君親醴之。以君親爲主人，則猶冠、昏之禮，而由贊者代酌，而此宰夫卽贊禮者也。

鄭云「宰夫亦洗升實觶，以醴自東箱來」，蓋以下記云「醴，尊于東箱」，故知實觶以醴於東箱，然後來至堂上也。又云洗升而實觶者，此經未見洗觶之文，亦未云設洗，然冠昏燕公食諸禮皆有洗，褚寅亮儀禮管見云：「冠禮醴子，贊者洗於房中，豈醴子洗而醴賓反不洗與？抑文不具與？」蓋鄭氏以爲文不具者也，故於注中明之。又云洗而升者，蓋以燕禮云：「設洗篚于阼階東南」，主人及賓降盥，洗乃升拜送爵。故以爲此亦當設洗於阼階東南，是以宰夫當降洗然後升酌醴。冠禮贊者洗于房中，鄭注：「盥而洗爵」。然則此宰夫洗觶前當亦有盥，皆文不具也。士冠禮賈疏據韓詩外傳「一升曰爵，二升曰觚，三升曰觶，四升曰角，五升曰散」，相對爵觶有異，散文則通皆曰爵，故鄭以爵名觶也。胡培翬正義云「凡醴皆用觶」。

經又云「加柶于觶面枋」者，鄭注士冠禮云「柶狀如匕」所以扱醴者也（見下文），故加之於觶上。其加柶於觶而以其柄向前置之。李如圭集釋曰：「柶之大端爲葉，小端爲枋。面，前也。凡主人授賓醴者，皆面枋，賓迎受之皆面葉。冠禮贊者酌醴以授主人，主人迎受，故贊者面葉。主人受之得面枋。此宰夫實醴，公不迎受，故宰夫面枋，公受之亦得面枋也。」蔡德晉禮經本義云：「面枋，以匙枋向前也。」案柶之大端爲葉，即匙之所以扱醴者；柶之小端爲枋，即匙柄所以執者。主人授賓醴而面枋，即以匙柄向賓，賓迎受之，則爲面葉而便於執其枋也。此時宰夫自東箱來授觶與公，公東南鄉側並受於序端，故不面葉而面枋，則公受之亦得面枋而便於授賓也。是以鄭注云：「不面擸，不訝授也。」李如圭云：「擸即葉也。」

〔記〕醴尊于東箱。瓦大一，有豐。

案：此記明醴尊設于東箱。其器則瓦尊一，有豐以承之。**鄭注**曰：「瓦大，瓦尊。豐，承尊器，如豆而卑。」張爾岐云：「大音泰。」又燕禮云：「公尊瓦大兩有豐。」鄭注：「瓦大，有虞氏之尊也。禮器曰：君尊瓦甒。豐形似豆，卑而大。」案禮記明堂位云：「泰，有虞氏之尊也。」鄭注：「泰用瓦。」孔疏：「虞尊用瓦，名泰也。」禮器所云君尊瓦甒，亦即此瓦尊名泰者也。鄭注禮器云「瓦甒五斗」，言其容量也。大射儀「膳尊兩甒在南有豐」，鄭注云「豐以承尊也」則此「瓦大一，有豐」亦謂實醴之尊爲瓦泰，一只，有豐以承之也。

東箱者，卽東堂也。儀禮釋宮：「序之外謂之夾室。夾室之前曰箱，亦曰東堂西堂。」又覲禮注：「東箱，東夾之前，相翔待事之處。」然則所以醴尊設于此，宰夫亦待事於此也。

公側受醴。

案：此言公受醴于序端。此側當亦訓爲旁側之側。說已見前。敖氏集說云：「受醴不言序端者，如受几可知。公旣受醴，亦進筵前西，北面。」此言進筵前西面，當是將以授醴，北面，爲將拜送也。盛世佐集編曰：「受於堂側序端，亦東南鄉。宰夫在其左。」此言東南鄉受醴於序端皆就前文受几而推之者也。張爾岐乃謂「公西面鄉賓，宰夫以醴自東箱來公旁，竝授與公，公不訝受，故面枋不面擸也。」張氏爲牽就「面枋不面擸竝受之法，乃謂宰夫來至公西鄉之位而授，甚不合前文受几之例，不足取也。仍當以盛氏之說爲是。

此是公側受醴，**鄭注**曰：「將以飮賓。」是卽待賓之意也。

賓不降，壹拜，進筵前受醴，復位，公拜送醴。

案：此云賓拜受醴之儀。經云不降壹拜，當亦如前拜受几時階上拜也。**鄭注**曰：「賓壹拜者，醴質，以少爲貴。」賈疏曰：「禮器云禮有以少爲貴者。今賓於上下皆再拜稽首，獨此一拜，故鄭據大古之醴質無玄酒配之，故壹拜，以少爲貴也。」蓋上文受几，下文受幣，賓皆再拜稽首，獨於此受醴經云壹拜，故鄭釋云以少貴者，蓋以配用醴尙質之義（用醴尙質之說已見前）也。

盛世佐集編曰：「復位，復西楹西東面位。上不著其位，而此云復，則其與聘時同可知。」以經云復位，則可知賓主在堂上有其常位也。此醴賓時但云公升，且未云賓升，唯推之可知也，更未言其升堂之位矣。前聘時則經有云「賓升西楹西東面」，此蓋賓在堂上之常位也。或有事則移其位，若君拜則逡遁而負序，若受几受醴則于筵前，而事畢則皆復其西楹西東面賓之常位也。敖氏云：「位，西階上北面位。」其說非也。敖氏常以西階上北面爲賓之位，若然，則不僅與三退負序之文不合，且不合東西相對賓主之禮，安得與於堂上禮事。敖說之非明矣！

經於復位後云「公拜受醴」胡培翬正義云：「公拜亦壹拜，凡不言，可知也。上送几時，公先拜送，此則賓先拜，儀節略異也。」蓋唯其賓先拜，乃始壹拜者歟？若公先拜，賓答拜，則當仍以再拜爲恭矣。

宰夫薦籩豆脯醢。賓升筵。擯者退負東塾。

案：此醴賓時既送醴，又致之以脯醢，於是賓就筵坐，擯者退就其負東塾北面之位。

脯醢者，肉乾與肉醬也。周禮天官腊人職云：「掌乾肉，凡田獸之脯腊膴胖之事。」鄭注：「

薄析曰脯。」又禮記內則注：「脯皆析乾肉也。」說文肉部：「脯，乾肉也。」然則脯乃乾肉而薄析者也。又爾雅釋器：「肉謂之醢。」郭璞注：「肉醬。」說文酉部：「醢，肉醬也。」周禮天官醢人鄭注：「臡亦醢也。作醢及臡者，必先膊乾其肉，乃後莝之，雜以粱麴及塩漬，以美酒塗置瓶中，百日則成矣。有骨爲臡，無骨爲醢。」然則醢爲無骨肉醬，經酒鹽等物淹漬而成者也。籩豆，則以薦脯醢之器也。鄉射禮記曰：「薦，脯用籩，醢以豆。」鄭注：「脯用籩，籩宜乾物也。醢以豆，豆宜濡物也。」案說文：「豆，古食肉器也。」爾雅釋器：「木豆謂之豆，竹豆謂之籩，瓦豆謂之登。」又周禮天官籩人鄭注：「籩，竹器如豆者，其容皆四升。」左傳昭公三年：「四升爲豆。」然則豆及籩一物也，容量亦同，唯籩爲竹器，故宜乾物而薦脯；豆爲木器，故宜濡物而薦醢也。敖繼公曰：「必言籩豆者，經蓋見一脯一醢之器也。」謂脯醢是實，籩豆其器也。胡培翬正義云：「籩盛脯，豆盛醢，言籩豆脯醢，見止一籩一豆也。」亦敖說之義。禮器云：「有以少爲貴者……諸侯相朝，灌用鬱鬯，無籩豆之薦。大夫聘禮，以脯醢。」相朝則云無籩豆之薦，聘禮則云以脯醢，見脯醢卽籩豆之薦也。故此云籩豆脯醢，敖氏謂見其一脯一醢之器也。經未言脯醢之數，而敖云一脯一醢者，蓋經之常例，凡未明其數，則皆一也。

賓升筵，就其席上以受脯醢之薦也。此時擯者退負東塾而立。東塾，廟門內東塾，北面之位東上，此擯者之常位，已見於前聘禮時。蔡德晉云負東塾立於廟門外，非也。**鄭注**曰：「事未畢，擯者不退中庭，以有宰夫也。」以前聘時公與賓升，經云「擯者退中庭」，以將進釋辭；及公既受玉，經云「擯者退負中東塾而立」，鄭云「反其等位，無事」。而此時事尚未畢，擯者退當立中庭，故鄭釋之曰「不退中庭，以有宰夫也」。蓋此時飲食之事，由宰夫主其事也。賈疏曰：「案上文擯者退中庭，又云擯者進，事未畢在中庭可知。此下文亦云擯者進相幣，事亦未畢，而在東塾，故決之若然，以有宰夫主。飲食之事宰夫所主，己雖事未畢，猶得負東塾。以其閒有事，宰夫相，己無事故也。若無宰夫，在中庭矣。」賈疏亦申鄭氏之義也。敖繼公云：「擯者退負東塾者，是時賓方有祭薦祭醢啐醴之儀。其事稍久，故於此俟之。擯者至此方退，則是設几授醴之類皆擯者告之矣，經不盡見之也。凡擯者之退，近則中庭，遠則負塾，皆視後事之久速以爲節。」敖氏云設几授醴之類皆擯者告之，經不盡見，以設几時，經言「擯者告」，故敖氏推言授醴亦然也。盛世佐曰：「案退，自階下而退也。擯者相禮皆在階下。」以聘時擯者進阼階下釋辭以相公拜，盛氏此說是也。至於擯者退負東塾，盛氏則非賈疏有宰夫相己無事之說，而許敖氏視後事之久速以爲節之說。且云「夫相相君耳，下文自賓祭脯醢至奠於薦東皆賓之禮，無事於相。」蓋盛氏所謂相但云相君行禮，其義較狹；賈所謂相乃相其禮事，其義較廣。乃若擯者之事，則相君禮耳。此時則皆飲食之事，由宰夫主之，故擯者無事而退負序。敖、盛但就擯者之事說之，說未爲非；賈氏申鄭說，以此時禮事在宰夫所主，亦屬相禮之事。二說並不衝突也。

賓祭脯醢。以柶祭醴三。庭實設。

案：此賓既受脯醢及醴，乃先祭之。其時，公之幣庭實，乘馬設於庭中。賓祭脯醢者，蓋古人食前必祭。如士冠禮賓醴冠者：「冠者卽筵坐，左執觶，右祭脯醢，以柶祭醴三」，士昏禮納采醴使者亦云：「賓卽筵坐，左執觶，祭脯醢，以柶祭醴三」，其事皆與此同。禮記曲禮言進食之禮曰：「主人延客祭，祭食，祭所先進。殽之序，徧祭之。」鄭注：「祭，祭先也。君子有事不忘本也。」周禮天官膳夫鄭注：「禮，飲食必祭，示有所先。」是知古人飲食之前必先祭其先人，以示不忘本之意。且祭食必徧祭之也。其先進者則先祭之以爲序。

其祭脯醢之法，則有司徹云：「賓坐，左執爵，右取脯擩于醢，祭之。」特牲饋食禮尸入九飯云：「祝命挼祭。尸左執觶，右取菹擩于醢，祭于豆間。」鄭注：「擩醢者，染於醢。」公食大夫禮賓祭正饌云：「賓升席，坐取韭菹，以辯擩于醢，上豆之間祭。」鄭注：「擩猶染也。」然則於此時賓祭脯醢，則當是坐于筵上，左手執觶，右手取脯而擩于醢，祭于籩豆之間也。以柶祭醴之法，則詳於下記「祭醴，再扱。始扱一祭，卒再祭」云云。

於賓祭脯醢祭醴之同時，則主人置設酬賓之庭實。**鄭注**曰：「庭實，乘馬。」賈疏曰：「鄭知乘馬者，下文賓執左馬以出，故知也。」乘馬者，四馬也。物四曰乘，禮物皆以四，已見前說。胡培翬正義曰：「於賓祭醴時設之，以酬賓也。」

〔記〕薦脯五膱，祭半膱，橫之。

案：此記言醴賓所薦及賓祭之脯也。其薦以待賓之脯五膱，祭用之脯則半膱。**鄭注**云：「膱，脯如版然者。或謂之脡，皆取直貌焉。」案鄉飲酒禮記云：「薦脯五挺，橫祭于其上，出自左房。」鄭注：「挺猶膱也」，鄉射禮記曰：「薦脯用籩，五膱。祭半膱橫于上。醢以豆，出自東房。膱長尺二寸。」鄭注：「膱猶脡也。」然則膱、脡、挺一也，乃乾肉（脯）薄析而如板狀者，薦脯則用五膱，其祭用之脯則半膱而橫置於其上。祭時取此半膱而濡醢祭之也。

〔記〕祭醴，再扱。始扱一祭，卒再祭。

案：此記祭醴之法。始扱，一祭，又扱，再祭，所謂「以柶祭醴三」，又云「祭醴再扱也」。士昏禮記亦云「祭醴，始扱一祭，又扱再祭」，義與此同。「始扱」「又扱」卽此記所云「再扱」也。始扱，一祭；既而又扱，此云「卒再祭」，**鄭注**：「卒謂後扱」，謂後扱則再祭，連同始扱一祭計是三祭，故經云「以柶祭醴三」也。

降筵，北面，以柶兼諸觶。尙擸，坐啐醴。

案：此時賓既祭脯醢並祭醴訖，乃降筵，於西階上北面坐而啐醴。**鄭注**曰：「降筵，就階上。」蓋以士昏禮納采醴使者，賓祭脯醢及醴之後「西階上北面坐啐醴」，故鄭以爲此亦然也。然則此就階上，亦西階上也。

以柶兼諸觶者，賈疏曰：「以左手執觶，右手以柶祭醴訖，降筵，北面，以柶兼幷於觶兩手奉之。」敖氏則謂「以右手執柶幷執觶也。欲便於啐醴也。」然欲便於啐醴，則當如疏所云以兩手奉之，遂兼柶於觶矣。幷執於右手，豈啐醴之禮哉，褚氏亦駁敖說云：「敖氏謂以右手兼執觶柶，不識脫空左手何用？」是故仍從疏說。尙擸，賈說尙通上，擸即上文所謂之「葉」，即柶之大端也。張爾岐句讀曰：「尙擸即尙葉。尙葉者，仰柶端向上也。」吳廷華章句曰：「擸在上，則執枋也。」

「坐啐醴」，坐而小飲嘗醴也。啐，本字作唪。說文口部云：「啐，驚也。」段注：「儀禮今文以爲唪酒字。」又口部：「唪，小飲也。」是啐本字宜作唪。禮記雜記云：「主人之酢也，嚌之，衆兄弟則皆啐之。」鄭注：「嚌啐皆嘗也。嚌至齒，啐入口。」則此坐啐醴是小飲而嘗之也。鄭注士昏禮曰：「啐，嘗也，嘗之者，成主人意。」成主人意，乃成醴賓之意也。

公用束帛。

案：此公以束帛爲幣致酬與賓。鄭注曰：「致幣也。言用，尊于下也。亦受之于序端。」案致幣用束帛及庭實。庭實乘馬先已設于庭中，此時則主君親以束帛致幣于賓也。鄭云「尊于下」者，賈疏曰：「上文郊勞賓用束帛儐勞者；下文歸饔餼於上介云大夫用束帛致之，皆亦云用。獨於此言用尊于下者，儐勞者及歸饔餼，皆是賓敬君之使者，自尊之可知。今君親用束帛禮賓，故言用尊于下也。」胡培翬正義則曰「對冠禮酬賓束帛不言用也。」

鄭云亦受之于序端者，謂公于序端受束帛於宰夫也。此亦與前受几、受醴于序端者同。賈疏曰：「上公側受几於序端，則知此亦受之於序端也。」公食大夫禮侑賓云：「公受宰夫束帛以侑」，則此束帛亦宰夫授之，亦與前者宰夫授几、授醴相同也。

建柶，北面奠于薦東。

案：此時公已受束帛將以致於賓，賓於是插柶于觶中而奠之于薦東，準備受幣也。**鄭注**曰：「糟醴不啐。」張惠言讀儀禮記云：「禮賓北面奠于薦東。注糟醴不啐，啐是卒之誤。」張爾岐句讀亦云「啐字誤。」李如圭集釋云「不卒觶」，則李氏所見鄭注似本作「不卒」。蓋上文經已云「坐啐醴」矣，則此不可謂「不啐」也。當是「不卒」之誤。「不卒觶」謂但啐之而不盡其觶中之醴也。蓋醴爲不純酒而有糟，不宜盡飲之，故鄭云「糟醴不卒」也。褚寅亮曰：「酒卒爵而醴不卒爵，故注云糟醴不卒，坊本誤卒爲啐。」

不卒觶而將奠之，故經云「建柶」。盛世佐儀禮集編云：「建柶者，以柶插觶中，尙枋也。敖云亦尙擸，非。」敖繼公云：「上言兼柶尙擸，則此建柶亦尙擸明矣。」案敖氏以上文兼柶於觶尙擸而推言此建柶亦尙擸，非也。蓋以柶兼諸觶時，柶猶持於手中，手持柶而執枋，故尙擸，此時以柶插於觶，不可以執手處之枋插入觶中，而必尙枋。盛氏之說是也。

北面奠觶于薦東，」士冠禮鄭注曰：「薦東，薦左。凡奠爵將舉者於右，不舉者於左。」薦以面南爲正，故奠于薦東卽在薦左也。此既奠不再舉，故奠左。蔡德晉禮經本義曰：「賓建柶奠觶，將降辭也。」以將降辭幣，故奠之而不再舉也。

擯者進相幣。賓降辭幣。公降一等辭。栗階升聽命。

案：此言擯者相君致幣，賓辭而聽命之事。經云「擯者進相幣」者，以前云擯者退負東塾而立。此時相幣當在阼階西，故由東塾進至阼階也。相幣之事，**鄭注**云：「贊以辭。」擯者釋辭以告賓公將致幣，於是賓降階辭幣。**鄭注**云：「不敢當公禮也。」敖繼公集說云：「辭者，謂既受賜矣，不可以又辱盛禮。」所謂既受賜，蓋云既受醴及脯醢之賜也，故不敢又當此幣帛庭實之禮也。敖氏於「擯者進相幣」云「相幣，贊其授受之禮」；於此又云「不可以又辱盛禮」，蓋敖氏所言著重在其「授受之盛禮」。顧經明言「辭幣」，是賓辭要在其幣帛之賜也，此致幣卽所謂公之禮也。賓既降階辭幣，公又降於阼階一等而辭賓之忒謙。**鄭注**「公降一等辭」曰：「辭賓降也。」敖氏則云：「辭者，止賓降且不許其辭。」敖說於義是也。是以下文接云「栗階升聽命」，謂聽其致幣之命也。唯經云「辭」皆云辭對方之禮而不以不許曰「辭」，是鄭說爲得其要。但賓降乃以辭幣之故，則辭其降或亦兼有不許其辭之意矣！吳廷華章句云「兩辭皆擯者傳之」，蓋謂賓辭幣由擯者傳與主君；公辭賓降，亦擯者傳之。以擯者掌相禮釋辭之事也。賓降階而辭，公降一等而辭，蓋亦尊卑不等故也。

「栗階升聽命」者，以主君既降一等而辭，又不許其辭幣，於是賓乃栗階而升堂，聽主君之命。張爾岐曰：「聽命，聽致幣之命，既命，又降拜以受也。」**鄭注**云：「栗階，趨君命尚疾，不連步。」淩廷堪禮經釋例曰：「凡升階皆連步，唯公所辭則栗階。」蓋燕禮記云：「凡公所辭，皆栗階。」鄭注：「栗，蹙也。謂越等急趨君命也。」然則所以栗階者，以在公所或降階而公辭，爲急趨君命故越等而用栗階。其餘非有急趨君命之故則皆連步。是以鄭於此注「趨君命尚疾，不連步」也。其栗階之法，則燕禮記又云：「凡栗階，不過二等。」鄭注：「其始升猶聚足連步，越二等，左右各一發而升堂。」聚足連步者，則禮記曲禮所云：「拾級聚足，連步以上」，鄭彼注曰：「拾當爲涉，聲之誤也。級，等也。涉等聚足，謂前足躡一等，後足從之併。連步，謂足相隨不相過也。」其前足後足之法，則曲禮云「上於東階則先右足，上於西階則先左足。」然則所謂「栗階」，乃先仍用連步聚足之法，升至第五階（據諸侯七階爲言）則左右足各一發而升堂，以示趨君命尚疾之意。

燕禮記賈疏云：「凡堂及階尊者高而多，卑者庳而少。案禮器云天子之堂九尺，諸侯七尺，大夫五尺，士三尺，士冠禮降三等受爵弁，鄭注云降三等下至地。則士三等階。以此推之，則一尺爲一階，大夫五尺五等階，諸侯七尺七等階，天子九尺九等階可知。今云凡栗階不過二等，言凡則天子九等已下至士三等皆有栗階之法。」賈疏又云凡升階之法有四等：「連步一也；栗階二也；

歷階三也，謂從下至上皆越等無連步，若禮記檀弓云杜蕢入寢歷階而升是也；越階四也，越階謂左右足越三等，若公羊傳趙盾避靈公躇階而走是也。」今案賈疏謂天子以下至士三等階皆有栗階之法，與儀禮不合。燕禮記明書曰「凡公所辭皆栗階」而鄭云「越等急趨君命」然則於大夫、士之階何用栗階也？（又於天子之堂，無賓客禮辭之事，則當亦無趨命栗階之法，是以燕禮記但云凡「公所辭」皆栗階也。賈氏蓋特著意於「凡」字而以爲總括各種階等之意。竊以爲升階以連步爲常法，淩氏所謂「凡升階皆連步」也，但於公所辭，則急趨而用栗階，以其本非常法，而遇此情事則皆用之，此所以曰「凡」也，賈疏乃以謂天子以下至於士皆有栗階之法，蓋誤之。至於賈疏所謂升階有四法：則淩廷堪禮經釋例辯之，謂見諸禮經者唯連步與栗階二節，以連步是升階常法，故經但言「升」而不言「連步」，猶平敵相拜但言「拜」而不言「頓首」；栗階乃于君辭則然，猶經之云「再拜稽首」，以其非常禮之拜也。歷階、越階則禮經所無，故淩氏以爲歷階當卽是栗階，而越階如趙盾避靈公則乃急難奔逃之時，何暇行禮？蓋非禮有此法也。竊謂賈氏言歷階而舉檀弓「杜蕢入寢歷階而升」之文，而杜蕢之諫平公亦非常法行禮之事，記者曰「歷階而升」蓋亦記其升堂之事耳，非必卽有此禮法也。或其升階亦用「栗階」之法，則未可知也。

降拜。公辭。升，再拜稽首。受幣，當東楹，北面。

案：此言賓既聽命，乃降階拜受。公辭之，賓乃升階再拜稽首而受幣。**鄭注**「降拜」曰：「拜受。」

以前文既云「聽命」，故此時乃拜受也。必降階者，行臣禮以示敬也。淩廷堪禮經釋例曰：「凡臣與君行禮，皆堂下再拜稽首。異國之君亦如之。」又：「凡君待以客禮，下拜則辭之，然後升成拜。」此卽賓行臣禮，故降拜。但主君待以客禮，故經云「公辭」，於是賓降階未拜乃更升階然後成拜，是故下云「升再拜稽首」也。**鄭注**「公辭」曰：「不降一等，殺也。」以前賓降辭幣時，公降一等而辭矣；此則賓再降，公又辭之，故禮殺而不降等也。公既辭其降，賓乃升堂上，再拜稽首，行臣之禮而成拜也，然後受幣。**鄭注**曰：「亦訝受，而北面者，禮主於己，己，臣也。」賈疏曰：「前行聘享時，賓東面，主君西面，訝授受。但以奉君命，故賓不北面。此以主君禮己，己臣也，故北面受，異於聘享時也。若然，上受几受醴亦是己之禮，以禮未成，故不北面也。此禮成，故北面也。」是鄭云亦訝受，謂與前聘享時及受几受醴皆同訝授受也。然前者訝受或以行君命之故，或以禮未成而殺，皆主君西面，賓東面，此時雖亦訝受，而賓則北面，乃以此時爲主君醴賓，是禮主於己，而己爲臣也，故行臣禮而北面。胡培翬正義云：「賓北面，主君蓋南面也。」楊復儀禮圖曰：「禮賓之禮有三節：受几也；受醴也；受幣也。三者公親受于序端，而後授賓，恭之至也。設几主爲啐醴，故受几受醴皆于筵前。禮莫重於幣，故受幣當東楹前。」敖繼公儀禮集說云：「當東楹，其視爲君將幣者又過東矣。」案前行聘時，經云「公受玉于中堂與東楹之間」，鄭注：「亦以君行一臣行二」。蓋堂上主位在東楹東西面，賓位在西楹西東面，若賓主敵，則授受于兩楹間；行聘則賓主不敵，故賓進至中堂於東楹間；此時則禮主於己，宜以臣禮，故賓更東而至東楹北受幣也。（說詳見前）

退，東面俟。公壹拜，賓降也，公再拜。

案：賓既受幣，退至西階上，東面而俟。逮君拜送幣，賓即降階。**鄭注**云：「俟君拜也，不北面者，謙若不敢當階然。」蓋君既受幣，禮當拜送，故賓俟之，若俟君命然。俟而東面者，以禮謙不敢當階也。李如圭儀禮集釋曰：「鄉飲酒禮，賓主專階者皆北面。」故此時賓謙若不敢當賓主敵禮，故不北面，乃東面而俟也。

公拜送幣之禮，宜再拜。而賓不俟其再拜成禮，當公壹拜，即時降階。**鄭注**曰：「不俟公再拜者，不敢當公之盛也。公再拜者，事畢成禮也。」以前時授几授醴公皆壹拜，此時事畢成禮，故公再拜。然再拜乃公之盛禮，賓不敢當之，故及其初壹拜，賓即降階而辟之。賓雖已降辟，公仍再拜，行禮宜終之成禮也。敖繼公曰：「公壹拜而賓即降，不敢安受尊者之拜，因辟之而遂降也。賓已降而公猶再拜，送幣之禮當然，宜終之也。」此皆所以相尊敬也。

賓執左馬以出。上介受賓幣，從者訝受馬。

案：賓降至庭，牽左馬以示親受公之庭實，遂出。既出廟門，上介受賓束帛，士介受馬。賓執左馬以出者，**鄭注**曰：「受尊者禮，宜親之也。效馬者并左右靮授之，餘三馬者，主人牽者從出也。」所謂尊者禮，云主君所致之庭實乘馬也。前賓祭脯醢及醴時，主人設庭實于堂下；此時賓降將出，過庭中而執左馬，示親受主君之禮也。效馬者，謂牽馬人也。禮記曲禮云「效馬效羊者右牽之」，用亦同此。彼注鄭云「效猶呈見」，下經賈疏曰「效馬效羊者謂尊者之物使養之，今來呈現」故謂牽馬爲效馬也。靮者。說文曰：「馬羈也。」禮記少儀：「馬則執靮」，鄭注：「靮，所以繫制之者。」此時牽馬者并左右靮以授賓，便賓執之也。賓執左馬者，以左馬在西爲上且近賓也。敖繼公曰：「左馬者上也，故賓親執之。然則主人之庭實亦設于西方而西上也。」主人庭實之位乃如賓者，因賓禮也。」蔡德晉云：「庭實四馬以左爲上，庭下北面以西爲左也。」案前夕幣時「官陳幣皮，北首西上，加其奉于左皮上，馬則北面，奠幣于其前」，享時庭實皮亦左首西上，記曰「凡庭實隨入左先」，蓋庭實之設，例皆北首（北面）西上，而以左爲上，非但於此因賓禮也。敖氏蓋以賓之介位門內西方西上，主君擯者之位門內東方東上，遂謂主人之庭實亦西上爲因賓禮之故也。賓降西階出庭時，馬立北面當在其左，而牽馬者當右牽之（曲禮），故敖氏曰：「左執幣，乃北面，右執馬，右還而出。」賓執左馬，其餘三馬則主君之有司牽之而從賓出也。以下記云「主人之庭實則主人遂以出」也。賓出之前，賓之介當先賓逆出。聘時經云「賓降，介逆出，賓出」，此時當亦然也。故賓出時，則介皆已出，是以主人牽馬者得從賓而出，然後以馬授之賓之士也。

上介受賓幣，此幣謂束帛也，賓於堂上親受於主君者也。至是出於門外，乃授之上介。從者訝受馬，鄭云：「從者，士介。」以下記云：「賓之士訝受之」，故知此受馬之從者爲士介也。胡培翬正義曰：「注云從者士介者，鄭以下記云賓之士訝受之，又上云上介受賓幣，故知此受馬爲士介也。」此訝受馬，乃受賓之馬也。蓋賓左執幣，右牽馬以出，既出，則上介受幣士介受馬。其餘三馬之授受，則見於下記。

敖繼公曰：「賓出，而公降立。」蓋降而立於中庭，以待賓之私覿也。亦如聘事畢，公既授宰玉而「裼降立」，以待享。享後又夫人之聘、夫人之享，繼而醴賓、私覿，當每事畢，公則立於中庭以待後事也。

〔記〕主人之庭實，則主人遂以出，賓之士訝受之。

案：此記明主人致賓庭實，其受以執出之法。**鄭注**：「此謂餘三馬也。左馬賓執以出矣。士，士介從者。」此記乃補經所未明之事。經但云賓執左馬以出，從者訝受，未云其餘三馬，是以此記又明之也。既云「賓之士」，則是士介從者明矣。主人，則主君之牽馬者，賓執左馬以出，餘三馬由主國之牽馬者執之隨賓而出，至廟門外，賓之士介訝受之。又此時由賓之士訝受之，則主國之牽馬者當亦士也。亦如享時士執乘皮，亦由士受之同也。

十、醴賓

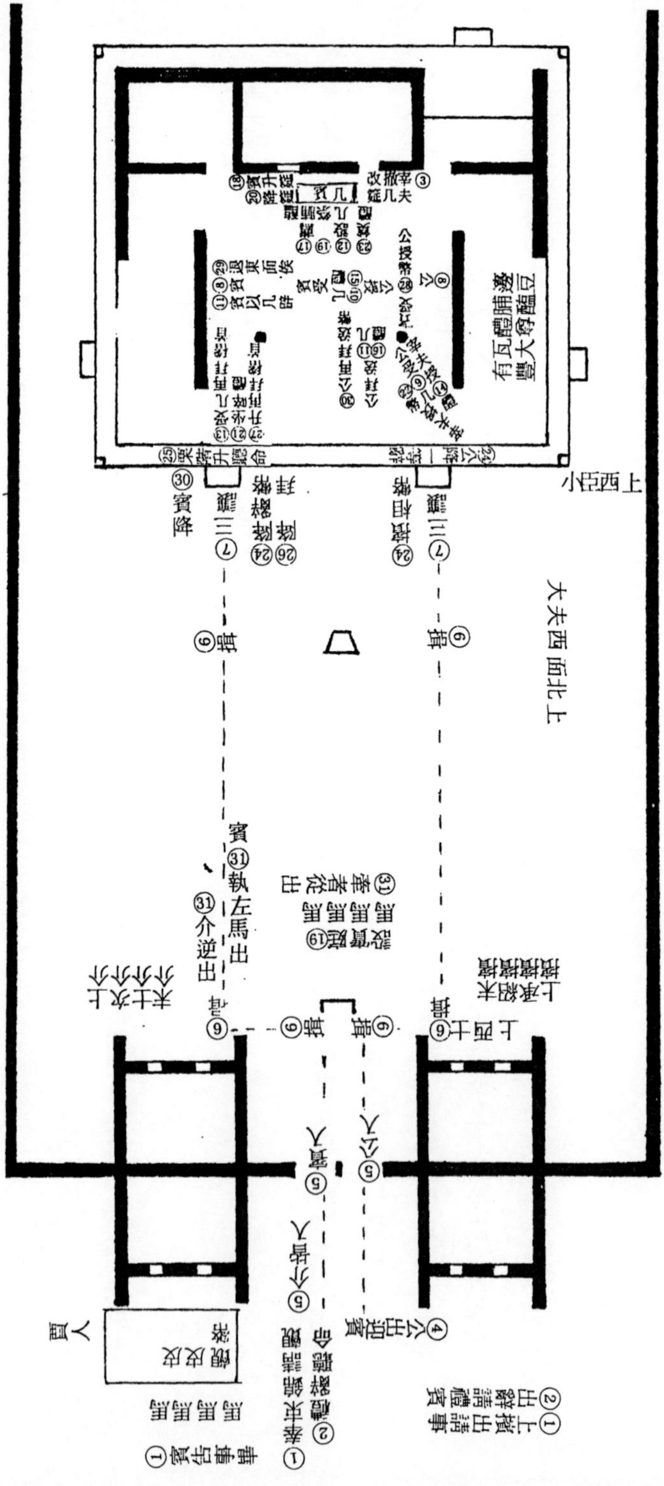

第十三節　私覿

賓覿。奉束錦總乘馬，二人贊，入門右，北面奠幣，再拜稽首。

案：此言賓既以君命聘享又受醴畢，然後以私禮見主國之君也。以私禮見異國之君，亦行臣禮，是以奉束錦並親牽馬、入門右、奠幣、再拜稽首，是皆臣禮也。**鄭注**曰：「不請不辭，鄉時已請也。覿用束錦，辟享幣也。總者，總八轡牽之。贊者居馬閒扣馬也。入門而右，私事自闑右。奠幣再拜，以臣禮見也。贊者，賈人之屬，介特覿也。」

鄭云「不請不辭」者，以前時聘享及後介覿皆有擯者出請入告出許之文，獨於此無之，故鄭釋之云「鄉時已請」也，謂享事畢時，「擯者出請事，賓告事畢，賓奉束錦請覿，擯者入告出辭，請禮賓」，蓋其時已請，故不再請，且亦不辭也。胡培翬正義曰：「不請謂賓，不辭謂主君。」然是以「不請」爲「不請覿」也。敖繼公曰：「此亦擯者出請入告而出許，不言者，可知也。」然賓覿畢介覿時，經亦有出請入告出許之文，則不當獨於此文不具也。宜從鄭說。而不請者，宜兼指「擯者出請」、「賓請覿」而言，蓋皆是「請」，亦皆禮所當有，而鄉時皆已請也。鄭云覿用束帛辟享幣者，以前時享主君用束帛，享夫人用玄纁束帛，乃致君命，今以私禮見，己臣也，宜別之，是故辟束帛而用束錦也。總八轡牽之者，以乘馬，而一馬二轡，是以八轡總持於手，示己親牽之以進也，而以贊者二人居馬閒扣馬，賈疏曰：「二人贊者各居兩馬閒，各用左右手手扣一匹，故云在馬閒扣馬也。」因賓以臣禮見，故庭實乘馬不先設而親總轡牽之，又以賓牽轡前行，四馬在後，故須贊者二人居馬閒扣馬以安其行也。而此贊者二人乃賈人之屬，非士介爲之，以衆介將別行覿禮以見主君，故不隨賓覿也。褚寅亮儀禮管見云：「注云賈人之屬，言如賈人之等，庶人在官執役者耳，非即指賈人。」蓋或疑賈人乃專掌禮玉不贊牽馬者也，鄭云賈人之屬，不逕言賈人，褚說蓋是也。

又鄭云「入門而右，私事自闑右」者，以禮記玉藻云「公事自闑西，私事自闑東」也。入門北面，闑東卽門右也。鄭注玉藻於前者曰「聘享也」；後者曰「覿面也」。以聘乃代己君行禮，故以客禮，入門而自闑西；覿面是私禮，謙而行臣禮，乃入門而自闑東也。雖其後以主國之辭其臣，而仍以客禮入自門西，此時則賓逕行臣禮，玉藻亦卽賓自身之禮而言之，故云入門右自闑東也。

北面奠幣，再拜稽首者，皆行臣禮也。覲禮「侯氏入門右，坐奠圭，再拜稽首」鄭注曰：「卑者見尊，奠摯而不授。」此時賓行臣禮，故奠幣而不授。其奠幣當亦坐而奠之。又再拜稽首，亦臣拜君之禮也。

擯者辭。賓出。

案：擯者以賓行臣禮，於是辭之。賓則既奠幣再拜稽首，是覿事已畢，遂出。**鄭注**「擯者辭」曰：「辭其臣。」謂辭其以臣禮見也。經「賓出」下**鄭注**云：「事畢。」胡培翬正義曰：「賓以覿事已畢，出廟門外接西塾立也。」蓋雖擯者辭之，據賓言則以覿事已畢也，故出廟門接西塾而立，立於其故位也。

〔記〕私覿，愉愉焉。

案：此記言賓私覿時之容色。**鄭注**曰：「容貌和敬。」此云「愉愉」，較之前「執圭入門鞠躬焉如恐失之」、「及享發氣盈容」，則愈爲舒和矣。賈疏曰：「享時盈容舒於聘時戰色；此私覿對享時又愉愉和敬，舒於盈容也。」又論語鄉黨「私覿，愉愉如也。」集解引鄭曰：「既享乃以私禮見，愉愉顏色和。」文意并與此同。

擯者坐取幣出。有司二人牽馬以從。出門，西面于東塾南。

案：擯者辭賓之以臣禮，是故於賓既出，乃取其幣出廟門而還與賓，其四馬則有司二人牽之以出也。**鄭注**曰：「將還之也。贊者有司受馬乃出。凡取幣於庭北面。」云「將還之」，於下文「擯者請受」可證。下文請受，請以客主之禮受也，則此還之乃不敢當其臣禮之故也。鄭云「贊者有司受馬乃出」，謂賓之贊者扣馬者待主人之有司受馬乃出也。賈疏曰：「賓出之時，贊扣馬者未得出，待人受馬乃得出。所以然者，幣可奠之於地，其馬不可散放，故待人受之乃可以出。主人之有司牽馬者，亦以二人。」敖繼公曰：「有司牽馬亦二人者，不可多於賓之贊也。」敖氏蓋謂受乘馬宜四人，而此以二人，是不可多於賓之贊也。愚謂或以此非受馬，但牽之而從擯者，出將還之，故比照贊者之數而以二人牽之也。

鄭云「凡取幣於庭北面」，釋擯者「坐取幣」時北面也。又云「凡」者，賈疏曰「以廣之也」，蓋其後取上介幣、取士介幣，及凡庭取幣，皆北面，以向堂上也。取幣牽馬而出門，在東塾南，此門外主人之位也；西面，向賓也，以賓在西塾南之位也。

擯者請受，賓禮辭聽命。

案：擯者請更以客禮受幣，賓禮辭而聽命，乃受其幣馬而更行客禮。**鄭注**「請受」曰：「請以客禮受之。」謂前以臣禮進者，主人不敢受，故請還其幣而更行客禮受之也。於「聽命」下**鄭注**曰：「賓受其幣，贊者受馬。」謂賓於擯者之請，一辭而許，既許則當更行其禮，故賓受擯者取出之幣而贊者亦受有司牽出之馬也。

牽馬右之，入設。

案：此將以客禮覿，庭實先入設於庭也。**鄭注**曰：「庭實先設，客禮也。右之，欲人居馬左，任右手便也。於是牽馬者四人，事得申也。曲禮曰：效馬效羊者，右牽之。」以下文乃云「賓奉幣入門左」，故此時牽馬入設乃先設之也。參之前享時庭實先設之文，固知此乃是客禮，而別於奉幣總乘馬牽之同入爲臣禮也。

牽馬右之，以人居馬左，則任右手而便於控馬也。賈疏曰：「既言右之，明人牽一匹，不須賓牽之。事得申，人牽一匹，賓不總牽是也。」蓋如前之贊者二人而扣四馬，則須人在馬間，不得以馬右之矣，故云既言「右之」，必知是人牽一馬也，是故鄭云「牽馬者四人」。且如此事乃得申，謂得申牽馬之常禮也。牽馬之常卽右牽之而不由賓總牽也，是故鄭又引曲禮之文以證右牽之義。曲禮之義，說已見上節。敖繼公曰：「二人受於有司而後四人牽之。用四人，則左先，隨入而設於西方。」以入門左西上故宜左先入也。云設于西方則未然，蓋庭實之設宜三分庭一在南，見於士昏禮記。說見前文。

賓奉幣入門左，介皆入門左西上。

案：此時賓乃以客禮入，故入門左，且介亦從之入門左西上，儀如聘享時也。**鄭注**曰：「以客禮入，可從介。」蓋較之前始覿時以臣禮，入門右，不從介，則此以客禮，是故介亦從之也。

公揖讓如初。升，公北面再拜。

案：賓既入門，公揖讓如初，謂如聘享時三揖而至階，三讓而升也。主君及賓皆升，公卽北面當楣再拜。**鄭注**曰：「公再拜者，以其初以臣禮見，新之也。」賈疏曰：「臣禮見，謂初入門右，是以今再拜新之。」蓋謂賓初以臣禮見時，公以不敢當其臣禮故不答拜。而於此時乃再拜之，以客禮而答之，故云新之也。胡培翬正義曰：「韋氏協夢云：公再拜者，蓋答鄉時奠幣之拜也。鄉賓奠幣時不敢以臣禮待之，故不答拜，然終無拜而不答之禮，故于其始入也，卽先再拜之，此與他時拜至之意不同。今案韋說是也。」又盛世佐引郝氏（敬）曰「公北面再拜，答其始入隆禮也」而是之。蓋各家所言略同也。唯李如圭集釋曰：「公拜亦爲受幣。」案聘享時，既升堂，賓致命，公乃當楣再拜，然後受幣，鄭注曰：「拜貺也。貺，惠賜也。」蓋既拜其來至亦拜其惠賜也。是故拜後受幣。此則賓私覿無致命之辭，而前以臣禮見，知其私覿致幣之意矣。是故始升而公拜，既以拜其初時隆禮，而亦爲受幣也，是以既拜而後受幣，李氏之說是矣！

敖繼公儀禮集說曰：「公升卽當楣北面，賓升西楹西東面，公乃再拜。公升不西面者，以賓不稱覿也。不稱覿降等者之禮。亦以其鄉已奠幣拜於門右之位故爾。」敖氏云賓不稱覿，蓋以聘享時經皆有「致命」之文，此覿時經則無文也。若曰不稱覿乃降等者之禮，則覲禮中侯氏升堂致圭及致享璧皆有「致命」之文，敖氏所謂降等之禮不知何據？經但云「升」，未云賓之面位，而知在西楹西東面者，據前文而知之，此乃賓之常位也。謂公升卽當楣北面而不西面，此非正禮。蓋常法宜先就其常位，然後變其位而行禮，敖說恐未然也。

賓三退，反還，負序。

案：此言賓避君之拜也。**鄭注**曰：「反還者，不敢與授圭同。」以授圭時經但云「賓三退負序」，此時則更有「反還」，蓋三退而負序，則賓始終東面向公；若反還，則轉身西面又復東面矣，敖繼公曰：「反還者，反西面而復東鄉也。三退而反還，愈不敢安矣。聘時執玉故不敢反還。」以聘時執君之玉，致君之命也；此時則私覿行己之禮，是故禮愈謙而愈不自安，亦愈不敢當主君之拜也。

振幣進授，當東楹北面。士受馬者自前還牽者後，適其右受。

案：此言賓授幣、主君受幣於堂上之時，主君之士亦於堂下受馬也。**鄭注**曰：「不言君受，略之也。」蓋經但云賓振幣進授而未言公受幣，以既云「進授」，必是主君卽受之矣，故可略之也。而庭中之士受馬者，卽視堂上主君之受幣以爲節也，是雖無主君受幣之文，士則受馬，亦知有受幣矣。經曰「振幣」者，敖繼公曰：「此已禮也，故振幣去塵乃授君，以示敬。」胡培翬正義曰：「振幣亦謂以袂內鄉拂其塵而授君也。」以前醴賓公授几時拂几而振袂，故云此振幣亦猶之也。云內鄉拂之者，以賓之於主君執卑者之禮，故宜內拂之去塵而授君，以示敬也。授受當東楹者，亦以賓卑而君尊，猶醴賓時賓受幣亦當東楹北面也。賓北面，則主君當南面矣。

李如圭集釋曰：「禮賓、賓覿，受授當東楹，臣禮也。春秋傳：鄭伯如晉拜成，授玉于東楹之東，士貞伯以爲鄭伯視流而行速，不安其位。凡敵者當于兩楹間也。」案李氏所引爲左氏成六年傳。士貞伯以鄭伯之行速過東，而知其不安位。杜氏注曰：「禮，授玉兩楹之間，鄭伯行疾，故東過。」以東楹東乃主君所立之位，非授玉之位，尤非敵者授玉之位也。李氏引此以證授玉之禮位也。

經既明堂上授玉之處，即接言堂下亦於此時受馬，其受馬之法則「自前還牽者後，適其右受」。

鄭注曰：「自，由也。適牽者之右而受之也。此亦並授者，不自前左，由便也。便其已授而去也。受馬自前，變於受皮。」吳廷華儀禮章句曰：「士自南來北，至牽者之前，又自北還南，從其左至牽者之後，故曰還。」以經云「自前還牽者後」，故吳氏特釋經文「還」之義，云「前」乃牽者之北，以牽者面北也，自牽者北，經其左至後，而適其右而受，乃所謂「還」之義也。其說明確。唯吳氏云「士受馬者自南來」則容有未確。蓋前享時「士受皮者自後右客」注云「從東方來」，又記云「賓之幣唯馬出其餘皆東」，注云：「馬出當從廐也，餘物皆東藏之內府。」然則主人所受之幣皆東之藏於內府，主人之士受庭實者亦皆從東方來也。吳氏云自南來或以爲士自廟門而入者歟？案主人之臣唯擯者自廟門引賓而入，餘皆先立於其位，其廟中之位已見於前文聘享節。士之位在門內東塾北北面西上。此時則自東來，士四人各經馬前至於牽馬者之前，由西還於後而至其右，乃在人東馬西而受馬也。如此，則牽馬者既授馬，遂由前而西出爲便，故鄭云便其已授而去也。賈疏又釋鄭所以云「不自前左，由便也」之義曰：「鄉飲酒之等於西階之上皆授由其右，受由其左，今乃受馬者不自左而由其右受者，使授馬者授訖，右迴其身於出時爲便，故鄭注云便其已授而去也。」是謂他時並授皆授者在右而受者在左，此時則授者在左受者在右者，以牽馬不同尋常授受之物，既受馬而猶右牽之，爲便授者由西而出，是以變於常禮，受者在右而不在左也。又受馬自前來而別於享時受皮自後來者，賈疏曰：「馬是生物，恐驚，故由前，是變於受皮也。」蓋以爲牽馬者因授受而異人，故由馬前使之見之，乃可免其驚恐也。

牽馬自前西乃出。

案：此言賓之贊牽馬者既授馬，乃由馬前西向而出也。**鄭注**：「自，由也。」賈疏：「四馬並北面，牽馬者皆在馬西，士既受馬，其最西頭者便即出門，不須由馬之前，其次東三匹者皆由西，於馬前而出，故云牽馬者自前西乃出，據三人而言也。」敖繼公曰：「自前西者，稍進而前，乃西行，又南行而出也。已授而出必前者，其放受者自前而來之儀乎。」敖說是也。稍進而前，則四人以次西行；其東三人則皆經馬前而西也，至堂塗而南行，乃出廟門，此則廟中行路之常法也。

盛世佐儀禮集編云：「牽馬者西行乃出，則庭實之設於東方可見矣，敖云亦設於西方誤。」案盛氏以牽馬者西行而出，遂斷庭實設于東方，亦誤。蓋庭實之設，當三分庭一在南，而西上。主君之士由東來，賓之所屬宜由西行，此固常禮，不可以其西行而出遂謂庭實在東也。

賓降，階東拜送。君辭。

案：此言賓降階拜送幣，君辭之事。**鄭注**云：「拜送幣於階東，以君在堂鄉之。」賓降，爲將拜也。淩廷堪禮經釋例云：「凡臣與君行禮皆堂下再拜稽首。異國之君亦如云。」是以此拜送幣則降階而拜也。賈疏曰：「此言賓拜送幣者，私覿己物故也。享幣不拜送者，致君命非己物故也。」賈氏以享時經無拜送之文，而此經云拜送，故釋致己物與致君命之異也。致君命則以爲人使不當其禮故，不答拜亦不拜送也。此時則致己物，故拜送之。而以臣與君行禮，故降階而拜，其拜送之位，乃當階東。以君在堂上東楹東，賓下西階，爲向君拜，故於階東拜也。君則辭其以臣禮降階拜也。

拜也，君降一等辭。擯者曰：寡君從子，雖將拜，起也。

案：前文賓降拜送，公辭，而此時賓猶拜之，公乃降一等而辭之也。**鄭注**曰：「君乃辭之而賓由拜，敬也。」儀禮集釋云「由猶古通用。」賓爲致其敬，故君雖辭而猶拜。君終以敬國賓，不當其臣禮，則降一等辭，以示賓若不升則君將從之降矣，此時擯者則致其君之意止賓之拜於下，且勸之升也，故曰「寡君從子，雖將拜，起也。」胡培翬正義曰：「從謂從賓而降；起謂起而升階也。」此辭乃以君將從而降勸賓起而升也。

鄭注曰：「此禮固多有辭矣，未有著之者，是其志而煥乎，未敢明說。」賈疏釋鄭意曰：「謂此儀禮之內賓主之辭固多有辭矣，但周公作經未有顯著明言之者，直云辭耳。此及公食皆著其辭，此二者是志記之言，煥乎可見。云未敢明說者，據此二者觸類而長之，餘辭亦可以意量作。但疑事無質，未可造次明說，故上注每云其辭未聞也。」案賈疏以「其志煥乎」解作此辭爲志記之言煥乎可見，又以「未敢明說」解作以此可推餘辭然不敢明言之。其說似嫌迂曲。而胡培翬曰：「士冠士相見二篇辭多見於經內，賈以爲志記之言未確，此注疑有脫誤，闕之可也。」其他諸家於鄭注多未說之，蓋皆闕疑者也。又案公食禮賓入拜至，賓降西階東拜，「公降一等，辭曰：寡君從，子雖將拜，興也。」其辭與此聘禮同，唯聘禮作「起」，公食禮作「興」爲異，然「起」即「興」也。

栗階升，公西鄉，賓階上再拜稽首，公少退。

案：賓以主君已降一等，又聞擯者之辭，乃栗階而上；此時公亦反其堂上之位西鄉而立，賓乃於西階上再拜稽首，鄭云「成拜。」賓成拜，公則少退，**鄭注**云「爲敬。」敖繼公曰：「答其反還之意也。」然答其反還，以所以示謙敬也。

賓降出。公側授宰幣。馬出。

案：既致幣拜送訖，則私覿之禮畢，賓乃降階而出，衆介當亦在賓前逆出。賓既出，則公授宰幣，使藏之。馬則出於庭。**鄭注**曰：「廟中宜清。」記云「賓之幣唯馬出，其餘皆東。」以馬當入於廐，故出廟門也。

公降立。

案：公降立，當亦立於中庭之位也。

至此賓覿之禮畢。

擯者出請。上介奉束錦，士介四人皆奉玉錦束，請覿。

案：擯者出請，亦不敢必事之有無也。於是上介奉束錦，士介四人各奉玉錦束而請覿。**鄭注**曰：「玉錦，錦之文纖縟者也。禮有以少文爲貴者。後言束，辭之便也。」賈疏曰：「案聘義孔子論玉而云縝密以栗，知也。是玉有密致。錦之纖縟似玉之密致者。」賈氏之說雖過於拘執，然以足見以玉況錦之義也。玉錦，蓋錦之文繡密致者，是錦之多文者也。享用束帛，賓及上介用束錦，士介用玉錦，是位愈卑，而幣愈文，故鄭云禮有以少文爲貴者，蓋即禮器「有以素爲貴者」之意也。鄭氏曰「後言束，辭之便也」以釋經言「玉錦束」而不言「束玉錦」之意，以後者於辭不便也，其意則無別。敖氏曰「亦玄纁束之類」。

擯者入告，出許。上介奉幣，儷皮，二人贊。

案：擯者入廟門告主君以介覿之請，時主君立于中庭，君許而擯者又出以告君之許也。於是上介奉幣，庭實用儷皮，由贊者二人執以從之。**鄭注**：「儷猶兩也。上介用皮，變於賓也。皮，麋鹿皮。」賓初覿時奉束錦總乘馬二人贊，上介奉幣，儷皮，亦二人贊者，盛世佐集編云：「二人贊，人執一皮也，其執之之法，蓋如享禮。以皮不可以總之，必須人各一皮而執之也，其執皮之法則如前享時，毛在內，左手兼執前足，右手兼執後足，兩手相嚮而執之也。云皮爲麋鹿皮者，上介乃下大夫也。故用麋鹿皮，說見前文郊勞節。

敖繼公集說曰：「賓，卿也，私覿之庭實用乘馬；上介大夫也，用儷皮；士介不用庭實。此固禮之差等，然亦因其祿之厚薄而爲之品節焉，禮意人情並行無間，於此見之矣。」敖氏之言禮之差等品節應乎人情，其說是也。盛世佐曰：「於賓覿言馬；於介言皮，亦互見耳。皮以兩，殺於賓也。」又胡培翬正義曰：「注云上介用皮變於賓也者，賓用馬上介用皮，是變也。但庭實唯國所有，或馬或皮不定，經於賓覿言馬，於上介言皮，互文耳。皮以兩，殺於賓也。上介若用馬，則亦二馬歟！」案本經記云「皮馬相間可也」，鄭注：「間猶代也，土物有宜，君子不以所無爲禮，畜獸同類，可以相代。」則盛氏、胡氏之說互文者是也。唯若皮馬俱有，則或交互用之，當亦可也。其曰皮以兩，殺於賓者，降殺以兩，其說是矣！

皆入門右，東上，奠幣，皆再拜稽首。

案：此亦衆介以臣禮覿，故「入門右」、「東上」、「奠幣」、「再拜稽首」，此皆臣禮也。東上，則如擯者之位也，其行禮之意亦皆與賓初覿時同也。**鄭注**曰：「皆者，皆衆介也。贊者奠皮出。」前文但云上介奉幣儷皮二人贊，而鄭云皆乃衆介者，以兩云「皆」，又云「東上」，下云「介逆出」，固知此非上介一人而已也。且下文擯者執皮出，士執衆幣，明此時衆介奉幣與上介俱入也。賈疏曰：「鄭知贊者奠皮出者，下云有司二人舉皮從其幣出，無人授之，明贊者奠即出可知。」前賓覿之馬以不可以散放，故必待有司二人牽之乃可出，皮則可以奠之，其庭實之授視堂上行禮以為節，則此時二人贊者，當亦於衆介奠幣時即奠其皮也。

擯者辭，介逆出。

案：此言擯者亦辭衆介之臣禮，而衆介則既奠幣遂出也。擯者辭，**鄭注**：「亦辭其臣。」介逆出，**鄭注**：「亦事畢也。」鄭云「亦」者，其意皆與賓初覿時之意同也。

擯者執上幣，士執衆幣，有司二人舉皮從其幣出，請受。

案：此亦不受衆介以臣禮見，而擯者率衆士執衆介之幣出欲還之，請更行客禮也。**鄭注**曰：「此請受請於上介也。擯者先卽西面位請之，釋辭之時，衆執幣者隨立門中而俟。」賈疏曰「知擯者先卽西面位請之者，以其上介等先立門西東面，故擯西面對之。」蓋門外之位，賓介在門外西塾南東面北上，擯在東塾南西面北上。介卽逆出，宜已卽其面位；擯者請之，固當卽西面之位。

唯鄭云擯者釋辭之時，衆執幣者在門中而俟，則似於理不合。蓋所執衆介之幣，宜當統於上擯，其釋辭明欲還之請更以客禮受之意，亦該衆介之幣而言，故釋辭時執衆幣者不當立門中而俟也。敖繼公云：「出請受者，言其出爲請受也。」盛世佐云：「時猶未請受也，而先著其故於出之下，亦經中之一例也。」胡培翬云：「據敖盛二說則此時未請受亦未釋辭，似是也。若如注說，則此已請矣，何下文又云請受乎。」竊謂三氏之說是也。前時擯者奉賓幣出亦未有二度請受之文也。而於「擯者請受」下卽接云「賓禮辭聽命」。此時於下文「擯者請受」之下乃云「介禮辭聽命」，宜於彼時乃請受也，此時宜尙未釋辭。而僅在明擯士有司奉幣皮出之故耳。

其奉幣皮以出之次，則盛世佐云：「上幣，上介之束錦也；衆幣，士介四人之玉錦也。其出之次，擯者在前，擧皮者從之，執衆幣者在其後，經以尊卑爲序，故先言士耳。」胡培翬云：「經云擧皮從其幣，明是從上介之幣也。盛說是。」又案上文入竟時經云「上介奉幣、儷皮，二人贊」亦是以皮隨上介後也；下文「委皮南面」然後「執幣者西面北上」亦以執皮者先至其位委皮，而後執幣者乃至於其面位，亦可證盛說之是也。

委皮南面。

案：此言主君之有司舉皮以出者，委其皮於門中南面之位，以俟介更行客禮也。**鄭注**曰：「擯者旣釋辭，執衆幣者進卽位，有司乃得委之南面，便其復入也。委皮當門。」鄭云擯者旣釋辭之誤，及皮幣之次，前已明之。則此經文「委皮南面」但接上文執幣皮出之序也。敖繼公曰：「執皮者從上擯出門，不俟上擯之釋辭，卽委皮而退。」有司舉皮者不入於擯者之面位，而委皮當門卽退者，或以便其復入（如鄭說），或亦以其位卑，但從而贊皮，不必與於其禮也。

鄭云「委之南面便其復入」者，蓋前文享時有言之，執皮以進者左首（左手幷執前足，右手幷執後足），主人之受者訝受而右首，則此時委皮南面，贊者北面執皮復入，則正如訝授受之變也。此蓋委皮南面之故也。

執幣者西面北上。擯者請受。

案：上擯已先至西面之位矣，皮已委之，則士執衆幣者亦至於其西面北上之位，於是擯者釋辭，請以客禮受之。**鄭注**：「請於上介也。上言其次，此言其位，互約文也。」李如圭集釋云：「雖衆幣亦請于上介，介同時覿，統于上介也。」以介同時覿，衆介統于上介，故擯者請受則請于上介也。鄭云「上言其次此言其位」者，蓋以經文兩言「請受」故特解之以「互約文」也。盛世佐曰：

「注疏泥於經文之次，且不知上文所言請受乃爲目下事之例，似失其實。」盛氏之意已見上文。

介禮辭，聽命。皆進，訝受其幣。

案：介亦禮辭而聽命，與賓同。於是上介與衆介皆進前受幣。**鄭注**曰：「此言皆訝受者，嫌擯者一一授之。」鄭此注乃特明經所以書「皆」字之義，言衆介與上介同時皆訝受其幣，不待擯者一一授之也。敖繼公曰：「聽請受之命者，上介也，而士介亦皆訝受其幣者，此時統於尊者，不敢異之也。介既受幣，贊者乃南面取皮。」敖云「不敢異之」者，以擯者請以客禮受乃請於上介，其後上介以客禮覿畢，士介仍以臣禮進，是此時士介猶不敢聽其以客禮之命也，而亦訝受其幣者，以統於上介，不敢異之故也。

敖氏云介既受幣贊者乃取皮，取皮爲將先入也。云取皮而南面，蓋誤之也。前主君之有司委皮南面，乃便贊者之取，以介幣訝受之道，則取皮當是北面，且北面乃爲便也。上介既受幣而奉之，贊者乃取皮，先上介而入門左，此乃禮儀之次也。

上介奉幣，皮先，入門左，奠皮。

案：上介奉幣及其庭實儷皮由門左入，贊者奠皮示不敢授也。**鄭注**云：「皮先者，介隨執皮者而入也。入門左，介至揖位而立。執皮者奠皮，以有不敢授之義。」皮先介隨者，蓋以庭實先設之義也，此所以爲客禮者。而此但云上介奉幣而皮先，胡培翬云：「獨言上介奉幣，明斯時士介不隨入也。」蓋前者士介隨入，則經必云「皆入」，此未云「皆」，是士介不入也。

鄭云介至揖位而立者，以前時聘享及賓覿皆三揖而至階，入門時必待主人之揖然後進也。此則經未有揖之文，故知必是至揖位而立也。

鄭云「奠皮，有不敢授之義」，蓋卽覲禮注所云「卑者見尊奠摯而不授」之義。故皮奠而不授，亦謙敬之道也。其奠皮之處，則敖氏曰：「奠皮之處，亦三分庭一在南。」此蓋庭實之常處，敖說是也。

公再拜。

案：此時公立于中庭，不揖讓升堂，而於此再拜，亦拜受之意，以介賤而不受于堂也。**鄭注**：「拜中庭也，不受於堂，介賤也。」以賓覿畢經云「公降立」，不再有升堂之文，故知此時公立于中庭之位也。敖繼公云：「公拜蓋西面也。」竊以爲公再拜宜南面，敖說非也。公立中庭，面對入門之揖位，則是南面；若至將曲而北再揖之位，則是西南面；至當碑三揖之位，則公是西面（詳見聘享節），然則此時介入門至揖位，公乃再拜，是南面也。敖氏蓋以爲「介入門左」乃在其爲賓介時門左西上之位，是以誤以爲公西面拜也。不知「入門左」乃謂入自闑西也，其獨自入門行禮宜乎與介時不同，公不揖之進，卽於揖位而立矣，不必入門而卽其西塾北之介位也。

敖氏之誤認「入門左」之位，於下文釋「自皮西進」之誤可知。其文曰：「此發于入門左之位而云自皮西進，則是凡庭實皆設於西方參分庭一在南明矣。」敖氏以入門左之位在皮之西，而更推庭實設於西方，其兩者皆誤矣。盛世佐更據敖說云介位在門左士介之西，乃謂東行及皮西而北行當君，然則皮更在東矣！其說更誤。皆誤認「入門左」之位，又不明「自皮西進」之道所致。

介振幣，自皮西進，北面授幣。退復位，再拜稽首送幣。

案：此言介在庭中致幣拜送之儀，致幣於庭中者，卽上文鄭注「不受於堂，介賤」之故也。介振幣者，亦如前時賓覿振幣，欲去塵示敬也。

自皮西進者，以皮奠於三分庭一在南之處，君在中庭，介在入門左揖位，北面向君，而不可逕北行至君之南。必由西陳（堂塗）在皮之西而北行，此乃庭中行路之常禮也。敖氏盛氏乃紛擾其說，多致訛誤，俱不可從。**鄭注**曰：「進者，北行參分庭一而東行，當君，乃復北行也。」然參分庭一之處有儷皮奠焉，則東行者必當參分庭一而稍北，乃得行也。當君之南，又復北行，則可北面而授幣，君則南面而受。

退復位，吳廷華章句謂復其聘時入門之位，胡氏正義從之，且云「或以爲卽上注揖位，恐非」。竊以爲當是「公再拜」時介所立之位，則宜以揖位爲是。

再拜稽首送幣，亦北面拜也。

介出，宰自公左受幣。

案：此言上介出廟門。時公仍立於中庭南面，宰乃自公左受上介之幣以藏之。**鄭注**云：「不側授，介禮輕。」賈疏云：「案賓覿禮云側授宰幣，此不云側授，故云介禮輕。宰自公左受，卽是側，不云側者，當有贊者於公受轉授宰，故云介禮輕也。」李如圭集釋云：「不云側受，蓋贊者受于公，轉以授宰。」敖繼公集說云：「文主於受者，故不言側。」是皆訓「側」爲「獨」，以「側授」作「無贊爲敬」之意解者。賈疏以「自公左受卽是側」，既以側有「旁側」之意矣；又云「有贊」，仍取鄭氏訓側爲獨之解。竊以爲「側」當訓爲「旁側」之側（說見聘享節「公側襲」句下），如醴賓時云公「側受几於序端」，則旁側之處卽在序端也。而此時公在中庭，自無法亦不必「側授」。而宰乃主君之臣，當來自東方（宰堂上之位在東夾北），以君在中庭南面，則東方正在公左，此經所以言「宰自公左受幣」也。亦賈疏所云「自公左卽是側」也。盛世佐集編云「此宰受公幣亦豈有贊公授之者，而經不云側，益可見上之云側者必不當訓獨矣。」盛氏亦以爲側宜訓作「旁側」者也。

有司二人坐舉皮以東。

案：前執上介儷皮者奠皮於地，故當公既受幣授宰，則公之有司二人坐擧皮，持之以東藏於內府也。

以上上介之覿禮畢。

擯者又納士介。士介入門右，奠幣，再拜稽首。

案：前者士介已隨上介請覿矣，但上介以客禮進，則士介不敢隨之也。於是上介覿畢，則擯者又納士介。**鄭注**云：「納者，出導入也。」謂擯者出廟門導士介使入也。而士介之入，仍入門右，奠幣，再拜稽首，是亦以臣禮入也，**鄭注**：「終不敢以客禮見。」以士介位卑，賓卿也；上介，大夫也，初以臣禮，及擯者出其幣請以客禮，遂禮辭而許，終以客禮見。士介，士也，以位卑而終不敢以客禮見也。吳廷華章句云：「初擯辭時雖隨上介聽命，然分又卑於上介，終不敢以客禮見也。」蓋初聽命者上介也，士介以位卑未敢「聽命」，但統於上介，不敢不訝受其幣也，實終不敢聽其以客禮之命也。

擯者辭。介逆出。

案：此亦與前時同。擯者秉公命辭其以臣禮，而介則以覿禮畢乃逆出也。敖繼公曰：「公於士介亦辭之者，以其非己臣也。」士雖賤，然終非己臣，故亦辭之也。

擯者執上幣以出，禮請受，賓固辭。

案：擯者執士介之上者幣出，請以客禮受，賓辭之，擯者遂聽之而不再請。**鄭注**曰：「禮請受者，一請受而聽之也。賓爲之辭，士介賤，不敢以言通於主君也。固衍字，當如面大夫也。」「禮請受」爲一請受而聽之，亦猶「禮辭」爲一辭而許也，擯者既一請受而聽之，則賓不必「固辭」也。李如圭集釋曰：「一辭而許曰禮辭，再辭而許曰固辭。今擯者禮請受，明無固辭也。下士介面大夫時，賓亦一辭耳。」案下士介面大夫經云：「擯者執上幣出禮請受，賓辭。」證之禮義及下經文，則此經文「固」乃衍字明矣。敖氏以固辭爲「決不從命之稱」，盛氏以鄉既與上介同請受，則此爲再請矣，乃以固辭爲「再請受而賓又辭」，因謂固非衍字，是皆昧於「禮辭」、「固辭」之詞意者也。

擯執士介幣請受而賓辭之者，則以士介賤，故由賓代之辭，以賓爲士介之主也。所謂擯者執上幣者，盛世佐云：「上幣，士長一人之玉錦也。」案介隨賓入門左時北面西上，覿時入門右東上，是士介四人亦有長、次、又次及末之別也。則此執上幣乃執最東一人之玉錦也。敖繼公云：「奠幣者四人，擯者唯執其上幣以出，又但禮請受而已，皆殺於上介也。」其但執上幣以出，蓋卽以禮請受而聽之之故歟？

公答再拜。擯者出，立于門中以相拜。士介皆辟。

案：公旣聽之，乃再拜答之，答其初奠幣時再拜稽首也。敖繼公曰：「公鄉欲親受幣，故不受其奠幣之拜。士介終不敢授，公乃答之。公拜時，擯者出而立于門中以釋辭相拜。士介皆逡遁而辟之。**鄭注**云：「擯者以賓辭入告，還立門中閾外西面，公乃遙答拜也。相者，贊告之。」前經文擯者執上幣出，而未云入，此又云擯者出，故鄭氏明其入告公以賓之辭，是其已入也。故此時公拜，則擯者出立於門中閾外以贊公之拜。經云立於門中，又云出。故知出在閾（門限）外也。立門中而西面，嚮賓介之位也。相禮者必有辭，而此禮經多不著其辭，故鄭云「贊告之」，以賓介在門外西塾南東面之位，主君在中庭遙拜，故擯者立於門中閾外西面向賓介釋辭以贊公之拜也。士介在門外亦逡遁辟之，不敢當公之拜也。**鄭注**曰：「辟於其東面位，逡遁也。」敖氏曰：「必著此者，嫌旅拜之於內，則在外者不必辟也。辟者所以爲敬，且明其拜之主於己也。」案賓執君之玉以聘享，尙不敢當公之拜而三退負序；以介之賤，於公之拜雖遙隔門外，敢不辟歟？且擯者贊釋辭於門中，必宣公答拜之義，士介明知禮主於己，亦不敢不辟也。

士三人東上坐取幣，立。

案：主君既答拜，明其許受士介之禮幣也。於是主君之士三人坐取其餘三士介所奠之幣而立。**鄭注**曰：「俟擯者執上幣來也。」蓋前者擯者執上幣以出請受，賓辭，擯入告，又出相公拜，其上幣仍在擯者之手也。故士三人既坐取幣，又立而俟擯者之入而授幣也。

擯者進。宰夫受幣於中庭以東。執幣者序從之。

案：擯者進於公中庭之位，宰夫在公左受幣於擯，於是持之東藏於內府，士執幣者乃從宰夫而東也。**鄭注**「擯者進」曰：「就公所也。」公所在中庭也，擯者執上幣自門中進於公所，一以示於公，且以授宰夫也。

宰夫受幣于中庭者，**鄭注**曰：「使宰夫受於士，士介幣輕也。受之於公左。賓幣公側授宰；上介幣宰受於公左；士介幣宰夫受於士，敬之差。」案賓幣公受於堂上而側授宰，上介幣公受於中庭以授宰；士介幣公不親受而逕由宰夫受之，固是有差也。然宰夫受幣非受于士，乃受於擯者也。敖繼公云：「受幣，受上幣於擯者。」以經文「宰夫受幣于中庭」上承「擯者進」，明知所受爲擯者所執之上幣。而下經士介面卿云「老受擯者幣於中庭」、記賓若私獻之「擯者授宰夫於中庭」，皆是宰夫從擯者受也。其餘三士介之幣由士三人取之，而經文下云「執幣者序從之」，明其幣未授與宰夫也。是足證敖說是也。宰夫受上擯所執之上幣於公左者，亦前受上介幣之位也。又禮記少儀曰「贊幣自左，詔辭自右」，則此贊幣宜自左也。宰夫受幣「以東」者，則記所云「賓之幣唯馬出，其餘皆東」之義，欲東藏之內府也。

「執幣者序從之」謂士三人執衆幣者以序從宰夫而東也。**鄭注**云：「序從者，以宰夫當一一受之。」蓋忽其經文「以東」之意也。敖氏曰「士三人從宰夫也。」胡培翬云：「經不云授宰夫幣，而云序從，明是宰夫受幣以東，執幣者以次從之而東也。」茲從經文查之，先云「宰夫受幣于中庭以東」是宰夫既受幣則「以幣而東」矣，然後「執幣者序從之」明是執幣者以序從宰夫而東也。鄭注失之，敖說是也。

以上介之私覿禮畢也。

〔記〕既覿，賓若私獻，奉獻將命。

案：此言私覿之後，賓若有時珍之物獻與主君，則再行私獻之禮。以此禮非必有，但視其物之有無乃行之，是以不見於經，而著於記以明之。云「既覿」，則知此禮行於覿禮之後也。**鄭注**曰：「時有珍異之物，或賓奉之，所以自序尊敬也。猶以君命致之。」胡培翬正義云：「獻無常物，有珍異則奉之以獻。云時有云或皆不定辭也。」以儀禮不著於經而著於記，又云「若私獻」，明知此禮非常有，故鄭氏注亦以不定之辭而說之也。

且記文云「賓若私獻」，則知此乃賓之私禮，所以自達其尊敬之意於主君也。唯雖是私禮，亦奉己君之命而致之，故云「奉獻將命」，「命」，己君之命也。賈疏釋鄭意云：「云猶以君命致之者，以經云將命，是以知雖是私獻己物，與君物同，皆云君命致之，臣統于君故。」敖繼公曰：「玉藻曰：親在，行禮於人稱父。此臣有獻於他國之君而稱其君命以將之，亦其義也。」蓋臣之於君，猶子之於父。曲禮曰：父母存，不有私財。內則云：子婦無私貨，無私畜，不敢私假，不敢私與。是以行禮於人必稱父，以家財統於父也。若然，臣則統于君也。郊特牲云「爲人臣者無外交，不敢貳君也。」亦是此義，是以此時賓有私獻，亦奉其獻而稱君命以將之也。

盛世佐云：「亦於擯者出請，乃將命也。」經於私覿之禮畢，例有「擯者出請」，若有獻，則宜於此出請之時奉獻而將命也。

〔記〕擯者入告，出禮辭。

案：擯者入廟門告君以賓將私獻，又出以君命辭。**鄭注**云：「辭其獻也。」禮辭，亦一辭而許也。

〔記〕賓東面坐，奠獻，再拜稽首。

案：君一辭而許，於是賓於廟門外西塾南東面坐，奠獻於地，再拜稽首以送其獻物也。**鄭注**云：「送獻不入者，奉物禮輕。」賈疏曰：「奉物禮輕者，謂以奉私獻入，則是主於貨，傷敗於享覿，故不入。」若謂奉私獻入，則是主於貨，而傷敗於禮，不入而禮輕，則是不主於貨，而無傷敗於享覿，恐於理未安。胡培翬云：「對私覿禮重入門奠幣也。」謂私覿禮重，故入門右北面奠幣；此禮輕，故門外東面奠獻，此說於注意明而且達，宜從之。

敖繼公曰：「謂以君命將之，而奠獻於外，再拜稽首，見其爲己物也。」若謂特以奠獻於外，再拜稽首而見其雖將君命，實爲己物，恐未必然。如私覿亦是私禮而入奠於門內，亦再拜稽首。

若謂因其奠獻於外，又再拜稽首，吾人則知此爲私禮，非君命之，則可通，唯前文已云「賓若私獻」，明是臣物，非君命之常禮也，但以臣統於君，故雖己物亦將君命也。其再拜稽首者，吳廷華章句曰：「由東面轉北面再拜。」蓋奠獻時東面，而拜宜向君，君在門內南面，故轉北面再拜也。

〔記〕擯者東面坐取獻，舉以入告，出，禮請受。

案：擯者本在門東西面。賓既東面奠獻，擯者亦來至賓左東面取獻而入告於君，又取以出請以客禮受。一請而賓辭，遂許之。**鄭注**曰：「東面坐取獻者，以宜並受也。其取之由賓南而自後右客也。」鄭云「宜並受」者，敵者之禮也。禮記曲禮：「鄉與客並，然後受」，鄭注：「禮，敵者並授。」此時擯者與賓敵，故賓東面奠獻，擯者亦來至門西東面取獻，以示並受之也。其行步之法，則李如圭據鄭注云：「擯者自門東適賓南，由賓後，于賓北取幣。」以鄭云「右客」，即擯者在左，而奠取皆東面，則左在北也。曲禮：「主人自受，由客之左」，鄭注：「從客之左，右客，尊之。」又前享時經云：「士受皮者自後右客」，是故此時擯者取獻鄭亦云「自後右客」，以尊賓故也。

「入告，出，禮請受」，則與前士介私覿之禮同，謂一請以客禮親受，賓辭遂聽之也。

〔記〕賓固辭。公答再拜。

案：**鄭注**曰：「拜受於賓也。固亦衍字。」蓋上經士介私覿之禮，經云「禮請受，賓固辭」，鄭有云「固衍字」。故此處云「固亦衍字」。以既云「禮請受」，是一請而已，不必「固辭」也，明知「固」乃衍字。

鄭云公答再拜乃「拜受於賓」，敖繼公則云：「答則拜，非爲受也。公拜亦於中庭。」「答」謂答其「再拜稽首」也。然賓「再拜稽首」卽拜送其獻也，旣云答拜，亦卽拜受之矣。敖氏過於吹求也。云公拜亦於中庭，固然。其聘享、私覿，每禮畢，賓出，公皆立於中庭之位也。

〔記〕擯者立于閾外以相拜。賓辟。

案：此公答再拜時，擯者相與賓辟之儀也。「擯者立于閾外以相拜」，亦猶士介私覿時「擯者出立于門中以相拜」，鄭彼時注云「擯者以賓辭入告，還立門中閾外西面。相者，贊告之。」於此**鄭注**曰：「相，贊也。」二者之事同。胡培翬云：「上經云門中，此云閾外，文互見也。」此說是也。

「賓辟」者，不敢當君之拜禮也。凡臣於君之拜皆辟也。

〔記〕擯者授宰夫于中庭。

案：公旣拜受矣，擯者乃執獻入至中庭在公之前授與宰夫使藏之。**鄭注**曰：「東藏之。旣乃介覿。」

東藏之者，賓之物唯馬出，餘皆東也。云「既乃介覿」，明此私獻行於賓覿之後，介覿之前也。吳廷華疑義云：「私獻偶然事，不必定是覿時。注說未的。」（卷二十五）胡氏正義從之。然此記首云「既覿，賓若私獻，奉獻將命」，則若有私獻，必是既覿後行之也。唯或行於介覿之後歟！

〔記〕若兄弟之國，則問夫人。

案：此記云若是兄弟之國，若有獻則并及於夫人。然則非兄弟之國，則不及夫人也。**鄭注**曰：「兄弟謂同姓若婚姻甥舅有親者。問猶遺也，謂獻也。不言獻者，變於君也。非兄弟，獻不及夫人。」鄭釋兄弟之國謂或爲同姓或非同姓而爲婚姻甥舅之有親者也。賈疏曰：「同姓者，若魯於晉鄭之等同姓也。婚姻甥舅有親者，若魯取於齊女以爲舅，齊則以魯爲甥，是有親者也。」是或同姓，或有親，則誼當亦問夫人。鄭云問猶遺也，謂獻也。此所以此記列於私獻之下，以其事同也。而不曰「獻」者，變於獻君之名也，是故曰「問」。而鄭又恐混同於「問卿」之名，故又解之以問遺也，遺則以物與人之稱，卽猶私獻之禮是也。

敖繼公曰：「或曰問猶聘也，卽經所謂夫人之聘享者也。未知是否。」案此說非也。蓋此「問夫人」與上記「私獻」皆不著於經而但著於記，且蒙「若」字，明非必行之禮。夫人之聘享，則明著於經，且使者受命於庭，經亦明著其受夫人之聘璋享玄纁束帛加琮，是夫人之聘享，無論其兄弟之國否，禮皆有之也。與此「問夫人」不同。胡培翬云：「（鄭）云非兄弟獻不及夫人者，言惟兄弟之國獻君并及夫人，其他非兄弟之國，雖於君有獻，亦不及夫人矣。經言若者，對非兄弟者言也。」此說甚是。

敖氏又云「此記似謂賓於兄弟之國必有問夫人之禮。」盛世佐曰：「兄弟之國雖不獻君亦問夫人。」竊以爲兄弟之國但有問夫人而不獻君，於禮似亦不合。記旣以此項承私獻之下，且「問」卽「獻」也，必亦蒙於私獻之禮。仍當以胡氏之說爲是。

十一、賓以臣禮覲

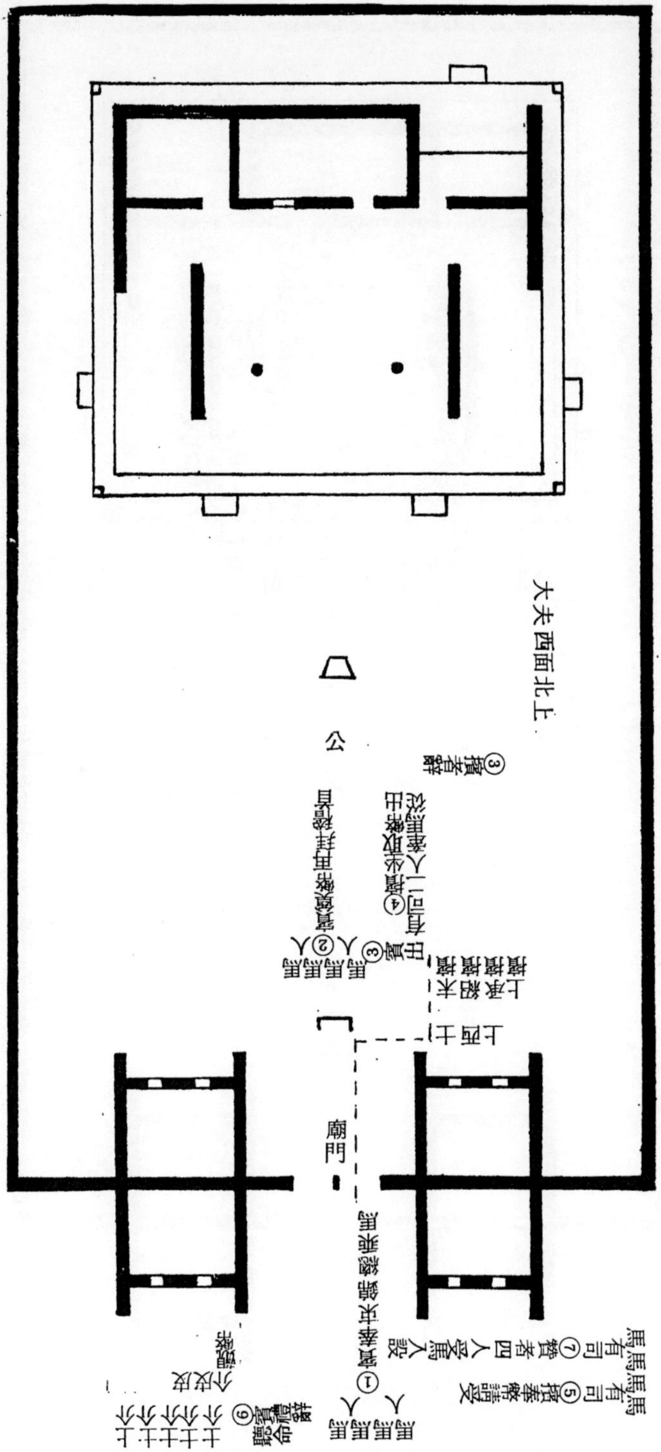

十二、賓覿

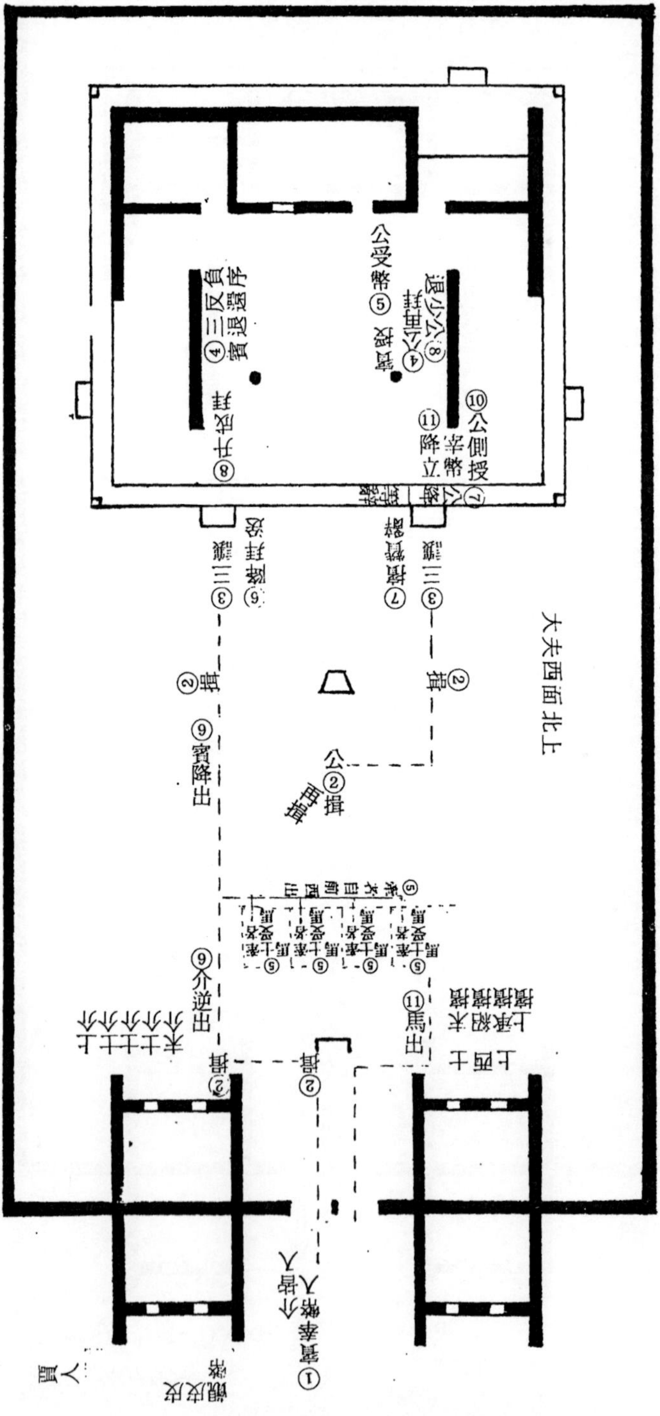

十三、介以臣禮覿

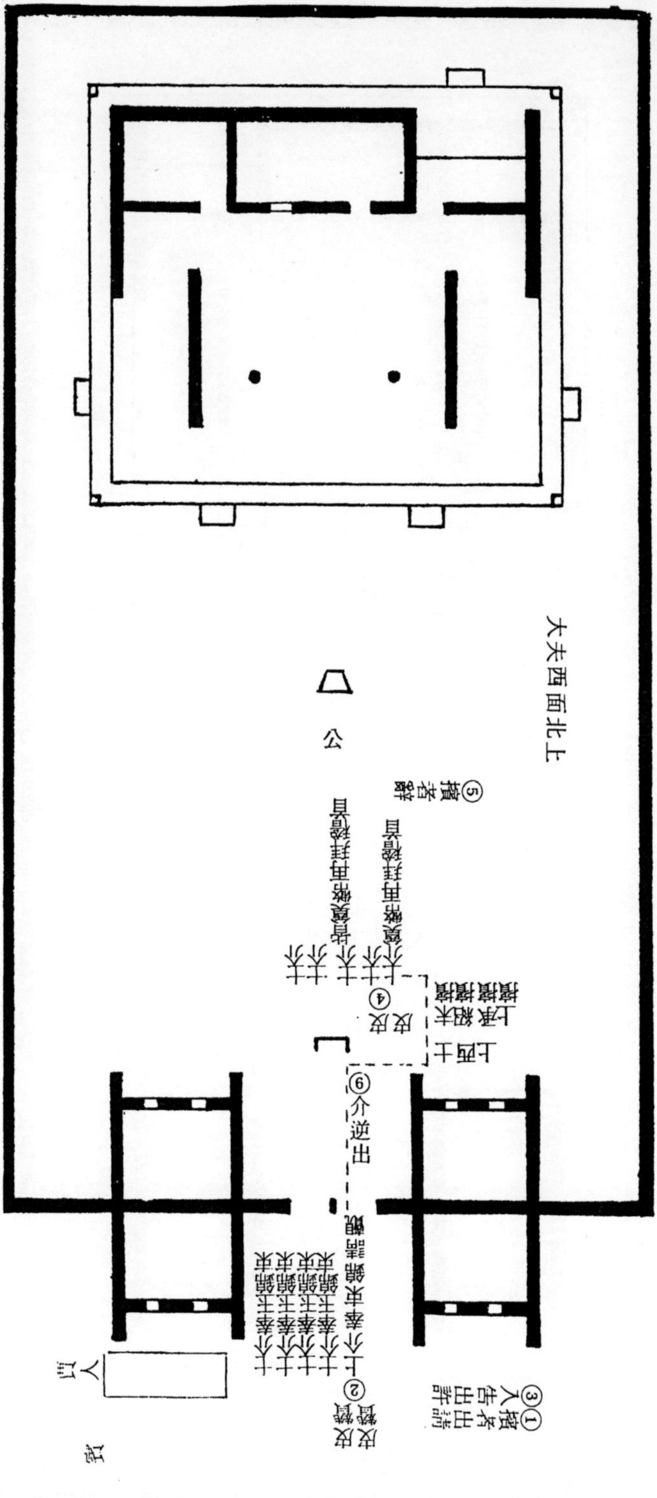

十四、辭介臣禮

大夫西面北上

公

① 士士士士

② 委皮
委皮

③④ 上介受辭進設受
上介辭命
上介聽命

② 橫士士士士
横執上幣
有司執東幣

負人

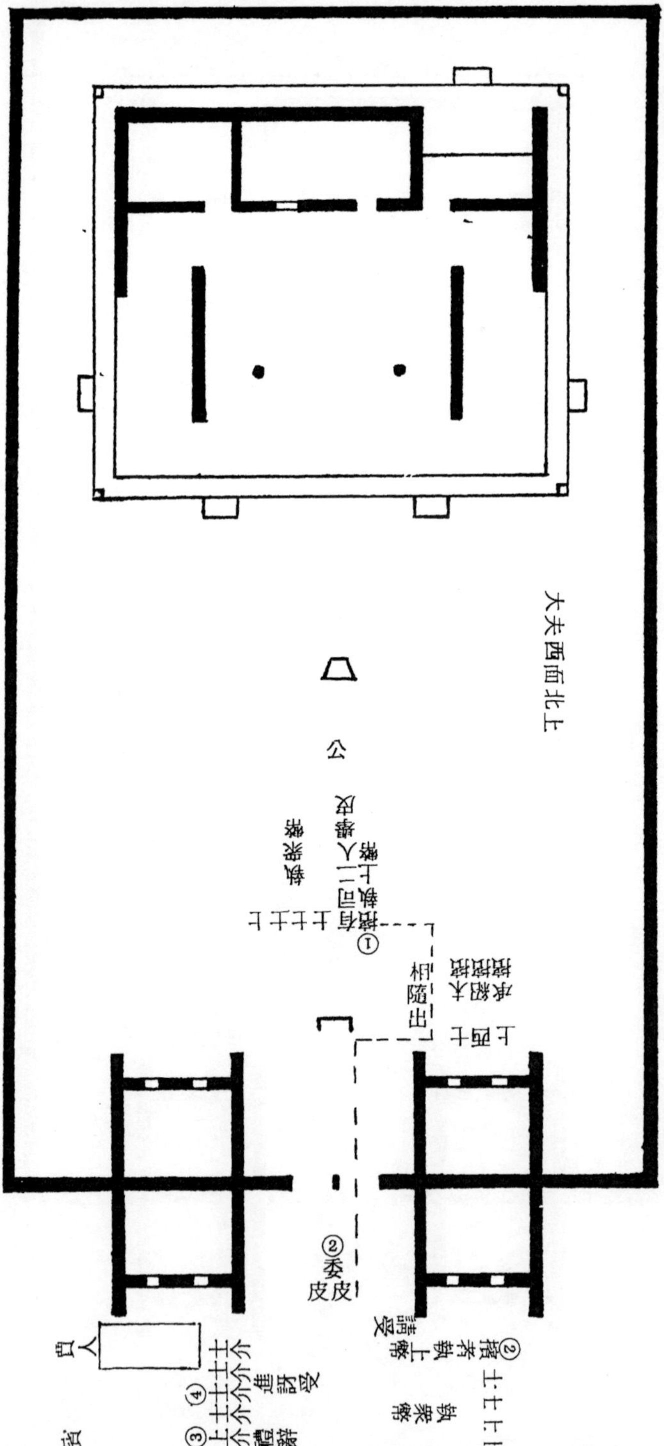

十五、上介覿

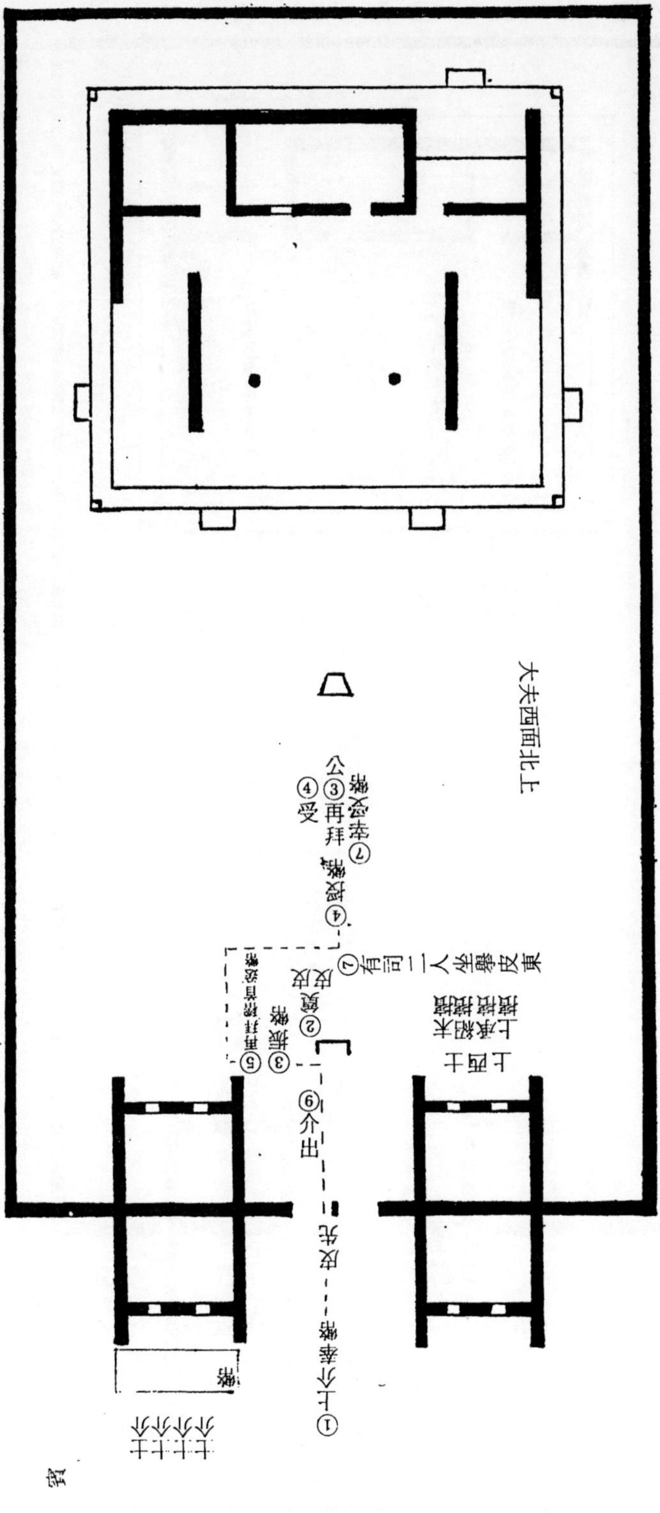

十六、士介覿

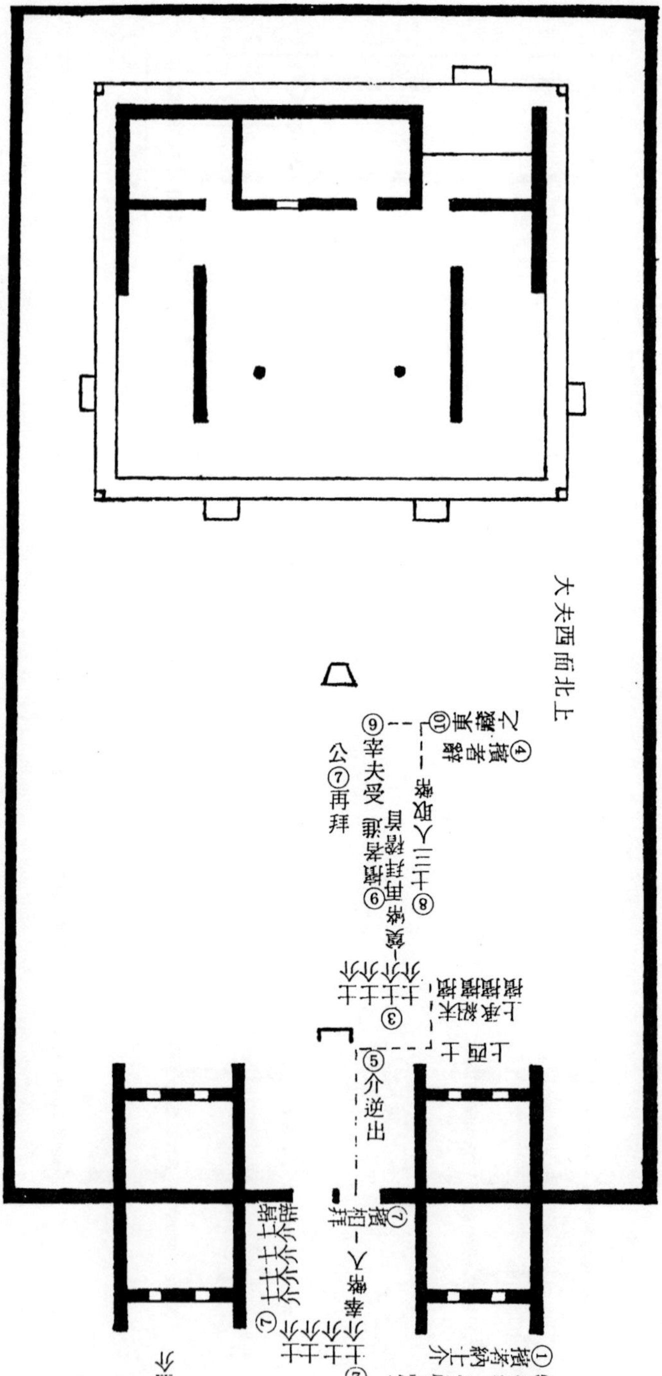

第十四節　賓禮畢出，公送賓

擯者出請，賓告事畢。

案：擯者出請，亦不必其事之有無也。前者聘、享、夫人之聘、享，每事訖，擯者皆出請。夫人之享訖，擯者出請，賓告以公事畢，又請私覿。則此時賓告以私事畢也。於是賓出。**鄭注**云：「賓既告事畢，衆介逆道賓而出也。」以前聘事訖經云「介逆出」，故鄭知此時出大門亦衆介逆導而出也。

擯者入告。公出送賓。

案：擯者入告公以賓云事畢而將出，斯時公在廟門內中庭之位，於是出廟門而送賓。**鄭注**曰：「公出，衆擯亦逆導。紹擯及賓並行，閒亦六步。」鄭云公出衆擯亦逆導，以賓出時介逆出於前，由彼推此，則公之擯亦逆導於前也。胡培翬正義云：「逆導者，謂紹擯在前，承擯次之，上擯亦次之，公在後也。」鄭云紹擯及賓並行其間亦六步者，亦以前入門時在大門外之位，末介與末擯之間相去三丈六尺，即是六步也（說詳前文迎賓節）。鄭云「亦」者，明此時與前同也。

及大門內，公問君。賓對，公再拜。

案：公由廟門送賓至於大門內，公乃問君於賓。**鄭注**曰：「鄉以公禮將事，無由問也。賓至始入門之位，北面將揖而出，衆介亦在其右少退西上，於此可以問君居處何如，序殷勤也。時承擯紹擯亦於門東北面東上。上擯往來傳君命，南面。蘧伯玉使人於孔子，孔子問曰：夫子何爲？此公問君之類也。」敖繼公曰：「聘者行禮之時各有其節，不可亂之，故問勞之事至是乃爲之也。」公所以問君者，乃欲序殷勤通情好也。而必於此時乃問者，以前時自迎賓入朝，以至聘享、私覿，各有行禮之節，無由問之，至此賓將揖而出，故公乃問之。鄭氏舉孔子問蘧伯玉事，以彼亦主人問使者之事也。朱子儀禮經傳通解云：「按所引論語非聘事，意略相類耳。」意略相類者，皆問所使之人於使者也。又周禮司儀職，「出及中門外，問君」經文下，鄭注曰：「中門之外卽大門之內也。問君曰：君不恙乎。對曰：使臣之來，寡君命臣於庭。問大夫曰：二三子不恙乎，對曰：寡君命使臣於庭，二三子皆在。勞客曰：道路悠遠，客甚勞。勞介則曰：二三子甚勞。」此則問勞之辭也。唯周禮賈疏曰：「問君曰已下未知鄭君所出何文。或云是孔子聘問之辭亦未得其實也。爾雅云：恙，憂也。」鄭注之辭，雖不知何出，然孔子問蘧伯玉亦此類也。但隨事而問或無一定之辭也。

其大門內問對之處，鄭云賓始入門之位，按前入門時「賓入門左，衆介隨入北面西上少退；擯者亦入門右北面東上，上擯進相君」，則此時亦然。賓行而出時南面向門，此時北面如其入門之位，則以將揖而出也。唯若賓在門左北面，衆介少退西上，則衆介宜在賓左方是，鄭於此注曰：「衆介亦在其右少退西上」，右字蓋爲「左」字之誤。云「上擯往來傳君命南面」者，以君南面，上擯在君左相之，故亦南面也。

賓對，蓋如上所引司儀職注之辭。公再拜，**鄭注**云：「拜其無恙。公拜，賓亦辟。」吳廷華章句云：「公再拜，慶之。」意亦與鄭氏同。胡培翬正義引韋氏協夢云：「賓對亦當再拜。不言者，文不具。公再拜者，答賓之拜也。」案周禮司儀職云：「問君，客再拜對。君拜，客辟而對。」然則韋氏之說是也。鄭云公拜賓亦辟者，或亦據此而知也。賈疏云：「言亦者，亦初迎賓入門主君拜，賓辟，故云亦也。」且賓於公之拜皆辟之。

公問大夫。賓對。

案：公又致問候於國內諸大夫，當亦如前引司儀注所云「二三子不恙乎」，賓對以「二三子皆在」之辭也。

公勞賓。賓再拜稽首，公答拜。

案：公勞賓者，**鄭注**云：「勞以道路之勤。」則司儀職注勞客云「道路悠遠，客甚勞。」即此意也。

賓再拜稽首，以君勞己也。於公問君則再拜而對，於公勞己，則再拜稽首以謝之。公答拜，賓亦辟之。司儀職曰：「君勞客，客再拜稽首，君答拜，趨辟。」

公勞介，介皆再拜稽首，公答拜。

案：公勞介，則類如云「二三子甚勞」也，介皆再拜稽首以謝之。公答拜，介當亦皆趨辟。

賓出，公再拜送，賓不顧。

案：賓出大門，公在門內再拜送之，賓不顧而出。淩廷堪禮經釋例云：「凡拜送之禮，送者拜，去者不答拜。」鄉飲酒禮「主人送于門外，再拜」，注云：「賓介不答拜，禮有終也。」然則凡去者不答拜，爲禮有終故也。**鄭注**曰：「公既拜，客趨辟。君命上擯送賓出，反告賓不顧。於此君可以反路寢矣。論語說孔子之行曰：君召使擯，色勃如也，足躩如也，賓退必復命曰賓不顧矣。」鄭於此云「公既拜客趨辟」者，蓋意謂賓於公之拜送，不答拜之，但趨辟而遂出也。

經但云「賓不顧」，未有公命上擯送賓出，亦未有上擯反告之文，而鄭氏推言之，故又擧論語之文以證之。所引論語，鄉黨篇之文也。孔子乃知禮重禮之人，其所行者，必禮事也。此經賈疏曰：「此送賓是上擯，則卿爲上擯。孔子爲下大夫，得爲上擯者，以孔子有德，君命使攝上擯，若定十年夾谷之會令孔子爲相同也。」案隨君相禮乃上擯之事，孔子既有君召使擯，且復命致辭，必爲攝上擯事也。孔子之爲擯，既云「賓退必復命」，則「復命」者禮也，然則可推知有君命送賓之事也。擯者奉君命送賓出時，君猶在大門內，淩廷堪云：「凡送賓，主人敵者于大門外，主人尊者于大門內。」此則君尊，故在大門內也。以擯者當復命，故賓出而君猶在門內待之，及擯者反告以賓不顧，於是禮事畢，君乃可以反路寢也。

十七、公出送賓

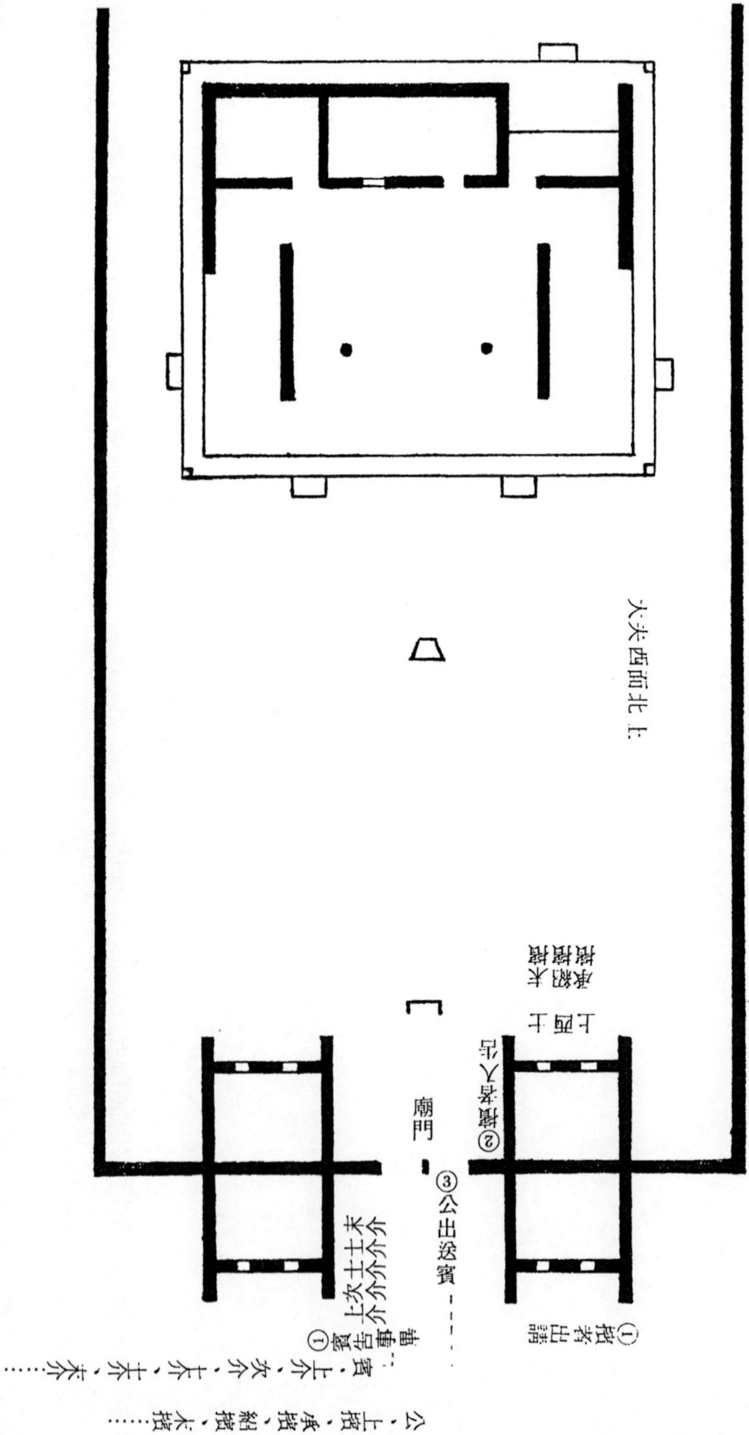

十八、送賓大門內

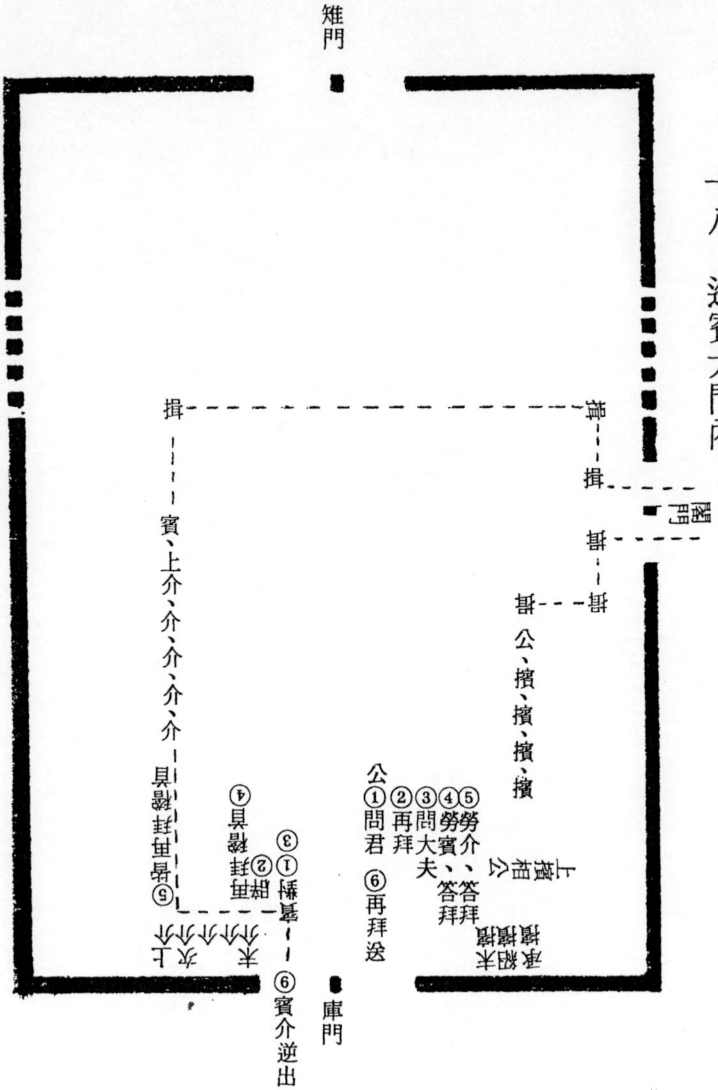

第十四節　賓禮畢出，公送賓

第十五節　卿勞賓

賓請有事於大夫。公禮辭，許。

案：此賓請問主國之卿於主君。公一辭而許。問卿卽下經云「賓朝服問卿，卿受於祖廟」之事也。賓問卿亦將己國君命，而必請於主君者，王士讓云：「有事必請於其君，義無私交也。」（胡氏正義引）敖繼公云：「將問大夫，乃先請之於其君者，明其以君故而問之也。」

鄭注曰：「請問（問）卿也。不言問，聘（聘）亦問也，嫌近君也。上擯送賓出，賓東面而請之，擯者反命，因告之。」鄭注原衍「問」「聘」二字，宜去之，於文乃通。以經云「請有事」，鄭據下經「賓朝服問卿」，故曰此乃請問卿也。而此經不云「問卿」者，以小聘曰問（見下經），若此亦云「問」是嫌近於聘問君之事也，是以此處更云「請有事」於大夫。大夫卽卿也。而經云「大夫」不云「卿」者，蓋兼云下大夫也。下經云「下大夫嘗使至者幣及之」，是問大夫或亦該下大夫也。賈疏曰：「賓所謂問卿，宜云有事于某子。故下記云幣之所及皆勞，鄭云所以知及不及者，賓請有事固曰某子某子是也。」

其請之時，則在上節末擯者奉君命送賓出於門外時，賓則東面向擯者而請之，於是擯者反命之時，一以告賓不顧，一以傳其所請事。敖繼公云：「不於內遂請之者，尊者之禮未終，不宜以卑者之事亂之也。」尊者，公也。前在門內時，公勞賓、公勞介，則是與尊行禮也，及尊者之禮既終，則趨辟而出矣，是無由而請也。故出而請，由擯者傳之，公禮辭而許，亦擯者傳之也。

賓卽館。

案：賓於禮事畢，乃卽其所館休息。**鄭注**曰：「小休息也。卽，就也。」賈疏曰：「言休息者，據此一日之間其事多矣。明旦行問卿，暫時止息，故云小休息也。」經但云賓卽館，而鄭更云小休息，故賈氏釋之曰此一日行禮之事多，宜已勞倦，故當休息以待明日再行問卿也。胡培翬正義更據記云「聘日致饔」，明下文勞賓及歸饔餼亦與此聘享同日。由厥明訝賓于館以行聘，聘後行享，又夫人之聘享，及私覿私獻，更至卿大夫勞、歸饔餼，宜乎禮記聘義云非強有力者弗能行也。聘義曰：「聘射之禮，至大禮也。質明而始行事，日幾中而后禮成。非強有力者弗能行也。故強有力者將以行禮也，酒清人渴而不敢飲也，肉乾人飢而不敢食也，日莫人倦，齊莊正齊而不敢解惰，以成禮節。」此蓋所以賓卽館而鄭卽云小休息者歟！

卿大夫勞賓，賓不見。

案：賓卽館中，主國之卿大夫以禮勞之。下記云：「幣之所及皆勞」，鄭注：「所以知及不及者，賓請事固曰某子某子。」是前時賓出於朝，已請有事於大夫，則請事所及之卿大夫知賓將問禮於己，乃先往勞之也。而卿大夫來勞時，賓不之見也。所以不見者，**鄭注**云：「以己公事未行。」而「上介以賓辭辭之。」賈疏曰：「其聘享公事已行，仍有問大夫之等公事未行，故不敢見。」所以知其問大夫是公事者，以下經賓問卿時卿拜迎而賓不答拜，升堂而「東面致命」，故問卿、問大夫乃奉君之命行之，故是公事。胡培翬正義曰：「下記云問大夫之幣俟于郊，幣既公家具之，則事爲公事可知。」以公事未行，故賓不敢先受其施，而由上介以賓之辭辭之。鄭知是上介爲之者，以下經大夫奠鴈而上介受，故知賓不見，乃由上介見之。而不見必有辭，必亦由上介辭之也。

〔記〕幣之所及，皆勞，不釋服。

案：此云賓請有事於大夫，則主國之卿大夫知賓之禮幣將及於己者，皆往賓館勞賓。且既出朝即速往勞，不脫其朝中之服也。

此記云「幣之所及皆勞」，然則是有幣所不及者。本經於問卿之後問大夫云：「下大夫嘗使至者，幣及之。」然則是凡卿皆幣所及，而下大夫則嘗使至己國者乃幣及之，是以**鄭注**云：「所不及者，下大夫未嘗使者也。」以幣所及皆勞，則幣所不及者不勞矣。**鄭注**曰：「不勞者，以先是賓請有事於己同類，既聞彼爲禮所及，則己往有嫌也。」所以知及不及者，賓請有事固曰某子某子」。由於賓請事時已曰某子某子，則主國之大夫即已知己爲幣所及不及者矣。己若爲幣所及固不敢不速往禮之，若已爲幣所不及，亦不敢往禮，恐有嫌也。賈疏曰：「此勞賓在後，賓請有事於大夫在先。賓請有事於己同類，彼國幣及己，是以禮加於己，今勞賓者，是以禮報之；若幣不及己，若往勞賓，則是己有禮於賓，是譏賓無禮於己之嫌，是以不往勞之，故云己往有嫌也。」此則所以唯幣所及皆勞，幣所不及則不勞之義也。敖繼公集說云：「經云卿大夫勞賓，而此云幣之所及皆勞，則謂大夫時或有勞之者，時有皆不勞之者矣，似異於經。且以幣不及己之故而不勞賓，亦恐非禮意。蓋聘君之問卿，卿大夫之勞賓，皆禮之當然。二者初不相關，記乃合而言之，似失之矣。服謂皮弁服。不釋服之意亦未詳。」敖氏蓋昧於經文「下大夫嘗使至者幣及之」及此記「幣之所及」之關係，又不明鄭氏所謂「有嫌」之義，故有此說。盛世佐儀禮集編駁之曰：「案勞者卿大夫之私事，以賓將有事於己而爲之先施也。下大夫未嘗使者，分卑交淺，其不勞也固宜。敖以此記爲異於經而訾其失，過矣。」其說甚是。聘賓之問卿，以其位尊也；問下大夫嘗使至己國者，以其交深也；知有事於己而先勞之者，報禮也；知幣不及己而不勞者，分卑交淺而避有嫌也，皆禮所宜。敖氏之訾議，不僅未明禮意；且謂記異於經，亦是未明經文「幣及之」之意也。

「不釋服」者，郝氏曰：「祖廟行聘享畢，不脫朝服卽往勞賓於館，先施貴敏也。」(見胡氏正義引)是以「不釋服」爲「不脫朝服」也。案**鄭注**云：「以與賓接於君所，賓又請有事于己，不可以不速也。」賈疏：「云不可以不速也者，釋經不釋服卽往。」案鄉飲酒禮「主人釋服」，鄭注：「釋朝服更服玄端也。古文釋作舍。」鄉射禮「主人釋服」，鄭注：「釋服說朝服服玄端也。」

賈疏：「謂釋去朝服，朝服之下衣則次玄端，故知釋服說朝服服玄端也。」以意尋之，則鄉射注「說」當為「脫」，「釋服」謂脫去朝服更服玄端也。此時卿大夫勞賓者「不釋服」，謂不脫其朝中之服，前行聘時賓主人皆服皮弁，則卿大夫當亦服皮弁服，不釋服，則仍服皮弁也。敖氏雖云「不釋服之意未詳」，然云「服謂皮弁服」則是矣。而其所以不釋服者，如鄭意，謂其欲速也。蓋勞賓之後猶有致饔餼之禮，此一日之事固多矣，不可不速也。褚氏於「幣之所及皆勞不釋服」乃云「見勞賓者先於致饔餼」，案經文述儀節勞賓先於致饔餼，固是勞賓在先也。又記云「聘日致饔。明日問大夫。」亦見勞賓卽在聘日朝中禮畢賓始卽館，致饔餼之先行之。其日事已多矣，又知有事於己而先施之禮不可不速，是故不脫朝中皮弁之服遂卽往勞也。

大夫奠鴈再拜。上介受。

案：上言卿大夫勞賓而賓以公事未行故不見而辭之，於是卿大夫勞者奠其鴈，而上介代賓受之。鄭注曰：「不言卿，卿與大夫同執鴈，下見於國君。周禮：凡諸侯之卿見朝君皆執羔。」賈疏曰：「周禮秋官掌客云：凡諸侯之禮，上公五積，卿皆見以羔；侯伯四積，卿皆見以羔。是主國之卿見朝君皆執羔。引之證主國卿見聘客不得執羔，與大夫同用鴈，不見朝君故也。」案周禮大宗伯職以禽作六摯云卿執羔、大夫執鴈。如注所云卿見朝君執羔，此見聘賓則下於見國君而執鴈，則此勞賓乃有別於相見以贄之義也。敖繼公曰：「卿勞賓用鴈者，變於相見也。大夫用鴈，亦非以其贄之義，因卿禮耳。」一說蓋是也。

鄭氏以爲經但言大夫不言卿，乃以卿與大夫同執鴈之故。此說似難通。豈以卿本當執羔爲贄，此則但執大夫之贄鴈，遂不言卿而言大夫歟？前聘禮迎賓時經云「大夫納賓」注曰：「大夫，上擯也。謂之大夫者，上序可知，從大夫總無所別也。」「上序」，則「卿爲上擯，大夫爲承擯，士爲紹擯」也。彼時以卿而總從大夫之稱；云「請有事于大夫」亦以大夫總該卿與大夫，則此文但言大夫不言卿，當亦是總該之名，非必以卿用鴈不用羔之故也。敖繼公曰：「大夫兼卿言也。又考此篇凡於卿所爲之事，但發端言卿以見其爵而已，其後則惟言大夫，不復言卿也，是其例然爾，故此大夫亦得兼卿言也。」今考本篇除上引「大夫納賓」稱卿爲大夫之外，言「君使卿韋弁歸饔餼」而云「賓皮弁迎大夫于外門外」，以下諸儀亦皆稱「大夫」；又「賓朝服問卿」下云「大夫朝服迎于外門外」，後儀節亦皆稱「大夫」；「君使卿皮弁還玉」，其下儀節亦稱「大夫」，則敖氏所云不爲無由。然前「卿致館」時，經則又云「卿致命」、「卿退」，則敖氏所言「凡卿所爲，但發端言卿以見其爵，其後惟見大夫」，且云「是其例然」，亦未必例皆然也。

卿大夫奠鴈之處，鄭注無文。敖繼公曰：「大夫即於館之外門外東面奠之，上介受之亦東面。」敖云門外東面奠之，上介受之亦東面，蓋本於私獻之禮，賓奠、擯者受皆東面之故也。說蓋是矣。又謂奠於外門外者，考凡行禮之儀，以外門爲內外之別，此時無迎送之節，且賓不見，不與爲禮，固當奠於外門外，敖說是也。

勞上介，亦如之。

案：勞上介，亦如勞賓之法。蓋上介，大夫也，亦禮幣所及，故亦勞之。「亦如之」者，敖氏云：「勞之於其館，上介亦不見，士介爲受鴈也。」諸家皆從之，無異說。

第十六節　歸饔餼於賓介

〔記〕聘日致饔。

案：此記明致饔之日期。**鄭注**曰：「急歸大禮。」據前經之文，聘日厥明訝賓于館，至朝而行聘禮，次行享禮，又行夫人之聘、享，其後醴賓，賓、上介、士介各行私覿之禮。然後賓介乃得歸於其館。隨即又有卿大夫之勞賓勞上介，至此歸饔餼，皆一日內之事。胡培翬正義曰：「聘之日其事繁矣，乃於是日即歸饔餼，是急歸大禮也。大禮謂饔也。」云大禮謂饔者，以此記文但稱饔不稱餼，而經文中有饔者禮繁（賓及上介），但有餼而無饔者（士介）禮略，又下記云「無饔者無儐」「無饔者無饗禮」，且致饔餼者韋弁，致餼者朝服（俱見下文），故見饔者大禮也。

君使卿韋弁歸饔餼五牢。

案：此言主君使卿饋饔餼五牢於賓之館，亦在聘日，卿大夫勞之後行之。所以使卿者，蓋與郊勞使卿同義，取其爵之稱，以賓爲卿也。卿於聘享及勞賓時服皮弁，此時則更服韋弁。**鄭注**云：「變皮弁服韋弁，敬也。韋弁，韎韋之弁，兵服也。而服之者，皮韋同類，取相近耳。其服蓋以韎布以爲衣，而素裳。」鄭云韋弁爲敬者，賈疏曰：「周禮春官司服王之吉服有九，祭服之下先云兵事韋弁服，後云視朝皮弁服，則韋弁尊于皮弁。」是鄭據周禮爲說也。賈疏又曰：「有毛曰皮，去毛熟治曰韋。」案說文革字下：「獸皮治去其毛曰革」，韋字下：「故借以爲皮韋」，段注：「其後凡革皆稱韋。」此說與賈氏同。然則皮韋析言則有別，而實同類也，故取其相近又示以敬，是以變皮弁服韋弁也。

饔餼五牢者，**鄭注**曰：「牲殺者曰饔，生曰餼。」下文述陳飪一牢於西階前，腥二牢於阼階前，餼二牢於門西，計是五牢也。

又**鄭注**：「今文歸或爲饋。」然則此作「歸」乃從古文。案歸饋同義，宜可通用。

上介請事，賓朝服禮辭。

案：此在賓館，卿來饋餉，而上介贊禮，如聘時上擯之事。經云「上介請事」，則亦是出請、入告之節也。賓服朝服而禮辭之，亦一辭而許也。服朝服者，**鄭注**曰：「朝服示不受也，受之當以尊服。」案一辭而許，於是旣陳，下經云「賓皮弁迎大夫於外門外」，是若受之當服皮弁。皮弁尊而朝服卑也，此時爲示不受，故服朝服也。胡培翬儀禮正義曰：「若賓旣辭之而仍服受之之服，有是理乎。」亦明雖禮辭而受，然不可服皮弁而辭也。否則便明見辭之非其誠矣。

有司入陳。

案：賓既禮辭而許，於是主君之有司入館門而陳五牢及門外米禾等物。**鄭注**：「入賓所館之廟陳其積。」上文云賓爲卿則館於大夫之廟，故鄭云入賓所館之廟也。「陳其積」謂陳饔餼諸物也。周禮天官宰夫職鄭注曰：「積謂牢米薪芻」。則下文所陳皆謂之積也。

饔

案：所陳有饔有餼，此先明饔物。**鄭注**：「謂飪與腥。」此卽上注所云「殺曰饔」是也。以前經云饔餼五牢，下所陳餼二牢、腥二牢、飪一牢。其中腥爲生物，飪爲熟物，皆是饔也，故經將言其陳飪腥之數，先舉「饔」之目以總稱之也。又周禮天官序官內饔注云：「饔，割亨煎和之稱。」胡培翬儀禮正義引之曰：「割者腥也。亨煎和飪也，是饔兼飪與腥而言。」亦與此經鄭注同義。

飪一牢：鼎九，設于西階前，陪鼎當內廉。東面北上，上當碑，南陳。牛、羊、豕、魚、腊、腸胃同鼎、膚、鮮魚、鮮腊，設扃鼏；膷、臐、膮，蓋，陪牛羊豕。

案：此先明飪一牢所陳之地及其鼎物次第。**鄭注**：「此饌先陳其位，後言其次，重大禮，詳其事也。」賈疏曰：「先陳其位者，南陳已上是也；後言其次者，牛羊豕以下是也。」案經文飪一牢者，言熟物牛羊豕等各一也。胡培翬正義曰：「熟食不可久停，故腥有多寡而飪皆一牢。」以設飧時飪腥皆一牢，而此時腥二牢，飪亦一牢也。乃解說其故如此。其數則正鼎九，設于西階前；另有陪鼎三，設當內廉。鄭云「重大禮詳其事」者，以此節經文詳其位次，較之設飧時但言「飪一牢在西，鼎九，羞鼎三」詳多矣，以此乃大禮，故特重之而詳其事也。其設飧時文略，則參照此文可知其事矣。

其正鼎九設于西階前，東面，北上當碑，自碑依次南陳。其九鼎之次則郝敬曰：「牛一、羊二、豕三、乾魚四、腊乾禽五、牛羊腸胃同鼎六、膚純肉七、鮮魚八、鮮腊九也。」（見儀禮集編引）。腊，說文作「昔」，曰：「昔，乾肉也。」說文又有「膴，無骨腊也。」「腒，北方謂鳥腊腒。」蓋說文於篆字則取其本字，解說時則用後起字也（說文無「腊」篆）。周禮天官有腊人，其職「掌乾肉，凡田獸之脯腊膴胖之事。」鄭注曰：「大物解肆乾之謂之乾肉。若今涼州烏翅矣，薄析曰脯，棰之而施薑桂曰鍛脩，腊，小物全乾。」蓋通言之乾肉皆曰腊；別言之腊謂小物之乾肉。此所以郝氏說腊爲乾禽也。且腊鼎列於魚鼎下、腸胃鼎之上，必是小物之腊，或爲乾禽，或爲兔之類（見周禮賈疏）也。經列九鼎，於牛羊豕下曰「魚、腊」，於膚下又曰：「鮮魚、鮮腊」，則前之魚宜是乾魚；鮮腊，蓋小物未乾之肉也。胡培翬正義云：「魚下言鮮，則此魚薧也。鮮腊，析而未乾也。」其言上魚爲薧是也。言鮮腊爲析而未乾，則未宜。蓋析則大物，大物則不當在魚後，且已有牛羊豕居前矣，後列魚禽小物乃爲備物也。似以郝氏之說爲長。

鄭注曰：「腸胃次腊，以其出牛羊也。膚，豕肉也，唯燖者有膚。」賈疏：「鄭言此者，以其膚是豕肉，腸胃是腹內之物，而在肉前者，以其腸胃出於牛羊，故在膚前列之也。君子不食圂腴，犬豕曰圂，若然牛羊有腸胃而無膚，豕則有膚而無腸胃也。」其「君子不食圂腴」句見禮記少儀。彼鄭注曰：「圂謂犬豕之屬，食米穀者也，腴有似人穢。」孔疏曰：「言豬犬亦食米穀，其腹與人相似，故君子但食他處，辟其腴，謂腸胃也。」此則牛羊有腸胃，豕則無腸胃而用膚之故也。而牛羊先豕，是以腸胃鼎在前而膚鼎在後。楊復儀禮圖曰：「腸胃同鼎，謂牛羊腸胃同一鼎，不異其牛羊，腴賤也。」此腸胃同鼎之故。然則九鼎之次，以牛羊豕三牲爲序而繼以魚、腊，又附三牲體內之物，牛羊腸胃同鼎，豕則用膚，再繼以鮮魚、鮮腊，是乃九鼎先後次序之道也。

鄭注：「陪鼎，三牲臛，膷、臐、膮。陪之，庶羞加也。當內廉，辟堂塗也。」謂陪鼎，即經文後云：「膷臐膮蓋，陪牛羊豕」者也。以其爲所加之庶羞，故曰陪。鄭注公食大夫禮曰：「膷臐膮，今時臛也。牛曰膷，羊曰臐，豕曰膮。皆香美之名。」此卽所謂「三牲臛」也。鄭注「臛」字，校勘記云「釋文集釋毛本作脽」，案說文有「脽」無「臛」，曰：「脽，肉羹也。」段注亦引儀禮此文，又曰：「脽字不見於古經而見於招魂。王逸曰：有菜曰羹，無菜曰脽。」然則「脽」卽「臛」也。又說文：「膮，豕肉羹也。」亦與公食禮注合。唯說文無「膷」、「臐」二字，以公食禮鄭注有云「古文膷作香，臐作熏」，蓋鄭從今文而許從古文者也，是以說文無「膷」、「臐」二字。然則膷臐膮各爲牛羊豕肉羹而無菜者也。故曰「陪牛羊豕」而爲陪鼎也。

其設鼎之位，李如圭集釋曰：「內廉，西階之東廉也，階有東西兩廉，近堂之中者爲內廉。陪鼎陪正鼎之後而當階內廉，則鼎設于西階之東矣。鼎以辟堂塗而設之當階內廉，則堂塗直階也。」敖繼公集說曰：「內廉，西階之東廉也。陪鼎當內廉而不正設于階前者，明其加也。上當碑，謂牛鼎腳鼎南北之節也。陪牛羊豕，明其鼎相當也。」以敖說，則以陪鼎三各當牛羊豕之鼎西，斯乃名「陪鼎」之義，亦北上當碑而南陳，則所謂西階之東廉即在西堂塗之東側也。斯則鄭注所云「當內廉，辟堂塗」之義。張惠言、黃以周二氏之圖皆如此，亦合於李氏之說，竊謂此說是也。楊復儀禮圖乃以陪鼎三陳於西階東而在碑北，蓋過泥於「內廉」之名，而必屬之西階東側，遂在碑北也。經文云正鼎九「設于西階前」又云「上當碑，南陳」，則西階前未必即近階也，然則云「當內廉」亦未必即在階側也，如楊氏則失其「陪鼎」之義矣。又胡培翬正義云「堂塗直階，正鼎設于西階前，當稍近東，堂塗寬，故無礙，若陪鼎設于正鼎之西則有礙堂塗矣。故當內廉以辟之。」又從吳氏疑義之說，謂「飪鼎在西階前稍東爲一列，陪鼎又在其東爲一列是也。」據胡氏之說，乃謂正鼎設于堂塗之上而稍近東，陪鼎在正鼎東，則是在堂塗之東側矣，觀其所謂「堂塗寬故無礙」及「于正鼎西則有礙堂塗矣」之語，則其意可知。竊謂此亦不合于理，豈有正鼎設在堂塗，且又陪鼎更較正鼎近中（飪設在西，陪鼎在東則近中）之理？此蓋亦泥於「西階前」之文所致。蓋經云「西階前」乃與腥牢「阼階前」相對，一在西一在東而皆在庭中也，未必即直在階前。而所謂「當內廉」，亦即當堂塗之東側，未必即在階側也。

又經於正鼎九曰「設扃鼏」，公食大夫禮曰：「鼏若束若編」，鄭注：「扃，扛鼎所以舉之者也。凡鼎鼏蓋以茅爲之。長者束本，短者編其中央。」說文扃作「鼏」：「㠯木橫貫鼎耳舉之，从鼎冂聲。」此乃扃之用也。鼏則所以覆鼎，說文：「鼏，鼎覆也。从鼎冖冖亦聲。」此亦用其構字之義。鄭謂「蓋以茅爲之」，賈疏曰：「諸文多言鼎鼏，皆不言所用之物。此經雖言若束若編，亦不指所用之體，故鄭云『蓋』以疑之。然必知用茅者，詩曰白茅苞之；尚書孔傳云：苴以白茅。茅是絜白之物，故疑用茅也。」以經云「若束若編」，則當是草類之物，據詩及書傳，乃推之疑爲白茅也。且鄭云：「長者束本，短者編其中央」亦是據經云束云編而推之。是則鼏之物與其形也。

經於陪鼎云「膷臐膮蓋陪牛羊豕」，「蓋」字注疏無說，敖繼公云：「蓋，發語辭。」郝氏亦然，盛世佐曰：「正鼎曰鼏，陪鼎曰蓋，皆所以覆鼎也。異其名者，鼏大而蓋小也。鼏以他物爲之，故云設。蓋與鼎同物故不云設。言蓋而不言扃，陪鼎小，其手舉之與。」褚寅亮儀禮管見亦以「蓋」字爲句，而不連下作發語辭，且曰：「庶羞應在豆，豆有蓋，此雖名陪鼎，實用蓋不用扃鼏。」褚氏亦以蓋爲覆器之物，云「庶羞應在豆，豆有蓋」，乃據公食大夫禮言之。唯公食禮，庶羞用豆有蓋，此則經明云鼎，故以豆之蓋明此雖用鼎，而亦用蓋。其意與盛氏同。今案以「蓋」字爲語辭，似非經文常例，且經述禮豈用疑辭哉，此說或未然。盛氏云蓋猶鼏，亦以覆鼎，其說似較長，秦蕙田五禮通考亦謂如是。唯以蓋爲與鼎同物故不云設，於文似通，釋物則嫌爲臆說，然較之以豆之蓋，其說或然。又曰言蓋而不言扃，以陪鼎小，以手舉之，似又不然。周禮匠人有云「闈門容小扃三个」，鄭注：「小扃，膷鼎之扃」，然則陪鼎亦有扃也。此經陪鼎不云設扃，豈承上文而略之者歟？

鄭注又釋「碑」曰：「宮必有碑，所以識日景引陰陽也。凡碑引物者，宗廟則麗牲焉，以取毛血。其材，宮碑以石，窆用木。」案立碑之處，於前文行聘禮節三揖時已言之，當在三分庭一在北之處。此則言其用及其材也。鄭云「宮必有碑」，賈疏曰：「案諸經云三揖者，鄭注皆云入門將曲揖，既北面揖，當碑揖。若然，士昏及此聘禮，是大夫士廟內皆有碑矣。鄉飲酒及鄉射言三揖，則庠序之內亦有碑矣。祭義云君牽牲麗于碑，則諸侯廟內有碑明矣，天子廟及庠序有碑可知。但生人寢內不見有碑。雖無文，兩君相朝燕在寢，豈不三揖乎，明亦當有碑矣。」是則足證凡宮必有碑也。鄭云「所以識日景引陰陽」者，賈疏曰：「可觀碑景邪正以知日之早晚。又觀碑景南北長短，十一月日南至，景南北最長，陰盛也；五月日北至景南北最短，陽盛也。二至之間景之盈縮陰陽進退可知。」則古無鐘錶，立碑以觀日影而知早晚也，且更可知春秋之時令也。此外，又碑於庭中，兼可繫物，鄭所云「凡碑引物者，宗廟則麗牲焉，以取毛血」是也。祭義云：「祭之日，君牽牲，……既入廟門，麗于碑。卿大夫袒而毛牛尙耳，鸞刀以刲取膟膋」，此則鄭所謂宗廟則麗牲之事也。碑之引物，又如葬時之墓碑：禮記檀弓下「公室視豐碑」鄭注云：「豐碑，斲大木爲之，形如石碑，於槨前後四角樹之，穿中於間爲鹿盧，下棺以繂繞。」據此則墓之有碑，初在引棺入窆也。而斲大木爲之，形如石碑，此卽鄭氏所云「宮碑以石，窆用木」也。唯朱子儀禮經傳通解云：「今禹墓窆石尙存，高五六尺，廣二尺，厚一尺許。其中有竅以受繂，引棺者也。然則窆亦用石矣。檀弓云公室視豐碑，三家視桓楹，豈天子諸侯以石，故謂之碑，大夫以下用木，故謂之楹歟。廟中同謂之碑，則固皆謂石也。」朱子據禹墓而謂窆亦用石，又疑大夫以下或用木。鄭注檀弓又云其時君大夫皆僭，則其制或有未考，然窆或用石（名碑）或用木（名楹），宮則皆用石固可知矣。

腥二牢：鼎二七，無鮮魚鮮腊。設于阼階前，西面，南陳如飪鼎，二列。

案：此言腥鼎二牢，每牢七鼎，較之飪鼎少鮮魚鮮腊二物，則有牛、羊、豕、乾魚、乾腊、牛羊腸胃、豕膚七鼎，各一列。則二牢爲二列計十四鼎，陳于阼階前西面，皆北上當碑而南陳，與飪牢東西相對。**鄭注**云：「有腊者，所以優賓也。」（「腊」據疏及校勘記當是「腥」之誤）賈疏曰：「案下文士四人皆饌大牢無腥，是不優之也。」此乃釋士介無腥而賓有腥之故在所以優禮賓也。案下經饋上介有腥一牢，此亦降殺有等也。

堂上八豆，設于戶西，西陳，皆二以並，東上。韭菹，其南醓醢，屈。

案：此言堂上八豆之陳列。設于戶西，**鄭注**：「戶，室戶也。」八豆由室戶之西向西而陳，以東為上，兩兩並列。**鄭注**：「東上，變於親食賓也。」賈疏：「案公食大夫公親食賓云宰夫自東房薦豆六，設于醬東西上。此云東上，是變于親食賓也。」案公食大夫禮乃主君以禮親食小聘之下大夫于主君之廟，此則主君使卿歸大聘之卿以饔餼于賓之館，故禮稍異。公食禮云六豆西上，此則八豆東上，彼為下大夫故六豆（公食禮又云上大夫八豆），此卿乃上大夫故八豆，彼公親食則西上，而此不親食乃東上，故鄭云變於親食也。

其八豆之實物及排列，頗有異說。經但云韭菹其南醓醢，屈，皆二以並。則二以並當是皆菹醢兩兩相並也。

1.賈疏云：「韭菹其南醓醢屈者，謂其南東上醓醢，醓醢西昌本，昌本西麋臡，麋臡西菁菹，菁菹北鹿臡，鹿臡東葵菹，葵菹東蝸醢，蝸醢東韭菹。」今圖其列次如左：

①韭菹　②醓醢
⑧蝸醢　③昌本
⑦葵菹　④麋臡
⑥鹿臡　⑤菁菹

李如圭集釋、楊復儀禮圖、張惠言儀禮圖俱從疏說。

2.敖繼公集說云：「八豆惟言韭菹醓醢，則為朝事之豆可知，文省耳。屈者言設餘豆之法也。醓醢西昌本，昌本北麋臡，臡西菁菹，菹南鹿臡，鹿臡西茆菹，茆菹北麋臡。曲折而下，所謂屈也。」

圖列如左：

①韭菹　②醓醢

④麋臡　③昌本

⑤菁菹　⑥鹿臡

⑧麇臡　⑦茆菹

3.胡培翬正義云：「此經言屈，下八簋繼之乃言錯，則屈與錯異。」又曰：「解屈字之義，賈敖俱失之。今按賈敖之說與經二以並之文皆不合。賈以東上專屬醓醢尤非。蓋韭菹醓醢二者在東，其西爲昌本麋臡二豆，昌本麋臡之南爲菁菹鹿臡二豆，菁菹鹿臡之東爲茆菹麇臡二豆，設法自東而西復自西而東故謂之屈。公食禮上大夫八豆注云四四爲列，亦謂豆兩兩並列，東西各四，南北亦各四也。」胡氏據經文「二以並」乃以兩兩爲列，以「韭菹醓醢在東」，然經云「韭菹其南醓醢」爲列，則胡氏八豆宜列圖如左：

①韭菹　②醓醢　⑦茆菹　⑧麇臡

③昌本　④麋臡　⑤菁菹　⑥鹿臡

胡氏於八豆之實，賈敖之異而云「二者似皆可通」，而述其陳設時，則暫用敖氏之說。

4.黃以周禮書通故云胡氏說屈錯異是也，然二以並則非；敖氏說八豆之實雖非，其設法是也。於是黃氏圖列豆如左：

①韭菹　②醓醢
④麋臡　③昌本
⑤菁菹　⑥鹿臡
⑧蝸醢　⑦葵菹

然則黃氏於豆實則從賈氏，於設法則從敖說也。

按周禮天官醢人有「朝事之豆：其實韭菹、醓醢、昌本、麋臡、菁菹、鹿臡、茆菹、麇臡。饋食之豆：其實葵菹，蠃（蝸）醢、脾析、蠯醢、蜃、蚳醢、豚拍、魚醢。」又儀禮公食大夫禮云：「宰夫自東房薦豆六，設于醬東西上，韭菹以東醓醢昌本，昌本南麋臡，以西菁菹鹿臡。」又云：「上大夫八豆、八簋、六鉶、九俎。」鄭注：「公食上大夫異於下大夫之數，豆加葵菹蝸醢，四四爲列。」

然則敖氏云八豆之實乃皆取朝事之豆。敖氏云：「八豆惟言韭菹醓醢，則爲朝事之豆可知，文省耳。」賈氏則據鄭氏公食禮注爲言也。聘禮疏云：「案朝事八豆菁菹鹿臡下仍有茆菹麇臡，不取，而取饋食葵菹蝸醢者，案少牢正祭用韭菹、醓醢、葵菹、蝸醢，朝事饋食之豆兼用之。明此賓上大夫亦兼用朝事饋食之豆以充八豆可知。」褚寅亮儀禮管見云：「若純用朝事之豆實與人君禮無別矣，故注參取饋食二豆也。」據褚說，則亦可解釋何以下大夫六豆不兼取饋食之豆，而上大夫八豆則必取饋食二豆之故。然則是八豆之實注疏之說長於敖說矣。

八豆陳設之法，說最紛紜，要在「屈」字之解釋。**鄭注**：「屈猶錯也。」賈疏：「猶下經錯黍。此經菹菹不自相當，皆交錯陳之，故云錯也。」敖氏云：「曲折而下所謂屈也。」胡氏云賈敖釋「屈」俱失，而此經云「屈」，下八簋繼之言「錯」，則屈與錯異，乃謂「設法自東而西復自西而東，故謂之屈。」

然胡氏以「二以並」之法，再「自東而西，復自西而東」，則形成東西各四（如前圖），不合經文「二以並」「西陳、東上」之意矣。其他諸說南北二列，則已是「二以並」矣。胡氏之誤甚明。

賈氏所列設法，乃據公食禮而得。公食下大夫六豆，經云：「西上，韭菹以東醓醢昌本，昌本南麋臡，以西菁菹鹿臡。」其列圖則如左：

③昌本　④麋臡

②醓醢　⑤菁菹

①韭菹　⑥鹿臡

則六豆之設法雖云「西上」，乃自西而東，又屈而自東而西也。公食上大夫八豆若據此法推之，則當設如左：

④麋臡　⑤菁菹

③昌本　⑥鹿臡

①韭菹　⑧蝸醢

②醓醢　⑦葵菹

褚氏、胡氏、黃氏皆同此說。敖氏未云。蓋此公食禮之八豆設法並無異說也。若以聘禮此八豆設法較之。則公食西上，此聘禮云東上，又此經文明云「韭菹其南醓醢」，是以賈疏乃列八豆如前，是賈雖從鄭釋屈猶錯，然其列八豆實同胡氏所云自東而西復自西而東之陳法。亦即後疏所云「屈者，句而屈陳之」之義。如此而訓「屈」，頗合字義。而賈云錯乃菹菹不自相當，交錯陳之，實諸說皆合此義也。蓋經中常有文略而互見其義。公食禮詳列陳設之法而聘禮中乃略之，固當參取經說，賈疏之說是也。

黃氏不取敖氏豆實而取其設豆之法。其禮書通故中食禮通故云：「經文堂上八豆屈，八簋繼之錯；西夾六豆屈，六簋繼之錯。屈者，曲折相承而設；錯者，交錯相間而陳。」又云：「聘禮堂上八豆西陳皆二以並與公食禮設六簋文同，不得以設六豆之法例之。」按公食禮設六簋文云：「宰夫設黍稷六簋于俎西。二以並，東北上，黍當牛俎，其西稷，錯以終，南陳。」則黃氏所謂與公食禮設六簋文同者，但「二以並」之文同耳。六簋唯黍稷二物，「東北上」就黍言之，黍當牛俎西，又西為稷，南陳，則黍稷交錯而陳，是所謂黍稷二以並也。若謂聘禮陳八豆之文與公食陳六簋之文同，遂謂不得以設六豆之法例之，斯亦不通於理。豈設豆之法竟同於簋而不同於豆乎？黃氏又云：「公食禮六豆設于醬東西上，聘禮六豆設于西牖下北上，公食禮六豆東西三列，聘禮六豆二以並。是饔之設法與公食禮所陳有異矣。聘禮西夾六豆六簋四鉶皆北上南陳，堂上之八豆八簋六鉶皆西陳東上，是堂上之設法與西夾所陳亦異矣。公食禮醬東所設六豆與饔餼西夾之數同而陳之法既異，則公食禮堂上八豆八簋六鉶與饔餼堂上之數雖同，其陳之之法亦必異可知。或者據饔餼文以定食禮，或又據公食文以定饔餼，彼此牴牾。不如依本經兩分之。」以公食禮六豆與饔餼六豆陳法不同，遂判定饔餼八豆與公食上大夫八豆陳法必不同，此言尤不可通。但所謂堂上之設法與西夾所陳異是也。不知饔餼之六豆乃陳于西夾，而公食禮六豆陳于堂上，陳設之法在于所陳之處而不在豆數。公食上大夫八豆與下大夫六豆，豆數不同，而設法則一（自西而東復自東而西），以其皆在堂上也。則饔餼堂上八豆宜與公食堂上之豆設法類似。唯歸饔餼於賓之館與公食大夫於公之廟其賓主之分有別，是以前者東上西陳，後者則西上東陳，是爲異耳。何以黃氏於公食上大夫八豆乃取六豆之設法，獨於此聘禮竟斤斤於豆數而論其設法，乃至云經自兩分，而昧於經文互見之義邪！然則黃氏不足以駁賈疏明矣。

又八豆之實，分菹、醢二類。周禮天官醢人：「凡祭祀共薦羞之豆實，以五齊七醢七菹三臡實之。」鄭注：「齊當爲齏。五齏：昌本、脾析、蜃、豚拍、深蒲也。七醢：醓、蠃、蠯、蚳、魚、兔、鴈醢。七菹：韭、菁、茆、葵、芹、菭、筍菹。三臡：麋、鹿、麇臡也。凡醯醬所和，細切爲齏，全物若牒爲菹。」說文：「牒，薄切肉也。从肉枼聲。」又：「菹，酢菜也。从艸沮聲。」然則菹與齏同類，唯形狀有別。齏爲細切末狀，菹則爲薄片。又七菹皆菜類，五齏則兼有菜肉，是故鄭注又舉少儀而言「齏菹之稱菜肉通」，且又用「腜」以狀菹之形也。醢人注又云：「有骨爲臡，無骨爲醢。」說文：「醢，肉醬也。」爾雅釋器：「肉謂之醢，有骨者謂之臡。」是醢與臡同類，而以無骨有骨爲別。醢人注又云：「醓，肉汁也。昌本，昌蒲根。」此經**鄭注**亦云：「醓、醢汁也。」是醓爲醢之多汁者。

總觀此饔餼堂上八豆之實，韭菹、昌本、菁菹、葵菹爲菜類，醓醢、麋臡、鹿臡、蝸醢爲肉類。其排列則交錯陳之，乃注疏所謂「屈猶錯也」，而據其次則以東上，二以並，韭菹南醓醢，西陳，由東向西，復由西向東，則所以屈與錯義異也。是故今皆從賈說陳列之法。

八簋繼之，黍，其南稷，錯。

案：此言八簋繼八豆之西復向西陳。**鄭注**：「黍在北。」謂最東之二簋黍在北，稷在南也。賈疏：「八簋唯有黍稷二種。則間雜錯陳之。」敖繼公曰：「八簋，黍稷各四也。言錯者，取其二物相間之意。」然則八簋之陳列如下：

稷簋	黍簋	稷簋	黍簋
黍簋	稷簋	黍簋	稷簋

六鉶繼之，牛以西羊豕，豕南牛，以東羊豕。

案：言此六鉶又在八簋之西。**鄭注**：「鉶，羹器也。」然則此六鉶之牛羊豕乃三牲之羹也。其陳法如下：

牛鉶　豕鉶
羊鉶　羊鉶
豕鉶　牛鉶

兩簠繼之，粱在北。

案：此言兩簠又繼六鉶而西陳。兩簠者一粱一稻，其設陳，粱在北，稻在南。**鄭注**曰：「簠不次簋者，粱稻加也。」胡氏正義云：「簠簋同類，今不次簋而次鉶後，以見其爲加也。」公食大夫禮「宰夫膳稻于粱西」鄭注：「進稻粱者以簠。」而進稻粱不在設席東豆、簋、鉶等正饌之時，乃在席西加饌之列，亦可見稻粱爲加饌也。

鄭注又云：「凡饌屈錯要相變。」胡氏正義云：「是廣言設饌之法。此節不言屈錯者，以兩簠止一行也。」所謂屈錯相變，如八豆菹醢交錯，八簋黍稷交錯，六鉶牛羊豕交錯而陳，或屈或錯，皆相變而陳也。

八壺設于西序，北上，二以並，南陳。

案：此言西序設酒八壺。**鄭注**曰：「壺，酒尊也。酒蓋稻酒粱酒。不錯者，酒不以雜錯爲味。」是謂八壺中唯稻酒粱酒二種。不交錯陳之，則稻酒四壺在北，二以並，粱酒四壺在南亦兩兩爲列。以酒不雜錯爲味也。

下文夫人歸禮賓介時，經云：「壺設于東序北上，二以並，南陳。醙黍淸皆兩壺。」是言稻酒、黍酒、粱酒各淸、白二壺（說詳下文），計六壺。此時八壺鄭則推言唯稻酒粱酒者，賈疏釋之曰：「此中若有黍，不得各二壺，設三者各二壺，則止有六壺，與夫人歸禮同。又不得各三壺，若三者各三壺則九壺，不合八數。止有稻粱無正文，故云蓋以疑之。鄭知不直有稻黍而爲稻粱者，稻粱是加相對之物。」以經無正文，故鄭注乃推言之，而云蓋，以示疑而未確之辭也。敖繼公集說云：「八壺之酒，稻也，黍也，粱也。稻黍各二壺，稻在北，黍次之，粱四壺又次之。蓋如設筥米之例。」（筥米之陳見下文）敖氏亦以己意度之。以經無明文，俱不知何說爲確，然諸家多長鄭氏之說。唯如注疏所說於此八壺固通，然於東西夾之六壺又難以爲說矣。

又張圖及黃圖皆以稻壺在西粱壺在東各成一列，此法亦非。蓋如此雖亦「不錯」，然夫人歸禮之六壺實乃南北相次，不以東西分列，則此「不錯」當亦是南北相次爲宜。

西夾六豆，設于西墉下北上，韭菹其東醓醢，屈。六簋繼之，黍其東稷，錯。四鉶繼之，牛以南羊，羊東豕，豕以北牛。兩簠繼之，粱在西。皆二以並，南陳。六壺西上，二以並，東陳。

案：此言西夾之陳，豆、簋、鉶、簠相次亦如堂上，但堂上乃東上西陳，此則北上南陳。

賈疏曰：「六豆者，先設韭菹，其東醓醢，又其東昌本，南麋臡，麋臡西菁菹，又西鹿臡。」此陳法乃取公食禮六豆之陳法。然公食禮六豆乃西上東陳，此西夾六豆乃北上南陳，不可同之。且如此則非「二以並」矣。不知賈氏何云如此。且賈氏又云「其六簋四鉶兩簠六壺東陳」，以經明言六壺東陳，兩簠以上俱北上南陳。賈說之誤甚明。朱子經傳通解云：「疏於東夾之豆亦云於東壁下南陳，其布置之次序亦是南陳下，又云雖東夾其陳亦與西夾同，凡此皆於經文合。而布置西夾之豆乃東陳之，又以簋鉶簠皆與壺東陳，不惟與經文不合，而亦自相抵牾，殊不可曉。」然則賈疏蓋偶誤之者歟！若依賈氏堂上八豆之句屈陳法而改作北上南陳，則此西夾六豆之設當如左：

醓醢	韭菹
昌本	鹿臡
麋臡	菁菹

郝敬、秦蕙田、胡培翬、張惠言、黃以周等皆同此說。姜兆錫用敖氏堂上曲折而下之陳法，盛氏以菹在西、醢在東各自成列，皆不合「屈」法。蓋皆誤也。（郝氏、姜氏之說見儀禮集編引）

六豆以南，六簋、四鉶、兩簠繼之南陳。其陳設法據經文當是：

稷簋　黍簋　稷簋　牛鉶　豕鉶　稻簠
黍簋　稷簋　黍簋　牛鉶　羊鉶　粱簠

六壺之設異於豆等，由豆至簠皆北上南陳，六壺則西上東陳。**鄭注**云：「東陳，在北墉下，統於豆。」經但云西上東陳，而鄭云在北墉下，以其統於豆故也。胡培翬正義曰：「鄭意以豆簋鉶簠皆在西墉下自北而南，則豆之東尚有餘地，故以東陳爲在北墉下向東陳之地。」此言甚合於理。敖繼公集說則曰：「壺不著其所，蓋亦近於簠而設之。與在堂上者之位相似。」如敖說固與堂上之位相似，然堂上八壺近簠乃在西序之牆邊，若西夾六壺亦近簠而設則橫於西夾，而阻人行路，甚不合設器之法。且觀其他諸器皆依牆而設，然則仍以鄭說爲長。

至於六壺之實，鄭注無文，敖氏云「六壺者，稻酒、黍酒、粱酒各二壺也。」當是據夫人歸禮而言。其他諸家亦皆無說，敖說既有所據，蓋是也。

饌于東方亦如之，西北上。壺東上。西陳。

案：此言東夾之饌設亦如西夾同。**鄭注**云：「東方，東夾室。」案東西夾之北爲室，南爲堂。豆自北上陳之，乃在夾室也。盛世佐曰：「案之指西夾也。如者，如其六豆北上以下至皆二以並南陳之儀也。惟設於東墉下爲異。」是東西夾之饌各設於東西墉之下，而設法六豆、六簋、四鉶、兩簠依次自北南陳皆同也。且經文云「西北上」，**鄭注**：「亦韭菹其東醓醢也。」蓋西夾爲西北上，恐誤以爲東夾則當東北上，故經特云「西北上」以明東西之陳設盡相如也。然則其陳如左：

醓醢　昌本　麋臡　稷簋　黍簋　稷簋　牛鉶　豕鉶　稻簠

韭菹　鹿臡　菁菹　黍簋　稷簋　黍簋　牛鉶　羊鉶　粱簠

壺則東上西陳，**鄭注**云：「亦在北墉下統於豆。」是其陳法亦與西夾同，但東西相變耳。

醯醢百罋，夾碑，十以爲列。醯在東。

案：此言調味之醯醢陳列在庭飪腥鼎之中。周禮天官醢人職云：「賓客之禮共醢五十罋。」**鄭注**：「致饔餼時。」又醯人職云：「賓客之禮共醯五十罋。」故此云醯醢百罋乃各五十罋也。醯人注云：「醯人者，皆須醯成味。」是此醯醢乃供調味也。而醢爲肉醬，醯乃穀類爲之。案說文皿部：「醯，酸也。」酉部：「酸，酢也。」**鄭注**云：「夾碑，在鼎之中央也。醯在東，醯，穀，陽也。醢，肉，陰也。」胡培翬正義曰：「此云夾碑，則似半在碑南，半在碑北矣。」案前經飪鼎在西，腥鼎在東，皆北上當碑，是陳物以碑爲北限，此罋不當半在碑北。所謂夾碑者，云在碑之東西側爲列也。如前經飪鼎設于「西階前」，腥鼎設于「阼階前」亦云其庭中東西之別，未必即在階前陳之也。是以經云「夾碑」，仍以鄭云「在鼎之中央」爲是。前云飪鼎在庭西，腥鼎在庭東各避堂塗當內廉，則此百罋在其中，亦北上當碑，碑之東西各五十罋。周禮大宗伯云：「以天產作陰德，以地產作陽德。」鄭玄注云：「天產者動物，謂六牲之屬，地產者植物，謂九穀之屬。」

此處鄭注云醯爲穀類，陽也，故在東；醢爲肉類，陰也，故在西，亦與周禮注同。其東西各五十罋十以爲列者，蔡德晉禮經本義云「左右直列」。李如圭亦云「醯醢言醯在東，則南北爲列。」若是，則左右各南北十罋，東西五列，合之皆各十列，甚合理。諸家皆無異言。

餼二牢，陳于門西，北面東上，牛以西羊豕，豕西牛羊豕。

案：前云君使卿歸饔餼五牢。又饔有飪一牢、腥二牢。飪腥及其他熟物如豆簋鉶簠乃至醯醢皆已陳列，則此更陳餼二牢。餼乃生牲，故但有牛羊豕，牛羊豕具爲一牢，餼二牢，故各二。「陳于門西」，謂廟門內西側近門處。北面東上，謂北面而立，以東爲上，依次西陳。二牢並爲一列，最東爲牛，依次爲牛羊豕牛羊豕也。**鄭注**曰：「餼，生也。牛羊右手牽之。豕東之，寢右，亦居其左。」賈疏云：「曲禮云效馬效羊者右牽之。以不噬齧人，用右手便也。言右手牽之，則人居其左也。云豕束之寢右亦居其左者，豕束縛其足，亦北首，寢臥其右，亦人居其左。」意謂牛羊豕爲生牲，故各一人牽之。皆牲在右，人在左。引曲禮者，以證右牽之義（說見前禮賓節）。豕不宜牽，乃束縛之，亦居人之右而寢之。寢而北首，猶北面之義也。敖繼公曰：「注云寢右，言其東上而西足也。」蓋以北面而東爲右，故云寢右爲東上而西足。然則不與牛羊之北面爲列，且不得人居其左，此說蓋誤。宜以賈疏之寢北首，居人之右爲是。

米百筥，筥半斛，設于中庭，十以爲列，北上。黍粱稻皆二行，稷四行。

案：此云在中庭設米百筥。筥乃圓形竹器。詩召南采蘋篇毛傳曰「方曰筐圓曰筥」是也。此經曰筥半斛，下記云「十斗曰斛」，然則一筥容五斗也。下記又云「四秉曰筥」則與此筥不同，說詳後。米百筥設于中庭，**鄭注**曰：「庭實固當庭中。言當中庭者，南北之中也。東西爲列，列當醯醢南。亦相變也。此言中庭，則設碑近如堂深也。」鄭於此特釋經言「中庭」，則示與庭中有別，然則此設于中庭，乃在庭南北之中也。褚寅亮儀禮管見曰：「經凡言中庭者，南北之中也，言階閒者，東西之中也。」前醯醢夾碑，乃在碑之東西，當碑而設，此米百筥當中庭，乃在醯醢南。經曰十以爲列北上，故是東西爲列，由東而西十筥爲一列。賈疏曰：「知北上東西爲行者，以經云北上，黍粱稻皆兩行，稷四行。若南北縱陳，止得言東西，不得言北上。」李如圭集釋曰：「醯醢言醯在東，則南北爲列；米言北上，則東西爲列。」此意與疏同。賈疏又曰：「黍兩行在北，次粱兩行，次稻兩行，次南稷四行。所以不用稻爲上者，稻粱是加，黍稷是正，故黍爲上端，稷爲下端，以見上下，而稻粱居其間。」此言南北之次乃據經爲言。賈云黍稷是正稻粱是加，以公食禮先設黍稷正饌後設稻粱加饌，且上文堂上之饌黍稷用簋在前，稻粱用簠後加也。

賈疏又釋鄭云「亦相變也」之意曰：「亦上綼屈錯之義。」此言未明。不若張爾岐句讀所謂「醯醢南北列，米筥東西列，是相變也」爲是。

又敖繼公曰：「此米從饔者也。」淩廷堪禮經釋例曰：「敖氏以此節在饔二牢之下，故望文生義，以爲從饔，非也。以米言之，簠簋之米從飪牢，筥米從腥牢，車米從生牢。經例甚明。考之下經，歸上介饔，飪腥各一牢，堂上之饌六，西夾亦如之。下卽云筥及甕如上賓。則米筥在醯醢甕之上，則從饔可知。米筥節似非其次。宜在醯醢百甕節之上，絕爛誤在饔二牢節下也。」其言簠簋、米筥、米車之分從飪、腥、生牢，甚見合理，但言經文之爛誤，則未能有證據耳。胡培翬正義亦曰：「簠簋之米係已炊爲飯者，故從飪牢；筥米係舂熟可卽炊者，故從腥牢；車米係留以備用者，故從生牢。釋例說似亦可從。」以此觀之，敖說蓋非。淩說似較長。然上文設飧，鄭注云諸侯之禮，車米視生牢，禾視死牢，大夫之禮，皆視死牢而已，雖有生牢，不取數焉。則車米亦非從生牢矣。此處姑存其說。

門外米三十車。車秉有五籔，設于門東爲三列，東陳。

案：此言門外之陳。門東有米三十車，爲三列。**鄭注**曰：「大夫之禮，米禾皆視死牢。秉籔，數名也。秉有五籔，二十四斛也。籔讀若不數之數。」其曰米禾視死牢，牢十車，乃下經文。此時死牢飪腥共三牢，故門外米禾各三十車。下記云「十斗曰斛，十六斗曰籔，十籔曰秉。」故秉有五籔計二十四斛，此爲一車之數。米三十車設于廟門外東側，爲三列，則十車爲一列，東陳，則自門向東而陳之也。

〔記〕十斗曰斛，十六斗曰籔，十籔曰秉。二百四十斗。

案：此記明車米之數。**鄭注**曰：「秉十六斛。今江淮之間量名有爲籔者。」鄭云秉十六斛亦從記文推之，欲以明「秉有五籔」之數。此所以記又曰「二百四十斗」，**鄭注**：「謂一車之米秉有五籔。」二百四十斗即二十四斛。故鄭前注米車秉有五籔爲二十四斛也。

禾三十車，車三秅，設于門西，西陳。

案：此言陳禾三十車，亦視死牢數也。周禮掌客注曰：「禾，槀實並刈者也。」設于門西，西陳，與米車相對，亦爲三列，每列十車。其數則每車三秅。**鄭注**：「秅，數名也。三秅，千二百秉。」鄭云三秅之數，亦從記文推之。此千二百秉之秉，與前米車秉五籔之秉異。說見下記。

〔記〕四秉曰筥，十筥曰稯，十稯曰秅。四百秉爲一秅。

案：此記乃釋禾車之數。「四秉曰筥」者，**鄭注**曰：「此秉謂刈禾盈手之秉也。筥，穧名也。若今萊陽之閒刈稻聚把有名爲筥者。詩云彼有遺秉，又云此有不斂穧。」賈疏曰：「云此秉爲刈禾盈手之秉也。對上文秉爲量名也。」又注「萊陽之間」，阮元校勘記曰：「陽，通解楊敖俱作易。釋文宋本亦作易，今本作易。按萊易二地名，故云之間。或誤作易，遂誤作陽。」鄭舉當時方言，明此筥亦爲刈稻聚把之名。然則此四秉爲筥之「秉」、「筥」皆爲刈禾聚把之名，與前文米車秉有五籔，米百筥之「秉」「筥」皆不同。周禮秋官掌客注曰：「米禾之秉筥字同數異。禾之秉，手把耳。筥讀爲棟梠之梠，爲一穧也。」此卽鄭氏於此注曰「筥，穧名也。」鄭引詩者，乃小雅大田之文，引之以證秉及穧也。詩毛傳曰：「秉，把也。」又孔疏：「穧者，禾之鋪而未束者。」此卽鄭氏所謂筥爲一穧也。然則禾之秉爲一把，筥爲四把；米之秉爲十六斛，筥爲五斗，是掌客注所謂字同數異也。

記又云一秅之數，**鄭注**曰：「一車之禾三秅，爲千二百秉。三百筥，三十稯也。」以記云十筥爲稯，十稯爲秅，則一秅爲百筥，又爲四百秉。以經云禾三十車，車三秅，則鄭又計三秅之數也。

薪芻倍禾。

案：此言米禾之後又陳薪芻，其數倍禾，則各六十車也。**鄭注**云：「倍禾者，以其用多也。薪從米，芻從禾，四者之車皆陳北輈。凡此所以厚重禮也。聘義曰：古之用財不能均如此，然而用財如此其厚者，言盡之於禮也。盡之於禮，則內君臣不相陵，而外不相侵，故天子制之而諸侯務焉爾。」鄭以薪芻倍禾，其數甚多，故說明爲其用多之故也。其用則薪以供爨，芻以飼馬。已見上文。「薪從米，芻從禾」言其陳處也。賈疏曰：「云薪從米，芻從禾者，以其薪可以炊爨，故從米陳之；芻可以飼馬，故從禾陳之。鄭言此者，以經云倍禾，恐並從禾陳之故也。」

賈疏又曰：「四者之車皆陳北輈者，以其向內爲正故也。」案「輈」卽今所謂「轅」也。說文車部：「轅，輈也。」「輈，轅也。」周禮考工記輈人鄭注：「輈，車轅也。方言云：楚衞之間，轅謂之輈。」四者之車皆陳北轅，卽車皆北向也。車在門外，卽在門南，而轅向北，卽向內，示其所屬。故賈氏云以向內爲正也。敖氏云「東陳是西轅也。西陳者反是。」乃謂東西相對而陳，與鄭說異。秦蕙田云：「米禾皆以十車爲一列，米先西後東，故云東陳；禾先東後西，故云西陳，其輈皆北鄉。敖氏以東陳爲西轅者非。」案秦氏云東陳西陳之義合于經例，敖氏以東陳爲西轅之說並無所據，賈氏云向內爲正之說亦合理。故宜從鄭說。

鄭氏又云凡此所以厚重禮，且引聘義之文，乃總結上文陳饔餼諸物。蓋自上文「饔，餁一牢」以下至此「薪芻倍禾」皆言有司入陳之物。陳物既畢，鄭於是引聘義說明主君致饔餼與聘賓以如此厚重禮，乃在盡之於禮，且知制禮之節，此所以使內君臣不相陵而外不相侵之義也。

賓皮弁迎大夫于外門外，再拜。大夫不答拜。

案：此下乃言致饔餼之禮。前文云君使卿韋弁歸饔餼，賓禮辭而許，於是有司入陳。饔餼既陳，乃行其禮也。**鄭注**：「大夫，使者，卿也。」以前文云「君使卿」，此則曰「迎大夫」，鄭乃解釋之。蓋卿卽上大夫，或亦通稱大夫也。賓前禮辭時著朝服，則示不許；此既許，乃服皮弁，以卿服韋弁來，而皮韋同類也。敖繼公曰：「賓不韋弁而皮弁者，嫌其加於己致君命時之服也。」致君命謂聘享時也。彼時服皮弁，此時不得加之而服韋弁，故亦服皮弁也。

迎於外門外者，賈疏云：「謂於主人大門外。」前文云卿館於大夫之廟，廟在大門內東，而迎賓若主人敵則于大門外，主人尊則于大門內，此時賓及使者皆卿，是以賓迎使者於主人之大門外也。

大夫不答拜，亦爲人使不敢當其禮也。

揖入。及廟門，賓揖入。

案：此言賓於大門外揖使者入，行至廟門，賓又揖而入。據前行聘迎賓之禮，此時由大門行至廟門，當亦有每曲揖之節。敖氏與盛氏皆以此經無每曲揖之文，遂謂此館乃太祖廟，且謂此外門爲廟門之外門與主人宮之外門異者，又云此外門乃直對廟門而設。其說皆過於牽强，不可從。胡氏正義引韋氏協夢云：「揖入亦有每曲揖之節，經不言者，文省。」此說是也。覿賓問卿時有「每門每曲揖」可知矣。入門時皆賓揖先入。淩廷堪禮經釋例曰：「凡入門，賓入自左，主人入自右，皆主人先入。」而此時賓爲主人，當先入，故經於此曰「賓揖入」，下文乃曰「大夫奉束帛入」也。**鄭注**云：「賓與使者揖而入，使者止，執幣。賓俟于門內，謙也。古者天子適諸侯，必舍于太祖廟；諸侯行，舍于諸公廟；大夫行，舍于大夫廟。」鄭云使者止執幣，據下文大夫奉束帛乃入也。云賓俟于門內謙也，以前聘時主君入于中庭；此時賓爲主人乃俟于門內，故是謙也。所以有別者，前時主君爲尊，此時賓與使者敵故也。門內俟立處，則在兩塾之間，敖氏曰：「俟之于入門右之位」以主人入門右也。

鄭又以經云「及廟門」，於是解釋天子以下舍於廟之制。前文有云卿館于大夫，大夫館於士，皆降一等而館於主人之廟也。故此時鄭云夫子適諸侯舍于太祖廟亦然也。諸侯行舍于諸公廟者，賈疏曰：「諸公，大國之孤。若無孤之國，諸侯舍于卿廟也。」又大夫行舍于大夫廟者，賈疏曰：「謂卿舍于大夫也。」如此時聘賓爲卿，當舍于大夫之廟也。

大夫奉束帛，入，三揖，皆行。

案：賓揖先入，俟于門內，使者於門外奉束帛乃入。**鄭注**：「執其所以將命。」使者奉君命來致饔餼，饔餼既陳，而行禮時奉束帛以致主君之命也。

三揖皆行，**鄭注**云：「皆猶並也。使者尊，不後主人。」賈疏曰：「主人則賓所在若主人也。三揖皆行，謂入門內將左右曲，揖；至堂塗，北面揖；當碑，揖，由入門至于階凡此三揖，皆主人與使者並行。以前行聘時，主君先至中庭，聘賓入門將曲揖，既曲北面揖，主君皆立于中庭而與之揖，及賓行至堂塗，主君乃東面行至東陳（東堂塗）復北行，至碑乃三揖，是則不並行也。以主君尊而賓卑之故。此時則使者尊，與聘賓皆卿也，故不後于主人而並行至階。

至于階，讓，大夫先升一等。

案：此言三揖至階，三讓，使者乃先升一等之節。**鄭注**云：「讓不言三，不成三也。凡升者，主人讓于客三，敵者則客三辭，主人乃許升，亦道賓之義也。使者尊，主人三讓，則許升矣。今使者三讓，則是主人四讓也。公雖尊，亦三讓乃許升，不可以不下主人也。古文曰三讓。」鄭氏此言謂主人讓升宜有三讓，且古文卽作三讓。而鄭從今文但作「讓」不從古文「三讓」者，以主人三讓，而使者僅二辭，是不成三讓也。張爾岐曰：「註意謂凡升者必三讓。敵者則客三辭，主人先升以導之，是成三讓也。客尊，則主人三讓而客卽升，如此經大夫先升是也。主人三讓，客不三辭，故云不成三也。假使客三辭而猶先升，則是主人四讓矣，禮固無四讓法也，故卽經文大夫先升，知大夫未嘗三辭，是謂不成三也。公雖尊，當其爲主人，亦必三讓乃先升，此主人自下之義也。」張氏之言解釋鄭意甚明。蓋讓必以三，此時鄭雖從今文不云「三讓」，乃是使者無三辭，遂不成三之故。而於讓者猶是三讓也。敖繼公則持異說而從古文作「三讓」。

敖繼公曰：「此三讓者，大夫也。大夫三讓而賓三辭。大夫先讓者，以奉君命，尊也。客尊則主人不敢先讓升，於覲禮見之。」敖氏云三讓者，大夫也；三辭者，賓也。如此則成三讓矣。賓爲主人而不先讓者，乃卑者不敢先讓也。盛世佐更解釋曰：「其讓也，先升者先讓。蓋讓者推己所應得者與人也。己應先升，必讓之於彼，彼終辭而后己許之也。禮應後升者不敢先讓，非謂主人必讓於客也。讓必三者，禮成於三也。」案盛氏言先升者先讓，甚合「讓」字之義。亦敖氏所云「客尊則主人不敢先讓升」之意也。案覲禮王使人郊勞，經云：「三揖至于階，使者不讓先升，侯氏升聽命。」彼時侯氏爲主人，經乃云使者不讓，蓋亦侯氏不敢先讓也。彼使者爲王使，侯氏於王爲臣，故使者不讓而升。此時乃諸侯相聘，使者奉主君之命，雖尊，然賓於主君無臣之分，故使者先讓然後升。且讓者必以三，則古文作三讓是也。然則敖氏盛氏之說是矣。

賓從升堂，北面聽命。

案：使者先升一等，然後賓從而升至堂上。既升堂，則賓在阼階上北面聽使者致其君之命。**鄭注**云：「北面于階上也。」此階上卽阼階上，以在賓館，賓爲主人也。

大夫東面致命。賓降，階西再拜稽首。拜餼亦如之。大夫辭，升成拜。

案：此言大夫在西階上東面致主君之命，賓乃降阼階，在阼階西再拜稽首以拜君之致饔，復再拜稽首以拜餼。張爾岐曰：「大夫東面致命，在西階上也。賓降階西再拜，東階之西也。」此乃就賓主之位言之也。**鄭注**：「大夫以束帛同致饔餼也。賓殊拜之，敬也，重君之禮也。」大夫以束帛致其君命，一次而同致饔餼五牢及豆壺車米之等，賓則分別兩次拜受，以經云「拜餼亦如之」，則前再拜稽首乃拜饔也。所以分別拜受，重君之禮以致其敬也。敖氏集說曰：「再拜稽首爲將受幣也。乃云拜餼亦如之，然則此幣其主於饔禮乎？下之餼禮雖以太牢亦無幣，斯可見矣。」然饔餼既皆陳矣，豈有束帛致命乃但致其饔而不致餼，敖說固非，以鄭云束帛同致饔餼爲是。

其「拜餼亦如之」者，張爾岐曰：「殊拜者，分別兩次拜之，成拜訖，又降拜。」以經下云「大夫辭，升成拜」，故張氏以爲辭後升成拜，始爲拜訖。則拜餼亦如之當是又降拜，又升成拜也。蔡德晉云「升成拜，亦饔餼異拜也」，則其意與張氏同。盛世佐曰：「案拜餼亦如之言於大夫辭之上，則拜雖兩次，升降只一番也。」其說與張氏異。又敖繼公於「大夫辭」下曰：「亦稱君命辭之。賓既卒拜於下，大夫乃辭之者，別於君也，凡君與異國之臣爲禮，於其降拜卽辭之，不待其卒。」案敖氏此說是也。前公醴賓時，「賓降辭幣，公降一等辭，栗階升聽命。降拜，公辭，升再拜稽首受幣。」皆是君不待其拜卽辭，蓋以禮主於己，故特謙也。此時使者奉君之命，故待其拜訖然後辭。既有辭，故升乃成拜也。若然，則當使者以君命辭之前，賓已分別拜饔餼訖矣，此所以經言「拜餼亦如之」在「大夫辭」之上也。則「亦如之」乃言如其再拜稽首，非如其「升成拜」也。若如張氏所言乃成拜訖又降拜，則「拜餼亦如之」當在「升成拜」之後矣。此說宜從盛氏爲長。

大夫辭，升成拜，**鄭注**曰：「尊賓。」吳廷華疑義曰：「辭而升，升而成拜，君臣之禮皆然，注以爲尊賓，非也。」竊以爲辭而升，升而成拜，固君臣之禮皆然，亦皆所以尊賓也。鄭氏所言蓋泛言此禮，或非特言此時耳。

張爾岐曰：「成拜處，亦當東階之西。」案東階之西乃前再拜稽首處，位在堂下也。此時升成拜，是在堂上，宜當「東階上」之位。

受幣堂中西，北面。

案：此言賓在堂中之西北面受束帛之幣。**鄭注**曰：「趨主君命也。堂中西，中央之西。」賓本在阼階上，使者在西階上，今賓受幣不於堂中，乃進至堂中之西，是急趨主君之命也。亦猶聘時授玉於中堂與東楹之間也。李如圭云：「堂中西蓋中堂與西楹之間。」此蓋從鄭氏而與聘享時同也。敖繼公云：「堂中西，四分楹間一在西也。」胡氏正義是李氏而非敖氏，然敖說與李氏同處也。蓋楹間二分卽是中堂，四分一在西，卽是中堂與西楹之間也。唯李氏據經文為言，意較明。敖氏據己意言之，易見含糊也。

大夫降出。賓降，授老幣，出迎大夫。

案：此致君命既訖，使者降西階而出廟門，賓降東階，授束帛與室老，又出廟門迎使者。**鄭注**：「老，家臣也。賓出迎，欲儐之。」蔡德晉禮經本義曰：「老，家臣長也。」蔡說是也，老亦稱室老。已見前郊勞節。又見下文大夫餼賓節鄭注。行禮既畢而儐使者，亦與郊勞同。

大夫禮辭，許。入，揖讓如初。賓升一等，大夫從，升堂。

案：大夫一辭而許，於是賓先入自門右，使者從入自門左。入門後三揖而至階，三讓而升堂。依敵者之禮，賓爲主人先升一等，大夫乃從升，而至堂。**鄭注**曰：「賓先升，敵也。皆北面。」前時大夫奉君命歸饔餼爲尊，故彼時大夫先升。此時儐使者，乃賓與使者皆卿，爲敵體，故依常禮主人先升。鄭云皆北面者，賈疏曰：「以其體敵，又下始云賓奉幣西面，大夫東面，明此北面可知。」經云「揖讓如初」，初謂前大夫奉君命歸饔餼時也，揖讓，亦三揖三讓也。胡氏正義曰：「揖讓如初謂如前大夫奉束帛入，三揖皆行，至于階讓，蓋亦不成三也。」以彼時，據鄭說謂賓三讓，使者不三辭而升，故云不成三也。胡氏從鄭說故云如此。然凡讓皆有三，且先升者先讓已見前說，則此亦三讓也。且卽從鄭說，皆是主人先讓，前以大夫先升，乃得云未三辭不成三，而此時賓先升，亦不得云不成三也。則胡氏之誤甚明。經言「揖讓如初」，乃泛言行揖讓之節皆如常禮，而文省者也，譬如公醴賓時「公出迎賓以入，揖讓如初。」其三揖之處亦稍異於聘享之時，而經亦云「揖讓如初」也。不宜刻舟求劍，遂謂一辭一讓絲毫無別，如此則往往滯礙難通矣。

庭實設，馬乘。賓降堂受老束錦。大夫止。

案：此時賓及使者皆在堂上。賓之有司入設庭實，庭實者，四馬也。**鄭注**：「乘，四馬也。」乘馬之設，當亦是右牽之，人在馬左，西上，與醴賓時同。庭實已設，賓降阼階，受束錦於室老。大夫則止於堂而不從賓以降。

敖繼公曰：「降堂受錦，亦辟君禮。」謂君醴賓時受幣于堂上序端。此時辟與君禮同，故降堂而受幣。大夫止者，**鄭注**云：「止不降，使之餘尊。」賈疏曰：「凡賓主體敵之法，主人降賓亦降。今賓降，使者不降者，使之餘尊，雖合降亦不降。」然則此時賓及使者爲敵體，賓降，使者亦降乃爲合禮，而此時使者不降，故經乃特言之。故敖繼公曰：「云大夫止者，嫌賓爲己受幣則當從之也。」其所以當降而不降者，鄭注以爲乃使者之餘尊。謂使者奉君命來爲尊，是故前致饔餼時大夫先升也。此時雖爲儐使者禮，亦爲其致君命之故，猶有餘尊，故不隨賓降也。諸家多從鄭說。竊謂此說不愜。蓋此時使者已出而復迎入，禮已更端，行敵者禮，賓先升，大夫從升，不曰有餘尊，豈賓降堂大夫乃有餘尊而不降耶？褚寅亮儀禮管見曰：「敖氏謂降堂辟君禮是也。鄉飲酒主人爲太師洗而賓介尙降，況此禮爲己降而何以不降乎。細思終以注餘尊之說爲優。」褚氏雖云注餘尊之說爲優，然審其語意，終有懷疑之意。

敖繼公曰：「不從者，以降堂禮輕也。少牢下篇曰：主人受宰几，尸侑降。降謂沒階也。以此徵之，則大夫止之義見矣。」敖氏乃謂沒階則賓從降，降堂禮輕故不從，斯亦不合。謂降堂輕於沒階，豈降堂不沒階而受於階上耶？此禮未有之事也。敖氏以臆度之，不通之甚。

蔡德晉禮經本義曰：「大夫止不降，贈己嫌訝受也。」竊以爲此說是也。蓋此時賓爲己而降，然須俟賓「致幣」之時始明言贈己也，若此時從賓而降，嫌有重其幣而訝受之意。褚氏所云鄉飲之禮，主人爲太師洗，賓介無所嫌忌，故從主人而降，是不同耳。此時大夫雖不從降，而賓既致幣，大夫則再拜稽首以深致其敬。若有餘尊，則大夫不稽首矣。

賓奉幣西面，大夫東面，賓致幣。

案：賓已受束錦而升堂，立于阼階上西面，大夫在西階上東面，賓致其送幣之辭。**鄭注**云：「不言致命，非君命也。」以此時致使者幣乃答其奉君命致饔餼之厚意，故儐使者致慇懃以聯二國之好，非奉君命致此束錦也，故經但言致幣，不言致命也。若君命致主國卿大夫之禮，則下文問卿問大夫是也。

大夫對，北面當楣再拜稽首。

案：大夫致答其致幣之辭。然後北面當楣再拜稽首。**鄭注**云：「稽首，尊君客也。致對，有辭也。」以稽首本是臣拜君之禮，此時體敵宜用頓首之禮（說見前郊勞節），而爲尊君之客，故盛其禮而再拜稽首也。其北面拜者，淩廷堪禮經釋例云：「凡堂上之拜皆北面。」

鄭云致對有辭者，賈疏曰：「致者，賓致幣當有辭；對者，大夫對亦當有辭，所以無辭者，文不具故也。」經云「致幣」，必當有辭，言「大夫對」，則亦有辭。但凡此之辭，經皆不具，文略故也。

受幣于楹間，南面。退，東面俟。

案：使者至楹間南面受幣，然後復退至其西階上之立位，東面而俟。**鄭注**曰：「賓北面授，尊君之使。」以經云使者受幣南面，故知賓授幣必北面也。其所以賓北面授者，爲尊君之使也。堂上之位，賓在阼階上，使者在西階上，授受之時，各進前至兩楹間，授受訖，則各退復其位，使者亦復東面而俟。胡培翬正義曰：「俟者，俟賓拜送也。」，蓋亦俟其後禮也。

賓再拜稽首送幣。大夫降，執左馬以出。

案：賓拜送幣，爲答使者之稽首拜，故亦再拜稽首。旣拜訖，大夫降，執左馬以出，賓亦降，送使者出。**鄭注**曰：「出廟門。從者亦訝受之。」此時行禮於賓所館大夫之禰廟，故經云出乃出廟門也。前主君醴賓時禮畢，經云「賓執左馬以出，上介受賓幣，從者訝受馬。」此時儐使者，使者執左馬以出，與彼時同，故鄭云從者亦訝受之也。然則使者執左馬以出示親受之，餘三馬亦賓之有司牽之從出以授大夫之從者也。

賓送于外門外，再拜。

案：事皆畢，賓送大夫于外門外，以前時迎于外門外，故此時亦送于外門外，亦平敵之禮也。再拜者，亦賓再拜。大夫不拜遂去。淩廷堪禮經釋例云：「凡拜送之禮，送者拜，去者不答拜。」如私覿禮畢，經云：「公再拜送，賓不顧」也。

〔記〕歸大禮之日，既受饔餼，請觀。

案：此言賓既受饔餼，於送使者出之時，卽便請觀國之光也。**鄭注**云：「聘於是國，欲見其宗廟之好，百官之富，若尤尊大之焉。」此蓋請觀之義也，李氏集釋又舉吳季札聘魯，請觀於周樂（事見左傳襄公廿九年）、晉韓起聘魯觀書於大史氏（事見左傳昭公二年）云「皆其事」。胡氏正義曰：「今案觀樂觀書皆可爲請觀之證。鄭專主宮廟者，以下有自下門入之文也。」蓋觀國之光，因國事而有異同，而觀宗廟之好、百官之富乃各國所同，且下文又云自下門入，鄭乃舉論語之文以言之也。

敖繼公以爲此日行禮甚多，「則日暮人倦可知矣。乃復請觀何哉。且問卿之公事未畢而私爲道觀，亦非禮也。此記必誤矣。」敖氏所慮雖合事理，然推言記文之誤則未免造次。蔡德晉則曰：「蓋在賓拜于朝之後。若是日則日暮人倦，恐請觀有所不暇也。」然記文明言歸大禮之日，既受饔餼而請觀，不可又謂在明日拜于朝之後也。胡氏正義則引王士讓、方苞二氏之說以解之。王氏云：「敖氏疑聘日不給，且譏非禮，以爲記文之誤。不知此舉乃於歸大禮之日，請於歸饔餼之卿以達於君而已，非卽日觀也。亦如上經賓請有事於大夫，非卽日問也。」方氏云：「請觀事微，故不特請而假於致饔餼者以達之。其入觀之日則惟主君所命，非受饔餼之日旋請旋帥以入也。」以聘享私覿等朝中之事畢，賓出大門時請有事於大夫，而問大夫事在明日，可證於是日請不必於是日觀之說是也。以游觀由訝帥之且入自下門，則事微不特請而假於歸饔餼之卿以達於君之說是也。然則據記文，游觀既非禮事，乃因聘是國而欲見其國之美，故不特請，而在既受饔餼，賓送使者于外門外之時，因便而請之也。

〔記〕訝帥之，自下門入。

案：此記承上文之請觀，遂接言游觀之事。其事雖非在一日，然記文因言請觀乃終言其事也。**鄭注**曰：「帥猶道也。從下門外入，游觀非正也。」游觀之事由訝導之。前文有言掌訝以待賓客，治其治令，出入導之者也。由訝導之，不另派大夫者，以其事非正也。且以事非正，故從下門入，而不由大門也。胡氏正義曰：「下門蓋卽便門之類。」吳廷華章句云：「下門，其偏隅有門如閨門闕。」

〔記〕賜饔，唯羹飪，筮一尸，若昭若穆。

案：此記言賓既受饔而祭。古人飲食必祭其先，示不忘本也（見前醴賓節），故賓受賜而祭。然祭唯羹飪，腥餼則不祭。」**鄭注**曰：「羹飪，謂飪一牢也。肉謂之羹，唯是祭其先，大禮之盛者也。」爾雅釋器：「肉謂之羹」，注：「肉臛也。」羹臛皆烹調香美之肉，唯飪有之。故記云唯羹飪，謂飪一牢，而腥餼不與焉。以飪爲大禮之盛，故唯飪乃祭其先也。敖繼公曰：「唯羹飪之文意不具，或脫一祭字也。」以下曰「筮一尸」，則文雖不具，知其言祭也。若「唯羹飪」下有一「祭」字則意更明矣。唯敖說無據，姑闕疑。

又**鄭注**：「筮尸，若昭若穆，容父在。父在則祭祖，父卒則祭禰。」若昭若穆，謂或祭父或祭祖也。父已卒，則祭父（禰）而不祭祖，容父尚在，則祭祖也。是以或昭或穆但筮一尸耳。敖繼公曰：「云筮一尸者，嫌幷祭祖禰當異尸也。幷祭祖禰而唯一尸，故若昭若穆者，皆可。」敖氏以爲祭乃幷祭祖禰，然則何以處父在者？且云祭祖禰唯一尸，則昭穆不分矣。褚氏儀禮管見曰：「祖與父存歿無定，故科祭其一。敖氏謂兼祭惟一尸，則何昭穆之有。下經皇祖某甫，皇考某子誤與此同。」案褚氏所駁甚是，其下經皇祖某甫皇考某子亦兼擧若昭若穆之辭而兩言之也（見下文），敖氏之非甚明，當從鄭氏。

鄭注又云：「腥餼不祭，則士介不祭也。士之初行不釋幣于禰，不祭可也。」以記言唯羹飪祭，則上介有飪一牢，當亦祭之。士介唯有餼無饔，故不祭。且前將行釋幣于禰節，經云上介釋幣亦如之，不言士介，則士介無告禰之事，行既不告禰，則不祭可也。賈疏曰：「古者天子諸侯行，載廟木主，大夫雖無木主，亦以幣帛主其神。」然胡氏正義云上經釋幣卽埋之，則大夫亦不以幣帛主其神也。以其無主，乃所以筮尸者歟！盛世佐則曰：「士介初行，亦告於禰。至是乃不祭者，賤不載主也。」若盛氏似言大夫則載主以行者。案天子諸侯之行載木主見於禮記曾子問，而未見大夫之載木主，胡氏正義謂據士虞禮則大夫士無木主也。蓋士虞禮既葬歸虞，設苴迎尸而不言設木主也。且此記言賓之祭先，乃云筮尸，則大夫不載木主明矣。然則士之不祭，不以不載主，但以無饔之故也。至言士介初行亦告於禰，胡氏云：「揆之出告反面事亡如存之義，士當亦與卿大夫同。」然前經但云「上介釋幣亦如之」不云「衆介釋幣」；又禮記檀弓子路去魯顏淵贈之曰「去國則哭于墓」，鄭注：「無君事主於孝」，亦不言君事則告于禰也。蓋士介賤則禮略，且出爲從介而不爲使（上介則或攝使者之事），譬如命使，上介受命於君而辭，衆介則受命于司馬而不辭，其禮亦異。是故上介釋幣于禰，士介則或有出告反面之事，而不必釋幣于禰也。以其不告行于禰，則亦不祭可也。

敖氏曰：「尸云筮，則子弟之從行者衆矣。」以尸乃孫輩爲之。云筮之，則從行之孫輩非一也。

〔記〕僕爲祝。祝曰：孝孫某，孝子某，薦嘉禮于皇祖某甫，皇考某子。

案：賓之祭也，僕御爲其祝。此並言其祝禱之辭。**鄭注**：「僕爲祝者，大夫之臣攝官也。」禮運曰：「大夫具官，非禮也。」然則大夫之臣攝官乃其常也。敖氏曰：「僕，御者也。僕爲祝者，祝不從行，故僕攝之。傳載祝鮀之言曰：嘉好之事，君行師從，卿行旅從，臣無事焉。然則君與大夫以嘉好之事出竟，祝皆不從亦可見矣。」案敖氏所引祝鮀之言見左傳定公四年。以是觀之，則卿行聘出竟，祝不從，故僕攝之也。

祝之辭，言「孝孫某」又言「孝子某」，稱「皇祖某甫」又稱「皇考某子」，乃或以祭祖而言，或以祭禰而言。張爾岐曰：「上文云若昭若穆，故此亦兩言之。」敖氏乃曰：「孝孫孝子稱於祖禰之辭也。幷祭祖禰，盛之也。」其誤已見前說。

〔記〕如饋食之禮。

案：此言賓以飪牢祭其祖禰之禮儀。**鄭注**：「如少牢饋食之禮。不言少牢，今以太牢也。今文無之。」少牢饋食禮，據鄭目錄云乃諸侯之卿大夫祭其祖禰於廟之禮。此時賓出聘他國，祭其祖禰雖不於己廟，其禮亦同也。而平日諸侯之卿大夫祭其祖禰以少牢，此時主君之賜饔有太牢，故以太牢祭之也。是以記但言如饋食之禮而不言少牢也。

賈疏曰：「案少牢禮有尊俎籩豆鼎敦之數，陳設之儀，陰厭陽厭之禮，九飯三獻之法。上大夫又有正祭於室，儐尸於堂，此等皆宜有之，至於致爵加爵及獻兄弟弟子等，固當略之矣。」然則如饋食之禮，亦不盡同也。敖繼公曰：「賓於聘日受饔，且在他國，則此時祭物雖多，而禮儀亦不得不略。又此用太牢，又與彼禮異者也。然則所謂如者，蓋大約言之耳。」然則此亦鄭氏從古文有「之」而不從今文之義者歟？

〔記〕假器于大夫。

案：此言賓之祭其先也，假祭器于所館主國之大夫，而不用君歸饔餼之器也。**鄭注**云：「不敢以君之器為祭器。」盛世佐云：「案註所謂君之器謂鼎豆之屬，君所歸於賓者，亦是祭器，而臣不敢用也。」盛氏乃據鄭云「不敢用」而推君賜饔鼎豆之器非有別於祭器，但臣不敢用君之器祭耳。賈疏亦引曲禮證之曰：「案曲禮云：大夫士去國，大夫寓祭器於大夫，士寓祭器於士。注云與得用者，言寄，覬己後還。若然，卑者不得用尊者之器。是以此大夫聘使不得將己之祭器而行。致饔餼雖是祭器，人臣不敢以君之器為祭器，是以聘使是大夫，還於主國大夫假祭器而行之。」然則據此，則不僅人臣不敢用君之器祭，且祭器之「得用者」亦各有其尊卑之等。此所以大夫出聘，而必假器于大夫也。

〔記〕肦肉及廋車。

案：賓既祭，頒胙肉徧與從者。**鄭注**：「肦猶賦也，廋，廋人也，車，巾車也。二人掌視車馬之官也。賦及之，明辯也。」禮記王制「名山大澤不以肦」鄭注：「肦讀為班」又「肦音班，賦也。」說文：「班，分瑞玉。」段注：「周禮以頒為班。」然則班頒肦音義相同。肦肉謂分胙肉也。「辯」同「徧」。燕禮「大夫辯受酬」，鄭注：「今文辯皆作徧」，謂酬徧及大夫不及士也。此時頒胙而及廋車之賤者，則是明無不徧及也。

賈疏曰：「案周禮夏官有廋人職，掌養馬。春官有巾車職。諸侯雖兼官，亦當有廋人巾車，是故引周禮爲證。」賈氏乃據周禮以明鄭注所云掌視車馬之官也。胡匡衷儀禮釋官則曰：「廋車乃賤官。注疏以廋人巾車當之。攷周禮，廋人下士，而巾車掌公車之政令，以下大夫爲之，疑大夫出聘，未必有此官從行也。周禮廋人下有圉人，掌養馬。廋圉亦通稱。左傳崔子使圉人駕，又云孟氏選圉人之壯者。是大夫亦有圉人掌馬也。車則大夫家掌車之官。若左傳云鮑子之臣差車鮑點（杜注：差車，主車之官）；叔孫氏之車子鉏商之類（服注：車，車士）。或曰廋車蓋廋人巾車之徒屬從聘賓行者。」案廋車容未必爲周禮所云廋人巾車或圉人之官，然其爲從賓出聘而掌視車馬之人則無疑。以其爲賤官，故此記云肦肉及廋車，以明無不徧也。

明日，賓拜於朝。拜饔與餼皆再拜稽首。

案：歸饔餼之明日，賓至主國之外朝拜主君之賜。一拜饔以再拜稽首，復拜餼亦再拜稽首。案此節本言致饔餼之事，既言致賓饔餼，下復言致介饔餼，獨於此夾入拜饔餼之文。此禮於明日行之，而經文插於此處，以其事首尾一貫，故附於此也。**鄭注**曰：「拜謝主君之恩惠於大門外。周禮曰：凡賓客之治令訝聽之。此拜亦皮弁服。」經云拜於朝，而鄭云拜於大門外者，賈疏曰：「以其直言賓拜於朝，無入門之文，故知在大門外。」李如圭集釋曰：「案鄉射禮明日賓拜賜于門外，主人不見。知此拜饔餼亦于大門外也。拜于大門外而曰拜于朝，則諸侯外朝在大門外明矣。」然則拜謝于門外，主人不見，是爲常禮。蓋亦如拜迖之禮，迖者拜，去者不答拜，以禮有終（禮經釋例卷一）之類也。又以諸侯外朝在大門外者，江永鄉黨圖考亦同此說。

而主國待客者，則掌訝是也。是故鄭氏又引周禮掌訝以明之。案周禮秋官掌訝職云：「以待賓客，及將幣爲前驅，凡賓客之治令訝，訝治之。」鄭注所引蓋脫一「訝」字。盛世佐儀禮集編曰：「引之者，欲見賓之拜賜亦以告訝，而訝爲之導也。」又公食大夫禮。明日拜賜於朝，經云「訝聽之」，鄭注：「受其言，入告出報也。此下大夫，有士訝。」然彼下大夫有士訝，卿有大夫訝，乃專爲聘日行大禮而備之，已見前說。此時賓客之治令訝聽之，乃掌訝之職。周禮掌訝職又云「至于朝，詔其位，入復，及退，亦如之。」鄭云注：「入復者，入告王以客至也。退亦如之，如其爲前驅。」則此時賓拜賜于朝，當亦是掌訝爲其前驅導之至朝，又入告於君以賓拜之事。卽所謂訝聽之也。然後掌訝復爲前驅，導賓歸於館。斯所謂掌賓客之治令也。鄭注公食禮云「下大夫有士訝」，蓋偶誤之。

鄭云此拜亦皮弁服者，李如圭云：「公食大夫禮，若不親食，使大夫朝服致之，賓朝服受。明日朝服拜賜。受饔餼皮弁，則亦皮弁拜可知。」以公不親食，猶此時公使卿致饔餼也，以朝服受則以朝服拜賜，然則以皮弁服受，固當以皮弁服拜賜矣。又案公食大夫禮，公親食，亦皆以朝服，明日賓亦以朝服拜賜也。

胡培翬正義曰：「經云拜饔與餼，則二者亦殊拜也。」如致饔餼時堂下之拜經云「階西再拜稽首」，又云「拜餼亦如之」，明二者殊拜。此時云「拜饔與餼」，又云「皆」，則亦是殊拜也。殊拜者，先拜饔再拜稽首，復拜餼，亦再拜稽首也。

〔記〕凡賓拜于朝，訝聽之。

案：此記迺言凡賓受賜之明日拜賜於朝，皆由訝聽其事。**鄭注**曰：「拜，拜賜也。唯稍不拜。」蓋經文中除受饔餼明日拜於朝外，其他凡受饔食，皆於明日拜於朝。唯稍則禮輕，於行時總拜之（事皆見下文）。而凡賓之拜於朝，皆由訝聽其事，蓋以事微故也。此訝爲掌訝，已見前述。

上介，饔餼三牢。

案：此下言下大夫致上介之饔餼，計三牢。賓五牢，上介三牢，亦降殺以兩也。三牢者，據下文則知爲飪一腥一餼一也。胡氏正義曰：「歸饔餼先賓後介，非必同時。以上介在賓館爲之請事入告。必賓禮畢而後能卽己館受禮也。」此言是也。致饔餼時經雖無出請入告之文，但據郊勞可知也。致饔餼乃大禮，必無不用介之理也。賓介各異館，介必先於賓館從事，賓禮畢乃歸己館受禮也。

飪一牢，在西，鼎七，羞鼎三。

案：此言熟物一牢，設于庭西。此一牢計正鼎七，羞鼎三。**鄭注**云：「飪鼎七，無鮮魚鮮腊也。賓介皆異館。」前陳賓之積飪一牢有正鼎九，羞鼎三，此上介正鼎七，則亦降殺以兩之義，所少者，則末二鼎，而無鮮魚鮮腊也。據前文，則正鼎七依次爲牛、羊、豕、魚、腊、腸胃、膚。羞鼎三則與賓飪同，亦腳臐膮以陪牛羊豕也。

鄭云賓介皆異館者，爲說明此賓介之饔餼各陳於其己館也。以前文云展幣於賈人之館，又記云「卿館于大夫，大夫館于士，士館于工商」，固知皆異館也。

腥一牢，在東。鼎七。

案：腥一牢。七鼎，設于庭東爲一列，自北南陳。七鼎之實與飪鼎同，而無陪鼎。

堂上之饌六。西夾亦如之。筥及簠如上賓。

案：堂上之饌六，此亦降於賓二等也。**鄭注**曰：「六者，賓西夾之數。」據設飧之文推之，六謂豆數，則堂上之饌設六豆六簋四鉶兩簠六壺。

西夾亦如之，如堂上之饌也，亦六豆六簋四鉶兩簠六壺。此與賓西夾之饌相同。筥及罋如上賓，則米百筥，醯醢百罋也。**鄭注**云：「凡所不貶者，尊介也。」鄭所稱凡不貶者，謂西夾及筥罋也。郝氏云：「此西夾不殺，以東夾全損也。米醯醬不殺，常用等也。」蔡德晉禮經本義從其說。此與鄭說異。竊以爲郝說是也。蓋東夾既已全損，不可謂尊介。而既損東夾矣，西夾不必更殺也。亦猶腥鼎既減一牢矣，而牢七鼎不必更殺之也。米及醯醬乃常用之物，故不隨牢數而降殺也。

又**鄭注**云：「言如上賓者，明此賓客介也。」釋經稱「上賓」之義。蓋上文皆但稱賓，此時則稱上賓者，以此時歸上介饔餼，以上介爲賓，故稱聘賓爲上賓也。

餼一牢。門外米禾視死牢，牢十車。薪芻倍禾。

案：餼一牢，爲生牛羊豕各一也。亦牽之入於門西北面。米禾視死牢，死牢謂飪與腥也，此時死牢二牢，牢十車，則米禾各二十車。薪芻倍禾，各四十車也。胡氏正義引韋氏曰：「賓禮門外米三十車，禾三十車，與此經所言米禾視死牢牢十車互文見義。」

凡其實與其陳如上賓。

案：此言饌物及陳列之法皆如前述饋賓之禮。**鄭注**：「凡，凡飪以下。」張爾岐曰「實，其物；陳，其位也。」言飪一牢，腥一牢，堂上，西夾之饌，以及米筥，醯醬、餼一牢、米禾薪芻其物其陳皆如歸饔餼與賓之時也。

下大夫韋弁用束帛致之，上介韋弁以受，如賓禮。

案：前言歸上介饔餼諸物其陳皆如賓。此時又言其禮，如揖讓拜受等儀節，亦皆如上賓也。由下大夫致之，亦各以其等之義。下大夫韋弁，與卿致賓禮以韋弁同，亦重其禮以示敬也。上介以韋弁受，則異於賓之以皮弁受。**鄭注**曰：「介不皮弁者，以其受大禮似賓，不敢純如賓也。」且下大夫以韋弁致，上介以韋弁受，其禮亦等也。賓不韋弁受，恐加於聘禮。介則聘禮不爲主，故此時不嫌加於聘，唯不敢純如賓，是以服韋弁。

儐之兩馬束錦。

案：上介儐下大夫以兩馬束錦，較之賓儐卿使者馬乘亦降殺也。其儐禮經無文，當亦如賓之儐卿也。賈疏曰：「此下大夫使者受上介之儐禮如卿使者受賓儐禮當庭同，不言如上大夫者，省文也。」以其致饔餼之禮同，則儐禮當亦同也。

士介四人皆餼大牢。米百筥，設于門外。

案：士介四人各餼太牢一牢，較之上介三牢亦降殺以兩。無饔鼎及陳饌，但生牲牛羊豕各一，及米百筥，皆設于門外。**鄭注**：「牢米不入門，略之也。米設當門，亦十爲列，北上。牢在其南，西上。」以士介賤，其禮略，故牢米皆不入門，各陳于其館之門外。本經記文，士館于工商也。門外之設，鄭云米設當門，十以爲列，北上。賈疏曰：「彼亦當門，此直云設于門外，不云東西，明當門北上，與賓同。」蓋賓及上介庭中醯醢夾碑，其南米百筥十以爲列北上，則是米在門內當門而設。此則但云門外不云東西，故推知在門外當門，亦十以爲列，北上，黍粱稻皆二行，稷四行，與賓上介同也。

牢之陳鄭云在米南西上。賈疏曰：「以其賓上介饔在米南門西東上，明知此牢亦在米南，而西上爲異耳。」敖繼公則謂「牢在米南東上。」褚寅亮曰：「宰夫在門外之西，必以身牽牛近東致命，此注西上恐是東上之訛。」案敖氏謂牢東上，乃據賓上介之餼。褚氏以爲注西上當是東上之訛，乃以宰夫牽牛致命宜在門西近東，而牛固上於羊豕也。且下文大夫餼賓以太牢米八筐亦陳於門外，鄭注云「牲陳於後東上」。彼與此同而云東上，則此「西上」宜是「東上」之訛。然則生牢之設卽由宰夫牽牛於門西東上，有司二人牽羊及豕（豕縛二足，寢人之右）在宰夫之西，米南而陳也。

宰夫朝服牽牛以致之。

案：士介之餼由宰夫朝服致之。敖繼公云：「使宰夫，亦以其爵也。」胡培翬云「此宰夫士也。」案周禮天官序官云宰夫下大夫四人，則諸侯宰夫宜士爲之也。牽牛以致，則是無束帛也。**鄭注**云：「執紖牽之，東面致命。朝服無束帛，亦略之。士介西面拜迎。」禮記少儀曰：「牛則執紖。」鄭注：「所以繫制之者。」宰夫牽牛東面致命，其在門西也。以宰夫來至士之館爲客，故在西。

宰夫朝服以致餼，牽牛而無束帛，是略於賓上介之禮也。承前牢米不入門爲禮略，故鄭云亦略之。鄭云士介西面拜迎，胡氏正義曰：「出門西面拜迎也。」黃氏張氏圖皆以爲出大門外西面拜迎而入於廷，行禮於館門外。蓋誤。下文大夫餼賓亦於舍門外，與此同也。無入門之儀。

賈疏曰：「上賓與上介米禾皆視死牢，具有芻薪米禾。此士直有生餼無死牢，則無芻薪米禾矣。」

士朝服，北面再拜稽首受。

案：士介朝服而受，衣與宰夫同也。北面再拜稽首受，拜主君之賜也，故北面稽首。**鄭注**云：「受，於牢東拜。自牢後適宰夫右，受。由前東面授從者。」其拜受於牢東也，前已言之，牢設當門，故士介在牢東。既拜受於牢東，然後由牢之後（即牢之南）適宰夫右受牛。既受，由牢前東行，東面而授從者。宰夫牽牛當右牽之，士適宰夫右受，亦猶賓私覿時士受馬者適牽馬者之右受也。賈疏云：「君使士受私覿由前，此由牢後，與受馬不同者，牛畜擾馴與馬有異，故得從其後適宰夫右，取便也。於宰夫之後受牛，遂由宰夫之前東授從者，亦是取便也。」

無擯。

案：此當是「無儐」。士介之禮略，故無儐使者之禮，阮氏校勘記曰：「毛本擯作儐。唐石經徐陳閩葛集釋通解楊敖俱作擯，與述注合。李氏曰：擯當作儐，下經記無擯及注不擯賓同。按篇中言無儐者，舊本俱作擯，今本俱作儐，殆因李說而改。」敖繼公曰：「無儐者賤也。大夫以上乃有儐禮。必著之者，嫌受國君之賜皆當儐之也。」

鄭注曰：「既受拜送之矣，明日衆介亦各如其受之服從賓拜於朝。」鄭此注蓋以補經之未言者也。士介既拜受矣，必有拜送之節。明日賓以受之服拜於朝，已見上文，則衆介固當從賓拜之。然則上介以韋弁服，士介以朝服也。

〔記〕士無饔。無饔者無擯。

案：此「無擯」據上校勘記文亦當作「無儐」。鄭注：「謂歸餼也。」經云士介四人皆餼大牢，是士無饔也。經又云無儐矣，此記復敍明之，明無饔故無儐也。

大夫授命
⑤致命
⑧賓
⑨拜辭
大夫降出

⑦賓當碑
⑤賓立堂下

⑩賓降授老幣
老受幣
⑥賓再拜受

④擯
④擯

③賓
鼎羊鼎豕鼎牛鼎魚鼎
臘鼎腸胃鼎膚鼎　　鮮魚
鮮腊鼎　列五鼎鼎十五器

⑤賓當碑
牛羊豕魚臘腸胃膚鮮魚鮮腊

簠簋簋簠
鉶鉶鉶鉶十二鉶
簠簋簋簠十二豆

廟門

③賓　③賓
②賓　①賓

中夫先升夫先

③擯　③擯

賓大夫未華束
迎夫於帛
大夫外
於門
賓外

②中門半米半人
①賓擯人

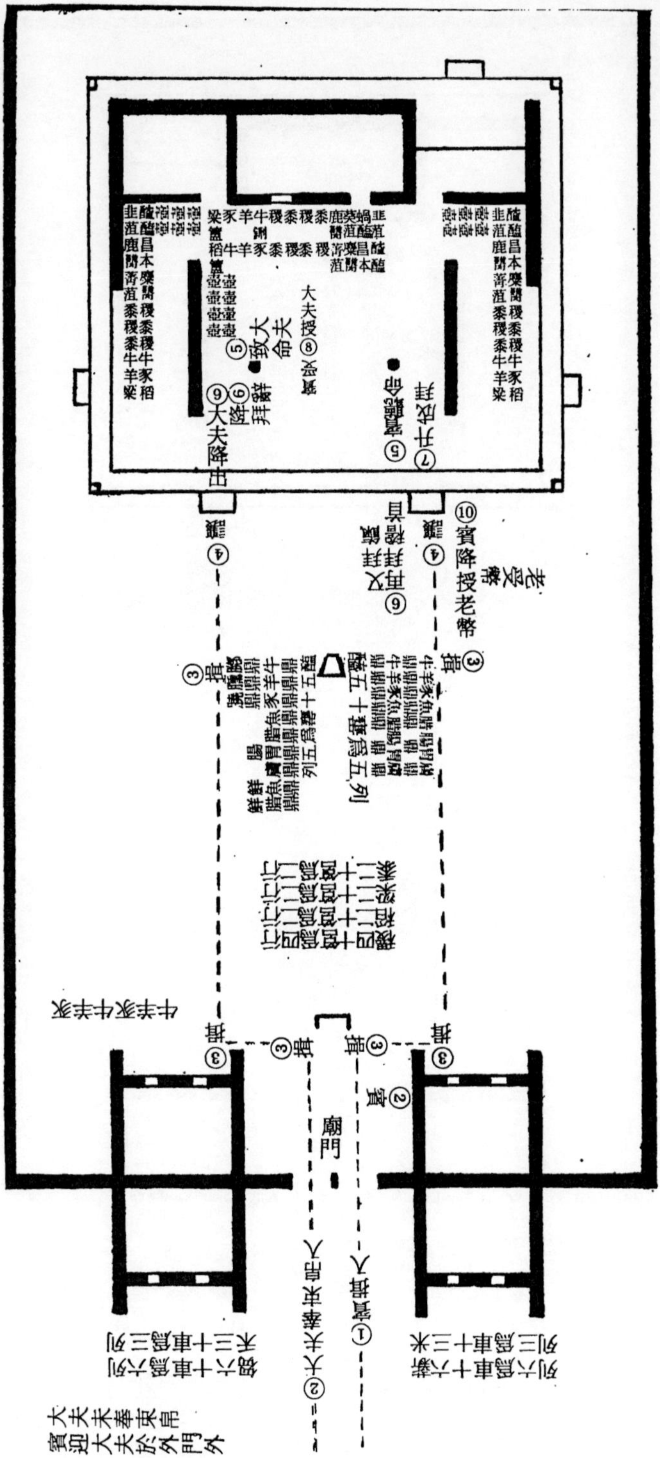

二十、儐大夫

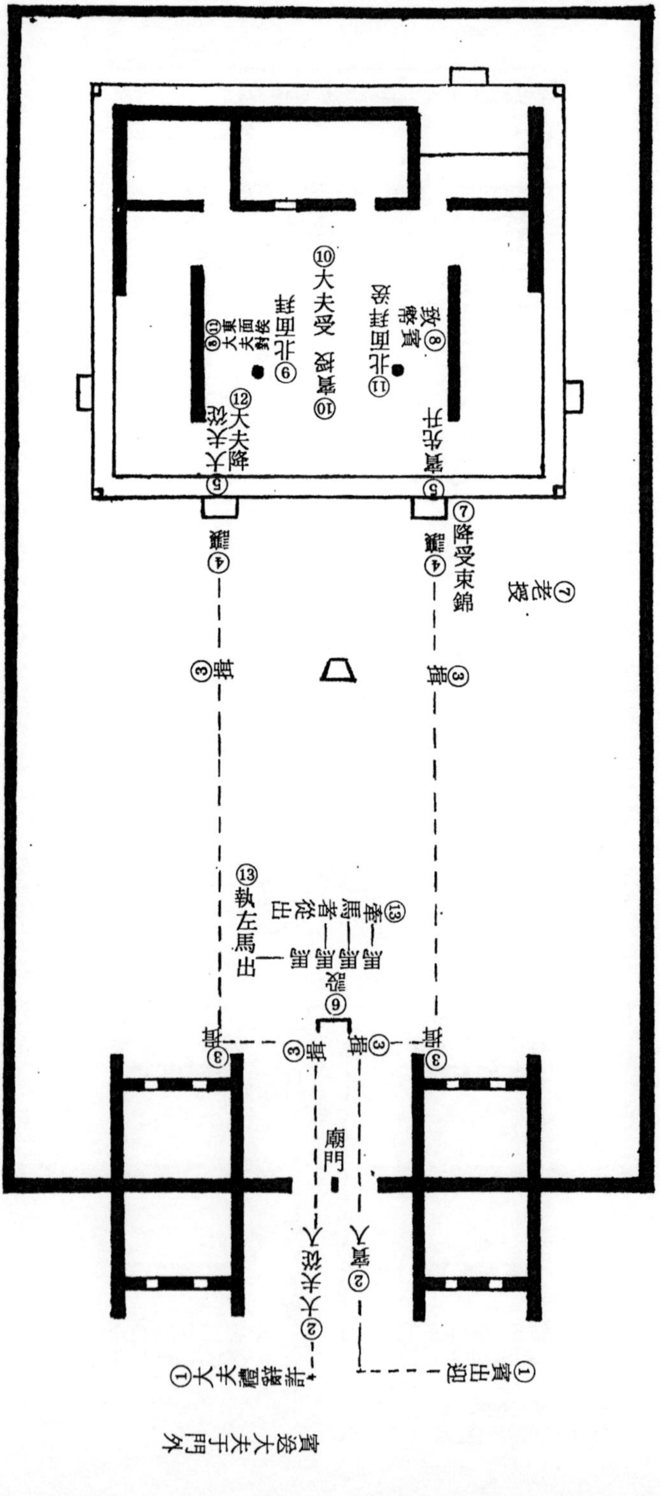

二十一、致上介饔餼

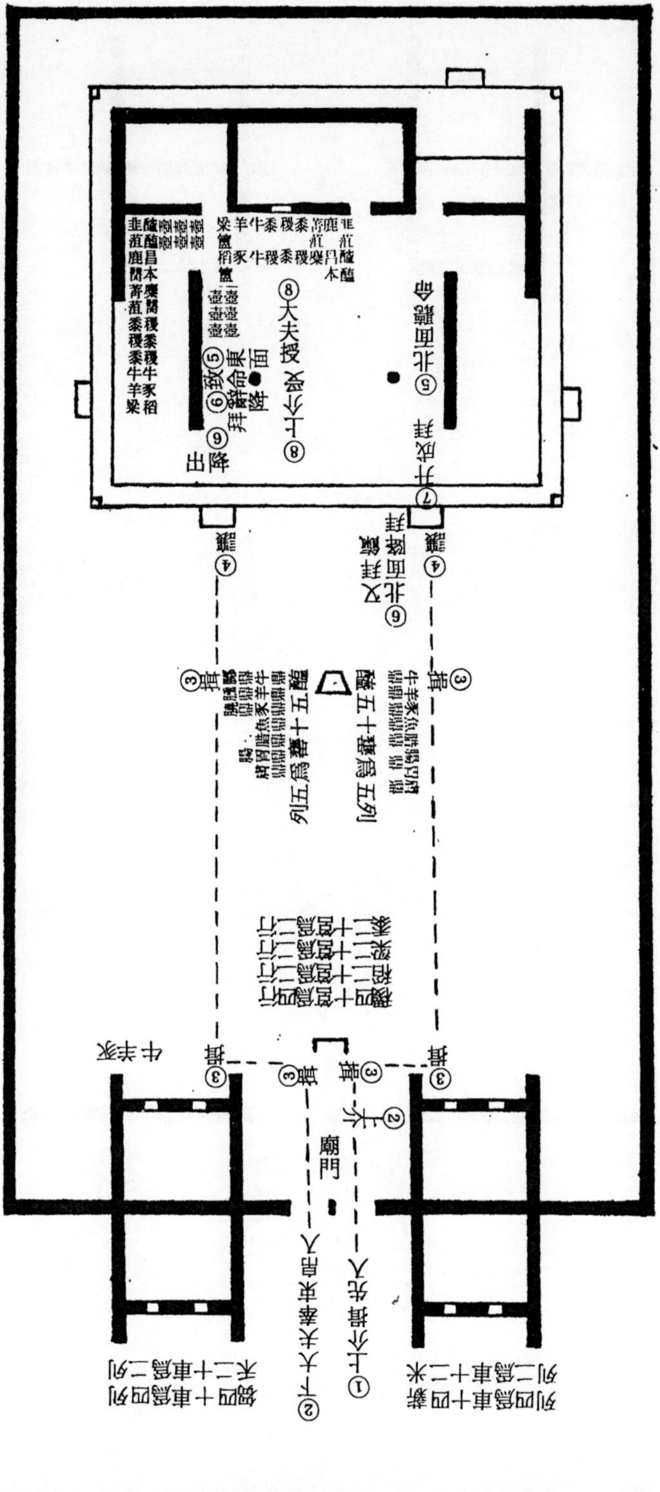

二十二、餼士介

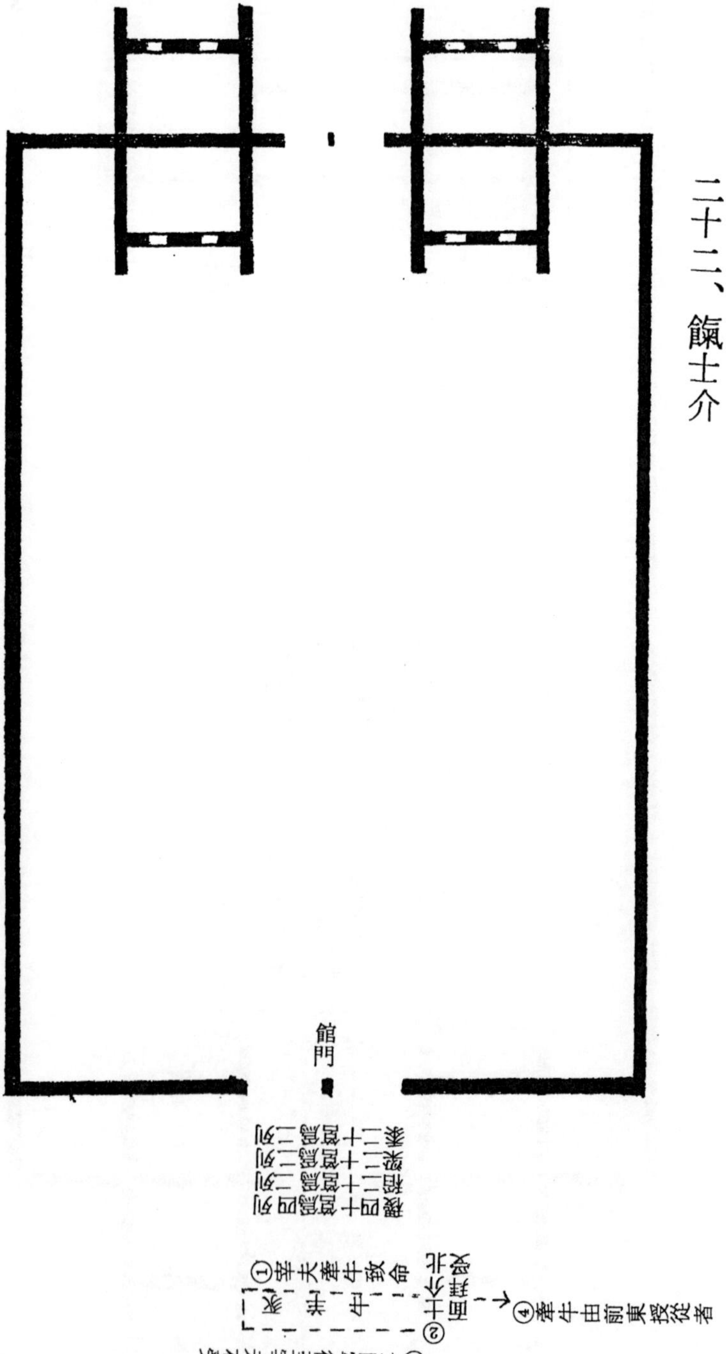
館門
稷四十筥爲四列
稻二十筥爲二列
粱二十筥爲二列
黍二十筥爲二列
①宰夫牽牛致命
②士介北面拜受
③士自牢後至宰夫右受
④牽牛由前東授從者
牛
羊
豕

第十七節　賓問卿面卿

〔記〕明日問大夫。

案：經文此記在「聘日致饔」句下，則是聘禮之明日而問大夫。此問大夫，謂問主國之卿及嘗使至己國之下大夫也。前聘享畢公送賓，賓請有事於大夫，卽此事也。**鄭注**曰：「不以殘日問人，崇敬也。古文曰問夫人也。」謂聘日已行聘享諸禮，所餘之日已殘，故明日乃行問大夫之禮，以崇敬意也。

古文曰問夫人，當是涉此記下文「夕夫人歸禮」而誤。以經文於明日行賓問卿面卿，問大夫之禮，固知當從今文作「問大夫」爲是。

賓朝服問卿，卿受于祖廟。

案：此節言賓奉己君之命以君幣問所聘國之卿，卽前聘覲之禮畢，公送賓出，賓請有事于大夫之事。胡培翬正義引高氏愈曰：「聘本爲君也。而因以及其夫人，而幷以問其卿大夫，則凡內外尊卑之間無不致其殷勤敬禮之意，而所以睦其鄰者大矣。」

賓問卿衣朝服，**鄭注**曰：「不皮弁，別於主君。卿每國三人。」以前聘時賓皮弁，乃對主君行禮，此時對卿行禮，宜降於君，故不皮弁而服朝服。卿每國三人，已見於前文君與卿圖事節，此時鄭氏又特言之者，賈疏曰：「欲見三卿皆以幣問之。其主國下大夫嘗使向己國者乃得幣問之，與卿異。」下大夫嘗使至者幣乃及之，見下經。卿則無論嘗至己國與否而皆問之，故鄭氏特言卿每國三人，見三卿皆問也。

其問卿之時，張爾岐云：「明日拜饔餼于朝，返即備舉此禮。」以記云「聘曰致饔，明日問大夫」，故知是致饔餼之明日。而前節云既受饔餼，明日皮弁拜於朝，宜是既拜於朝，返而易服遂舉此禮也。

卿受于祖廟，**鄭注**云：「重賓禮也。祖，王父也。」禮記王制云「大夫三廟，一昭一穆，與太祖之廟而三。」則受於祖廟而不受於禰廟，是為尊賓也。然何不受於太祖廟者？賈疏曰：「以其諸侯受於太祖廟，大夫下君，故受於王父廟。」蓋前文將行聘時，主君言「不腆先君之祧」而知諸侯受於太祖廟，此時卿受於祖廟乃為下君也。

此時經但言卿受于祖廟而未有辭讓之節，賈疏曰：「以其初君送客之時，賓請有事于大夫，君禮辭許，是以卿不敢更辭。」此亦見於下記。

下大夫擯。

案：此時賓以君命問卿，卿爲主人，而以下大夫擯。**鄭注**曰：「無士擯者，既接於君所，急見之。」以前文聘時，以卿爲上擯，大夫爲承擯，士爲紹擯。此時經但云下大夫擯而已，故知無士擯。而鄭釋所以無士擯之故，乃謂聘覿時卿爲上擯，既接賓於君所，則欲急見之而不用士擯以簡其事。其說甚異。蓋既明日問大夫矣，何云急見之乃至不用士擯？吳廷華疑義云：「注說曲而未當，夫使禮果當有士擯，豈得以急見之故幷禮廢之。」此說是也，有擯無擯，固當以禮行之。此時蓋如李如圭集釋所云「不必備士擯」，以禮簡於君故也。

敖繼公集說云：「下大夫擯，公使爲之也。必使下大夫者，欲與上介之爵相當也。此公事也，故重之。」云此公事者，賓以君命問卿也。賓爲聘使而下大夫爲介，故公亦使下大夫爲卿擯而受之。必云公使爲之者，以下大夫爲君之屬而非卿之屬。爲重公事，故公使爲之。盛世佐云「此與卿聘而用大夫爲上介之意同」是也。而盛氏又云「下大夫卿之屬也」，則非是。

擯者出請事。大夫朝服迎于外門外，再拜。賓不答拜。

案：此時擯者出外門外而請事於賓之上介，入告於卿，卿乃朝服出迎于外門外，以賓主人同等則迎於門外也。卿朝服，與賓服同。卿再拜，賓不答拜者，亦奉君命者不答拜也。

〔記〕大夫不敢辭，君初爲之辭矣。

案：此記賓問卿，擯者出請事，遂行禮而不辭之事。此云「大夫」，乃通指三卿及下文所云下大夫嘗使至而上介問之者。以卿卽上大夫也。**鄭注**云：「此句亦非其次。宜在明日問大夫之下。」案經文此句原在「士無饔，無饔者無擯」句下，故鄭云非其次。且此言「大夫不敢辭」，明是言不敢辭彼君之問，故云宜在「明日問大夫」之下。而君初爲之辭亦見於前經公送賓時，「賓請有事于大夫，公禮辭許」之文。胡培翬云：「大夫不敢辭，謂賓問卿時，擯者出請事，但入告而不辭也。」此言是也。以郊勞、私覿、醴賓、歸饔餼、皆有擯者入告出辭之文，則於此禮出請亦當有入告出辭之節，惟初既公禮辭而許矣，則大夫不敢更辭，故擯者出請入告，大夫遂出大門外迎賓行禮也。

揖，大夫先入，每門每曲揖。及廟門，大夫揖入。

案：此時卿（大夫）迎賓於大門外，揖而卿（大夫）先入。淩廷堪禮經釋例卷一云：「凡入門，賓入自左，主人入自右，皆主人先入。」此時卿爲主人，故揖而先入自門東（右），賓相對而揖，後入自門西（左）。既入門，曲而東行，經閤門而向廟門，凡曲行或入門皆揖。賈疏曰：「大夫二門，入大門東行卽至廟門，未及廟門而有每門者，大夫三廟，每廟兩旁皆南北豎墻，墻皆閤門，假令王父廟在東，則有每門每曲之事。」敖繼公曰：「大夫三廟，曾祖廟在最東，祖廟次而西，禰廟又次之。此受於祖廟，故亦有每門每曲揖。此每門謂二閤門也。」賈氏以太祖廟居中，祖廟在東，禰廟在西；敖氏以曾祖廟、祖廟、禰廟由東而西，而皆以三廟並列，此說皆誤，而皆以每門爲閤門則是。蓋廟在宮之東，入大門而東，經閤門則至都宮，都宮之北太祖廟居中，其南左昭右穆，各有廟門，（說已見前），則此時行禮於祖廟雖在東，但經一閤門來至都宮耳，並未有二閤門。而云每門每曲揖者，蓋泛言通禮，凡有曲有門而行道有變則揖之以示意也。不必泥於「每門」必有二門之說，此論亦具詳前。

既行至廟前，大夫揖賓而入，**鄭注**曰：「入者，省內事也。既而俟於宁也。」主人先入省內事，與行聘時同。聘時主君爲尊，故入省內事而立於中庭，此時大夫與賓同等，故云既省內事而立于宁。知其立於宁者，下文賓入經云「三揖皆行」，既入而並行，則知主人俟賓於宁矣。賈疏曰：「以卿俟于宁，故得並行與卿三揖。不俟于庭者，下君也。」宁者，爾雅曰「門屏之間謂之宁」，李如圭集釋曰：「此經言大夫揖入，則既入門內矣。下云三揖竝行，凡至門內霤爲三揖之始，則省內事之後出俟于內霤南兩塾之間也。」案爾雅據人君視朝設屏而宁立，故曰門屏之間，李氏以「門內霤兩塾間」，實亦與爾雅同也。唯欽定儀禮義疏曰：「此非宁也。人君路門外之朝位則曰宁，卿大夫焉有宁名乎。」因言：「大夫揖入而俟於入門右之位。」其以「宁」爲人君視朝立位之專名，宜然。而入門右之位，卽內霤兩塾間也。

擯者請命。庭實設，四皮。

案：卿入省內事，內事既畢，於是擯者出請受禮。經云請命者，據前經聘禮節鄭注謂「請受賓所以來之命」。**鄭注**曰：「亦從入而出請。不几筵，辟君也。」云擯者先從卿入而省事，然後出請命。前聘禮時經云「擯者出請命」，是擯者先已從入也。則此時擯者當亦先從入。又云「不几筵」者，以聘時擯者出請命之前經有「几筵既設」之文，此時經無文，則是不几筵矣。此時所以不几筵者，鄭云「辟君也」，謂降於君之禮也。敖繼公曰：「不几筵者，君使尊，不敢設神位以臨之。」前聘時設几筵，鄭云「以其廟受，宜依神也」，此時亦廟受而不依神者，以已爲大夫，賓奉君命而來，不敢設神位臨之，亦是辟君之意也。

既請命，賓之庭實遂入設于庭，庭實用四皮，**鄭注**曰：「麋鹿皮也。」凡諸侯用虎豹之皮，大夫用麋鹿之皮，已見前文（享禮），此君與臣，故用麋鹿皮。

賓奉束帛入。三揖，皆行。至于階，讓。

案：庭實既設，賓則奉束帛入。至於內霤，與卿揖而東西曲；至於東西陳，再揖而北行；至於碑三揖。自內霤至於階，皆並行。**鄭注**：「皆猶並也。」

至于階，讓升。**鄭注**：「古文曰三讓。」鄭不從古文者，不成三讓也。說詳前歸饔餼節。

賓升一等，大夫從。升堂，北面聽命。

案：賓先升階上一等，大夫從升。既升至堂，大夫北面聽命。**鄭注**：「賓先升，使者尊。」使者卽賓也，鄭云使者，見其奉君命爲使者，所以爲尊。卿北面聽命，聽使者所致聘君之命也。

賓東西致命。

案：賓在堂東楹東致己君之命。**鄭注**：「致其君命。」君命卽問卿之命。所謂「公事」者也。

大夫降，階西再拜稽首。賓辭。升，成拜。受幣堂中西，北面。

案：此時賓致君命，卿（大夫）降東階，於階西北面再拜稽首。此拜君命，故降階而拜。淩廷堪禮經釋例曰：「凡臣與君行禮皆堂下再拜稽首。異國之君亦如之。」又：「堂下拜以面北爲敬。」前文歸饔餼時賓拜主君之命亦與此同。

賓辭其降拜，大夫既已階下再拜稽首，乃升至堂上而成拜。淩廷堪釋例曰：「凡君待以客禮，下拜則辭之，然後升成拜。」燕禮鄭注：「升成拜，復再拜稽首也。」謂先拜於堂下時主人辭之，於禮若未成，故升堂復拜而成禮也。故此時辭之而升成拜，不全以臣禮也。然後受幣於堂中之西，大夫北面受，賓南面授幣。**鄭注**曰：「於堂中央之西受幣，趨聘君之命。」此時大夫趨聘君之命而進至堂中之西北面受幣，其禮亦與歸饔餼時，賓受幣於堂中之西北面同。

又堂上大夫受幣時，庭中大夫之士當亦以之爲節而受皮。

賓降，出。大夫降，授老幣。

案：致命授幣既畢，賓降西階，與士介、上介逆出。大夫亦降自阼階，至庭中授老幣。敖繼公曰：「自三讓至此，其禮意與歸饔餼同。大夫於是進立于中庭，西面。」此禮爲賓奉已君之命而問卿，與歸饔餼主國之卿奉主君之命來饋賓，其事相類，故禮意同。敖氏云大夫於是進立于中庭，爲待行私面之禮也。然據郊勞節所引士冠禮之文，主人之常位，當在阼階下西面直東序，大夫之俟當於此。敖氏以人君之位推之，而改南面爲西面，殆誤。

無擯。

案：不行儐使者之禮。**鄭注**：「不擯賓，辟君也。」蓋凡使者以君命來，禮既畢，主人待賓，不用醴謂之儐。如郊勞、歸饔餼，皆有儐。聘享畢，則主君以醴醴賓。此時禮當有儐，爲辟君而不儐，故經特言之。

又此處經注「儐」字，注疏本皆作「擯」，李如圭集釋云皆當作「儐」。以義論之，李說是也。

擯者出請事。賓面如覿幣。

案：賓奉君命行問卿之禮畢，又以己幣行面卿之禮。面，私面也，猶前時聘享畢行私覿於主君。**鄭**

注曰：「面亦見也。其謂之面，威儀質也。」前經賓請覿，鄭注「覿，見也」，此時面卿，義與私覿同，故云「面亦見也」。賈疏云：「覿面並文，其面爲質，若散文，面亦爲覿。故鄭司儀註云私面私覿也；又左傳云楚公子棄疾以乘馬八匹私面鄭伯是也。」司儀註見周禮秋官，左傳事見昭公六年，均見「面」與「覿」同義，而前見主君云「覿」，此見大夫云「面」者，爲記禮有別而面質於覿也。胡培翬正義云：「以覿儀繁，面則儀簡耳。」見於大夫之威儀固宜質簡於見君，故直稱「面」以有別於稱「覿」也。

經云「面如覿幣」，據上經則此面卿之幣亦用「束錦乘馬」也。

賓奉幣，庭實從，入門右。大夫辭，賓遂左。

案：賓奉束錦，庭實乘馬從於後，入於門右，大夫辭其右。**鄭注**曰：「庭實，四馬。」吳廷華章句曰：「不先設，辟君。」案此時賓先以卑者之禮入自門右，若前覿君時經云：「賓覿，奉束錦，總乘馬，二人贊，入門右」，則庭實本不當先設，宜是庭實從而不總，爲辟君也。

賓入門右者，以卑者之禮。**鄭注**曰：「見，私事也，雖敵，賓猶謙入門右，爲若降等然。」曲禮曰：客若降等，則就主人之階，主人固辭於客，然後客復就西階。」則入門自右乃爲臣或降等之禮，所以前時賓覿先入門右乃以臣禮，此時賓與主人皆卿爲同等，而亦入門右，乃爲謙也。敖繼公集說曰：「入門右者，欲於此北面奠幣也。」以覿時入門右而北面奠幣，故云此亦然。而以大夫卽時辭之，遂不奠幣而遂左，此亦差降於覿君。覿時奠幣而出，主君擯者乃取幣以出也。

大夫之辭，**鄭注**曰：「大夫於賓入，自階下辭迎之。」賈疏云：「知階下辭者，以其授老幣時降故也。」敖繼公則曰：「於中庭南面辭之。」褚寅亮儀禮管見謂敖說是也。以下文賓既入揖讓如初，鄭注云「大夫至庭中旋並行」，褚氏曰：「必至賓入始從階下至中庭與之並行，亦嫌自尊。」然前文有云：主人之立位在阼階下直東序西面，鄭云自階下辭迎之據此。而此時大夫在階下，本不欲受賓之入門右，卽其位而辭之何云自尊？且鄭此云「辭迎之」並非自階下至中庭而與之並行，乃是辭賓入門右，而遂從階下至門右之位迎賓。而此時大夫既辭，賓遂出而更自門左，且待庭實之設方始復入，豈如褚氏所云「必至賓入始從階下至中庭與之並行」者哉！褚氏蓋以下文鄭注「至庭中」誤作「至中庭」，且不辨「辭迎之」至「揖讓如初」之間，猶有「賓遂左，庭實設」之節所致。而敖氏以中庭人君之位推言主人之位，其誤已見前述，且前時敖氏尙稱大夫西面，此時又云南面辭之，更誤。

鄭云辭而迎之，賈疏：「知迎者，下文揖讓如初，明迎之可知。」然大夫與賓同等，禮宜迎之門外，卽如敖氏所云「面與問禮相因也。凡自敵以下客禮之相因而行者，帷（疑惟之誤）於內俟之」，以禮相因而不迎於門外，亦當迎於門內之位。則大夫階下辭賓之入門右，旋至門內霤兩塾間之位而迎之，始合於禮。據聘時主君初迎於大門內，至廟門揖入省內事而俟於中庭，聘畢而享亦迎於中庭，則此時入省而俟於門右，今則當亦迎於門右，敖氏所云禮相因者於內俟之，是也。

大夫辭而賓遂左，仍以客禮也。敖繼公曰：「大夫不俟其奠幣而親辭，賓亦不果奠幣而遂左，此則異於降等者也。於是賓少立於門左之位以俟之。」異於降等者，以本非降等也。謂不俟奠幣而辭及不果奠幣，據覿禮言之也。云賓少立門左之位而俟，則俟庭實之設也。

庭實設，揖讓如初。

案：庭實四馬入設，然後賓奉束錦入自門左。主人與賓三揖皆行而至階，三讓而升，如前問卿之時。**鄭注**曰：「大夫至庭中旋並行。」此注「至庭中旋」頗爲致疑。賈疏曰：「大夫至庭中迎賓。大夫廻旋與賓揖而並行北出，言如初者，大夫不出門，唯有庭中一揖，至碑又揖，再揖而已。」此說更誤。蓋聘享時主君立於中庭，尚且三揖，豈有再揖而已者。且鄭云「庭中」而非「中庭」，二詞有別。褚寅亮、胡培翬直以「中庭」之誤非鄭注，竊以爲終嫌誣之。敖繼公曰：「大夫乃至入門右之位揖賓皆行。」此說是也。鄭意蓋謂賓入門至庭中，大夫旋卽與之三揖並行者歟！

大夫升一等，賓從之。

案：至于階既三讓，主人先升一等，然後賓從升。**鄭注**曰：「大夫先升道（導）賓。」淩廷堪禮經釋例云：「凡升者，主人讓于客三，敵者則客三辭，主人乃許升，亦道賓之義也。」前問卿時賓乃奉君命，故尊賓而賓先升；此時私面則行敵者禮，所以主人先升道賓也。

大夫西面，賓稱面。

案：堂上大夫西面，賓東面而稱私面致禮之辭。**鄭注**：「稱，舉也，舉相見之辭以相接。」是此時之「稱面」猶上文之「致命」，乃述相見致禮之辭也。敖繼公集說曰：「稱面不言東鄉，可知也。」以經既云「大夫西面」則賓固當東向致辭也。

大夫對。北面當楣再拜，受幣於楹間，南面。退，西面立。

案：賓稱面，大夫亦對以受禮之辭。然後北面當楣再拜，既而南面受幣，賓北面授幣。授受於兩楹之間。大夫既受幣，退至東楹東主人之位，西面而立。胡培翬正義曰：「大夫對，答其稱面之辭也。」北面當楣再拜，拜受也。淩廷堪禮經釋例云：「凡堂上之拜皆北面」，前聘覿時主君拜受亦北面。敖繼公曰：「不稽首，別於聘君之命。」謂問卿時大夫降階再拜稽首，爲拜聘君之命。此時賓私面，則但再拜而不稽首也。

受幣於楹間者，**鄭注**曰：「受幣楹間，敵也。」問卿時受幣於堂中西，以彼時賓奉君命，大夫趨聘君之命而進於堂中之西，此時乃聘賓私禮，賓主人位敵，故各進至堂中在兩楹之間。

主人再拜而南面受幣，則賓乃北面授，**鄭注**：「賓亦振幣進，北面授。」鄭云賓「亦振幣進」乃從覿禮「振幣進授」而言之。振幣謂以袂拂其塵也。敖繼公曰：「不振幣，異於授主君也。」

按經文中「振幣」之文僅見於賓介私覿主君（主君醴賓時拂几，與「振幣」異），其他致幣經則但言授受，不言振幣，此時經亦無文，殆以敖說爲是。授者北面，受者南面，蓋授幣而致其敬也。此亦與歸饔餼儐使者同也。敖氏曰：「不言受馬之儀，如覿可知也。」如覿及享，堂下庭實之受視堂上之受幣以爲節也。此時堂上受幣，則主人之士自堂下受馬，其儀可知也。其受馬之法，則如覿時經文云：「士受馬者自前還牽者後適其右受」。

退西面立，胡培翬云：「俟賓拜送也。」以下經文接云賓拜送幣，固知大夫立而俟之。西面，主人之常位也。

賓當楣再拜送幣。降。出。

案：授受已畢，賓當楣北面再拜送幣，其禮與大夫拜受同。禮既畢，賓降西階，而隨介之後逆出廟門。

大夫降，授老幣。

案：大夫於賓降之後亦隨而降自東階，授老幣於庭。面卿之禮畢。以下接介面卿之禮，則此時大夫當立於阼階下西面直東序之位，與問卿之禮畢時同。

二十三、問卿

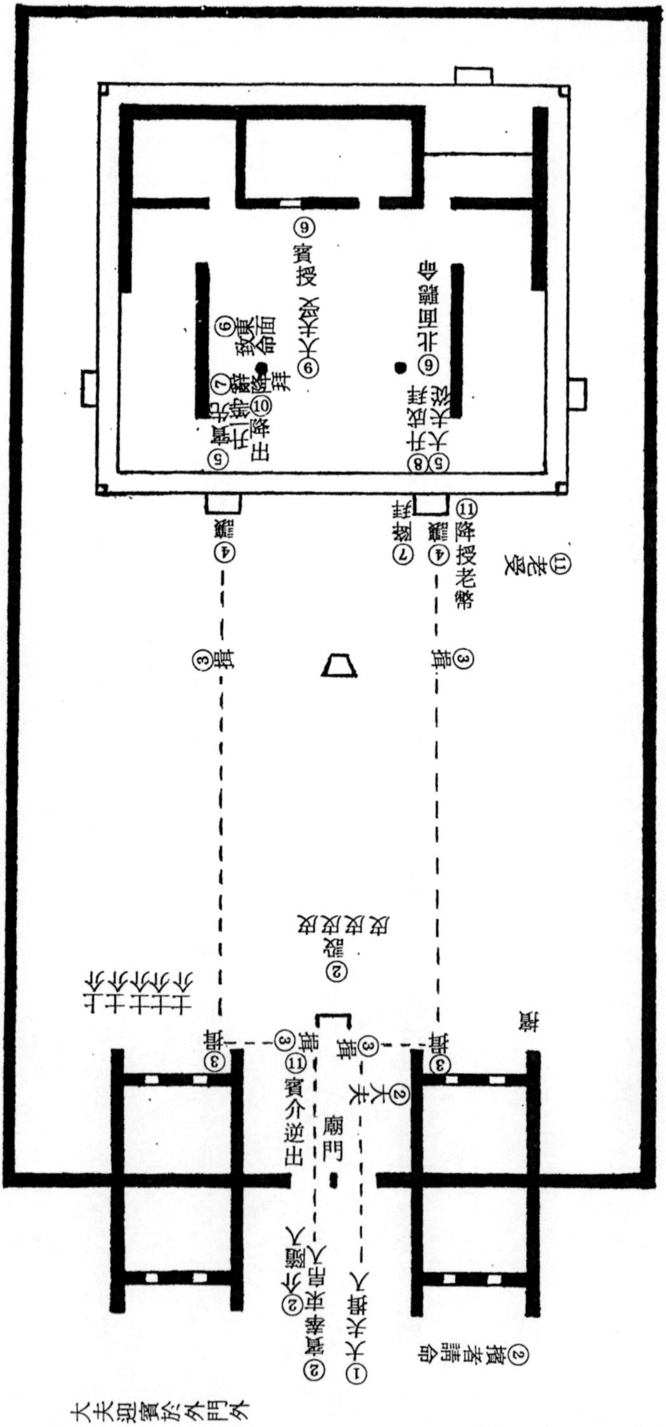

二十四、賓面卿

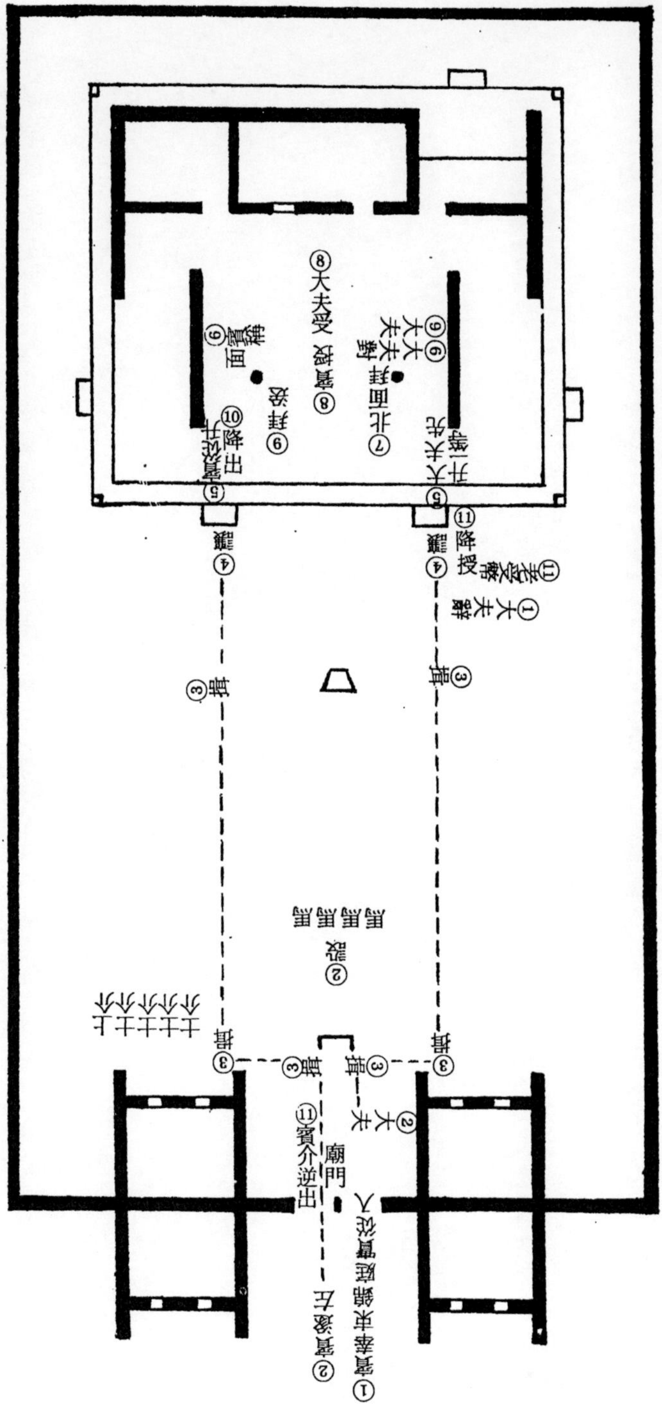

第十八節　介面卿

擯者出請事，上介特面，幣如覿。

案：賓問卿、面卿已畢，出於廟門外。大夫之擯者出請事之有無，則告以上介特面。擯者入告，上介行面卿之禮。亦猶前賓私覿畢，介皆行私覿主君之禮。此時上介面卿之幣亦如覿幣，則束錦儷皮也。

鄭注曰：「特面者，異於主君，士介不從而入也。君尊，衆介始覿不自別也。上賓則衆介皆從之。」經云上介特面，故知衆介不從。而覿時上介始入門右之時，衆介亦從上介而入門右，卽鄭所謂君尊而上介不自別於衆介也。以主君辭其以臣禮，然後上介以客禮覿君，而士介不從，乃俟上介禮畢更以臣禮進之。此時面卿，異於主君，故上介始以降等之禮入自門右時，士介卽不從而入，是上介別於衆介也。又此時經云「上介特面」以見士介不從，則賓面卿時衆介皆從也。所以鄭云「上賓則衆介皆從之」。賈疏云：「上介言特面，則賓問卿與私面介皆從可知。」李如圭集釋曰：「上賓面卿亦從介如覿，介統于賓也。衆介不統於上介，上介面卿，雖不自同于衆介，亦不敢從衆介。」此則上介特面之義也。盛世佐云：「特面之義有二：一是不與衆介同執幣而入，異於見主君也；一是不以衆介自隨，下於賓也。」盛氏所云前一義卽李氏所云不自同于衆介，覿時上介於主君前不敢自尊，故與衆介同執幣以入，此時面卿，則上介爲大夫，尊於士介，故不自同於衆介而特面。盛氏所云後一義卽李氏所云不敢從衆介，以上介雖不自同於士介而同執幣以入，亦不敢同於賓以士介從，是所以特面之義。

介奉幣，皮二人贊。入門右，奠幣，再拜。

案：上介奉束錦，儷皮以有司二人贊執之，入門右奠幣，再拜以送幣。**鄭注**：「亦儷皮也。」以經云「幣如覿」固知是束錦儷皮，且以儷皮，故二人贊之。又據前文，則儷皮宜是麋鹿之皮，蓋大夫用麋鹿皮，說已見前。

此時入門右奠幣者，**鄭注**曰：「降等也。」前賓面卿時乃敵體，亦謙而入門右，唯未奠幣卿卽辭之而賓遂左；此時上介於卿乃降等，故貶於賓而入門右旣奠幣再拜，大夫乃辭，是故鄭云「降等也」。

敖繼公曰：「介奠幣，贊者亦奠皮出。」以贊者執皮視所奉幣爲節，故上介奠幣出，贊者亦奠皮出也。

大夫辭。擯者反幣。

案：大夫辭其入門右奠幣之降等者禮，而此時上介既奠幣出，於是擯者執其幣出，主人之有司亦執儷皮出以還於上介。大夫辭，鄭注曰：「於辭，上介則出。」謂上介奠幣再拜，大夫乃辭之，而於大夫辭之時，上介則遂出矣。

擯者反幣，鄭注曰：「出還於上介也。」出還於上介，請更以客禮受之也。前覿時上介與衆介皆入門右東上奠幣，擯者辭之，經云「擯者執上幣，士執衆幣，有司二人舉皮從其幣出，請受，委皮南面，執幣者西面北上，擯者請受，介禮辭聽命，皆進訝受其幣」，則此時擯者反幣，當亦有「有司舉皮從擯者出，委皮南面，擯者請受，上介禮辭聽命，進訝受其幣」諸儀。李如圭集釋曰：「亦反皮。」

庭實設，介奉幣入。大夫揖讓如初。

案：此時更以客禮進，故庭實先入設，上介乃奉束錦入自門左。大夫迎於門內，三揖皆行，至階三讓而升，皆如初賓問卿面卿之時。經云揖讓如初，承上文賓面卿「揖讓如初」、問卿「三揖皆行，至于階讓」，故知皆行而大夫迎于門內也。鄭注云：「大夫亦先升一等。」以賓面卿時大夫先升一等，賓從之，故鄭知此時亦大夫先升一等也。賈疏云：「上賓行私面，大夫升一等賓乃升，此上介私面亦然，故云亦也。」

介升。大夫再拜受。

案：大夫先升一等，介既升，則皆至堂上矣，於是大夫再拜受幣，前賓面卿時，大夫北面當楣再拜，此時當亦然。淩氏禮經釋例曰：「凡堂上之拜皆北面。」又引士冠禮：孤子冠「凡拜，北面于阼階上，賓亦北面于西階上答拜」，以見此爲堂上拜之常。敖繼公亦云：「此賓主相拜之正位。」是以此時經文雖但云再拜，固知是於阼階上北面當楣再拜也。

敖繼公曰：「云介升大夫再拜，明其不稱面也。」以賓面卿時經有「賓稱面，大夫對」之文，然後大夫拜，敖氏遂謂此時經文於介升接云大夫拜，以明其不稱面。然行禮而無辭，何以成其禮耶？私覿一節君降一等而辭賓之降拜，經有「擯者曰：寡君從子，雖將拜，起也」之文，鄭注：「此禮固多有辭矣，未有著之者，是其志而煥乎，未敢明說。」則此當亦是有辭而未著之者，賓稱面，則知上介當亦稱面，然後成其禮也。必云「介升」，乃承「揖讓如初」，明升堂然後行禮，非必逼承「大夫再拜」，以明不稱面也。

鄭注：「亦於楹間南面而受。」此云「亦」，亦承上文賓面卿之時而言之。彼時大夫受幣于楹間南面，賓北面授以尊大夫，則此時當亦南面訝受也。亦於楹間者，賈疏云：「上介是下大夫，與卿小異大同，明得行敵法在楹間可知。」敖氏曰：「介於卿雖降一等，然同爲大夫，故受於堂上亦得在楹間也。」上介雖稍降等於卿，然經未有趨進之文，則知不異於賓，而行敵法授受於楹間也。

介降拜，大夫降辭，介升，再拜送幣。

案：上介降階而拜送，大夫亦降而辭之，於是上介乃升，至堂上北面再拜送幣。敖繼公曰：「降拜者，亦貶於卿。大夫既辭則揖而先升，西面，介升，拜於西階上北面也。」前者賓面卿，既授幣，但當楣再拜送幣，此時介以降等，故降而欲於堂下拜送，猶賓覿主君時亦降而於階東拜送，君降一等辭，賓乃栗階升而成拜。此時大夫貶於主君，故不僅降一等，乃降至階下揖而辭之，既乃先升，於是介亦升，至堂西階上當楣賓之正位，北面再拜送幣。

鄭注曰：「介既送幣，降出也。大夫亦授老幣。」以送幣既迄，行禮已畢，固當降出，經無文，注乃補敘之。且大夫亦降而授老幣，皆據常禮，固知之也。

至此，上介特面之禮已畢。

擯者出請，衆介面，如覿幣。入門右，奠幣，皆再拜。

案：上介私面禮畢既出，於是卿之擯者又出請事，衆介四人乃皆奉玉錦束而面卿。經云「如覿幣」，前文士介四人皆奉玉錦束覿而無庭實，則此亦然。

士介四人皆入門右，仍行降等之禮，東上，奠幣，皆再拜送幣。

大夫辭。介逆出。擯者執上幣出，禮請受，賓辭。

案：大夫辭其門右奠幣，而衆介則已拜送而逆出，前以次入門右而東上，此時則在左西者先出。擯者執東上之幣出，請更以客禮受之，禮請受，一請也，賓為介辭而擯者遂聽之。**鄭注**云：「賓亦為士介辭。」此云「亦」，同於士介覿君時，賓為士介辭也。彼時經云「擯者執上幣以出，禮請受，賓固辭」，鄭注：「禮請受者，一請受而聽之也。賓為之辭，士介賤，不敢以言通於主君也。固衍字，當如面大夫。」此時經云「賓辭」，雖非通言於主君，亦以士介賤，而從賓來至他國，禮統於賓，故亦由賓為之辭也。經云「禮請受」，則無「固辭」明矣，由此處經文，可證覿君節之「固」乃衍字。

大夫答再拜，擯者執上幣立于門中以相拜。士介皆辟。

案：擯者禮請受而聽之，則許卽受其幣也。於是大夫立于阼階下西面而答再拜，示拜受之。擯者仍執上幣，立于門中以相拜贊辭，士介皆辟之，不敢當其禮。據覿君節鄭注云：「辟於其東面位逡遁也。」以前者士介既奠幣逆出，卽反於其門西北上東面之立位也。此時辟大夫之拜，乃於其位逡遁也。

老受擯者幣于中庭，士三人坐取羣幣以從之。

案：擯者執上幣相拜迄，乃進於中庭，以幣授大夫之室老，老受幣而執之以東。大夫之士三人於門東奠幣之處坐取餘三介之幣，亦從老而東，將以藏之也。

至此，士介面卿之禮已畢。

郝氏敬曰：「上介亦大夫，面其主國之卿至入門不敢左，與士介皆奠幣堂下再拜，比於爲臣。而主卿所以待者無以異於主君，抑何貴倨甚與。子云：天下有道，政不在大夫。是書於大夫禮加詳，故知非先王之舊也。」（見盛世佐集編引）郝氏以此面卿之禮，主卿待介忒倨，竟無異於主君，因疑此禮出於天下無道政由大夫之世，而非先王之舊。盛世佐駁之曰：「賓奉其君之命問主國卿，因而私面，故其禮特恭，其初不敢以敵禮見，蓋以敬君之餘而及其君之所問也。上介士介本非卿之敵體，則其因是而加恭也固宜。然其異於覿主君者，經文歷歷可考，惡得誣之以爲無以異也。惟士介與卿尊卑懸隔，故其私面之儀幾與覿君相似，而奠幣再拜不稽首，卿不使擯者辭而自辭，又其初不與上介俱入，入止一次，亦足以見其隆殺之辨矣。郝氏之疑何其弗思甚耶？」

案盛氏云賓奉君命問卿因而私面，所以特致恭敬，乃至初入亦自門右而不以敵禮，蓋敬君之所問也，此理甚是。而主卿既知聘君之問，已於先一日往勞賓，亦不爲禮倨矣。郝氏之所致疑者，尤以上介之面卿，謂上介亦大夫，面卿而比於爲臣，卿待之而無異於主君。然上介雖爲下大夫，於卿已降等矣，其禮固殺於賓之面卿，賓以敬君之所問而不敢逕入門左，則上介入門右而奠幣亦宜，又考上介面卿殺於覿君者三：覿君時上介初與士介同入，面卿則特面，一也；覿君時奠幣再拜稽首，面卿則再拜不稽首，拜送幣亦然，二也；覿君時振幣進授，面卿時不振幣，三也，然則不得謂面卿比於為臣。而主卿之待上介亦有隆於主君者：上介入門右而主卿親辭之，不似覿君時擯者辭之，一也；上介入門左迎之於門內，不似覿君時主君但立於中庭，二也；揖讓而升，堂上拜受，不似覿君時主君但受於中庭，三也，然則不得謂待之無異於主君。斯則盛氏所謂經文歷歷可考者。又主卿受士介幣則禮請受而聽之，與主君相似，既以尊卑懸隔，亦有降殺於覿君已如盛氏所云，然則盛氏所辨是也，郝氏乃斥其非先王之舊，不免疑之過甚。

擯者出請事。賓出，大夫送于外門外，再拜，賓不顧。

案：衆介面卿已畢，擯者又出廟門而請事，賓告事畢乃出。擯者入告卿以事畢，卿出送賓于外門外，西面再拜，賓不顧而去。敖繼公曰：「賓亦告事畢乃出。」盛世佐曰：「擯者入告，大夫乃送也。」所以知之者，見前文私覿畢，經云「擯者出請事，賓告事畢，擯者入告，公出送賓」而推知也。

大夫送于外門外，此行敵者之禮也。淩廷堪禮經釋例曰：「凡送賓，主人敵者于大門外，主人尊者于大門內。」前私覿畢公送賓于大門內，以君尊也；此時大夫送賓於大門外，敵體也。大夫于門外再拜送賓，禮經釋例曰：「凡門外之拜皆東西面」，此時大夫在門東，宜西面拜送。賓不顧，謂不答拜而去也。**鄭注**云：「不顧言去。」禮經釋例曰：「凡拜送之禮，送者拜，去者不答拜。」故此時賓不答拜而去。覲畢公送賓於大門內，經云：「公再拜送，賓不顧」，亦去者不答拜也。

擯者退，大夫拜辱。

案：賓已去，問卿面卿之禮既畢，於是下大夫爲卿擯者遂退，卿乃拜謝其辱相已事而送之。**鄭注**曰：「拜送也。」敖氏曰：「擯者從大夫出門而遂退。拜辱，謝其屈辱而相己也。此拜亦兼二義，經蓋以其所主者立文也。」所謂此拜兼二義，卽拜辱兼拜送也，經以所主者立文而云「拜辱」，注遂又明其「拜送」之義也。胡培翬正義曰：「今案下使者歸，介送至使者之門乃退，使者拜其辱，與此義同。」彼亦卿拜下大夫及士之相己也，故與此義同可相參證。

二十五、上介面卿

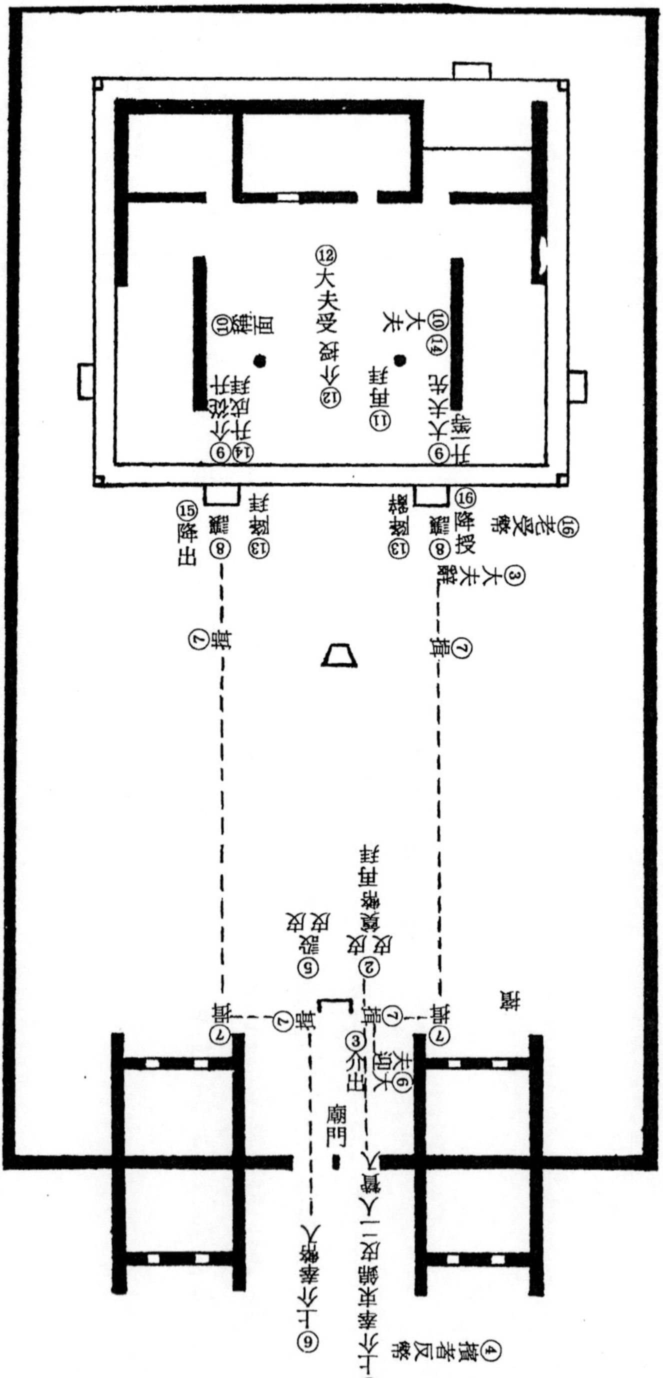

二十六、眾介面卿

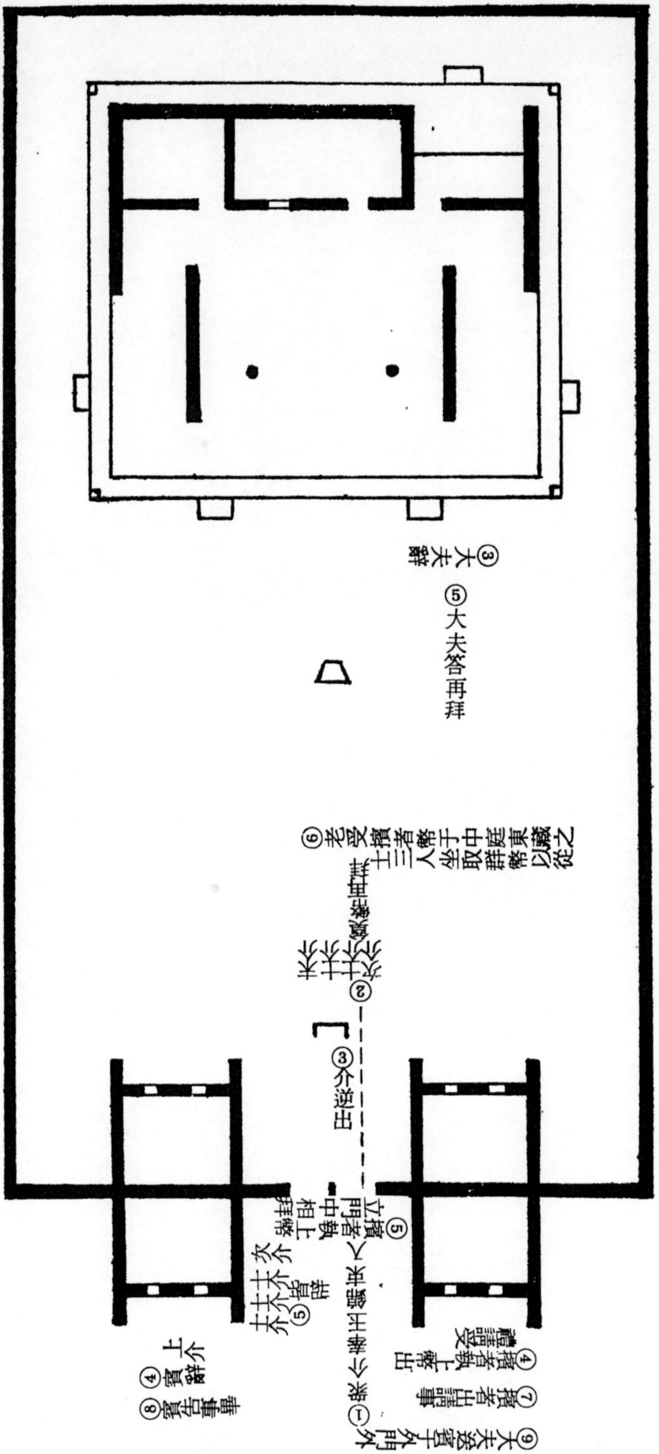

第十九節　問下大夫

下大夫嘗使至者，幣及之。

案：此節述問下大夫之禮。上兩節云問卿面卿，侯伯之國卿三人皆問之，已見前述，下大夫則嘗爲使至己國者，則問之，未嘗至己國則不問，下於卿也。**鄭注**曰：「嘗使至己國，則以幣問之也。君子不忘舊。」賈疏曰：「儲侯之國皆有三卿五大夫，其三卿不問至己國不至己國，皆以幣及之。其五大夫者，或作介或特行至彼國者，乃以幣及之，略於三卿故也。言君子不忘舊者，此大夫嘗與彼國君相接，卽是故舊也。今以幣及之，故云君子不忘故舊也。」賈疏所云或爲介至彼國，則隨君相朝或大聘爲卿介；云或特行至彼國，則小聘爲賓，皆得與君相接，是爲故舊，君乃使使者以幣問之，見不忘故舊也。

上介朝服三介，問下大夫。下大夫如卿受幣之禮。

案：問下大夫賓不親問而由上介問之，上介亦下大夫，李如圭集釋曰：「問下大夫使上介者，同班敵也。」介用三介，**鄭注**曰：「上介三介，下大夫使之禮。」本篇下經曰小聘曰問，其禮如爲介三介，乃使下大夫爲使。本篇篇首亦已述侯伯七介、卿五介、下大夫三介，則知三介即下大夫之禮，故此時以下大夫問主國之下大夫用三介也。吳廷華章句曰：「此三介即賓之士介也。」蓋隨賓出聘之士但此士介四人，問下大夫三介，固是賓之士介也。其服朝服及行禮皆如前文賓問卿之禮。然則其幣當亦同之用束帛四皮也。

其面如賓面卿之禮。

案：既行問大夫之禮，上介又以已幣行私面之禮，其禮亦如賓之面卿。唯其幣當是上介之幣：束錦儷皮。蓋下大夫行禮三介，以其爵之禮數行之，則私面之幣亦不得同於卿也，而宜用下大夫之禮，據前上介面卿，則是束錦儷皮。而三介之面下大夫，當亦用玉錦束而三介同時面也。敖繼公曰：「如其禮耳，庭實則用儷皮也。士介不面，亦殺于正禮。」胡培翬正義曰：「如賓面于卿之禮者，如其禮耳。庭實則用儷皮。士介不面，略也。」二氏皆云如其禮耳，庭實則用儷皮，乃是據下大夫之禮數而用儷皮，然則幣亦束錦也。其禮如賓面卿，則是亦用敵體之禮，而多致其恭敬也。唯二氏皆云士介不面，蓋以經文未言之。然賓之面卿，上介、士介皆從而面之；此時士介焉得不面。盛世佐云：「士介之面於下大夫也，其禮當如上介之面於卿，惟旅見而幣用玉錦束爲異。經不言者，略也。敖云士介不面，恐非是。」案覿君及問卿衆介皆面，則問大夫士介亦當皆面。云士介面用玉錦束，乃同於士介之覿君、面卿，是士介之禮，士介旅見而不特面，亦同於覿君、面卿。

而禮如上介之面卿，則初由門右，後改由門左，蓋以下大夫賤於卿，不敢受士介之臣禮。盛氏之說甚爲近理，宜從之爲是。

第二十節　大夫代受幣

大夫若不見，君使大夫各以其爵爲之受。

案：此節言問卿、問大夫之事，若卿、大夫以故不克親見使者而受之，則君使同爵之卿或大夫代之受。此大夫兼上大夫（卿）及下大夫言，以下文「各以其爵」可知。其所以不見者，**鄭注**云：「有故也。」此亦如前記有云「若君不見」，鄭云「君有疾若他故不見使者」，而使大夫受之禮。胡培翬正義云：「有故如疾病、居喪、及出使在外之類皆是也。」敖繼公曰：「必使人代受者，不可虛聘君之命也。」君使大夫各以其爵爲之受者，**鄭注**云：「各以其爵，主人卿也，則使卿，大夫也則使大夫。」此亦猶問卿以賓，問大夫以上介，取其同爵等之意也。

如主人受幣之禮，不拜。

案：由同爵等之卿或大夫代受，其迎讓升降之禮皆與前二節主人親受之禮同，唯受幣而不拜。**鄭注**云：「不拜，代受之耳，不當主人禮也。」謂奉君命爲之受者，但代主人受幣耳，而非主人，不當主人之禮，故不拜。李如圭集釋云：「不拜，猶奉使者不答拜也。」爲人使者，不當其禮，不拜，前文多次見之，此亦然也。

敖繼公曰：「此受者非主人，則亦無揖讓之禮也。惟言不拜，見其重者耳。」然前文郊勞聘享諸禮皆見爲人使者不答拜，而未有不與揖讓者。褚氏曰：「云如主人受幣禮，則凡出迎揖讓之節皆如親受之儀矣。特不拜耳。所謂拜，卽上經聽命後降階西再拜稽首升成拜是也。此則不可代之，故不拜。」此云不拜受，正猶其他諸節爲人使不答拜者同意。唯據前經問卿時，大夫迎于外門外再拜，賓不答拜，則此時代受者當亦迎送而不拜，唯揖讓耳。

盛世佐曰：「惟云受幣，則其不私面可知也。」案賓介私面乃旣以君命問大夫，故又私致其禮。今旣大夫不見，則不私面可也。而經惟云受幣，當是無私面，盛氏之說是矣。

旣不私面，則代受之大夫旣受聘君之幣，卽送賓（或上介）出至外門外，亦不拜。

〔記〕旣將公事，賓請歸。

案：此記言公事已畢，賓則請於主君以定歸期。**鄭注**曰：「謂已問大夫，事畢。請歸，不敢自專，謙也。主國留之饗食燕獻無日數，盡殷勤也。」記云「旣將公事」，鄭則曰「問大夫事畢」，蓋特明問大夫亦是公事也。以問大夫亦奉君命而問之者也。公事旣畢，則來使之命已達成，是以賓可歸矣。以在他國，敬其主君，謙不敢自專，故請於主君以定歸期。案問大夫之日在聘之明日，其夕有夫人之歸禮，其後又有大夫餼賓介，以及饗食燕與時賜之獻，斯皆主國留賓盡其殷勤之事。於賓，則公事既畢斯卽請歸，於主國則留賓以盡殷勤也。

〔記〕賓既將公事，復見之以其摯。

案：此記言賓公事已畢，復以其摯見訝之事。**鄭注**曰：「既，已也。公事，聘、享、問大夫。復，報也。使者及上介執鴈，羣介執雉，各以見其訝。」此記文「之」或本作「訝」，阮元校勘記云據唐石經本當作「之」，蓋朱子通解以記文分從經文。而與原文上句不相屬，乃改「之」作「訝」，後人遂沿之也。

案儀禮此句原承「卿，大夫訝；大夫，士訝；士皆有訝。賓卽館，訝將公命。又見之以其摯」之下。則明知此「復見之」謂見訝也。而「卿，大夫訝；大夫，士訝；士皆有訝」者，乃謂聘日厥明訝賓於館之訝；「賓卽館，訝將公命，又見之以其摯」，乃爲次於門外待客所需之「掌訝」，說已詳見前致館設飧節。而鄭氏乃誤合二者，故於前「又見之以其摯」下注「大夫訝者執鴈，士訝者執雉」；於此句又注賓介各執其摯，皆誤也。此訝實爲「掌訝」，以士爲之（說亦見前）。初賓始至國之時，卿致館既畢，掌訝將公使已迎待之命於賓，遂又以其私禮見賓。彼時賓未行公事，不便行其私禮，故必待此時公事既畢，乃以其禮見訝以答之也。賓有掌訝次其舍門外而迎待之，若上介及士介則未知其有無。觀儀禮記文，但云「賓卽館」，云「賓既將公事」，而不言一介」，蓋介皆無此掌訝，唯館主人待之。然則此云「復見之其以摯」，但言賓事耳。賓以其摯答掌訝，則執鴈也。

第二十一節　夫人歸禮賓介

〔記〕夕，夫人歸禮。

案：經文此記上承「聘日致饔，明日問大夫」，見聘日之夕君使卿歸饔餼。次日至朝賓介拜賜，問大夫，夕則夫人歸禮於賓介也。**鄭注**曰：「與君異日，下之也。」謂夫人下於君，故後一日而饋賓介也。

夕，夫人使下大夫韋弁歸禮。

案：此節經文上承問卿面卿及問大夫之事，故此云「夕」，乃問大夫日之夕也。記亦明其時矣。**鄭注**云：「夕，問卿之夕也。使下大夫，下君也。君使之，云夫人者，以致辭當稱寡小君。」前君使卿韋弁歸饔餼，此時夫人使下大夫歸禮，乃下於君也，使者皆服韋弁則同。鄭云此亦君使之，而經云夫人使，乃大夫致命時稱寡小君故也。案前時賓奉君命來聘，聘享主君畢，又以璋聘、以琮享夫人，是故此時夫人亦當歸禮於賓。然前在朝聘享夫人皆由主君代受之，則此時夫人使下大夫歸禮亦由君使之也。賈疏據隱公二年九月紀大夫裂繻來逆女，不稱使，婚禮不稱主人。公羊傳云「何以不稱母，母不通也」，何休注云。「禮，婦人無外事」，因謂明知此乃君使之。而君乃代夫人而以夫人之名歸禮，故經仍云夫人使也。且大夫行禮致命時亦稱寡小君之命，皆以夫人之名也。

堂上籩豆六，設于戶東，西上，二以並，東陳。

案：此夫人歸禮堂上之陳。**鄭注**云：「籩豆六者，下君禮也。臣設于戶東，又辟饌位也。其設脯，其南設醢，屈。六籩六豆。」注中「臣」字諸家皆以爲衍，或云當作「陳」，較之經文，當是衍字也。案前君歸饔餼：「堂上八豆，設于戶西，西陳，皆二以並，東上。韭菹其南醓醢，屈」，此時堂上之陳以六，故是下於君之八豆也。且君之禮饌設于戶西，西陳；夫人之禮饌設于戶東，東陳，亦異，故鄭云「又辟饌位也」。君之饌西陳，故東上；夫人之饌東陳，故西上。皆二以並，則設饌之常法也。鄭又云「六籩六豆」，蓋恐人誤以經「籩豆六」爲籩豆各三，而下文上介四豆四籩。則知此必六豆六籩，故特明之。

胡培翬正義引韋氏協夢云：「君歸饔餼，堂上惟有八豆而無籩，此六豆六籩者，君有簠簋鉶，而又有西夾東夾之供，夫人無此數者，故堂上設六豆，減於君也，加以六籩，亦厚待賓之意也。」敖繼公曰：「饔餼之禮，其饌各有所屬，戶西之饌爲飪也，西夾東夾之饌爲腥也。此無牢，故惟有堂上之饌，而設于戶東示其異也。不用簠（原作簋，蓋簠之誤）簋鉶者，亦以無牢故也。」敖氏所云「戶西之饌爲飪」，卽堂上之饌也。此時夫人之禮減於君，無牢，故但有堂上之飪饌，而無東西夾之腥饌。且無簋簠鉶諸物，豆數六，亦殺於君，惟加六籩以配六豆，以示厚意也。

六籩六豆之陳，鄭云「設脯，其南醢，屈」，賈疏云：「先於北設脯，卽於脯南設醢，又於醢東設脯，以次屈而陳之。皆如上也。」賈釋鄭意，蓋謂以籩盛脯，以豆盛醢，交錯東陳，經末云「屈」，而鄭逕云脯醢屈而陳者，賈謂「此約君禮設豆法云韭菹其南醓醢屈，故知此醢在南屈陳之。」唯經末云籩豆乃薦脯醢，注疏謂但脯醢二物交錯而陳，不知何據？敖氏則云六豆六籩皆用朝事者而各去其末之二。此說似較有據。蓋君之致饔餼經已明言韭菹醓醢，則此當亦然，不當但爲脯醢二物也。其六豆之實，如敖說以朝事之豆而去其末二，則亦正如君致饔時東西夾之六豆，及公食大夫禮之六豆，其說蓋是。然則六豆爲韭菹、醓醢、昌本、麋臡、菁菹、鹿臡。若據六豆爲朝事之豆而去其末二推之，以六籩亦周禮天官籩人所掌朝事之籩而去其末二，則六籩之實宜爲麷、蕡、白、黑、形鹽、膴。（八籩者，膴下有鮑、魚鱐）案周禮注：「麥曰麷、麻曰蕡、稻曰白，黍曰黑，形鹽，鹽之似虎者，膴，牒生魚爲大臠。」

至籩豆之陳法，經云「西上，二以並，東陳」，敖繼公曰：「凡設籩豆，自二以上，皆先豆而後籩，乃言籩豆者，文順耳。其設之之序，則豆皆在西，籩繼之而東。韭菹其南醓醢，屈以終。麷其南蕡，亦屈以終。」盛世佐曰：「籩豆之實，敖設近是。經不著之者，以君饌八豆既用朝事，此亦可類推也。其設之之法：一豆一籩相並，韭菹其南麷也，下以次求之，西上，以韭菹麷爲上，而終於鹿臡膴也。經直云籩豆六者，明其並設也。」案盛氏以經直云「籩豆六」，遂定籩豆並設，殊不合常法，而下文經云「上介四豆四籩四壺」，即分言豆籩，可見未必並設也。又案上文君致饔餼及公食禮，皆未有以不同器並設之法，則盛氏之說不足取。下經「四豆四籩」及周禮掌客皆先言豆後言籩，則敖氏之說近是，今從之。然則豆在西，籩在東，各二以並，西上，東陳。又案公食禮六豆屈陳，饔餼八豆，東西夾六豆皆屈陳，其屈法與錯異，已見前述，則擬豆籩各屈陳如左：

六籩	形鹽	膴	麷
	黑黍	白稻	蕡
六豆	菁菹	鹿臡	韭菹
	麋臡	昌本	醓醢

（西上）

壺設于東序，北上，二以並，南陳。醙黍清皆兩壺。

戶

案：此言稻黍粱酒六壺繼豆籩而設于東序，自北向南陳，二以並。**鄭注**：「醙，白酒也。凡酒稻爲上，黍次之，粱次之，皆有清白。以黍間清白者，互相備。明三酒六壺也。先言醙，白酒尊，先設之。」賈疏曰：「上言白，明黍粱皆有白。下言清，明稻黍亦有清。於清白中言黍，明酸即是稻，清即是粱也。故言互相備也。」此乃謂酒以原料言依次有稻、黍、粱三種，而三種酒之製法又各有白清二種。經上言白酒，下言清酒，則知清白二種酒皆有，而以黍介於白清之間，則明上爲稻下爲粱。然則「酸黍清皆兩壺」，謂稻、黍、粱酒皆有白清兩壺，計六壺也。稻黍粱有上下之次第，則稻在北，黍居中，粱在南。白酒尊，故經上言酸，先設之，據上文豆籩自戶東西上東陳，則此時二以並當是西爲上，則白酒在西，清酒在東。敖繼公曰：「設于東序北上，亦統於豆。」秦蕙田五禮通考云：「六壺盛三酒爲三行。稻最北，黍次之，粱在南又次之。每行白酒在西，清酒在東，並陳。」（卷二百三十）其位置如左：

稻清	黍清	粱清
稻白	黍白	粱白

六籩

六豆

大夫以束帛致之。

案：上文云夫人使下大夫韋弁歸禮，故此乃奉夫人命之下大夫以束帛爲幣致夫人之命。**鄭注**：「致夫人命也。此禮無牢，下朝君也。」賈疏：「案周禮掌客云：上公之禮，夫人致禮八籩膳大牢，致饔大牢。侯伯以下亦皆有牢。故云下朝君也。」此謂據掌客文彼君來朝則夫人致禮有牢；此致禮於聘賓，無牢，故鄭云是下於朝君也。

敖繼公集說曰：「飧不致，此殺於飧，乃致者，蓋主君以設飧爲差輕，而夫人以歸禮爲特重，所以異也。」敖云此殺於飧，謂此時饌食減於賓初至國致館設飧時也。彼時有飪一牢，堂上之饌八、西夾六，已見前述；此則但堂上之饌六耳，固是殺於彼多矣。而彼時但使宰夫設飧，主君不遣大夫致之，此時饌具差減，而特使大夫致之者，以禮輕重不同也。彼時賓初至國，未行大禮，主君設飧待之，其禮爲輕，故不致。待聘享畢，主君歸饔餼，使卿韋弁致之，乃歸大禮而盛其物也。夫人亦以既受聘享，乃從主君之後於明日之夕致禮，雖物輕於主君之設飧，於禮則從主君歸饔餼之重，故使下大夫韋弁以束帛致之也。據前文君使卿歸饔餼亦韋弁束帛，此夫人之致禮，物雖輕於主君，其禮則同，但以使下大夫爲異耳。

賓如受饔之禮。儐之乘馬束錦。

案：賓受夫人之致禮，如前歸饔餼節之禮而受之。蓋亦皮弁迎于外門外，乃至揖讓、北面聽命、降階西再拜稽首、大夫辭而升成拜、受幣堂中西北面，諸儀皆如前經所述也。

敖繼公曰：「此亦不盡與受饔之禮同。云如者，亦大略言之。」敖繼公謂此不盡與受饔之禮同，蓋以致饔使卿，與賓同等；此乃使下大夫，降於賓一等之故。然敖氏亦未言何處何節不盡同。惟此時下大夫雖降賓一等，然奉夫人之命，賓亦未便輕之也。前聘享主君之禮畢，行聘享夫人之禮，經亦云「如初禮」，敖於彼云「夫人不可以親受，君代受之，其受之之禮皆與己所受者同，以夫妻一體也。」則此時亦宜敬夫人之命與敬君命者同，雖夫人所使爲下大夫，爲敬夫人之命則敬其使，且經既云「如受饔之禮」，文與「如初禮」同，當亦是禮無不同也。敖說不可從。

儐之乘馬束錦，亦與儐致饔之卿同，其禮蓋亦與彼同也。

上介四豆四籩四壺。受之如賓禮。儐之兩馬束錦。

案：此謂夫人致禮於上介，以四豆四籩四壺，乃降於賓一等，降殺以兩也。**鄭注**云：「四壺，無稻酒也。不致牢，下於君也。」謂下於君者，以君歸饔餼於上介有饔餼三牢也。此無牢，亦與夫人致禮於賓同。而籩豆之數又殺於賓也。鄭以四壺爲無稻酒，乃從上去之。敖繼公則謂從下去之。敖氏云：「四豆者，去菁菹鹿臡；四籩者，去形鹽膴；四壺者，去粱酒，不言其位，如賓可知也。」敖氏言四豆四籩四壺皆從下各去其二。觀公食禮六豆乃從朝事八豆去其末二，則敖氏之說較長。其位則如賓：由戶東東陳，先四豆次四籩，次四壺於東序。

其受之之禮經但云「如賓禮」，蓋一切皆同也。敖繼公曰：「言受之，明亦用束帛致之。如賓禮者，亦如其受饔之禮也。不言所使者，下大夫可知。於上介亦使下大夫者，禮窮則同也。」敖云亦用束帛致之，卽是如賓禮也。以經既云「受」，明是用束帛致方得受之。君致饔餼於賓使卿，於上介使下大夫。此時夫人致禮於卿使下大夫，然以次而降，此致禮於上介不得使士也，故經未言使士，當是亦使下大夫致之；此乃敖氏所云禮窮則同也。受之如賓禮，而敖氏云如其受饔之禮，以賓受夫人之禮亦如受饔禮，而上介受饔亦如賓之受饔禮也。且下大夫致饔亦韋弁束帛，與賓禮亦同。惟上介受饔服韋弁，則與賓之受饔服皮弁爲異，彼時**鄭注**：「介不皮弁者，以其受大禮似賓，不敢純如賓也。」然則此時當亦受如賓禮，服則韋弁，以別於賓也。

上介儐下大夫以兩馬束錦，則亦與儐致饔之使者同，其禮當亦相同也。

夫人致禮至此而畢，然則士介無之。李如圭集釋曰：「夫人禮不及士介，亦下于君。」敖繼公曰：「夫人歸禮不及士介者，以其禮薄，不可得而復殺。且君於士介已無堂上之饌故也。」案前文君致士介但有餼及米筥于門外，並無饔及堂上之饌，以士介賤而禮輕也。且此時夫人之禮唯具堂上之饌，從而殺之，則士介無饌矣。是以夫人致禮不及士介也。

明日，賓拜禮於朝。

案：夫人致禮之明日，賓與上介至外朝拜其禮，與歸饔餼之明日拜賜於朝同，據前文，則亦是再拜稽首。**鄭注**曰：「於是乃言賓拜，明介從拜也。今文禮爲醴。」賈疏：「鄭解若於上文賓下言之，則介從拜之事不明。故於上介之下乃言明日賓拜禮于朝，則介從賓拜可知。」此則經所以不於賓儐使者之下逕言明日拜於朝，乃於上介之下始言賓拜禮於朝之故。上介既受夫人之禮，明日固當從賓拜賜於朝，亦與受饔之明日往拜同，而此時士介未受夫人之禮，則明日亦不必從賓拜之矣。今文「禮」作「醴」，蓋從「醴賓」之文而誤之。儀禮中今文作「醴」而古文作「禮」之文甚多，已見前述。其以醴酒致禮之事固當用「醴」，已見前論，然此拜謝夫人之致禮，固不可用「醴」，今文從彼類之事乃亦誤作「醴」，鄭氏不從今文而從古文作「禮」是也。

二十七、夫人歸禮陳位

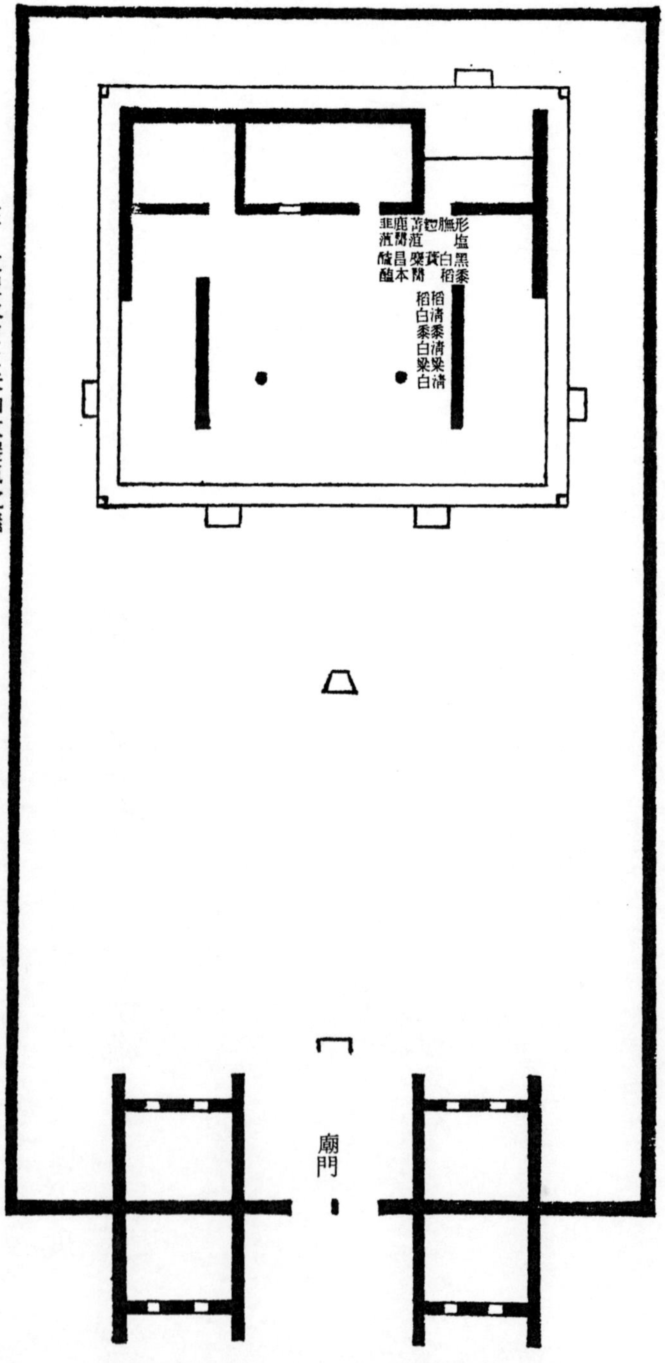

註：致禮及儐大夫如致饔餼之儀

第二十二節　大夫餼賓介

大夫餼賓大牢，米八筐。

案：此節言主國之大夫歸餼於賓介。賓奉君命而來，旣聘享於君及夫人，又問卿、問大夫，且又私覿私面，則君已致饔，夫人已致禮以報之矣，大夫當亦餼賓以報其禮也。蔡德晉禮經本義引高紫超曰：「聘君于大夫有乘皮束帛之問，故大夫于賓亦有大牢八筐之餼。蓋聘君所以致禮于其臣者厚，而其臣之所以致禮于賓者亦隆也。」大夫之餼賓，非但報其君之問而已，以賓旣奉君命問大夫，又繼之以私面。且介亦從之而面，故大夫之餼亦及於衆介也。然則此餼賓之大夫，當是幣之所及者，卽前文所稱三卿及下大夫嘗使至者也。蔡德晉曰：「大夫，卿也。」竊以爲誤之。其下大夫旣受聘君之問，豈有不報禮者邪？蔡氏蓋以賓之致問及面唯卿，而下大夫未奉賓之致禮，故以爲此餼賓者唯卿耳。然聘君問下大夫之禮乃由上介致之，而上介及士介亦行私面之禮，則下大夫當亦致禮於聘臣。且上介之來使乃從賓而來，則下大夫之報禮當亦致於賓也。又前經凡通言卿及下大夫之禮，則概以「大夫」稱之，是以此言大夫，固亦通言卿及下大夫，凡受聘君之幣者，則致其禮於賓介也。

大夫餼賓之日，經注皆未言之。竊以例推之，當在夫人歸禮之次日夕也。案記云「聘日致饔，明日問大夫，夕夫人歸禮」，夫人之受聘享與君同日，爲下於君乃次日夕而致禮；則大夫之問在聘享之明日，宜於更次一日（卽夫人歸禮之明日）歸餼。君歸饔餼、夫人歸禮皆於夕時行之，則大夫之餼當亦行之於夕也。

大夫餼賓以大牢，米八筐。餼，生牲。夫人歸禮但有堂上之饌，大夫則以生牲，是其異也。**鄭注**曰：「其陳於門外，黍粱各二筐，稷四筐，二以並，南陳，無稻。牲陳於後，東上。不饌於堂庭，辟君也。」案君歸饔餼米百筥，經云「十以爲列，北上，黍粱稻皆二行，稷四行」，而下記曰「凡餼大夫黍粱稷。筐五斛」，鄭據之而知此時米八筐乃無稻，而由北至南黍粱各二筐稷四筐也。且彼時米百筥各二行而不雜陳，鄭亦知此則二以並也。又記云「筐五斛」，上經云「筥半斛」，則十筥爲一筐，君餼米百筥正爲十筐之量。大夫餼米八筐，亦降殺於君也。胡培翬云：「君用筥器小而多；大夫用筐，器大而寡，亦所以爲差降也。」

又鄭知陳於門外者，以前文君餼士介「大牢米百筥設于門外」，而此時經並無入設之文，鄭乃由彼而推此亦在門外以辟君之設于庭也。賈疏曰：「經無牢米入門之文，故明是門外可知，與君餼士介同。」

又鄭云牲陳於後東上，亦據前文而推之。君餼士介大牢百米筥，鄭於彼注「米設當門亦十爲列，北上。牢在其南，西上」，北上而牢在南，卽是陳於後也。彼云西上；當是「東上」之誤，已見前述（歸饔餼節）。李如圭云：「君餼賓亦牲在米南東上。」（其陳列亦已見前），此如其例，固是牲在米南東上，牛羊豬依次而西陳，大夫之老乃得牽牛在東以致之也。

〔記〕凡餼，大夫黍粱稷。筐五斛。

案：此記言大夫餼賓介所用之米及筐之大小。以前經但云餼米八筐，未明何米及筐之容量如何也。

鄭注云：「謂大夫餼賓上介也。器寡而大，略。」君餼米百筥，筥半斛；大夫餼賓八筐，筐五斛。八筐之數合八十筥，則亦降殺以兩。然君所用器小而數多，大夫所用器大而數寡，是禮略於君也。

李如圭云：「君餼以多爲榮，故米筥器小而數多。」

又鄭氏云此言大夫餼賓及上介，故下經大夫餼士介米六筐，鄭以爲又無粱。敖繼公則曰：「凡，凡賓上介及士介也。經云大夫餼賓上介米八筐，士介米六筐。八筐者，二黍二粱四稷也；六筐者，二黍二粱二稷也。」此說與鄭注異。胡培翬從注說而非敖氏，胡氏正義曰：「敖氏謂凡餼兼士介在內，不知記明言餼大夫，不云餼士。又鄭上經謂衆介無粱，此云黍粱稷，明止謂賓與上介。注說是。」胡氏之後一說以鄭氏本注先後相證，固不足取。前一說以「凡餼大夫」連讀，乃以「大夫」指受餼之賓與上介。然則「凡」字何謂？若云：不論何爵，凡其人餼大夫皆用黍粱稷，則上經君之餼賓上介士介皆米百筥而皆有稻，則知此非「凡餼大夫」之謂。若敖氏之說，則讀作「凡餼，大夫黍粱稷」，作「凡大夫之餼用黍粱稷」解，是以「大夫」稱致餼者。則大夫之餼士介亦用黍粱稷。若然，則此記專明大夫餼賓衆介所用之米無稻，而別於前經主君餼賓衆介皆用百筥黍粱稻稷四種。竊以爲敖氏之說「凡餼」優於鄭注之說「凡餼大夫」，故玆從敖說。盛世佐亦曰：「記云凡餼大夫黍粱稷，然則大夫所歸之米皆有粱也。註誤，當以敖說爲正。」

又褚氏儀禮管見云：「不在數之多少而在品之衆寡，故大夫餼上賓上介無稻，餼士介又無粱也。當從注。」案褚氏之說不惟置「凡」字不顧，且云「不在數之多少而在品之衆寡」尤非。蓋禮之降殺以兩，端在數之多少。若君歸饔餼賓五牢、上介三牢、士介一牢，皆以數之多少爲差。褚氏之論固不足取。

賓迎再拜。老牽牛以致之。賓再拜稽首受。老退。賓再拜送。

案：此言賓受大夫餼之禮。上言餼牢米無入設之文，此時賓受亦無入門之文，則牢米設於門外，賓亦迎拜於門外也。**鄭注**：「老，室老，大夫之貴臣。」案喪服傳曰：「公卿大夫：室老、士，貴臣；其餘皆衆臣也。」鄭注：「室老，家相也；士，邑宰也。」謂室老及士爲大夫之貴臣。室老即大夫之家相也。大夫餼賓使室老，猶君之餼賓使卿也。敖繼公曰：「大夫不親餼者，以其禮輕，不欲煩賓，且辟君禮也。」謂卿大夫已奉君命致饔餼與賓介矣，故此時致己禮則不親餼。以辟與君禮同也。且不欲煩賓者，遣室老致之，則不必揖讓而入升，但於門外致之，是不欲煩賓之證也。其致禮之儀，敖氏說之曰：「賓出門左，西面拜迎、聽命，老東面致命。賓還北面拜，乃適老右受。賓於老乃拜迎之，亦重其爲使也。再拜稽首受者，蓋以大夫鄙者稽首受其君命，故賓於此因其禮。與使者受儐而稽首之意同。」賓出門左，由闑東也，西面拜迎，如士介之拜君餼也（君餼士介使宰夫牽牛致之），老牽牛以致之，大牢以牛爲首，牢在米南，牛位近東而近於賓也，東面致命，亦如宰夫之致君餼於士介也。云賓還北面拜受，又適老右受，皆從士介受君餼之鄭注言之，以此乃門外受餼之法也。再拜稽首受者，拜大夫之命，蓋亦答其拜己君之命也，以主國大夫之餼賓，正爲報聘君之問而重致禮於聘臣，是以賓亦因其再拜稽首而拜之。唯此時賓門外之拜敵者禮，當是西面歟？賓既拜而受牛，老乃退，賓再拜送之，老不拜而去，以送者拜，去者不拜也。

上介亦如之。

案：此承上文，言大夫餼上介如賓，以太牢米八筐；上介受之禮亦皆如賓也。上介亦大夫也，故禮同。

衆介皆少牢，米六筐。皆士牽羊以致之。

案：士介之餼降於賓及上介，牢用少牢，米六筐，減於賓及上介二筐，亦降殺以兩也。**鄭注**曰：「米六筐者，又無粱也。」鄭云「又無粱」者，乃鄭以爲賓及上介米八筐，乃減於君之餼米百筥（十筐）爲少二筐而無稻，此時大夫餼士介米六筐，則較八筐乃又少二筐而又無粱也。唯以記云「凡餼，大夫黍粱稷」，宜是大夫餼士介亦用黍粱稷（說明前），則此「米六筐」當是如敖繼公所說「黍粱稷各二筐」也。

「皆士牽羊以致之」，士介四人之餼，皆由大夫之士牽羊以致之也。鄭注：「士亦大夫之貴臣。」士與室老皆大夫之貴臣，皆見喪服傳，已見前引。敖繼公曰：「於賓上介使老，於衆介使士，所使者雖賤，亦不可以無所別也。」言士與室老皆大夫之貴臣，分別使之，所以見賓上介與士介之有別也。

牽羊以致者，少牢以羊爲先也。其致之之禮，敖繼公曰：「不言受之之禮，如賓可知。」

〔記〕既致饔，旬而稍，宰夫始歸乘禽，日如其饔餼之數。

案：此記承「聘日致饔，明日問大夫，夕夫人歸禮」之下，言賓在主國十日之後，主國致以稍食禽羞之法。鄭注：「稍，稟食也。」案賓初至主國有宰夫設飧，明日厥明卽行聘禮，是夕致饔，次夕夫人歸禮，又次有大夫之餼，故初無稟食之供。十日之後若賓尚未歸，則恐其稍食不繼，是以致饔之後旬日而致其稟食。且由是日而歸乘禽。以宰夫設飧，且下文宰夫歸乘禽，則其致稍蓋亦由宰夫主之。

鄭注曰：「乘禽，乘行之禽也。謂鴈鶩之屬。其歸之以雙爲數。其，賓與上介也。」賈疏曰：「別言此者，欲見此乘非物四曰乘。」又案周禮掌客言諸候之禮，「上公乘禽日九十雙，侯伯日七十雙，子男日五十雙」，則知「乘禽」以雙爲數，非物四之乘。又鄭氏掌客注曰：「乘禽，乘行羣處之禽，謂雉鴈之屬，於禮以雙爲數。」與此注略同。言「日如其饔餼之數」者，言饔餼一牢則乘禽日一雙。聘義云「乘禽日五雙」乃以賓言之，賓饔餼五牢，則日五雙；然則上介三牢，則乘禽日三雙。士介餼一牢則日一雙。而鄭注又云「其」謂賓及上介者，以士介於下文別言之也。又**鄭注**：「古文既爲餼。」以「餼致饔」無義，此言既致饔而後，經旬而致稍。故鄭取今文不取古文。

〔記〕士，中日則二雙。

案：此言士之乘禽每間一日致之二雙。**鄭注**曰：「中猶閒也。不一日一雙，大寡不敬也。」據上文歸乘禽日如其饔餼之數，則賓日五雙，上介日三雙，士介日一雙。唯士介之日一雙若每日致之，見其太寡，意嫌不敬，故每間一日致二雙，是仍如其牢禮之數也。

〔記〕凡獻，執一雙，委其餘于面。

案：此云宰夫獻乘禽之法。**鄭注**曰：「執一雙以將命也。面，前也。其受之也，上介受以入告之，士舉其餘從之。賓不辭，拜受於庭。上介執之以相拜於門中，乃入授人。上介受亦如之。士介拜受於門外。」賈疏曰：「此乘禽而曰凡獻，宜約私獻。」謂此本言歸乘禽之事，而記云凡獻，宜是如私獻之禮，是故鄭乃約私獻之禮而述之。案上記言私獻曰：「奉獻將命，擯者入告，出禮辭賓東面坐奠獻，再拜稽首，擯者東面坐取獻，舉以入告，出禮請受。賓固辭，公答再拜，擯者立于闑外以相拜，賓辟。擯者授宰夫于中庭。」鄭氏此注約私獻之文而無「禮辭」、「禮請受」及「奠獻」之文，以此日致乘禽，禮輕也，且記無辭文，故曰「賓不辭，拜受于庭」。

胡培翬正義曰：「拜受於庭，拜字疑衍。上經賓三拜乘禽于朝，注云發去乃拜乘禽，則此時不拜可知。乘禽微物，乃使賓日日亟拜乎？下云上介相拜，亦非。」案胡氏以經於賓將發去，乃三拜乘禽於朝，因疑此時但受而不拜。然考前經，賓凡受賜，明日皆拜賜于朝，而受禮時亦未嘗無拜。如歸饔餼時，賓拜饔與餼皆降於階西再拜稽首，明日復拜於朝，亦拜饔與餼各皆再拜稽首；受夫人之歸禮亦然。受饗、食、燕皆明日拜于朝，饗禮雖亡，不得而知；而食禮亦無不拜。然則此受乘禽雖禮輕，既無每受則明日拜于朝之禮，而於受時拜受于庭，去時又總拜賜於朝，亦非過禮，是以鄭注不爲非也。胡氏誤之。

私獻之禮但有擯者執獻以相拜，此時於賓日致乘禽五雙，宰夫執一雙以將命，上介亦執一雙以入告及相拜，其餘委地於宰夫前之四雙，則賓之士執之從上介而入。胡氏曰：「蓋約士介面卿時士三人坐取羣幣以從之之文也。」以士介四人面卿時旅面奠幣，擯者執上幣立于門中相拜，餘三人之幣則由大夫之士取以從而東也。然則此時宰夫執禽一雙，委其餘於面，當亦賓之士舉之從上介而入也。

鄭又云上介受亦如賓受之禮，士介拜受於門外。胡氏正義曰：「皆倣受饔餼禮。」以上介受饔餼如賓，士介則受餼於門外，蓋大夫之禮皆與卿同，士之禮則降也。

二十八、大夫餼賓

第二十三節　主國君臣饗食賓介之法

公於賓，壹食、再饗。

案：此節言主國君臣饗食賓介之法。周禮春官大宗伯曰：「以饗燕之禮親四方之賓客。」而此處云食饗，褚寅亮儀禮管見卷六曰：「待賓之禮有三：饗也，食也，燕也。饗重於食，食重於燕。饗食於廟，燕則於寢。」然則饗食與燕皆是待賓客飲食之禮。今儀禮公食大夫禮，據賈疏引鄭目錄云乃「主國君以禮食小聘大夫之禮也」。今儀禮燕禮據鄭目錄云乃「諸侯無事，若卿大夫有勤勞之功，與羣臣燕飲以樂之禮」，賈疏則曰：「案上下經注，燕有四等：目錄云諸侯無事而燕，一也；卿大夫有王事之勞，二也；卿大夫又有聘而來還，與之燕，三也；四方聘客與之燕，四也。」則燕禮亦待賓客之禮。唯據此經乃知食饗有常數，燕禮則無常數。而此節經文但言食饗之法，其禮節則食燕之禮分見「公食大夫禮」與「燕禮」，饗禮則於鄭玄時已不見矣（下記鄭注：「饗禮今亡」）。

此言公待賓壹食再饗，下經云上介一食一饗，則以爵不同而禮有差也。賈疏曰：「此篇雖據侯伯之卿聘使，五等諸侯其臣聘使牢禮皆同，無大國次國之別。以命數則參差難等，略於臣，用爵而已。以此言之，公侯伯子男大聘使卿，主君一食再饗；小聘使大夫，則主君一食一饗。若然，案掌客子男一食一饗，子男之卿再饗，多於其君者，以其君臣各自相望，不得以君決臣也。」案周禮秋官掌客但言諸侯之禮：上公三饗三食三燕、侯伯再饗再食再燕、子男壹饗壹食壹燕。於諸侯之聘臣未明饗食之數，唯言「凡諸侯之卿大夫士爲國客則如其介之禮以待之」，其從諸侯爲介之禮則掌客於五等諸侯皆云「凡行人宰史皆有飧饔餼，以其爵等爲之禮，唯上介有禽獻」，此云從君相朝之上介，即是卿也。當其爲國客，即大聘之賓也，掌客但言以其爵等爲之禮，此所以賈疏云五等諸侯之卿命數參差難等，故無別大國小國，唯視爵等爲之禮。周禮掌客略於臣禮，其諸侯待聘賓之禮則唯於此聘禮見之。既此經言「公于賓壹食再饗」，則通五等諸侯言之，子男之卿乃得多於其君，故賈疏云君臣各自爲禮。且如掌客諸侯之禮饗食燕各有常數，此聘禮下經則謂燕與羞無常數。固知君臣之禮，各自不同，不必以君決臣也。胡培翬儀禮正義曰：「聘禮一篇主侯伯之卿言，而宜有通五等言之者，此類是也。」據掌客所云「各以其爵爲之禮」，則聘禮一篇，非但此通五等言之，其他蓋亦多通五等言之也。

此經**鄭注**曰：「饗謂亨大牢以飲賓也。公食大夫禮曰設洗如饗，則饗與食互相先後也。」鄭氏先解饗之義，又言饗食之序。賈疏曰：「以其饗禮與食禮同，食禮既亨大牢，明饗禮亨大牢可知。但以食禮無酒，饗禮有酒，故以飲賓言之。」饗禮今既不見，不知其禮如何？據賈疏則其禮與食禮同，唯有酒無酒爲別也。蔡德晉禮經本義曰：「食以飯爲主，享（饗）以酒爲主。」胡培翬儀禮正義曰：「食禮主於飯，有牲無酒；饗則牲酒皆有，故云享（案：注此字諸本皆作「亨」，唯胡氏正義作「享」）大牢以飲賓也。」是皆從注疏之說。又注云饗用大牢，疏亦謂由公食禮知之。胡氏正義曰：「公食禮陳鼎七用大牢，則饗亦用大牢可知。左傳享有體薦是其證也。」案公食禮乃用小聘使大夫之禮，而用大牢，則饗禮之用大牢必矣。

鄭引公食禮而云饗食互相先後者，公食禮陳具時曰「設洗如饗」，則宜是饗在食前矣，而此處先言食後言饗，故鄭謂其互相先後也。敖繼公則曰：「注云互相先後，謂食居二饗之間也。」周禮亦皆先饗後食，故胡氏稱敖說蓋得鄭意。

〔記〕大夫來使，無罪，饗之。過，則餼之。

案：此記言聘賓來使，若禮無失誤，則主君饗之。若有過，則致餼而不親饗。敖繼公曰：「無罪，謂無失誤也。」禮無失誤，則饗之，是從常禮。所以言之者，以與下文「過」相對為文也。**鄭注**曰：「樂與嘉賓為禮。」禮無失誤，是乃嘉賓也。親與嘉賓為禮，則凡饗、食、燕皆是也。敖繼公曰：「主國君於賓有饗食燕之禮，但言饗者，舉其盛者言之也。」

其有過則餼之，是不親與為禮也。**鄭注**曰：「餼之，腥致其牢禮也。其致之辭，不云君之有故耳。聘義曰：使者聘而誤，主君不親饗食，所以愧厲之也。不言罪者，罪將執之。」鄭引聘義文，以見聘而誤君不親饗食之義，且以參證此記也。又釋上言「無罪饗之」，此則曰「過則餼之」不言「罪」者，以罪大過小，有過則不親饗但使人致餼；若有罪，則並不餼，且將執之矣。賈疏曰：「『春秋之義，聘賓有罪皆執之。此過則餼之，雖不饗，猶生致，過輕故也。若然，上云罪下云過，互見其義也。』」，案杜預春秋釋例卷四有「執大夫行人」之例，左氏襄公十一年傳曰「行人，言使人也」，賈疏所言春秋之義，蓋以此也。然釋例所擧，多出於征伐會盟之間，非尋常聘問通好之時。唯所謂聘使「有罪」，蓋亦皆生於征伐之接事通言也。此所以記聘禮但言有過不言有罪者歟？故胡培翬正義曰：「鄭云罪將執之者，蓋據春秋時有執他國之大夫者。然恐非古禮也。」

敖繼公曰：「謂假道而過者，則餼之。過卽經所謂過邦，餼卽經所謂過邦餼之以其禮。復記於此者，蒙無罪之文也。若有不假道與不禁侵掠之類，是其罪矣。」案敖氏雖委曲而說之，多不通於理也。此記次於主國待聘賓諸記之後，不當更言假道之事，一也。過邦假道則餼以其禮，旣見於經，不必復著於記，二也。敖氏爲說復記之故，乃云有罪謂不假道不禁侵掠之類，却不道與「來使」及「饗之」之文不符，三也。且證諸聘義「使者聘而誤，主君弗親饗食」之文，云弗親饗，是使人餼之也。然則仍以鄭說爲是，敖說非也。

又鄭云「其致之辭，不云君之有故耳」者，以君若有故，如有疾之類，則君亦不親饗食（見下文）。彼時致饗食之大夫必以君有故之辭以告賓，故鄭此曰「不云君之有故」，則賓知主君不親饗非以有故，然則必己爲使有過矣，此則聘義所云「所以愧厲之」之道也。

〔記〕其介爲介。

案：此承上記「大夫來使無罪饗之」，謂主君饗賓時，以賓之介爲介也。**鄭注**曰：「饗賓有介者，賓尊，行敵禮也。」賈疏曰：「若鄉飲酒賓主行敵禮而有介然也。」胡氏正義曰：「云饗賓有介者，對燕禮以上介爲賓，以賓爲苟敬，無介也。」蓋行敵禮者皆有介若鄉飲酒禮。若燕禮以上介爲賓，則無介，且使宰夫獻，是上介賤而君不與亢禮也。故此云「其介爲介」，鄭謂乃賓尊之故是以主君與之行敵禮，亦尊賓之意也。案前行私覿禮時，賓覿介皆從入，鄭云「以客禮入，可從介」；上介私覿則衆介不從，是亦無介。斯亦賓尊之故也。

〔記〕有大客後至，則先客不饗食，致之。

案：此亦謂本當饗食聘賓，然有位尊之客後至，則不饗先至之卑客，而使大夫致其禮。所以然者，**鄭注**云：「卑不與尊齊禮。」其所謂大客者，賈疏云乃大國之卿，疏曰：「此據聘禮而言，則無君朝之事。若然，則前有小國之卿大夫來聘，將行饗食，有大國之卿大夫來聘，則廢小國饗食之禮，以其卑不與尊齊禮並行之。」敖繼公則曰：「大客謂朝君。」案此篇雖無君朝之事，然因君來朝乃廢聘使饗食，故文及之亦無不可。胡氏正義曰：「上經言饗食有定禮，不分別大小國。左傳昭元年，趙孟叔孫豹曹大夫入于鄭，鄭伯兼享之。曹是小國，而其大夫得與趙孟叔孫豹同享，豈以大國之卿後至而遂廢小國之卿饗食之禮乎。賈說非矣，當從敖說。」此言甚是。案前說饗食之禮，但以爵而不論大小國之命數，且左傳大小國之卿大夫既得同饗，則「大客」非謂大國之卿矣。唯他國君來朝，則於主國乃盛大禮，主君因而不得與聘使之臣爲禮，故使大夫致之。然則斯亦君有故不親饗食之事也。

盛世佐儀禮集編云：「大客謂大國之卿大夫來使者。其隆殺之差詳見成三年左傳臧宣叔對公語。若皆敵國也，則以聘者爲大客，問者爲小客。言此，則有朝君後至，其所以待先客者更可知矣。」案左傳成公三年曰：「冬十一月，晉侯使荀庚來聘且尋盟，衛侯使孫良夫來聘且尋盟。公問諸臧宣叔曰：仲行伯之於晉也，其位在三，孫子之於衛也，位在上卿，將誰先？對曰：次國之上卿當大國之中，中當其下，下當其上大夫。小國之上卿當大國之下卿，中當其上大夫，下當其下大夫，上下如是，古之制也。衛在晉不得爲次國。晉爲盟主，其將先之。丙午盟晉，丁未盟衛，禮也。」於此知臧宣叔之論大小國之卿次第，乃爲定尋盟之先後，非爲饗食也。尋盟之事不可兼舉之，固須辨其次第，饗食既可兼饗，如昭公元年之事，則何必因大國之卿後至遂廢小國卿之禮？唯他國君來朝，則尊卑絕異，不得兼行之，乃得先客不饗食也。且盛氏於文末亦不廢有朝君後至之說。

然則仍以敖說爲是

燕與羞，俶獻，無常數。

案：此言燕及四時新物禽羞之獻，以主君之恩意賜之，無常定數。前云「公於賓壹食再饗」，是食饗有常數，此則云燕與羞無常數，胡培翬正義云：「饗食有定數，燕無定數，燕禮略輕於饗食也。」按儀禮食禮行於廟，燕禮行於寢，是燕禮輕之證。羞則但獻時物，則禮更輕矣。**鄭注**曰：「羞謂禽羞鴈鶩之屬成熟煎和也。俶，始也，始獻四時新物。聘義所謂時賜無常數，由恩意也。」鄭以羞爲禽羞者，蓋此云「羞俶獻」而記云「禽羞俶獻」，明是一事也。訓「俶」爲「始」者，據爾雅釋詁文。又聘義曰「壹食再饗，燕與時賜無數，所以厚重禮也。」則此處所云「燕與羞俶獻」即聘義之「燕與時賜」也，彼云「時賜」，此云「俶獻」，則宜是鄭氏所云「始獻四時新物」矣。既致之無常數，故鄭云「由恩意」也。

又鄭云禽羞鴈鶩之屬成熟煎和者，見與宰夫歸乘禽者（見上記）異也。

〔記〕禽羞，俶獻，比。

案：此記文上承宰夫日歸乘禽之禮，言又有禽羞時物之獻也。**鄭注**曰：「比，放也，其致禮如乘禽也。禽羞謂成熟有齊和者。俶獻，四時珍美新物也。俶，始也。言其始可獻也。聘義謂之時賜。」此解「禽羞俶獻」與釋上經文同，「成熟有齊和者」，即上文所云「煎和」者也。「比」字鄭注曰「放」，又云「其致禮如乘禽」，然則鄭所曰「放」即「倣」也。以原經此句上乘宰夫歸乘禽「凡獻，執一雙，委其餘於面」之下，故鄭氏謂此。吳廷華儀禮疑義則曰：「注以放訓比，謂禮如乘禽，不知彼生此熟，烏能倣而行之乎！」是以吳氏章句曰：「比，倣也。謂其數等。」吳氏仍訓「比」爲「倣」，但謂非其禮倣之，乃其數等倣歸乘禽之法也，據上文則是「日如其饔餼之數」。然而斯又不合經「無常數」之文。

又王引之經義述聞曰：「案全經之例，兩事相若者，則云亦如之，或云如某事之禮，無言比者。竊疑比字本屬下句，讀當如比及三年之比。言比及歸大禮之日，既受饔餼乃請觀也。禽羞俶獻之下，蓋有脫文，今不可考矣。」案王氏所言經例甚是，且若從注以「比」訓「放」，謂放於乘禽致禮之法，固不合如吳說；謂放其致禮之數亦不合經文之說。若王氏所推「比」屬下句，於義亦通。然則王氏之說蓋是歟！胡培翬曰：「今案此節文義難解，述聞以爲有脫誤者近之。」是亦苟從王氏之說也。

〔記〕燕，則上介爲賓，賓爲苟敬。宰夫獻。

案：此記言燕賓之禮以上介爲賓，賓乃位於諸公之席以爲小敬。且以宰夫爲主人獻食。**鄭注**云：「饗食君親爲主，尊賓也。燕私樂之禮，崇恩殺敬也。賓不欲主君復舉禮事禮已，於是辭爲賓。君聽之，從諸公之席，命爲苟敬。苟敬者，主人所以小敬也。更降迎其介以爲賓。介，大夫也。雖爲賓，猶卑於君，君則不與亢禮也。主人所以致敬者，自敵以上。」案儀禮燕禮乃主君燕己國之臣而言之，然亦通於燕他國聘使之禮。據燕禮，卿大夫入於庭，立門右北面東上；公降阼階，爾卿，卿西面北上，爾大夫，大夫皆少近。於是公命某大夫爲賓。宰夫爲主人。是以此記言上介爲賓，上介，大夫也。其所以然者，禮記燕義云：「不以公卿爲賓，而以大夫爲賓，爲疑也，明嫌之義也。」鄭又以燕禮行於寢，故曰私樂之禮，崇恩殺敬。既崇恩殺敬，又不欲公卿之大近於君，是故以大夫爲賓以明嫌也。

此燕聘賓，既從燕禮而以上介爲賓，鄭又以賓而言之，因謂賓不欲主君復舉禮事禮已，乃辭爲賓。君則聽其辭，亦所以從禮也。鄭又云賓從諸公之席，案燕禮云：若有諸公，席于阼階西北面東上。燕禮記亦云：「若與四方之賓燕，則公迎之于大門內，揖讓升，賓爲苟敬，席于阼階之西，北面」可證注。諸公者，燕禮注云是大國孤卿。又燕禮君席於阼階上西向，故鄭注云：因阼階西之位爲近君，近君則屈，親寵苟敬私昵之坐，即此記所謂苟敬也。

鄭此注又云「更降迎其介以爲賓」，則燕禮云「賓（大夫）入及庭，公降一等揖之」也，此亦禮之之意。唯既使介爲賓，則君不與亢禮，是以使宰夫獻也。

鄭注「宰夫獻」曰：「爲主人，代公獻。」此亦據燕禮以宰夫爲主人也。又案胡匡衷儀禮釋官曰：「案儀禮經內所言宰夫皆與周禮宰夫職合。惟此記云宰夫獻，則指謂膳宰，與燕義使宰夫爲獻主同（辨見燕禮）。儀禮經是周公所作，其記出於後儒之手，如士冠禮記引孔子之言，則作記者在春秋後可知。春秋時通稱膳宰爲宰夫（見燕禮膳宰），故此記因之亦云宰夫獻也。」考燕禮之文有膳宰，而未明「主人」何職，唯**鄭注**曰：「主人，宰夫也。」鄭氏蓋亦據此記及燕義「使宰夫爲獻主」言之，不知此乃後人所記，而宰夫與膳宰有別。以燕禮別爲一禮，此處姑存其說，未暇審其辨也。

賓介皆明日拜于朝。

案：此承上文謂饗食及燕獻之明日，賓介皆拜謝主君於外朝。禮當亦如拜饔與餼之再拜稽首也。記曰「凡賓拜于朝，訝聽之」，則此亦由掌訝聽之也。

敖繼公曰：「上惟見賓禮，乃言介拜，似非其次，蓋此文宜在下句之下也。賓介之拜賜，各主於其所受者也。饗賓燕賓之時，介雖與焉，然禮不爲己，故不必拜。賓於禽羞亦拜之者，謝主君之意也。」敖氏謂下句乃言介之饗食，則此句宜在下句之下，則賓介各拜其賜也。盛世佐集編則云：「言此於介禮之上者，欲見賓之拜禮介當從往，而介之拜禮，賓不偕行也。饗賓食賓之時，介皆與焉，而燕又以介爲賓，則其從拜可知。上歸饔餼章亦言拜賜於介禮之上是其例矣。敖云此文宜在下句之下非。」竊意盛說爲長。敖云賓介各拜其賜，甚爲可疑。凡賓之禮，介皆從而爲介，何拜賜則不從？凡君、夫人、大夫致禮於賓，介皆與焉；致禮於介，則賓不與，然則盛氏云賓之拜介皆從，介之拜賓不偕行是矣。是則此句所以在上介食饗之句上之義也。

胡培翬正義引王氏絅解云：「賓于發去之日乃三拜乘禽于朝，則此之拜賜爲拜饗食燕也。上文羞俶獻經連類及之耳。」案乘禽之歸每日有之，故總於發去之日乃三拜之，此禽羞俶獻乃主君之厚惠恩意也，與乘禽異，不可不拜。仍以敖說爲是。

上介壹食壹饗。

案：此云主君饗食上介之法。賓壹食再饗，上介壹食壹饗，是殺於賓也。且賓有燕及羞無數，上介無之，亦是殺降也。**鄭注**云：「饗食賓，介爲介，從饗獻矣，復特饗之，客之也。」謂饗食賓時，上介已因爲介而從饗獻矣，此時又特饗上介，是以客禮待上介也。以其爲介時，乃從者，非客體也。案儀禮公食大夫禮賓入廟門揖讓而升，經云「介門西北面西上」；又此聘禮記云：「大夫來使，無罪，饗之。過，則餼之。其介爲介。」是饗食賓時上介爲介之證。唯公食禮上介從禮而無獻。饗禮既亡，但知上介從而爲介，鄭云「從饗獻矣」，乃無得而證之。燕禮則以上介爲賓，由今儀禮燕禮可知。唯斯皆賓之禮，禮不在上介。此壹食壹饗以待上介，乃專待之以客禮也。

〔記〕無饔者無饗禮。

案：此專言饗禮唯於賓及上介有之，士介則無。**鄭注**曰：「士介無饗禮。」以君歸饔餼時，賓饔餼五牢，上介饔餼三牢，士介則餼一牢而無饔。此云無饔者無饗，即是士介無饗禮也。

若不親食，使大夫各以其爵，朝服致之，以侑幣。如致饔，無儐。

案：此言君若有故不得親食賓及上介，則使卿致禮於賓，使大夫致禮於上介，皆朝服，用侑幣。其禮則如致饔之禮，賓及上介皆不儐使者。所以不親食者，鄭注曰：「君不親食，謂有疾及他故也。」賈疏曰：「他故之中兼及有哀慘。」敖繼公曰：「若不親食之文，雖主於君，然賓有故而不及往者，其禮亦存焉。」案有喪之事，下經有之，若「不饗食」，則非「不親食」之屬，且亦不致之也；若「不受饗食」，則仍致之。是以此云「不親食」謂有疾及他故或遭喪，賓主有故皆然。而有故不親食則使大夫致之，鄭注曰：「必致之，不廢其禮也。」遭喪及大故，則或廢饗食之禮；若他小故，則不廢正禮，故仍使人致之也。

使大夫各以其爵致之，鄭注曰：「致之必使同班敵者，易以相親敬也。致禮於卿使卿，致禮於大夫使大夫，非必命數也。」以大國小國之卿大夫命數各有等差，此經云「各以其爵」，是但據其爵，不計命數也。

經云「以侑幣」者，陳祥道禮書卷五十八曰：「飲有酬賓送酒之幣，食有侑賓勸飽之幣；故皆有幣也。」下文亦曰「致饗以酬幣」。公食大夫禮三飯之後，經云：「公受宰夫束帛以侑。」又：「賓降辭幣……賓升再拜稽首受幣。……賓北面揖執庭實以出，……從者訝受皮。」是食禮以束帛乘皮爲侑幣之證。此時主君雖不親食，然不廢其禮，使大夫各以其爵致之，且亦用其侑食之幣，如致饔餼之奉束帛爲幣以致之也。

卿大夫各致其食禮於賓上介，禮亦如致饔餼之禮，但賓及上介不儐使者。鄭注云：「無儐，以己本宜往。」謂賓介本宜往主君之廟受其食禮，故無儐使者之法，今以有故不親食，而使大夫致之，則仍無儐也。

致饗以酬幣，亦如之。

案：上云不親食，此則云不親饗，若有故不親饗，則亦使大夫各以其爵朝服以致饗，致食以侑幣，致饗亦以酬幣。其禮亦如致饔而無儐。鄭注曰：「酬幣，饗禮酬賓勸酒之幣也。所用未聞也。禮幣束帛乘馬，亦不是過也。禮器曰：琥璜爵，蓋天子酬諸侯。」食禮之侑幣見於公食禮已如上述，饗禮之酬幣則以饗禮既亡，無得而證。唯於此經猶知饗禮之有酬幣也。李如圭集釋曰：「春秋傳秦后子享晉侯有酬幣。」案左氏昭公元年傳曰：「秦后子享晉侯……歸取酬幣」，則乃春秋諸侯享（同饗）用酬幣之證。又士昏禮云：「舅饗送者以一獻之禮，酬以束錦；姑饗婦人送者，酬以束錦。」亦是饗用酬幣之證。唯士昏禮酬幣但用束錦，則士禮輕之故。鄭引禮器「琥璜爵」，則天子酬諸侯，所以重也。鄭注禮器曰：「琥璜爵者，天子酬諸侯，諸侯相酬，以此玉將幣也。」若諸侯饗大夫，則鄭注云：「所用未聞也。禮幣，束帛乘馬亦不是過也。」鄭所以云然者，蓋以公食小聘大夫以束帛乘皮侑，此聘禮主君醴賓幣用束帛乘馬，主君饗賓之幣當不過於聘享大禮後醴賓之幣，故鄭云雖饗用酬幣未聞，然知不過於束帛乘馬。

〔記〕凡致禮，皆用其饗之加籩豆；

案：此記言君不親饗而使大夫致禮，用其饗食並加籩豆之實。鄭注曰：「凡致禮，謂君不親饗賓及上介，以酬幣致其禮也。其，其賓與上介也。加籩豆謂其實也。亦實於罋筐。饗禮今亡。」此「凡致禮」鄭云是以饗幣致禮於賓及上介者，以賓及上介有饗，士介無饗，已見上文。

鄭注「加籩豆謂其實，亦實於罋筐」，賈疏引之無「筐」字。校勘記又云：「按下文兩言豆實實于罋，則無筐是也。注內筐字恐係衍文。經不言簋實，不必有筐字。」其云此者，蓋以公食大夫禮，君若不親食，則使大夫各以其爵致之，豆實，實于罋，簋實，實于筐。乃以此時無簋實，遂疑注中「筐」爲衍。且賈疏云：「致饔餼醓醢是豆實，實于罋，明此饗之豆實亦實于罋可知也。」則阮氏校勘記蓋據賈疏而唯言豆實。李如圭集釋亦曰：「醓醢，豆實也。歸饔餼有醓醢百罋。」賈氏李氏以醓醢爲豆實，誤也。案致饔餼豆實有「醓醢」，周禮天官醢人掌四豆之實亦有「醓醢」而無「醯醢」。歸饔餼堂上八豆有醓醢，「醓醢」乃肉醬也，是爲豆實；歸饔餼又有「醯醢百罋」陳于庭夾碑，醯在東，醢在西。皆調味之物，醯爲穀味，醢爲肉味。周禮天官有「醯人，掌共五齊七菹」，注：「齊菹醬屬醯人者，皆須醯成味。」是「醓醢」與「醯醢」有別，賈李二氏蓋以形近而誤之，以豆實「醓醢」作「醯醢」，又據「醯醢百罋」，乃作此豆實實于罋之證。不知「醯醢」非豆實也。

且此記云「加籩豆」，則非但有豆實，且亦有籩也。**鄭注**云「亦實於罋筐」，蓋據公食禮使大夫致禮而實于罋筐爲言。唯彼云簋實實于筐，此則爲籩實爲異。然籩筐皆是竹器，其籩實實於筐亦爲所宜。周禮天官籩人有「加籩之實，蔆、芡、栗、脯，蔆、芡、栗、脯」，醢人有「加豆之實：芹菹、兔醢、深蒲、醓醢、箈菹、鴈醢、筍菹、魚醢」。此云「加籩豆」，不知是否？鄭云「饗禮今亡」，則記所云「用其饗之加籩豆」無得而證之矣。

〔記〕各以其爵，朝服。

案：此句原經失次，而在賓請游觀之下。**鄭注**曰：「此句似非其次，宜在凡致禮下，絕爛在此。」以前經有云「若不親食，使大夫各以其爵朝服致之」，故知此各以其爵朝服宜在「凡致禮」下。胡培翬云「鄭以凡致禮爲致饗食之禮，故知各以其爵朝服當在凡致禮下。」盛氏云若在游觀之下，則「各以其爵」四字不可通矣。

又盛氏云：「此謂君所使致禮者也，其謂賓與上介也。致賓以卿，致上介以下大夫，朝服，殺於致饗也。」案此事已見於經，記又於此著之。

大夫於賓，壹饗壹食。上介若食若饗。

案：此言主國大夫饗食賓介之法。大夫於賓壹饗壹食，是殺於其君之壹食再饗。大夫於上介或食或饗，吳廷華章句曰：「二者用其一，又殺也。」此處無大夫燕賓之文，賈疏云亦有燕，然無常數耳。疏曰：「此直言饗食，不言燕，亦有燕。是以鄭詩羔裘云：知子之來之，雜佩以贈之。鄭注云：與異國賓客燕時。又昭二年左傳云：韓宣子來聘，宴于季氏。傳無譏文。明鄰國大夫有相燕之法。」蓋燕禮之行，皆無常數，君臣皆得以事行之也。

若不親饗，則公作大夫致之以酬幣；致食以侑幣。

案：若大夫有故不克親饗食於賓，則主國之君使其同爵等之大夫爲之致禮，饗用酬幣，食用侑幣。**鄭注**曰：「作，使也。大夫有故，君必使其同爵者爲之致之。列國之賓來，榮辱之事，君臣同之。」君有故不可廢禮，大夫有故亦然，國之榮辱君臣同之，而由君主其事，故國君使其同等之卿或大夫代其致禮。敖繼公曰：「此致之以大夫不嫌與君同者，公作之故也。」敖云此者，以大夫饋賓介使老與士，是嫌與君同，而不親饋。此時大夫之饗食賓介乃使大夫致之，則與致君之禮同，故曰其以君命之故，乃得不嫌也。

又敖氏曰：「酬幣皆用束錦，亦有庭實。」此蓋據私覿私面之文而言之，以束錦有庭實是大夫之禮也。

第二十四節　還玉報享

君使卿皮弁還玉于館。

案：此節云賓將離去，主君使卿詣賓之館還圭璋，並贈聘君玉璧以報其享玉之禮。君所以使卿，亦稱聘賓之爵。服皮弁，如行聘禮時受玉之禮服也。館，賓之館，即前文所云卿館于大夫之廟者也。

鄭注云：「玉，圭也。君子於玉比德焉。以之聘，重禮也。還之者，德不可取於人，相切厲之義也。皮弁者，始以此服受之，不敢不終也。」

案還玉者，初聘時所致之圭璋皆還之也。鄭但云「圭」者，以下文復有還璋之文，是以鄭於此舉圭以言之。鄭釋還玉之義，則據禮記聘義之文。聘義曰：「以圭璋聘，重禮也。已聘而還圭璋，此輕財而重禮之義也。諸侯相厲以輕財重禮，則民作讓矣。」圭璋爲國之所寶，前記曰「凡四器者，唯其所寶，以聘可也」，以所寶之器聘他國之君，見其重禮也。然若受而不還，又見其重財之意矣，故受而又還之，以見其輕財而重禮之義也。由諸侯行之，示民以禮讓之義也。又君子於玉比德，亦見於聘義：「孔子曰：夫昔者君子比德於玉焉。溫潤而澤，仁也。縝密以栗，知也。廉而不劌，義也。垂之如隊，禮也。叩之其聲清越以長，其終詘然，樂也。瑕不揜瑜，瑜不揜瑕，忠也。孚尹旁達，信也。氣如白虹，天也。精神見於山川，地也。圭璋特達，德也。」斯則於玉比德，聘以圭璋之義也。亦鄭氏所云相切厲之義，而德不可取於人，故用以聘，又還之也。

初時行聘君臣皆以皮弁服，此還玉亦以皮弁服，鄭云「始以此服受之，不敢不終」者，蓋亦愼始敬終，敬事如一之義也。

賓皮弁襲，迎于外門外，不拜。帥大夫以入。

案：此言賓迎卿於外門外，敵者之禮也。賓皮弁，亦與聘時相同。襲，爲將受圭也。此亦與聘時襲而執圭同。敖繼公曰：「大夫亦襲，至廟門乃執玉。」此言蓋是矣。以聘時主君與賓皆襲而執玉，賓亦至廟門乃由賈人受玉而入也。

賓迎不拜，帥大夫以入，**鄭注**：「帥，道也。」敖繼公曰：「帥以入，則不揖也。」其所以不拜不揖者，**鄭注**云：「迎之不拜，示將去，不純爲主也。」賈疏申鄭意曰：「客在館如主人，卿往如賓。今不拜迎，是不純爲主也。決上君使卿歸饔餼時賓拜迎，是純爲主人故也。」賈氏以歸饔餼爲決，意有未洽。蓋賓受饔餼時，禮在於己；此時則受君之玉。而前聘時主君迎賓再拜，賓不答拜，則凡爲人使皆不拜也。

是以敖繼公曰：「禮不主於己，故不拜。」蔡德晉禮經本義亦從其說。胡培翬儀禮正義引江氏筠說曰：「此不純爲主，非以將去之故，以其圭爲君物，非己所得而主也。璋亦然，故還璋如初入。其賄與禮亦皆是代君受者。故皆如還玉禮。記言君不見使大夫受之儀，自聽命以迄降階悉與此同，足以明之矣。蓋此之送迎不拜者，猶之奉使不答拜之義。敖氏謂禮不主于己者得之。」胡氏乃從敖氏「禮不主於己」之義，而非鄭氏「將去不爲主」之說。

案此賓受還玉，固是代君行禮，禮不主于己，以奉使不答拜解迎送不拜之義，固得於禮。唯凡爲使者不拜，然未嘗不揖而入，則此時帥大夫入而不揖，未必由爲使之故。且下文賓聽命而升自西階，則見其不爲主之意，然則鄭云「將去，不純爲主」蓋是也。

又褚氏云：「敖氏謂禮不主於己故不拜，則是慢君事矣。從注不純爲主之說乃得禮意。」其從鄭不純爲主之說固宜，然謂禮不主己則不拜是慢君事則非。蓋凡爲君使禮不主己皆不拜，乃常禮也。盛氏則曰：「賓於大門迎而不拜，帥以入而不揖，皆以其執主器不敢與之爲禮也。既入，賓止於庭三分庭一在北，不同升，故亦無讓。」其言賓止於碑而不與大夫同升，故無讓，是也。以卿執主器說不拜不揖則非。蓋初聘時，賓執圭入廟門，未嘗不三揖而至階，三讓而升。且下文還玉禮畢，賓送大夫亦不拜，然則不爲執主器之故也。

大夫升自西階，鉤楹。

案：下文「賓自碑內聽命」，則賓帥卿以入，不與俱升，唯大夫升自西階，由西楹西北進轉而東至堂中南面而致命。**鄭注**曰：「鉤楹，由楹內將南面致命。致命不東面，以賓在下也。必言鉤楹者，賓在下，嫌楹外也。」賓之正位在西楹西，主之正位在東楹東，相對而行禮，此時聘賓在堂下碑內，大夫爲賓若在西楹西致命，則嫌其行禮於楹外，不在堂中。故大夫鈎楹而至堂中，由楹西北行轉東而南面，所謂「鈎楹」，立堂中南面向賓致君命。鄭解致命不東面，以歸饔餼時大夫東面致命。然彼時賓在楹東，此時賓在堂下，故南面向賓而致命也。

賓自碑內聽命。升自西階，自左南面受圭。退負右房而立。

案：賓在碑北聽命，然後自西階升，亦鈎楹，由大夫之後至其左，南面並受圭。乃退至堂之西北，負右房而立。**鄭注**曰：「聽命於下，敬也。自左南面，右大夫，且並受也。必並受者，若鄉君前耳。退，爲大夫降逡遁。今文或曰由自西階，無南面。」

碑在三分庭一在北，碑內，謂在碑少北也。褚氏曰：「不云階閒而云碑內，近碑可知。」其聽命于堂下者，鄭云爲敬也。敖氏曰：「以君命不主於己也。」然大夫在堂中南面致命，是向賓也；若如敖說賓乃代君行禮，則更不宜自下聽命矣。必如鄭說乃爲合禮：賓自下聽命以示敬主君之命，既聽命而升堂代己君受圭，是以南面並受，蔡德晉云：「二人皆代君行禮，故皆不北面。」其升自西階，當亦爲將去不純爲主且不敢以主人自居之意也。其歸饔餼時則升阼階矣。

大夫原在堂中南面，賓自大夫左亦南面，則是右大夫，俱南面而並授受。今文無「南面」，則竝受之意不明；且已云「升自西階」則不必更曰「由」，是以鄭不從今文。

賓既受圭，退負右房而立。鄭云「爲大夫降逡遁」，案前聘時主君拜受圭，賓乃三退三逡遁而負序，今乃謂爲大夫之降而逡遁，似非其禮。敖氏曰：「賓退負右房而立，俟降階之節也。必俟於此者，辟主位且便於降。」胡培翬云：「以受圭愼重之故，負右房，則在堂之西北而南面矣。」此二說較爲近理。此時既不純爲主矣，又不爲客，故不得負序，乃負右房而俟也。

敖氏又據此「負右房而立」，而記有云「卿館於大夫」，遂判大夫亦有左右房，然則先儒云大夫唯有東房西室者爲誤矣。然前文有云卿館於大夫之廟，大夫館於士之廟，其廟與寢之制未必同，蓋「東房西室」謂大夫士之寢，其廟，則自上至下皆有左右房也。東房西室之說略見於總論。

大夫降中庭，賓降，自碑內東面，授上介于阼階東。

案：授圭既畢，大夫先降，當大夫行至中庭，則賓亦降自西階，既降，由碑內東面而行，至於阼階東授上介圭，上介復交與賈人藏之櫝中。**鄭注**曰：「大夫降出，言中庭者，爲賓降節也。授於阼階東者，欲親見賈人藏之也。賓還阼階下西面立。」案凡賓主行禮畢，賓皆降而遂出，未有降而復至於中庭者，是以鄭逕云「大夫降出」，則經所云「降中庭」，必爲下文賓降之節。則其他主人降授幣之節皆如此也。

褚氏曰：「必言自碑內者，見由西階降也。」蓋前升堂時，賓入於東陳，至階下西行至碑內聽命，聽命畢復西行升自西階。則此時復降自西階，亦由碑內東行而至於阼階東。若非降自西階，則不必「自碑內東面」矣。

授上介于阼階東，鄭云欲親見賈人藏之，賈人乃主掌玉之人。賈疏云：「此時無事在堂東待此玉，故賓向阼階東得見之。」賈人蓋專待玉於此，不可謂「無事」也。常時既受禮幣，則降階即授從人，此時特云授上介于阼階東，更東進者，故鄭云欲親見賈人藏之，爲敬君事愼君之玉也。

既授圭，鄭云賓還阼階下西面立，賈疏曰：「賓在館如主人，在階下西面立是其常處。立者以待受璋也。」敖繼公曰：「既授上介，則復立於中庭。」案鄭氏以阼階下爲大夫常處之位，敖氏則以中庭爲常處之位。考聘禮經文中但有君立于中庭（聘時），未云有大夫之位，敖氏蓋據此而以中庭爲凡主人立俟之位。又士冠禮有云「主人玄端爵韠，立于阼階下，直東序，西面」，鄭氏蓋據此以阼階下爲主人之常位。以君與臣之禮位宜乎有別，儀禮常省文而互見其義，主人之立處其見於士冠禮，不復見於他禮，或當從士冠禮以見之，然則當以注疏之說爲正也。

上介出請，賓迎，大夫還璋，如初入。

案：上介出請事，入告賓以將還璋，賓出廟門迎大夫，亦不拜，帥以入，皆如還圭之禮。**鄭注**曰：「出請，請事於外以入告也。賓雖將去，出入猶東，惟升堂由西階。凡介之位未有改也。」凡行禮，介皆出請入告。鄭又云賓雖將去，不純爲主，然出入猶東，且介位未改，則明上介出請入告仍猶門東。且上文賓降自西階，乃由碑內至阼階東而授圭與上介，亦明出入堂塗與門皆猶東也。

大夫還璋如初入，敖氏曰：「自帥以入，以至授介，皆如之也。」謂皆如初還圭之禮也。

賓裼，迎大夫。賄用束紡。

案：前賓受卿還圭璋時襲，與聘時圭璋特而襲同。還圭璋之禮畢，於是賓裼而迎大夫賄。其迎之前，當亦有出請入告之節，大夫告以賄，於是賓出迎，亦不拜不揖，帥大夫以入。其禮亦與前還圭時同。大夫至此亦變襲爲裼，與賓同。

賄用束紡，**鄭注**曰：「賄，予人財之言也。紡，紡絲爲之，今之縛也。所以遺聘君，可以爲衣服，相厚之至。」鄭釋「賄」意，謂予人財物之稱也，卽主君遺聘君之物也。賈疏云：「此則未知何用之財。若是報享之物，不應在禮玉之上，今言此束紡者，以上圭璋是彼國之物，下云禮玉束帛報聘君之享物。彼君厚禮於此，此亦當厚禮於彼，故特加此束紡，是以鄭云相厚之至。」賈氏既解相厚之至云主君厚禮於聘君，又曰未知何用之財。案此「賄用束紡」既在還圭璋之後，又在禮玉報享之前，當是報聘也。敖繼公曰「賄禮主於答其聘」是也。禮玉束帛乘皮，所以報享用璧琮加束帛乘皮也。聘時圭璋特達無幣，則還圭璋亦特達無幣，「圭璋特」，禮器所謂「以少爲貴」者，既還圭璋又賄以束紡，故云「相厚之至」也。「束紡」，亦紡絲所成之物，與束帛爲類，可以爲衣服，鄭曰「今之縛也」，乃以漢代之稱況之也。

禮玉束帛乘皮。皆如還玉禮。

案：此承上文賄用束紡以報聘之後，復以璧琮之玉加束帛乘皮以報享，二事禮皆如還圭璋之禮。**鄭注**云：「禮，禮聘君也。所以報享也。亦言玉，璧可知也。今文禮皆作醴。」禮聘君，言致禮與聘君，以報其束帛加璧及庭實乘皮之享也。故此亦用玉加於束帛乘皮，如其享禮而報答之也。鄭曰「亦言玉，璧可知」，以聘君用璧琮享，則此報享用玉，當亦然也。李如圭集釋曰：「圭璋言還，禮玉言禮，則主國自以璧琮報享也。」以前文言「還玉」，又言「還璋」，則是仍以聘君之圭璋還之；此時言「禮玉」，則是主君以己國之璧琮及束帛庭實爲禮，而自受其初所享之玉帛庭實矣。

今文禮皆作醴，謂「禮玉」及「還玉禮」二字皆作「醴」。案「醴」謂以醴待賓，此乃報享以玉，及云還玉之禮，固知「醴」字之非，蓋以音同形近且涉「醴賓」而誤也。

「皆如還玉禮」者，敖氏曰：「皆者，皆賄與禮玉也。禮玉之庭實不在如中，是亦大概言之耳。」以上言「賄用束紡」及「禮玉束帛乘皮」二事，在還璋之後，又更端行禮，賓及大夫變襲爲裼，而迎升、聽命、授受之節皆如還玉之禮。然還玉及賄無庭實，禮玉報享有庭實乘皮，故云庭實不在如中，但庭實之授受於堂下視堂上授受爲節，其張攝之法及士受皮而執之以東，如上文可知，故大概言之可也。

又李如圭云：「卿不報聘君之幣者，尊卑不敵。」蓋此時還玉、賄、禮玉，皆主君報聘君之禮，其主國君臣報聘賓及介之幣，則於賓行舍于郊時致之（見下文），唯卿大夫既受聘君之問幣，而無以報之，故李氏云尊卑不敵，不敢與行禮，故受賜而不報也。

〔記〕賄，在聘于賄。

案：此記言主國賄聘君之財，當視其聘而爲多寡之節也。**鄭注**云：「賄，財也。于讀曰爲。言主國禮賓當視賓之聘禮而爲之財也。賓客者，主人所欲豐也。若苟豐之，是又傷財也。周禮曰：凡諸侯之交，各稱其邦而爲之幣，以其幣爲之禮。」張爾岐句讀曰：「在，視也。賄，謂賄用束紡，禮用玉帛乘皮，及贈之屬是也。」張氏云在，視也，蓋據鄭注而爲解。視聘而爲賄，若專言聘玉，則圭璋特無幣，故云賄謂凡贈之屬也。原經文此句上承「多貨則傷于德，幣美則沒禮」，故鄭云主人雖欲豐其賓客之財賄，然爲苟豐，則是傷于重財，是以致贈聘國之財賄，當視其聘國所用之聘禮而爲賄之厚薄。經文雖云「賄用束紡」，及「禮玉束帛乘皮」，亦舉其常禮而爲言。鄭乃又引周禮秋官司儀職，以證其聘享用幣各稱其國之大小及所產，則主國之賄，亦視其聘禮之幣而爲贈也。

〔記〕無行，則重賄反幣。

案：此謂聘賓特來本國行聘，無復往聘他國，則重致其賄及報享之幣。**鄭注**曰：「無行，謂獨來復無所之也。必重其賄與反幣者，使者歸以得禮多爲榮，所以盈聘君之意也。反幣謂禮玉束帛乘皮，所以報聘君之享禮也。昔秦康公使西乞術聘于魯，辭孫而說，襄仲曰：不有君子其能國乎，厚賄之。此謂重賄反幣者也。今文曰賄反幣。」賈疏曰：「此特來，非歷聘。歷聘則吳公子札聘于上國，聘齊聘魯是也。」賈疏特舉吳公子季札歷聘上國之事，以見此無行爲特來之有別也。案左傳襄公二十九年記吳公子札聘魯觀樂，繼聘齊、聘鄭，又適衞、適晉，是乃歷聘也。秦使西乞術聘魯事見左傳文公十二年，鄭注擧之以見厚賄之事。厚賄則見聘賓爲他國所敬說，且使者反國將陳幣于朝，是以鄭云使者歸以得禮多爲榮，故若聘賓特來不往他國，主國則重賄之以多其幣也。經云「重賄反幣」，賄謂賄用束紡所以答聘者，反幣爲禮玉束帛所以報享者，其常禮用束紡，用束帛乘皮，其特來，則又重厚之也。今文但言「賄反幣」無「重」字，是失其「厚賄」之意，故鄭氏不從。

大夫出，賓送，不拜。

案：自還圭至禮玉諸事已畢，於是大夫出，賓送至大門外，不拜。敖氏云：「亦上介出請，大夫告事畢，乃出送之。」由私覿之禮畢，經云「擯者出請，賓告事畢，擯者入告，公出送賓」而知之。

以主人不必事之有無，凡行禮畢皆出請入告也。

賓迎時於外門外，則亦送于外門外，敵者之禮也。迎時不拜，則送時亦不拜，將去不純爲主也。

二十九、還玉

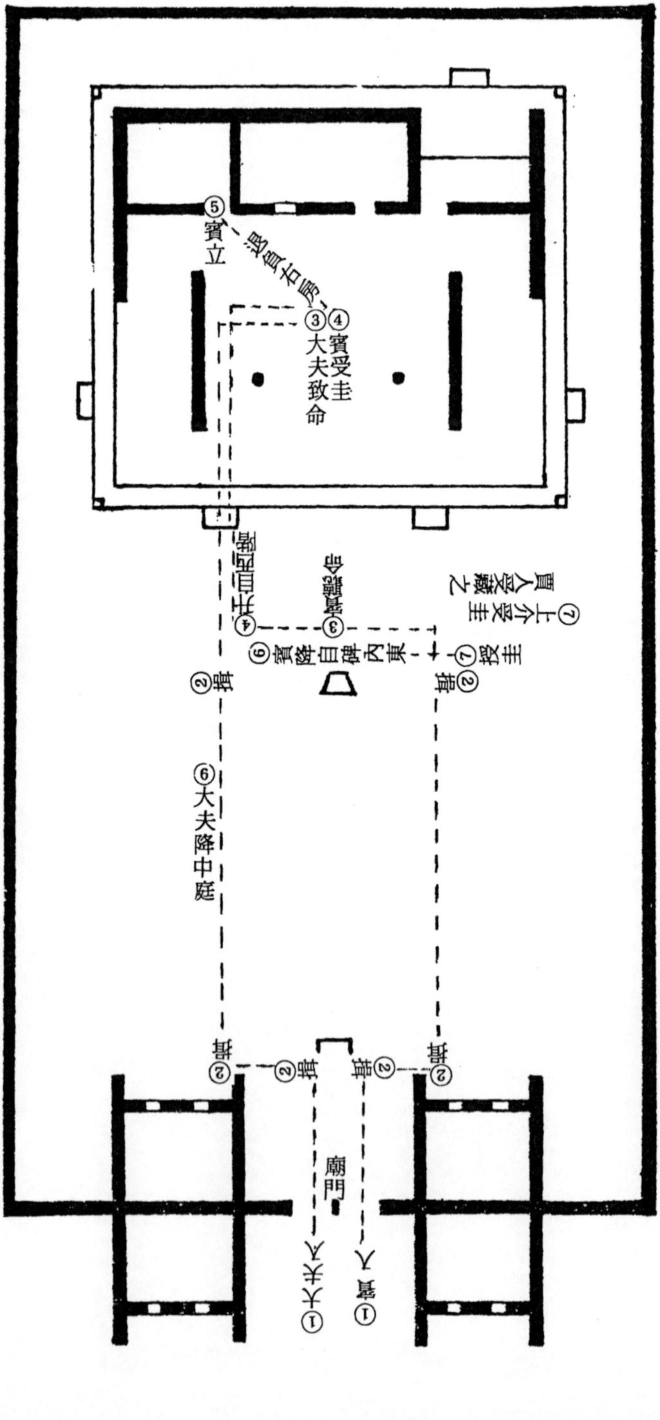
⑤賓立
退負右房
③大夫致命
④賓受圭
⑦上介受圭
賈人受藏之
⑥賓降自碑內東
②揖
⑥大夫降中庭
廟門
①大夫入
①賓入

第二十五節　賓將行，君館賓

公館賓。

案：此節言賓將行之前日，君親往賓之館存問並謝其聘君之意，賓辟，又從而請命于朝之事。張爾岐曰：「館賓者，拜賓於館也。」下文云「賓辟，上介聽命」，又云四事皆再拜，故知是拜於賓館也。

鄭注曰：「爲賓將去，親存送之，厚殷勤，且謝聘君之意也。公朝服。」下文云「公退賓從請命于朝」，又周禮秋官司儀職云「賓從拜辱于朝，明日客拜禮賜，遂行」，乃知此「公館賓」爲賓將行之前一日，爲賓將去，主君乃親往拜之於館，存問且送別之，所以厚致殷勤，且拜四事，即謝聘君之意也。

鄭云「公朝服」，以經未云何服，而朝服乃行禮常著之服也。賈疏曰：「以其行聘享在廟之時，相尊敬重，故著皮弁，此拜謝之禮輕，故知着朝服。」

賓辟。上介聽命。

案：公親往賓館，賓不敢受其禮，於是辟之不見，由上介聽命。**鄭注**云：「不敢受主國君見己於此館也，此亦不見，言辟者，君在廟門，敬也。凡君有事於諸臣之家，車造廟門乃下。」鄭云此亦不見者，以上文聘享私覿畢，卿大夫勞賓，賓不見，故鄭謂此「亦不見」。然此不云「不見」乃云「辟」者，以君尊，且君已至廟門，故言「辟」以為敬也。

前者大夫勞賓在大門，此時鄭乃謂君在廟門，故釋之曰凡君有事至臣家車造廟門而下。此時賓館於大夫之廟，是在臣家也。敖繼公曰此時君在大門外，以此時未見入門之文。賈疏曰：「公食記云：賓之乘車在大門外。又曲禮云：客車不入大門。以此言之，君車入大門矣。」公食記鄭注曰：「賓車不入門，廣敬也。」蓋若凡車皆不入大門，則不必特言賓車、客車，若車有入大門者，則君車宜可入於臣之大門矣。是以賈疏謂「以此言之，君車入大門矣。」若然，則上介聽命在廟門也。

上介聽命之位，則**鄭注**曰：「聽命於廟門中西面，如相拜然也。擯者每贊君辭，則曰：敢不承命，告于寡君之老。」其言「於廟門中西面，如相拜然」，蓋以士介覿君時，擯者執上幣立門以相拜，其時注曰「立門中閾外西面」。則鄭云此時上介聽命如彼也。案彼時擯者在門中西面以相拜，乃君在中庭南面，而此時君在門中東面（下文公拜四事鄭注），則門中西面乃正與君相對，豈相拜之處邪？賈疏曰：「必知在門中西面者，以其君來如賓禮東面，介西面面公可知。」案君來拜賓，固謙以客禮而東面，然賓且辟公不敢與為禮，豈上介乃與主君東西面相對為禮歟？其勢必不然。又敖繼公曰：「上介聽命，蓋西面，於外門外之東塾少南，不敢當君也。」盛世佐曰：「聽命之禮當北面，其立處則經無明文未敢質言也。註及敖說俱未的。或云當門之南，或然與。」如盛氏所說當門之南，北面聽命，宜是賓親聽命之位，今上介聽命宜與賓親受有別，若「如相拜然」，竊謂敖氏之說爲近似矣。其說在大門外若非，則在廟門外東塾少南以辟君也。

君之拜，由擯者贊君辭，亦猶在主君之廟行禮時然。擯者每出辭贊君之拜，則上介答曰：「敢不承命，告于寡君之老。」以上介聽命乃代賓聽主君之命也，故答曰將以君拜之事告于賓。賈疏曰：「知告賓云告于寡君之老者，案玉藻云：擯者曰寡君之老，注云擯者之辭主於見他國君。今上介當擯者之處，故知告于賓稱告于寡君之老。」案玉藻云上大夫自稱曰「下臣」，其擯者于他國之君前稱己國上大夫則曰「寡君之老」，此時賓爲上大夫，上介處擯者之位，故於他國君前稱「告于寡君之老」也。此則上介代賓聽命之答辭也。

聘享，夫人之聘享，問大夫，送賓，公皆再拜。

案：此言公拜此四事，每事皆再拜。其前三事乃拜聘君之意，末則拜送賓，以賓將去，不復見之也。
鄭注曰：「拜此四事，公東面拜，擯者北面。」其拜四事，賈疏曰：「聘享者，謂賓聘君以圭，享君以璧；夫人聘享者，謂賓聘夫人以璋，享夫人以琮；問大夫者，問三卿及嘗聘彼國之下大夫；送賓以登路。云拜此四事者，四事皆再拜。」張爾岐曰擯者歷舉四事而君拜之，張惠言讀儀禮記謂其說似云四事總再拜，而非之。以經文云「皆再拜」，又下記於擯者贊辭，每曰拜。見每事皆再拜也。公東面拜，謙以客禮，不以君南面臨臣也。擯者北面，則相拜也。

〔記〕曰：子以君命在寡君，寡君拜君命之辱。

案：此記言主君之擯者贊君拜聘享之辭。鄭注曰：「此贊君拜聘享辭也。在，存也。」說文子部：「存，恤問也。」則此辭乃謂：子奉君命來存問於寡君，寡君拜謝君命之辱問也。擯者贊此辭，則君再拜矣。

〔記〕君以社稷故，在寡小君。拜。

案：此擯者贊君拜夫人之聘享辭也。夫人之聘享由君受之，亦由君拜之。鄭注曰：「此贊拜夫人聘享辭也。言君以社稷故者，夫人與君體敵，不敢當其惠也。其卒亦曰寡君拜命之辱。」云夫人與君體敵不敢當其惠者，對下文拜問大夫，則君當其惠矣。其以體敵，君不敢當其惠，乃稱「社稷」而拜之。賈疏曰：「禮記哀公問：孔子云取夫人爲社稷主。婦人無外事，天地幷社稷，后夫人歸不與，以夫婦一體，故夫人亦得云社稷主。」案禮記中孔子所言，乃答哀公問所以冕而親迎之故。以夫人與君一體而爲社稷之主，故君不敢當夫人之惠而稱社稷也。稱寡小君者，夫人於諸侯之自稱。禮記曲禮云：「夫人自稱於天子，曰老婦。自稱於諸侯，曰寡小君。」

「其卒亦曰寡君拜命之辱」，以經文省，而據前文而知旣云拜之原故，則當又稱拜也。擯者旣贊此辭，公則拜之，公之拜，再拜也。

〔記〕君貺寡君，延及二三老。拜。

案：此擯者贊君拜問大夫之辭。**鄭注**曰：「此贊拜問大夫之辭。貺，賜也。大夫曰老。」擯者稱大夫曰老，猶前上介稱賓爲「寡君之老」也。此言君以賜寡君之故而惠及于大夫，卽所謂君當其惠也。此辭卒當亦有云：「寡君拜君命之辱」。擯者贊辭而君再拜。

〔記〕又拜送。

案：公旣拜聘君之賜，乃又拜送賓也。**鄭注**云：「拜送賓也。其辭蓋云：子將有行，寡君敢拜送。」以前三拜皆有擯者贊拜之辭，此但云拜送而無辭，故鄭云其辭蓋如是也。

又**鄭注**：「自拜聘享至此亦非其次，宜承上君館之下。」案此記拜四事之辭原經文在「無行則重賄反幣」之下，「賓于館，堂楹閒釋四皮束帛，賓不致，主人不拜」之上，其次正在記特聘重賄及賓將去謝館主人之間，並無失次。鄭云宜承上「君館之」下，蓋以彼云「君館之」，而此正爲君館賓之辭，故言之。然彼「明日，君館之」乃於記中言若有故卒聘加書之事，謂於君館賓之前一日而報其書也，其加書將命與主國之報書自成一事（其事及記文已述於上文聘享節），不與其他常行之禮爲次，鄭注之說蓋誤之。李如圭集釋曰：「案君館之自終上有故加書之文，此贊拜辭在重賄反幣下，釋皮帛謝主人上，與公館賓之節正相當，其次宜在此。」李說是也。

公退。賓從，請命于朝。

案：公既拜謝又拜送，則退。寡則從而至于朝，且請命焉。**鄭注**曰：「賓從者，實爲拜主君之館已也。言請命者，以己不見，不敢斥尊者之意。」周禮秋官司儀職言諸侯之臣相爲國客，「君館客，客辟，介受命。遂送，客從，拜辱于朝」，鄭蓋據周禮之言「拜辱于朝」故知此從實爲拜主君之館已。然君之拜送，賓已辟而不敢受矣，故不敢斥言君之拜已，乃云請命也。賈疏曰：「云請命者，以己不敢斥尊者之意，故不言辱而言請。」盛世佐曰：「案臣之出聘也，君親命之於朝而後行，故其將反也，亦請主國君命之，蓋以臣禮自居也。此實拜辱，而其辭則曰請命，謙也。拜辱，賓主之禮也。周禮緣其意，而此則據其辭，所以異耳。」盛氏之說「請命」之辭，極見委曲謙恭之意，蓋深得婉辭盡禮之旨也。且前文云「公事畢，賓請歸」，亦是此「請命」之意也。

公辭，賓退。

案：上云賓從而請命于朝，於是公乃辭之，賓遂退。**鄭注**云：「辭其拜也。退，還館裝駕爲旦將發也。」周禮曰：「賓從拜辱於朝，明日客拜禮賜，遂行。」鄭氏謂此云「公辭」乃辭賓之拜，胡培翬云：「然據周禮云拜辱，則賓已實拜可知。」賓實已拜，而經尙曰「公辭賓退」者，然則當如盛世佐所云「辭其請也」。且承上文「請命」，則曰「辭其請」亦合文理。

鄭云賓退爲還館裝駕，乃爲明日將發也。故又舉周禮司儀職文，以證拜辱之明日，拜賜遂行。明日拜賜，則見於下節「賓三拜乘禽于朝」。

〔記〕賓於館堂楹間釋四皮束帛。賓不致，主人不拜。

案：此記言賓將去留禮以謝館主人之事。賓禮用四皮束帛，置之於堂上楹間，賓不親致送，館主人亦不拜受。**鄭注**云：「賓將遂去是館，留禮以禮主人，所以謝之也。不致，不拜，不以將別崇新敬也。」前文云賓館於大夫之廟，此時將去，留禮以謝館主人，用束帛四皮，亦卿大夫之禮也。皮當是麋鹿之皮（說見前郊勞節）。釋皮帛於所館之堂上楹間，不親致，不行禮，則賓已去館主人乃見之矣。敖繼公曰：「必釋於此者，明爲館故也。皮亦在堂，禮之變也。」謂既不行禮，無致辭，故釋於堂中，以明爲謝館之故。常時皮爲庭實，不上堂，此時皮與帛共釋於堂上，故曰禮之變。蓋常時行禮於堂上，有周旋之節，此時則釋之以見意，故不同也。凡致禮皆有致辭授受拜送之節，此時則但釋之楹間，賓不致，主人不拜。鄭氏云「不以將別崇新敬也。」謂賓既將別去，不再更行禮以崇敬也。賈疏曰：「若賓敬主，宜致；主人敬賓，宜拜，是崇敬。致與拜卽是崇新敬，故不爲。若鄉飲酒送賓，賓不答，禮有終相類也。」案凡主人送賓，送者拜，去者不答拜（屢見於前文），以禮有終之故也。則此時將去不崇新敬，亦禮有終之類。敖繼公曰：「不致不拜者，賓主各有當爲主人之嫌，難乎其爲授受也。」然賓既將去，不爲主人，則無孰爲主人之疑，敖說蓋非，宜仍從注說。

賓既釋皮帛於堂，明朝遂發，拜於朝而遂行至郊，不復歸館矣。

第二十六節　賓行主國贈送

賓三拜乘禽于朝，訝聽之。

案：此節言賓聘事已畢，離去，主國君臣贈送之事。賓去之日，拜賜乘禽於朝，主君不親見，由掌訝聽之。**鄭注**曰：「發去乃拜，明已受賜，大小無不拜。」前賓受饔餼，受夫人之歸禮，受饗食燕，皆于受賜之明日卽拜賜于朝，唯乘禽以每日歸之，若每日拜則不勝其煩，且乘禽小物，故不煩每日拜賜。但雖小物未拜，亦無不識之於心，故於發去之日總三拜之於朝。此三拜當亦是稽首之拜，蓋前文拜賜之拜皆再拜稽首，知拜君賜皆稽首也。鄭云「發去乃拜」，以下接云「遂行舍于郊」，則此拜賜乃發去之時也。

此拜于朝，訝聽之，亦見於記云：「凡賓拜於朝，訝聽之。」（見歸饔餼節）是凡賓拜於朝，主君皆不親見。而此時賓拜而卽去，主君已於昨日親拜于賓館，賓亦從至於朝請命而行矣。故君不復親見矣。

遂行，舍于郊。

案：賓既拜於朝，遂行出國，舍於近郊。**鄭注**曰：「始發且宿近郊，自展軨也。」賈疏云：「曲禮云：已駕，僕展軨。鄭注云：具視也。彼是君車，故使僕展之，此卿大夫，故鄭云自展軨，恐不得所故也。」是注疏之意，乃據曲禮，謂舍于近郊，則為車已駕將遠行。賓欲親省視車駕恐有不得所之故也。軨字，說文曰：「軨，車轖間橫木。」曲禮注云：「車轄頭靼也。舊云車闌也。」孔疏：「駕竟，僕則從車軨左右四面看視之，上至於欄也。」是則展軨之義。展作省視解，猶前文云「展幣」也。

敖繼公曰：「舍于郊者，為當與主國為禮於此。」以下云主國君臣贈禮與賓介，行禮皆如郊勞，則敖氏之說是也。若如鄭說，或亦展軨於此，然恐非舍於郊之主義也。

公使卿贈，如覿幣。受于舍門外，如受勞禮，無儐。

案：賓舍于郊，主君使卿贈禮與賓，其幣亦如賓私覿之幣，見所以報其覿禮也。**鄭注**曰：「贈，送也。所以好送之也。言如覿幣，見為反報也。」賈疏曰：「所以好送之者，來而不往，非禮，以禮來往皆是和好之事。」以禮有往來，故所以報聘君有束紡，報享有禮玉束帛乘皮。此贈則報賓之覿也。贈之亦如覿幣，亦猶報享如享幣，故曰見為反報也。案前文賓覿主君，用束錦乘馬，則此贈亦然。

「受于舍門外，如受勞禮，無儐」，謂行禮如郊勞之禮，而于舍門外，且無儐，則是與郊勞異者。**鄭注**曰：「不入，無儐，明去而宜有已也。如受勞禮，以贈勞同節。」賈疏曰：「言不入無儐，對歸饔餼入設而有儐，此則不入無儐，明賓去禮宜有已。云如受勞禮以贈勞同節者，賓來勞之，去有贈之，皆在近郊，禮又不別，故言同節也。」案贈勞同節，謂此贈送之禮與迎賓來時郊勞之禮同節，是迎之於郊，送之於郊也。胡培翬云：「賓禮以郊勞始，以贈賄終，且俱在近郊，故云贈勞同節。左傳每云自郊勞至於贈賄，以此。」左傳所云，足見郊勞贈賄爲賓禮始終之節也。前文郊勞之禮：「賓禮辭，迎于舍門之外，再拜，勞者不答拜，賓揖先入，受于舍門內，勞者奉幣入，東面致命，賓北面聽命，還少退，再拜稽首受幣。勞者出，授老幣。」又儐勞者以束錦乘皮。此時則受于舍門外，無儐，則雖曰「如受勞禮」，亦約言之而有別也。賈疏謂「不入無儐」乃對歸饔餼言，誤之，是對勞禮言也。旣言贈勞同節，又贈禮不入無儐者，則爲禮有已，而此時即去故禮省也。然則此如受勞禮，當是「賓禮辭，迎于舍門之外，再拜。贈者不答拜。門外東面致命，賓北面聽命，還少退，再拜稽首受幣。贈者退，賓授老幣，送再拜。」

使下大夫贈上介亦如之。使士贈衆介如其覿幣。

案：使下大夫贈上介，使士贈士介，亦各以其爵，且贈皆各如覿幣，其禮亦同。經云贈上介「亦如之」，蓋云亦如贈賓之禮也。賓及士介受贈皆如覿幣，則上介當亦然。據上文上介覿用束錦儷皮，士介覿幣用玉錦束，則其受贈亦然。其禮當亦在舍門外，主君之士東面致命，士介北面聽命，還少退，再拜稽首受幣。

大夫親贈，如其面幣，無儐。

案：主國之卿贈賓以報其私面，三卿皆親贈之，幣如私面之幣，亦見所以反報也。案前文私面幣如覿幣。此贈亦無儐，亦禮宜有已也。

贈上介亦如之。使人贈衆介，如其面幣。

案：卿贈上介亦親贈之，如上介私面之幣。卿又使人贈士介，以士介亦嘗私面，則亦反報之。此使人贈，當亦使士贈之，士爲大夫之貴臣也。敖繼公曰：「大夫親贈賓上介，而使人贈衆介，以其降等也。亦爲鄙者不親受。」據上文鄙者衆介面卿，卿不親受，亦以士介卑之故也。

又下大夫嘗使至者幣及之，由上介三介問之，問畢亦私面，則此時當亦有贈上介及士介之報也。

士送至于竟。

案：賓舍于近郊，受主國君臣之贈賄，既畢而行。士送之，至于竟。前賓初來時，及竟，君使士請事，遂導以入境，及近郊而下大夫導以入國；則此時由近郊至出境，亦士送之至于境。胡培翬云：「周禮訝士，中士爲之，此送至于竟之士，疑卽訝士。」此說是也，說已見前至竟迎入節。

第二十七節　使者反命

使者歸，及郊，請反命。

案：此節言聘賓歸至己國，反命於君之事，在他國稱賓，歸至己國，則仍稱使者。使者至近郊而請反命。**鄭注**曰：「郊，近郊也。告郊人使請反命於君也。必請之者，以己久在外，嫌有罪惡，不可以入。春秋時，鄭伯惡其大夫高克，使之將兵，逐而不納，此蓋請而不得入。」

鄭云此郊爲近郊者，以初行時「遂行舍于郊斂旜」，此時「及郊請反命，朝服載旜」；至所聘國「賓至于近郊張旜，君使下大夫請行」，去所聘國「遂行舍于郊，公使卿贈」，是去國至國皆以近郊爲出入之關節。經於至所聘國云「至于近郊張旜」，則其他斂旜而行道，載旜以見有行，皆舍于近郊爲之節也。

請反命之事，鄭云「告郊人使請反命於君」，案周禮無「郊人」之官，鄭氏蓋據入所聘國時經云「謁關人」，而周禮亦無「關人」之官，以彼云「關人」，乃於此則曰「郊人」也。賈疏曰：「以其使者至所聘之國謁關人，明此至郊告郊人使請可知。」

鄭又解必請之故，爲己去國已久，或有罪惡之嫌，故不敢逕入，乃恭請君命；且又引春秋之事，以見有請而不許入者。吳廷華章句曰：「在外有日，請而後反，臣禮然也。」案吳氏之說與鄭氏異而不悖。臣之禮恭，去國日久，故請而後反，或亦恐有罪嫌也。此乃常禮，且禮意如此。鄭氏所引春秋之事蓋非常禮，以鄭伯本欲逐高克，故使將兵而不納，是以春秋經云「鄭棄其師」也，事見閔公二年。然由此亦可見使而有不納者矣。是故使者請命乃反，以見禮恭也。

朝服，載旜。禳，乃入。

案：道路深衣，至此將入朝乃著朝服，載旜以表識其事。行禳祭以除災，然後入。**鄭注**曰：「行時稅舍於此郊，今還至此，正其故行服以俟君命，敬也。」前將行時著朝服載旜而受命於朝，行至郊而脫舍衣服著深衣，斂旜而即道（見前文受命遂行節）；今還歸至此，亦改著朝服載旜而入，以敬君且重其事也。

必禳而入者，**鄭注**云：「禳，祭名也。爲行道累歷不祥，禳之以除災凶。」說文：「禳，磔禳，祀除厲殃也。」釋「禳」字與鄭注合。以行道日久，恐罹不祥，故禳而後入也。胡培翬云「此云乃入謂入國也，下云乃入謂入朝也」，是矣。吳廷華章句云此入爲入竟，下入爲入國，誤之。蓋此已至近郊請命而入，則先已入竟矣，下云乃入陳幣，是已入朝也。

乃入，陳幣於朝，西上。

案：使者入朝，陳所受之幣於朝。李如圭集釋曰：「陳幣者，榮己之賜也。」是則前云「無行則重賄反幣」，鄭注云「使者歸以得禮多爲榮」之意也。胡培翬正義曰：「前夕幣在寢門外朝，此陳幣當亦在寢門外治朝也。」此說蓋是。寢門卽路門，路門外治朝爲君臣常朝之位。夕幣時布幕陳幣以授使者，則此時陳幣當亦如此。又陳幣西上，亦與夕幣時同。則庭實當亦皮北首，馬在幕南北面也。

上賓之公幣私幣皆陳。上介公幣陳，他介皆否。

案：此言所陳之幣，唯上賓之公幣私幣皆陳，及上介之公幣陳，士介之幣皆不陳。鄭注云：「皆否者，公幣私幣皆不陳。此幣使者及介所得於彼國君卿大夫之賜也。其或陳或不陳詳尊而略卑也。其陳之及卿大夫處者待之如夕幣。其禮於君者不陳。上賓，使者。公幣，君之賜也；私幣，卿大夫之幣也。他介，士介也，言他，容衆從者。」此經云「上賓」卽是「使者」。蓋經之常例：在己國稱使者，至他國稱賓。而此時雖在己國，因言他國所贈之幣，故仍稱上賓，是以鄭氏特說明之。

鄭注又云「公幣，君之賜也；私幣，卿大夫之幣也」，案前使者出聘時，己君及夫人聘享他國君及夫人之幣、己君問他國大夫之幣，是爲公幣；使者及介覿他國君與面他國卿大夫之幣，是爲私幣。故凡君所致之禮爲公幣，臣所致之禮爲私幣。賈疏數賓介之公私幣曰：「賓之公幣有八：

郊勞幣一也、禮賓幣二也、致饔餼幣三也、夫人歸禮幣四也、侑食幣五也、再饗幣六也、夕幣七也、贈賄幣八也，此八者皆主君禮賜使者，皆用束錦，故曰公幣。賓之私幣略有十九：主國三卿五大夫皆一食，有侑幣，饗有酬幣，皆用束錦，則是十六；有三卿郊贈，則十九也。其上介公幣則有五：致饔餼一也、夫人致禮幣二也、侑食幣三也、饗酬幣四也、郊贈幣五也，降於賓者，以其上介無郊贈幣，又無禮賓幣，又闕一饗幣，故賓八上介五也。上介私幣有十一：主國三卿五大夫，或饗或食不備，要有其一，則其幣八也；又三卿皆有郊贈，如其面幣，通前則十一也。主國下大夫嘗使己國者聘亦有幣及之，則亦有報幣之事，其數不定。士介四人直有郊贈報私幣，主國卿大夫報士介私面，士介私幣數不甚明。」

案賈疏累數公幣私幣之數，計之甚詳，然亦有舛誤。朱子儀禮經傳通解云：「經文主國禮賜無有夕幣。疏於上介公幣云無郊贈及無禮賓幣，又闕一饗幣，故賓八上介五，則前公幣中夕字當是饗字之誤，而其次亦當在再饗之前。」若朱子之說，則賓之公幣八當改爲「……侑食幣五、酬饗幣六、再饗幣七、贈賄幣八。」案經云「公於賓壹食再饗」，則饗幣固當有二，朱子之說是也。

又李光坡儀禮述註則曰：「疏於卿致館云有束帛致之，則此夕幣似指致館之幣。何以名夕也，對下厥明，知致館或在夕也。」案李氏云致館有束帛是矣，說已見前文致館設飧節，然不得逕稱之爲「夕幣」；且致館之幣，當列在郊勞幣之次而不當在饗幣之後；且既致館有幣，而公於賓再饗皆有酬幣，然則賓之公幣有九矣。是皆賈疏之誤。

又賈疏云：「此八者皆主君禮賜使者，皆用束錦，故曰公幣」，案此八（九）者皆主君之賜。故曰公幣是矣，謂「皆用束錦」則非。蓋主君之禮賜皆用束帛，唯郊贈如覿幣，則用束錦乘馬，前文述之甚明，可一一考之。且疏所云上介私幣十一，亦非定數。以下大夫嘗使至己國者幣及之，由上介致命，問後私面，則下大夫亦有郊贈而報其面，是以其數不定，其十一，則固有之數。士介四人之幣則直有郊贈；公幣以報其覿，三卿之贈以報其面，下大夫則無定數矣。故賈疏云「士介私幣數不甚明」也。

除禮所定制卿從五介之外，容或有其他從者，亦有幣帛之贈，則亦與士介之幣皆不陳之，故經云「他介皆否」，而鄭注云「言他，容衆從者」也。

賓之公幣私幣皆陳，上介公幣陳私幣不陳，他介公幣私幣皆不陳，是尊卑有等，詳尊而略卑也。而所陳唯賓及上介所受於他國之禮，故鄭氏又云：「其禮於君者不陳。」李如圭集釋曰：「禮于君者，謂束紡、束帛乘皮。不陳，執以反命也。」此則彼君所致己君之禮，即前文還玉時所致賄用束紡以報聘，禮玉束帛乘皮以報享者也。唯李氏但言幣，亦有不足，其「束帛乘皮」之上當有「禮玉」二字。以還玉唯圭璋乃還其故物，璧琮則是所聘國之物以致禮與聘君及夫人者。且下文執圭執璋以反命之後，經又云「執賄幣以告」、「禮玉亦如之」，故知此賄用束紡，及禮玉束帛乘皮乃使者執以反命，不與賓介之幣同陳，斯乃敬君之事也。

又鄭云「其陳之及卿大夫處者待之如夕幣」，謂陳幣於幕北首西上，及卿大夫處者立於幕東西面北上以待使者，皆如夕幣時然也。

束帛各加其庭實皮左。

案：此言陳幣之法。**鄭注**曰：「不加於其皮上，榮其多也。」鄭氏此說，蓋比於夕幣時陳幣之法而言之。前夕幣時經云「皮北首西上，加其奉于左皮上。馬則北面，奠幣于其前」，蓋庭實或用皮或用馬，皆以四爲數（唯上介用儷皮），其奉或用束帛或用束錦，則加於左皮上或奠於左馬前，以北首西上，則是左爲上也。而此時經云「加其庭實皮左」，則鄭乃以「不加於其皮上」解之，意謂不令相掩，爲榮其多故也。唯此說頗或疑之。

盛世佐儀禮集編曰：「此陳幣之法與夕幣相似。上經云皮北首西上，加其奉於左皮上，此亦云然。皮左者，謂加於其在左者。容有馬則奠幣於其前也。庭實不皆用皮，此則主爲皮而言，故其句法如是。」胡培翬正義引焦氏以恕曰：「案此禮見於經者凡三：夕幣也；展幣也；反命陳幣也。夕幣云：皮北首西上加其奉于左皮上；展幣云：陳皮北首西上，又拭璧展之，會諸其幣加于左皮上；此陳幣云：束帛各加其庭實皮左。西爲上者，皮上左也，則三處並同可知。」竊謂盛氏焦氏之說是也。蓋陳幣宜有常法，皮既有四，其束帛加於左皮上，亦未必不見其多也。且經既云「加」，則當亦與夕幣展幣時同，謂「加其庭實皮上」也；「皮左」猶云「左皮」，詞雖微異，意當無別也。

公南鄉。

案：幣已陳之，卿大夫之處者卽位於幕東西面北上，於是公卽其南鄉之位。**鄭注**曰：「亦宰告於君，君乃朝服出門左南鄉。」鄭氏於此乃據夕幣時之禮言之，故云「亦」，以此時禮與夕幣時同也。此君朝服出門，謂出路門，此時陳幣于路門外治朝也。君出門由北而南，則門左爲闑東也。

卿進使者。使者執圭垂繅北面，上介執璋屈繅立于其左。

案：君使卿進使者，於是使者及衆介皆入，北面東上，此亦與初受命而行時同。**鄭注**云：「此主於反命，士介亦隨入並立東上。」鄭以經但言使者及上介，未及士介，故特言此主於反命，禮與受命時同，上介立於使者左亦同於受命時，故知士介亦隨入並立東上也。

賈疏曰：「上行聘禮之時，上介屈繅授賓，賓襲受之。今此賓執圭垂繅，賓則裼，變於賓彼國致命時也。上介執璋屈繅者，變於賓故也。必變之者，反命致敬少於鄰國致命時。故賓於君前得裼，見美爲敬也。」案先儒常以執玉繅之屈垂與有藉則裼無藉則襲混爲一談，而楊復儀禮圖據陳祥道、陸佃之說以辨明之，已詳見前述（聘享節）。蓋經文中於賓主行聘享盛禮，則辨襲裼之別；於主國受命反命使從贊禮之時，則詳明垂繅屈繅之節，明知其爲二事。此時使者執圭垂繅與受命時同，爲呈見玉於君，以示不辱命也；上介執璋屈繅，以禮未至而斂之也。

此時反命及初受命時君臣皆朝服，與行聘禮時賓主皆皮弁異。彼時經文詳言襲裼之文，蓋行盛禮之故；此時經不言襲裼，宜無此節。唯賈疏云此時賓裼，若據禮記玉藻「君在則裼，見美也」之文，則賈疏或然。蓋如敖氏所云「裼乃常禮」，唯賓主行聘時襲以加敬，故經特言之，過此則皆裼，而經不明著之也。

又俞樾群經平議云：此時士介隨入立於上介之左，當是奉賄幣而入，當上介授璋與使者以反命之後，則衆介從而授賄幣，故使者得執之以告。查下經云使者受上介璋致命之後，即言執賄幣以告，並無出取幣之文。且揆諸其禮：賄幣以報聘者也，使者及上介執圭璋以入，士介執賄幣以從，其禮宜然。俞氏之說蓋是也。

反命曰：以君命聘于某君，某君受幣于某宮，某君再拜。以享某君，某君再拜。

案：此言使者反命之辭，告於己君以行聘之事，見己出聘之不辱君命也。**鄭注**曰：「君亦揖使者進之，乃進反命也。某君，某國名也。某宮，若言桓公僖宮也。某君再拜，謂再拜受也。必言此者，明彼君敬君，己不辱命。」前使者將行受命於朝，卿進使者，使者及衆介入，經有云「君揖使者進之」，鄭注「有命宜相近也」，鄭據之故謂此時君亦揖使者進之，於是使者乃進而反命也。

反命之辭，經云「某君」，鄭云「某，國名也」，故賈疏曰：「若云鄭國君齊國君。」然依經文，當是言如「鄭君」「齊君」也。又經云「受幣于某宮」，鄭云「若言桓宮僖宮也」，是明言行聘禮受幣於某廟也。賈疏曰:「左傳有桓宮之楹宮，是廟名，其受聘享於廟，故以宮言之。但受聘享在太祖廟，不在親廟，而云桓宮僖宮者，略舉廟名而言也。」以鄭舉桓宮僖宮之名，是魯之親廟，而前經明言受聘於太祖廟，故賈疏解之謂鄭略舉廟名而言之耳。

反命之時既言彼國君受幣於祖廟，又言彼君再拜，再拜卽再拜受幣也。使者必言此者，鄭氏乃謂明彼君敬己君之禮，然則，亦足明己之不辱君命也。

宰自公左受玉。

案:宰自公左受玉，仍同於初自公左授玉也。彼時鄭注曰「自公左，贊幣之義」，則此時當亦然。使者受命反命，宰皆自公左在幕東以贊幣，其面位皆同也。**鄭注**曰:「亦於使者之東同面並受也。不右使者，由便也。」使者北面，公南鄉，宰在公左，故在使者東。前受命時經云「使者受圭同面」，故鄭謂此時宰亦於使者東同面並受，則宰亦轉而北面，鄉公而並受也。彼時鄭注云「凡授受者，授由其右，受由其左」，以彼時宰授而使者受，故授者在右而受者在左;此時則面位同前而授受相反，故鄭謂宰不右使者而受，乃由便故也。賈疏云由便乃因東藏之便，胡培翬云由其面位之便，以行禮各先卽面位，則宜以胡氏爲是。

受上介璋，致命亦如之。

案：使者既授圭與宰，復由上介受璋，致辭反命以授宰。其埀繅竝授之儀，皆如反命授圭。**鄭注**曰：「變反言致者，若云非君命也。致命曰：以君命聘於某君夫人，某君再拜，以享于某君夫人，某君再拜。不言受幣于某宮，可知略之。」

前文曰執圭反命，此執璋當亦是反命，且其儀節皆同，而經乃云「致命」，故鄭氏釋之云「若云非君命也」。蓋璋乃夫人之聘，雖亦由君命之，特小別其詞，則「若云非君命」也。賈疏曰：「聘於鄰國夫人，當受命於夫人，使者還反命於夫人。但婦人無外事，雖聘夫人，亦君命之。今使還反命，不云反命於君，變反言致命者，若本非君命，猶夫人之命然，故變反言致也。」此聲明鄭氏之意甚詳。敖繼公則曰：「致命卽反命之辭，致與反互文也。反者復其所自出，致者傳其所自來，其實一耳。」然此言行禮一也則可，若使者奉命至他國，述己君之命，謂之致命；而使者返國復命，則是反命，不可謂之致他國君之命，宜仍從鄭說。

此經但言「致命亦如之」，而未言致命之辭。鄭氏則據前文反命之辭而擬之。唯反命之辭有云「於某宮」，鄭擬此而不言「某宮」，是以又曰已知而略之也。蓋前已云某宮，則聘夫人當亦然。故略之也。

執賄幣以告曰：某君使某子賄。授宰。

案：使者執璋反命迄，以授宰。然後又從上介受賄幣束紡，執以告君曰：某君使某子賄。告畢亦以授宰，宰自右並受之。**鄭注**曰：「某子，若言高子國子。」此某子，即上文「君使卿皮弁還玉于館」之卿也，既還圭璋，又用束紡以賄，已見于上文。今反命於君，亦既授圭璋，又執賄幣以告，而稱其致禮大夫之姓氏以告於君也。鄭曰「若言高子國子」者，胡培翬曰：「春秋時齊有高子國子爲貴卿而見於經傳，故舉以爲證。」

又**鄭注**：「凡使者所當以告君者，上介取以授之。賄幣在外也。」以上文使者執圭反命後，由上介受璋，且受命時，使者受玉幣亦皆以授上介，故鄭云「凡使者所當以告君者，上介取而授之」，則此時使者執賄幣，亦由上介而受也。鄭又云「賄幣在外」者，賈疏曰：「以其上文云禮於君者不陳，此賄幣即是禮於君者，明在外也。」案陳幣者，陳賓介所受於彼國之幣，禮於君之幣，則皆由使者執以反命而後授宰，固皆不陳。唯不陳亦未必即在外也。俞樾群經平議云此賄幣束紡當是士介隨入時執之以入，說已見前。下文禮玉束帛乘皮以報享，則鄭云「上介出取玉束帛，士介從取皮」，則此束紡賄以報聘，使者執圭，上介執璋以入之時，則士介宜執束紡以入，亦所同禮。然則此時士介以賄幣授上介而授使者，不必出而取也。

使者既告，以授宰，宰則授有司而東藏之。

禮玉亦如之。

案：使者既反告君之聘命，又執彼君報享之禮玉以反致君之享命。其禮皆如前之報聘，即上介執束帛加璧以授使者，使者執之以告，然後授宰。故經曰「亦如之」。**鄭注**云：「亦執束帛加璧也。告曰：某君使某子禮。宰受之。士隨自後，左士介，受乘皮如初。上介出取玉束帛，士介從取皮也。」禮玉以報享當亦用璧琮，說已見上文還玉節。前還圭璋爲聘君之玉，彼國君受而還之，故反命辭曰彼君受于某宮；此禮玉乃彼君之物，彼君使卿致禮以報聘君之享者，故告曰某君使某子禮也。鄭亦據經文致賄幣之辭以擬之。禮玉加束帛，庭實用乘皮，亦見上經。

宰受使者束帛加璧時，則士四人從士介受皮。士受皮者由東自使者後至於士之右而受。鄭云如此，蓋亦據享禮言之。享禮時，經云「士受皮者自後右客」，右客則受者在左，此時鄭注云「左士介」，則受皮者在士介右矣。李如圭云：「士受皮者亦如受享時由執皮者後，惟左士介爲異耳。」前在他國時，受皮者在士介之左，蓋據「凡授受者，授由其右受由其左」（受命節鄭注）之禮；此時受者在右，蓋隨宰在使者右受玉幣之由便故也。又鄭云「受乘皮如初」，則當亦有張皮見文，攝而受之之節。

又鄭云「上介出取玉束帛，士介從取皮」，以禮玉束帛乘皮在外，不陳故也，故既反告聘命，復出而取之。玉束帛乘皮既授與宰及士，則亦東藏之。

執禮幣以盡言賜禮。

案：使者又執彼君郊勞之幣，餘幣皆陳於幕，使者立於其前，以盡言彼君之賜而告於君。**鄭注**云：「

禮幣，主國君初禮賓之幣也。以盡言賜禮，謂自此至於贈。」主國君初禮賓之幣，郎郊勞之幣是也。張爾岐曰：「自郊勞至贈行，八度禮賓，皆有幣。執郊勞之幣而歷舉其全以告也。」初陳幣時賈疏數之曰賓之公幣八（按當爲九），具已見前。其幣不勝執，故但執初禮郊勞之幣而盡言其全以告君。胡培翬曰：「必執之者，若以實其言也。」

公曰：然，而不善乎。

案：此公許使者之告，而稱其善從事之辭。**鄭注**曰：「善其能使于四方。而猶女也。」「女」郎「汝」也。胡培翬曰：「然字斷句。」「然」字乃許諾之辭也。「而不善乎」，猶言：汝豈不善使四方者乎！

授上介幣。再拜稽首。公答再拜。

案：使者授上介幣，使復陳之。使者則再拜稽首以拜公之言，公亦答再拜。**鄭注**云：「授上介幣，當拜公言也。不授宰者，當復陳之。」使者當拜公言，執幣不便，故以授上介。前玉及賄幣禮玉皆授宰，以彼乃禮君之幣；此時乃使者所受之幣，故不授宰，且使者之幣多矣，皆陳於地，郊勞之幣亦然。此時乃執之以該其餘而告於君耳，言畢亦當復陳之，故不授宰而授上介，上介則復陳之故處也。鄭云「當拜公言」者，以公稱善之，故當拜。再拜稽首，臣拜於君也。公則答再拜。

私幣不告。

案：賓之私幣亦已陳矣，而不言告於君。**鄭注**云：「亦略卑也。」謂公幣乃彼君所賜為尊，私幣大夫所贈為卑。前陳幣時云或陳或不陳，以詳尊而略卑，故此時公幣告私幣不告，亦略卑之故也。

君勞之，再拜稽首。君答再拜。

案：君慰問使者道路之勞，使者再拜稽首以謝，君再拜答之。**鄭注**曰：「勞之以道路勤苦。」覲禮「王勞之」，鄭注曰：「勞之，勞其道勞也」，意與此同。勞之之辭，注無之。而鄭注周禮司儀職：主君「勞客曰：道路悠遠，客甚勞。」則君勞使者，蓋亦類此也。

若有獻，則曰：某君之賜也。君其以賜乎。

案：若有獻於君之物，則辭曰：此乃某君所賜之物，君其以之為賜臣下者乎。「若有獻」，謂或有珍異之物，以之獻於君。而此獻非必有也。**鄭注**云：「其大夫出，反必獻，忠孝也。」鄭云此，蓋本於曲禮下：「大夫私行出疆，必請，反必有獻。」唯曲禮曰「反必有獻」，乃大夫私行出疆；此經云「若有獻」，則非必有之也，蓋以出聘非私行，故有所異歟。鄭云「忠孝也」，謂大夫忠愛其君，故反有獻也。賈疏云：「事君言忠，事父言孝。此獻君，忠也。而兼言孝者，忠臣出於孝子之門，故連言孝也。」案古人常以「君父」連言，鄭以「忠孝」連言蓋亦慣習之言也。

獻君之辭曰「某君之賜也，君其以賜乎！」謂此乃彼君所賜之物也。以其爲珍異之物，而臣以忠愛其君，故獻之於君。然亦不敢必此當君之用，故曰：君其以爲賜臣下之物乎！**鄭注**曰：「言此物某君之所賜予爲惠者也。其所獻雖珍異，不言某爲彼君服御物，謙也。」蓋凡有獻者，當皆珍異之物。如本篇記曰「既覿，賓若私獻，奉獻將命」（見私覿節），鄭注：「時有珍異之物，或賓奉之，所以自序尊敬也。猶以君命致之。」又記曰：「禽羞俶獻比」（見主國君臣饗食賓介之法節），注曰：「俶獻，四時珍美新物也。」鄭於此亦逕云「其所獻雖珍異」，蓋非珍異亦不足以獻君也。而彼君之賜，亦必珍異之物。必告曰某君之賜，則以「賜予爲惠」，明特賜者也，吳廷華章句曰：「特賜也，故別言之。」某君賜己之珍物而獻之於君，致其忠愛也。雖辭曰某君之惠賜以見其非常賜，然亦不言此物爲彼君服御之物。若言之，則嫌於「必其當君」矣，故不言，爲謙也。胡培翬曰：「若言某物爲彼君服御物，則是誇其美矣，故不言是謙也。」

既謙不敢誇其美，故亦不敢必君之用之，故又曰「君其以賜乎」，**鄭注**：「不必其當君也。」謂己所獻，不敢必其當君之用，故謙言君或可以此作賜下臣之用也。蔡德晉禮經本義曰：「君其以賜，言君以此爲頒賜之需，不敢質言君受，故言以此賜他人也。」蔡氏以「不敢質言君受」爲說，是不但謙於是否當用，且更謹於收受之名，足可發揮鄭說。賈疏曰：「言乎者，或當君意，或不當君意，故言乎以疑之。」言乎以疑之，亦不必之，所以謙也。

又**鄭注**：「獻不拜者，爲君之答己也。」賈疏謂此獻物是彼君賜於己，猶己之物也，今獻於君，理應拜送，其不拜者，恐君之答己也。禮記玉藻曰：「凡獻於君，大夫使宰，士親。皆再拜稽首送之。」又：「大夫不親拜，爲君之答己也。」又郊特牲曰：「大夫有獻，弗親；君有賜，不面拜，爲君之答己也。」然則，大夫有獻使宰，使時亦再拜稽首送之，以不親獻，故君亦無須答拜；其受賜不面拜，亦恐君之須答拜也。以大夫拜君，君當答之也。士則親獻，以士賤，君無答拜士之禮，故親拜送不妨也。此時乃親獻，賈疏曰：「此因反命，故親獻也。」以親獻，故不拜送，以免君之答拜己也。又賈疏曰：「自反命以來，盡於賜禮之等，或拜或不拜，無答己之嫌。獨此不拜，爲君之答己者，自此以前皆是彼國報君之物，賓直告事而已，君受之而無言，故賓不拜，君有言及己者，乃拜之，拜君言也。」案上文使者再拜稽首，乃反告出使之事，而拜君之言，禮須當拜，故不避君之答拜。此乃私獻事，故如其私獻不親，避君答拜之義，既親獻，則又不拜送之也。

上介徒以公賜告，如上賓之禮。

案：賓之幣已告於君矣，上介之公幣有陳，亦盡言告於君。唯上賓執初禮幣以告，上介則不執幣，徒以言告耳。**鄭注**曰：「徒謂空手，不執其幣。」敖繼公曰：「徒以告，下賓也。如，如其盡言賜禮。」上介下賓，亦略卑之義也。「以公賜告」，謂告公幣也。如其盡言賜禮，則告公賜之禮及辭如賓之告也。

君勞之，再拜稽首，君答拜。

案：君勞上介，慰其道路勤苦，上介拜君之勞再拜稽首，君壹拜答之。前文君勞使者，經云「君答再拜」，此時經云「君答拜」，是亦尊卑有差也。賈疏曰：「上介再拜稽首，君答拜，不言再拜，則君答上介一拜矣。此一拜答臣下，則周禮大祝辨九拜七曰奇拜是也。是以彼注云：一拜，答臣下也。」鄭氏於此無注，然下句經文君勞士介「亦如之」，鄭云：「旅答壹拜」，則鄭氏以此君答上介爲壹拜甚明。黃以周禮說略卷二九拜七曰奇拜云：「經有明言一拜者，其或祇云拜，不言再者，皆一拜也。」諸說甚明，唯敖繼公以爲君答皆再拜，蓋誤之。

勞士介，亦如之。

案：君又勞士介，士介皆再拜稽首，君答之壹拜。**鄭注**云：「士介四人，旅答壹拜，又賤也。」謂君答使者再拜，答上介壹拜，以上介賤而禮殺也；又答士介四人共一拜，故爲又賤也。是每降等禮皆有殺。賈疏曰：「案曲禮云：君於士不答拜。此君答拜士者，以其新行反命，君勞苦之，故答拜，異於常也。」

君使宰賜使者幣，使者再拜稽首。

案：使者之公幣私幣皆陳於朝，若皆獻之於君也。君更使宰以幣賜使者，使者再拜稽首謝之。**鄭注**云：「以所陳幣賜之也。禮，臣子人賜之而必獻之君父，不敢自私服也。君父因以予之，則拜受之如更受賜也。既拜，宰以上幣授之。」賈疏曰鄭氏所言臣子之禮當本於內則。內則曰：「婦或賜之飲食衣服布帛佩帨茝蘭，則受而獻諸舅姑。舅姑受之則喜，如新受賜，若反賜之則辭，不得命，如更受賜。」鄭氏蓋本之內則，又參見此經，而知臣子之於君父之禮皆然也。胡培翬正義云：「然則，不敢自私者，臣之禮；因以予之者，君之惠也。」是以此經但云君賜之，不言君受之也。使者再拜稽首，謝君之賜也。卽內則所云「如更受賜」之意。經無君答拜之文，盛世佐儀禮集編云：「公不答拜者，以其惠不出於己也。答之嫌於己賜。」此說宜然。若敖氏云「使者拜而君不答者，以其拜受於宰也。凡臣拜受君命於擯贊者，君不答之，其例見於此。」此說甚爲可疑。案君使宰賜使者，使者雖從宰受幣，而「再拜稽首」乃拜君也，豈可謂拜受於宰？且凡君行禮皆有擯贊，奈何謂凡拜受君命於擯贊則君不答之？且謂其例見於此，更不可信。仍從盛氏之說爲近理。

使者既拜「宰以上幣授之」，當是如前文使者「執禮幣以盡言賜禮」，幣多不可盡執，執西上初禮之幣以該其餘，授之使者，以見賜之也。

賜介，介皆再拜稽首。

案：君又命宰賜上介及士介幣，衆介皆再拜稽首。**鄭注**云：「士介之幣皆載以造朝，不陳之耳。與上介同受賜命，俱拜。既拜，宰亦以上幣授上介。」以經云「介皆」，知此「賜介」乃兼云上介與士介。上介之公幣陳私幣不陳，士介之幣皆不陳，其所以不陳，乃以位卑而略耳，非敢逕自受之也，故鄭云亦皆載以造朝，但不陳之耳。既不陳，亦不告，而公賜之與上介同賜也，則士介亦與上介同拜受。宰執上介之上幣以授上介，則其餘亦并該之矣。

乃退。

案：反命之禮已畢，則公揖入，使者及衆介皆退朝。**鄭注**曰：「君揖入，皆出去。」謂君揖群臣而入路門，群臣皆出朝門而去也。經但言使者及介退，而鄭乃言君先揖入者，蓋據前夕幣時經文而知之也。

介皆送至于使者之門，乃退揖。使者拜其辱。

案：衆介隨使者出朝，又送使者至于門，於使者之大門外揖而別之，使者拜其相己爲介而送之。**鄭注**曰：「將行俟于門，反又送於門，與尊長出入之禮也。」將行俟于門見前經受命遂行節，衆介俟于使者門外，俟使者釋幣出而同行造朝，今又送至於使者之門，故知此乃與尊長出入之禮。

「乃退揖」者，**鄭注**云：「揖別也。」謂衆介退去使者之門，乃揖使者別之。使者乃拜其辱，**鄭注**云：「隨謝之也。再拜上介，三拜士介。」蓋因拜送而謝之，故曰「隨謝之」也。此與前面卿之禮畢，「擯者退，大夫拜辱」意同，胡培翬正義曰：「謝其屈辱而副其出使也。」斯則「拜辱」之意。其拜上介與士介，鄭云「再拜上介，三拜士介」，賈疏曰：「上介是大夫，與己同類，故知再拜；士卑，與己異類，各一拜，故言三拜士介。」李如圭、張爾岐亦同此說，其他各家或未言之。然士介有四人，若各一拜，則有四拜，而言三拜何也？胡培翬正義亦致其疑曰：「注云三拜似可疑。若以爲總三拜之，則多於上介之再拜矣，若人各一拜，則士介四人，又不當言三也。」然則豈「三」字誤之歟！

三十、反命

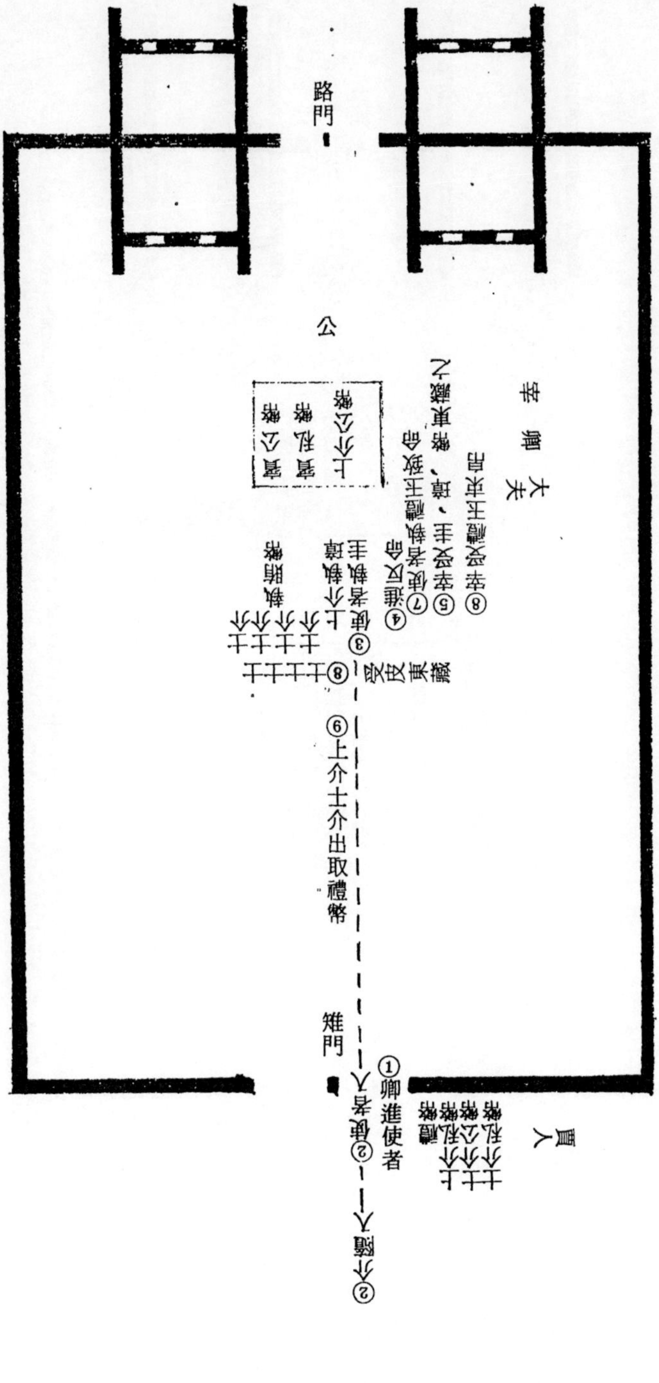

三十一、君勞賜賓介

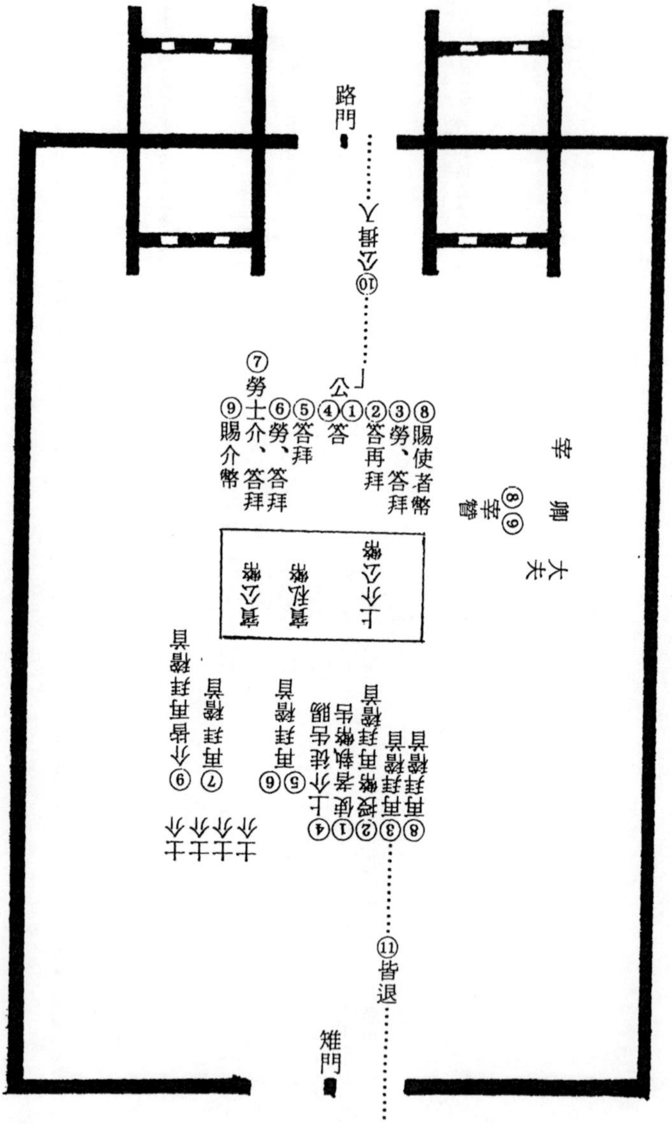

第二十八節　使還奠告

釋幣于門。

案：此節言使者出使返國，反命於朝既畢，歸至于家，釋幣告於門及禰之事。前出使時告禰與行，今歸則告門與禰，蓋亦事死如生出告反面之禮也。唯出告行，反告於門爲異。**鄭注**曰：「門，大門也。出于行，入于門，不兩告，告所先見也。」謂出時先見行神之位（行神位於廟門外西方，見前告禰與行節），故告于行；入時先見門神之位，故告于門也。敖繼公云：「行爲道路之始，出則禮之；門爲內外之限，入則禮之也。」此說似亦通理。知此門乃大門者，出入皆以大門爲內外之別，由上經諸節迎送皆于大門可知。

其釋幣之法，**鄭注**云：「主於闑，布席於闑西，閾外東面，設洗於門外東方，其餘如初於禰時。」此布席之法，賈疏謂據特牲饋食禮，案特牲禮將祭筮日云：「席于門中，闑西，閾外。」又士冠禮筮日亦云：「布席于門中，闑西，閾外，西面。」凡此布席於門之法，蓋鄭注之所本。李如圭儀禮集釋曰：「特牲饋食設筮席于門中闑西閾外西面，此東面者，神位在西也。」案特牲及士冠禮，筮人於席上坐西面而筮，是神位在西也。此時設席於門，乃門神之位，故宜東面向主人而在闑西也。闑爲門之中，故云主於闑。

「設洗於門外東方」，李如圭云：「洗當東榮，故門外設之亦于東方。」設洗之位見於少牢饋食禮經文：「設洗于阼階東南，當東榮」（說見前將行告禰與行節），此於門外擬東榮之位，故于門外東方。

鄭又云「其餘如初禰時」者，謂如前出時告禰之節也，賈疏曰：「言如者，謂釋幣於祝先入，已下，埋于西階東是也。」是謂祝先入而告，至於埋幣諸儀皆如之也。案前經云：「釋幣于禰，有司几筵于室中，祝先入，主人從入，主人在右，再拜，祝告，又再拜，釋幣制玄纁束，奠于几下，出。主人西于戶東，祝立于牖西。又入取幣，降，卷幣實于笲，埋于西階東。」此時諸儀節及幣用玄纁束皆如之。唯席于門外，故無几。其餘則祝先卽位在左，主人從之在右，再拜，祝告，又再拜，祝釋幣奠之，退而立俟，又取幣實于笲埋之，斯皆同然。此埋幣，則當埋于門外西方歟！

乃至于禰。筵几于室，薦脯醢，觴酒陳。

案：釋幣于門迄，遂入，至於禰而釋奠告反。筵几於室，亦如初行時告禰于室，設筵几于奧東面。

鄭注曰：「告反也。薦，進也。」謂此時釋奠於禰，爲告其出使而反，是猶反必面之義。「薦，進也」，爾雅釋詁文，此謂進脯醢祭之也。賈疏曰：「無牲牢，進脯醢而已。」云無牲牢，乃較特牲少牢禮設席於奧而祭言之也。

「觴酒陳」，謂既薦脯醢，則主人酌酒進奠，是一獻也。鄭注云：「主人酌進奠，一獻也。言陳者，將復有次也。先薦後酌，祭禮也。行釋幣，反釋奠，略出謹入也。」觴酒，謂酌酒於觴；陳，則獻而奠之也。此卽主人一獻，其後復有亞獻、三獻，見下文。李如圭云：「不言奠而曰陳者，陳者，次第之言，幷後再獻俱列之。」李氏亦申鄭氏之言，謂「陳」卽「奠」也，以將有亞獻、三獻之奠次第列之，因言「觴酒陳」也。盛世佐則據郝氏（敬）「觴酒陳，備獻也」之說，謂「陳」乃「陳設」也，且云「酒盛於尊，在房戶之間；觴貯於篚，在洗南」。胡培翬正義辨之曰：「案下云席于阼，是酢主人矣，豈有未獻而先酢乎，盛說非。」既此句下卽接云「席于阼薦脯醢」以成酢禮，盛氏亦云此薦之當在初獻之後，則此「觴酒陳」宜是初獻矣。且此句上卽云「薦脯醢」，而陳設亦不當在薦之後，然則盛氏誤矣，當仍從注說爲是。

又鄭氏云「先薦後酌，祭禮也」，謂此時先薦脯醢，後酌而奠，乃祭禮之法。李氏曰：「燕飲，先獻而後薦；祭禮，先薦而後奠。」案燕飲祭祀獻薦先後之法見於儀禮諸篇。本篇中，此時奠禰，先薦後奠，前主君醴賓時，公先致醴，然後宰夫薦籩豆脯醢，亦是其例也。

前出行時告禰但有釋幣之儀，此時則薦脯醢行三獻之禮，輕重有別，故鄭氏說曰「行釋幣，反釋奠，略出而謹入也。」賈疏云：「出時以禱祈，入時以祠報，故不同也。」胡培翬曰：「行時促迫，故但釋幣以告之，反則行釋奠之禮，具觴酒籩豆，故云略出謹入也。」然則此禮亦緣情而制，出時促迫，故略其禮唯釋幣以告；反時則祠告出使之安，故謹釋奠以報也。

席于阼，薦脯醢。

案：此謂設席於阼階之上，以酢主人，並薦脯醢而成酢禮。**鄭注**「席于阼」曰：「爲酢主人也。酢主人者，祝取爵酌。不酢於室，異於祭。」以少牢、特牲之禮皆席于室內東方西面，而此時經云「席于阼」，故是異於正祭。敖繼公曰：「設酢席于阼，變于祭，且爲將與從者爲禮於堂也。」與從者爲禮，勞之也，見下文。又祭時有尸，祝酌授尸，尸酢主人；而此時無尸，故祝取爵而酌，卽授主人而自酢。賈疏曰：「正祭時有尸，尸飲卒爵，以尸爵酢主人，此告祭無尸，爵兼奠，故別取爵以酢主人亦異也。」此則鄭注所以云祝「取爵酌」之故也。

鄭注「薦脯醢」曰：「成酢禮。」謂旣酌而酢主人，乃又薦脯醢于主人之前，則酢禮完成，亦卽初獻終也。賈疏曰：「若特牲少牢主人受酢時皆席于戶內，有薦俎，此雖無俎，亦薦脯醢于主人之前，以成酢禮也。」斯則出使反而告祭有似於正祭而稍別也。

三獻。

案：此謂告禰亦用三獻之禮，如祭時也。**鄭注**曰：「室老亞獻，士三獻也。每獻奠，輒取爵酌，主人自酢也。」儀禮少牢、特牲饋食之禮皆主人初獻、主婦亞獻、賓長三獻，此時從外反，主婦不與祭，故鄭氏特言亞獻、三獻之人。賈疏曰：「以其自外來主於告反，卽釋奠於禰廟，故知主婦不與而取士備三獻。必知有室老與士者，以其前大夫致饔餼於賓時，使老牽牛以致之，鄭注云皆大夫之貴臣，故知此亦貴臣爲獻也。」且郊勞、致饔餼皆云「授老幣」，故知使者之家臣亦從而出使，今反則亦從祭而獻也。

鄭注云「每獻奠，輒取爵酌」，據前文主人初獻而奠時，經云「觴酒陳」，則此時亞獻、三獻皆奠爵陳之。既奠爵，祝又別取爵而酌，獻者以自酢也。

又注中云「主人自酢也」，賈疏曰：「別云主人自酢者，對正祭有尸，三獻皆獻尸訖，尸酢主人、主婦、賓長，今此無尸，皆自酢。獨云主人者，主人爲首正，故舉前以包後。」張爾岐曰：「註當以輒取爵酌主人爲句，言室老酌主人，因自酢也。疏于酌字句，未是。」案二氏皆謂「自酢」乃室老及士獻而自酢，唯「主人」二字難解。若如賈說乃舉前以包後，則此句當移置於前「席于阼」下；若如張氏說，謂室老既獻而酌主人，則頗不合祭禮，似皆不妥。胡培翬正義曰：「今案主人二字疑衍。正祭每獻訖，尸酢之，此無尸，故皆自酢。但主人自酢已詳上注，此言每獻奠輒取爵酌自酢者，指亞獻三獻言之也，不當有主人二字。」敖繼公儀禮集說引注文無「主人」二字，且如此注文於義乃通，胡氏之說蓋是也。

又室老亞獻、士三獻之位，敖氏云：「主人初獻而酢于阼，則亞獻三獻者皆酢于西階上矣。」

一人舉爵。

案：三獻之禮畢，主人之贊者一人舉爵，爲更起酒以獻從者。**鄭注**曰：「三獻禮成，更起酒也。主人奠之，未舉也。」前三獻之禮乃祭告於神，祭禮既畢，將獻從者，故更起酒也。賈疏曰：「更起酒者，此欲獻從者，不得酌神之尊，是以特牲行酬時設尊兩壺於阼階東，西方亦如之，鄭注云謂酬賓及兄弟。則此亦當然，故知別取酒也。」謂此「一人舉爵」爲別取酒之義也。

賈疏又云「似鄉飲酒、鄉射一人舉觶」，案鄉飲、鄉射皆有「一人舉觶」之節，彼鄭注云：「一人，主人之吏，發酒端曰舉。」淩廷堪禮經釋例（卷四）曰：「凡一人舉觶爲旅酬始。」蓋舉觶以見發酒更端，卽此處所謂「更起酒」，亦卽旅酬始之義，故下文卽接以獻從者旅酬也。

又鄭注曰「主人奠之，未舉也」，是謂此云「一人舉爵」，乃贊者舉爵，而主人則奠之而未舉，俟行酬時乃舉也。故下文行酬時鄭云「主人舉奠」，見此時奠之也。

獻從者，行酬，乃出。

案：主人獻從者以勞之，又行酬，乃出廟門。**鄭注**曰：「從者，家臣從行者也。主人獻之，勞之也。皆升，飲酒於西階上。不使人獻之，辟國君也。」**鄭注**又云：「主人舉奠酬從者，下辯，室老亦與焉也。」案「下辯」卽「下遍」。燕禮「大夫辯受酬」，注：「今文辯皆作遍」。「下遍」謂行酬遍於下，所謂從者。「獻從者」注曰「家臣之從行者」曰「皆升」；「行酬」注曰「下辯」曰「室老亦與焉」，則是凡從行者，上自室老與士，下至賤役者皆與於獻酬之禮。

主人獻從者，從者則皆升飲於西階上，賈疏曰：「案特牲禮，獻衆賓及兄弟之等皆升飲於西階上，故此獻從者亦飲於西階上可知。」然則鄭注此乃本於特牲禮也。又鄭云主人親獻而不使人獻之，乃辟國君之禮，賈疏云乃據燕禮國君使宰夫爲獻主言之也。

既獻從者勞之，主人又舉奠自飲而遍酬從者。敖繼公曰：「獻從者而行酬，所謂飲至也。楚令尹子重伐吳歸而飲至，用此禮耳。國君則既飲至又或有策勳之事。傳曰：凡公行告宗廟，反行飲至，合爵策勳，禮也。」雖褚寅亮駁敖說謂楚子重伐吳歸而飲至乃自誇其功耳，而稱歸而告反爲禮之常，與飲至禮別。然敖氏所引左氏桓公二年傳文乃稱「凡禮」，諸侯以反告飲至策勳爲常禮，則大夫反告行酬以勞從者如飲至之禮當亦是常禮也。唯策勳則國君之事，大夫不得有之矣。

行酬乃出，胡培翬云「出廟門也」。以告反、三獻、行酬皆在禰廟中行之，其事已畢，各歸其處，固是出廟門也。

上介至，亦如之。

案：此謂上介反至其家，亦釋幣于門、奠告于禰，皆如使者奠告之禮也。前文將行時釋幣告禰與行，經亦云「上介釋幣亦如之」，此反告亦然。

行聘之禮至此已畢，更無他事。下文則補述遭喪之變禮及小聘之降禮耳。

第二十九節　遭所聘國君喪及夫人世子喪

聘遭喪，入竟，則遂也。

案：此節言使者出聘，若遭主國有喪，未入彼國之竟，則反；若已入竟，則遂行聘禮，然諸儀節有以異之也。**鄭注**曰：「遭喪，主國君薨也。入竟則遂，國君以國爲體，士既請事，已入竟矣。關人未告則反。」鄭氏云此「遭喪」乃主國君薨者，以下文方云「遭夫人世子之喪」，則此必是君薨也。君雖薨，然聘使已告關，士已請事而道以入竟矣，君以國爲體者，不可不禮國之賓，故遂行聘事。

已入竟則遂，未入竟則反。而已入未入，則以關人之已告未告爲別也。按前經至竟迎入節云至于竟乃謁關人，關人問從者幾人，既問告于君，君乃使士請事遂導入竟。關人已告，則是君知其事，且使士迎之矣。若關人未告，則君尚未聞其事而薨，然則聘事可止而聘使可反矣。

李如圭云「春秋傳季文子將聘于晉，使求遭喪之禮以行，謂此禮。」按春秋傳此事見於左氏文公六年傳，杜氏注曰「聞晉侯疾故」，然則季文子恐行聘遭喪，故求此禮以備不豫也。

不郊勞，不筵几，不禮賓。主人畢歸禮，賓唯饔餼之受。不賄，不禮玉，不贈。

案：此言聘而遭君薨之喪，已入竟則遂行聘事，然聘禮諸儀節則多變損其事，於此一一明之。

不郊勞者，**鄭注**云：「子未君也。」謂郊勞乃奉君使而勞，今舊君新喪，子未卽位爲君，故不便郊勞。敖氏曰：「聘不主於嗣君，使人郊勞則嫌也。」蓋鄭注就名分言，敖氏則就實事言之，以聘使來本爲故君，既入竟而故君薨，嗣君若遣使郊勞則有嫌僭當先君之禮，故不郊勞。春秋經文公八年天王崩，九年春，毛伯來求金。公羊傳：「毛伯者何，天子之大夫也。何以不稱使，當喪未君也。」則是天子當喪，未君不稱使之例。敖氏又曰：「不郊勞則夫人亦不使下大夫勞矣。然則大夫請行者其以賓入與。」君不郊勞則夫人亦不勞，禮固宜然。而前經下大夫請行而反，於是君使卿勞，夫人使下大夫勞，下大夫勞者遂以賓入。今無郊勞矣，下大夫請行者乃以賓入，是導賓入國者仍由下大夫，其亦理也。

不筵几者，**鄭注**曰：「致命不於廟，就尸柩於殯宮，又不神之。」此不筵几謂行聘禮時。前經行聘禮於始祖之廟，設几筵以依神。今君薨，不克親受於祖廟，故於殯宮就尸柩而行禮，意猶君之親受，而大夫攝其事也。不設几筵，爲不神之故也。賈疏曰：「始死，不忍異於生，不神之，故於殯旁無几筵也。」謂君親始死，不忍卽以鬼神視之而異於生時，故不以神道几筵也。

敖繼公則謂此亦受于廟，但不筵几爲異耳。盛世佐儀禮集編辨之曰：「必受于殯宮者有二義：

一則大夫方爲君持服，不可以入廟攝行禮；二則所聘者故君也，雖薨而聘君之命不可以不達，故就殯宮致命焉。在使者爲不廢命，在主國爲不死其君也。敖說非。」又胡培翬正義引江氏筠曰：「賓必就尸柩者，猶之聘君薨，歸復命於殯之義。其必致命殯宮者，猶之賓未將命死，以棺造朝之義。」五禮通考方觀承云：「案下文特著夫人世子之喪，君使大夫受於廟之文，則此國君之喪可知不受於廟也。」（卷二百三十）案聘君薨歸復命於殯宮，賓死以棺造朝，皆見於下經，可知雖有君薨臣死，禮命不可不達，彼既歸復命於殯宮，則此固當亦致命於殯宮矣。且夫人世子之喪，經特明「使大夫受于廟」，又「其他如遭君喪」，則「受于廟」不在「其他如」之內，然則遭君喪大夫不受于廟而受于殯宮也。故胡氏曰：「今案盛氏江氏發明受于殯宮之義甚精，方氏以夫人世子喪證之尤確。敖說斷不可從。」其說是也。殯宮卽路寢也。禮記喪大記云「君、夫人卒於路寢。」又：「徹帷，男女奉尸夷于堂，降拜。」是君薨，殯尸于路寢堂上。

不禮賓者，當作「不醴賓」，說已見前。謂聘享之大禮畢，不行以醴待賓之禮也。**鄭注**曰：「喪，降事也。」謂國有大喪，事宜降也。敖氏曰：「使大夫受，不醴賓，以其非正主也。」案非正主乃事之小者，國有喪乃事之大者，鄭注是也。

主人畢歸禮，謂主人所以待賓之禮猶盡行之而不廢也。**鄭注**曰：「賓所飲食不可廢也。禮謂饔餼饗食。」飲食之禮不可廢，以此乃日常所需，故不以己之有喪而使賓客有所虧缺也。鄭知禮謂饔餼饗食者，賈疏云：「下文云賓唯饔餼之受，明本并饗食亦歸。」又：「饗食亦有生致之法，故主人亦歸之。」蓋饔餼固爲賓客日常飲食所需，不可廢之；而主君於賓壹食再饗，於上介壹食壹饗，亦是常禮，且主君有故，亦有使大夫致之之法。故主君雖喪，則使大夫致之，不廢待賓之道也。胡培翬又云：「不言燕者，據上經燕無致之之法故也。」且據上經燕禮無常數，亦非常禮，故不燕可也。此外，賓初至設飧，乃供飲食且不致命，當仍有之。鄭不言之者，蓋以本不致命，禮輕，故釋「歸禮」而不及之耳。

賓唯饔餼之受者，**鄭注**曰：「受正不受加也。」饔餼是飲食正禮，故受之；饗食是主人待賓之加禮，主人雖不以己喪廢待賓之道仍以常禮致之，賓則恤主國之有喪不受加禮也。盛世佐曰：「受饔餼者，以其所歸皆行者所必需也；饗食之屬所以禮己，則辭之而已。」蓋所必需者是其正；所以禮己者是加以示好也，今既有喪，故前者受後者不受，以見其人情也。

不賄不禮玉不贈者，即「賄用束紡」、「禮玉束帛乘皮」、行至于郊「公使卿贈如覿幣」等主君贈送之禮皆廢之，**鄭注**曰：「喪，殺禮，爲之不備。」謂此皆因喪而殺禮，故不備也。敖繼公曰：「賄與禮玉主君以報聘君者也，今主君薨，難乎其爲辭，故闕之；贈者所以答私覿，遭喪則不覿，故主國亦不宜贈。」此言甚詳而的。蓋主君雖薨，賓入竟而遂，禮猶主於故君，是故致命于殯宮也。而主君既薨，則主君贈答之禮不便行之，故廢闕之也。

遭夫人世子之喪，君不受，使大夫受于廟，其他如遭君喪。

案：此乃主國遭夫人世子之喪，君不親受而使大夫代受，及其他變禮。**鄭注**曰：「夫人世子死，君爲喪主，使大夫受聘禮，不以凶接吉也。其他謂禮所降。」夫人世子之喪君爲喪主，見於禮記服問：「君所主，夫人、妻、大子、適婦。」爲喪主則服重，不以凶接吉，故不親受聘禮而使大夫受之。使大夫受之之法見於前聘禮節記文，彼云「若君不見，使大夫受」，含君有疾及他故言之，此君有夫人世子喪而不見，亦使大夫受，大夫之服有別，儀節則同。

君薨則受于殯宮，大夫代受；夫人世子之喪，雖亦大夫代受，而仍受禮于廟，此爲所異。盛世佐曰：「亦受于廟者，君不敢以己之私喪而廢公事也。」且君薨受于殯宮亦親受之義，此則君在，固當仍受于廟矣。

此外，主國待賓之禮皆與遭君喪同，經文所言「其他如遭君喪」也。鄭云「其他謂禮所降」，賈疏云「謂不禮以下，不贈以上，皆闕之。」案上經文「不禮賓」以上尚有「不郊勞、不筵几」，當亦是「禮所降」，且據經文義，當亦在「其他」之中，不知賈氏何以略之。胡培翬正義曰：「賈疏謂不禮以下，不贈以上，意謂君仍使人郊勞，廟受仍設筵几也。然其中亦尚有辨：既使大夫受聘禮，則報聘之賄與禮玉自不可闕，惟喪中不行私覿之禮，則禮所降者，不禮賓，畢歸禮饗食弗親及不贈耳。」若胡氏此言，則不僅有郊勞、有筵几，且有賄及禮玉，則違經文「其他如遭君喪」之言益遠，竊謂此絕不可從。張爾岐則曰：「禮所降，謂郊勞、禮賓、饗、食、賄、贈之類。」若張說，則無郊勞而仍有筵几。盛世佐則謂：「其他，謂自不郊勞以下因喪而殺也。受於廟而不筵几不禮賓者，辟正主也。」竊以爲必如盛氏之說乃合經文「其他如遭君喪」之意，而與遭君喪異者，唯在「受于廟」耳。賈疏以下諸說，蓋以爲受于廟則不可無筵几，故遂將「不筵几」乃至以上「不郊勞」之辭摒除於「禮所降」之外。然既大夫以他故代君受禮于廟，爲辟正主而不禮賓，則當亦可因辟正主而不筵几。鄭所謂「禮所降」，而「不郊勞」、「不筵几」亦是降禮也。何況經云「其他如遭君喪」，則固是指不郊勞以至不贈以上皆如也。且小聘不筵几，是廟中有不筵几者。

遭喪，將命于大夫，主人長衣練冠以受。

案：此又補述上文，言凡遭主國君、夫人、世子之喪，使者致命皆由大夫受之。大夫爲主人，服長衣練冠以受。**鄭注**曰：「遭喪謂主國君薨，夫人世子死也。此三者皆大夫攝主人。長衣，素純布衣也。去衰易冠，不以純凶接純吉也。吉時在裏爲中衣，中衣、長衣，繼皆掩尺，表之曰深衣，純袂寸半耳。君喪，不言使大夫受，子未君，無使臣義也。」

鄭以此句經文「遭喪」乃兼指上文主君及夫人世子三人之喪，李如圭集釋云：「更云遭喪，不蒙上夫人世子之文，知主國君薨，亦使大夫受也。」蓋上經文但於夫人世子之喪言使大夫受，於君薨則唯明禮所降，未及代受之人。雖於記中或可推之，然記本非爲遭喪而著，故於此補述之，並明衣服之制。鄭注就經說明此三者之喪皆由大夫攝主人，並明經文於君薨不言「使大夫」者，乃子未君無使臣義，故不明言「使」。但行禮於殯宮，猶之故君親受，而大夫則代攝其事耳。

又敖繼公謂此「遭喪」專指君薨，且謂若夫人世子喪其亦皮弁服以受與。若然，則此句當列在「遭夫人世子之喪」句前矣。今列於此，當非專指君薨言之。盛世佐謂此句專指遭夫人世子之喪，而謂君喪則大夫爲君服斬，服既重又致命於殯宮，則不得變其服；唯夫人世子喪大夫服期，以服差輕又行禮於廟，故得變其服不純凶也。若如盛氏所說，則經文何不逕蒙上文而必更言遭喪耶？且盛氏所云服輕可以權變，服重不可權，乃以臆度之耳，非據經文爲說也，亦不可逕從。

又孔廣森謂遭喪則通言三者之喪，而「將命於大夫」則指問卿大夫之禮，主人，卽所問之卿大夫也。以使者之義無留其君之命，故出聘而遭喪，亦不廢問卿大夫之禮。（見正義引）此說於理甚是；亦合經文上下言語之次：先言君薨，次言夫人世子之喪，又次言問卿大夫之禮；且如此解「將命於大夫」句亦甚切辭意。唯如此詳於問卿大夫受禮之服，而不及於大夫攝君禮受聘之服，似亦非經文述禮之法。然則此說亦不可遽從之。是以仍從鄭說爲宜。

大夫爲主人，長衣練冠以受，長衣，連衣裳如深衣而緣之以素者也。禮記深衣孔疏據鄭目錄云：「深衣，連衣裳而純之以采者；素純曰長衣；有表則謂之中衣。」又深衣云「具父母大父母衣純以繢；具父母衣純以青；如孤子衣純以素。純袂緣純邊廣各寸半。」鄭注：「純謂緣之也。」又鄭注既夕禮曰「飾衣曰純，謂領與袂。」「飾裳，在幅曰綼，在下曰緆。」然則純爲衣領與袂口之緣飾也。深衣皆純以采，唯孤子乃純以素耳。長衣則連衣裳如深衣，但純以素，又據此經鄭注「中衣長衣繼皆掩尺」、「深衣純袂寸半耳」，則長衣繼袂一尺與深衣純袂寸半有別，故素純長衣仍異於孤子之素純深衣。李如圭集釋曰：「長衣制如深衣，皆用布連衣裳爲之。深衣緣以采，長衣緣以素，且繼袂一尺爲異耳。」斯乃長衣深衣之別。中衣則繼袂一尺與長衣同，然在裏爲中衣，長衣則在表，是爲其異。故鄭氏此注言吉時在裏爲中衣，表之深衣；今有喪，則長衣而素純布衣也。

然儀禮喪服云大夫爲君服斬，爲夫人世子服期，而練冠，以練爲冠，乃小祥之冠，則此時大夫之受聘禮長衣練冠亦非其所服，故鄭云「去衰易冠，不以純凶接純吉也。」然則此乃權制之服。李如圭集釋曰：「雜記：大夫筮宅，史練冠長衣以筮。則長衣練冠以凶接吉之服也。」彼鄭注云「練冠長衣純凶服。」蓋以筮地卜日言，則練冠長衣爲純凶；以遭君喪言，則練冠長衣非純凶也。彼爲大夫之葬爲凶，卜筮則吉；此遭喪則凶，聘禮則吉，故李氏云練冠長衣乃以凶接吉之服也。

第三十節　出聘後本國君薨

聘，君若薨于後，入竟則遂。

案：此節言使者出聘，既行而已君薨，若未入于彼國之竟則反國奔喪，若已入竟則遂行禮聘，而儀節亦有所變殺也。**鄭注**曰：「既接於主國君也。」據上節，入竟則是關人已告，而主君使士請事，是既接於主國之君矣。既接事於主君，則不便取消其事，故入竟則遂。與遭主國君薨，入竟則遂同也。

敖繼公曰「後謂既行之後也。」使者已行而君薨，故曰薨於後。

赴者未至，則哭于巷，衰于館。

案：此言若赴告未至主國，而使者已聞己君之喪，則哭于巷，服衰服於館中，而不敢哭于館衰而出也。**鄭注**云：「未至，謂赴告主國君者也。哭于巷者，哭于巷門，未可爲位也。衰于館，未可以凶服出見人。其聘享之事自若吉也。」

若國君薨，必先馳告於己國聘使，然後赴告於他國之君，且聘使若未聞君喪，則豈知哭或衰也？

是故此云「赴者未至」必是謂赴於主國君者也。主國未聞赴告，則未知喪事，故使者不得於館中爲主位而哭，是以哭於巷中。李如圭集釋曰：「君訃未至主國，不敢專館爲位而哭，故哭於巷也。曾子與客立于門側，其徒之父死，將出哭于巷。」曾子事見檀弓上，李氏引之證不敢專館爲位而哭於巷也。敖繼公據奔喪「諸臣在他國爲位而哭」乃云此時亦爲位。盛氏褚氏皆辨之謂奔喪所言乃赴者已至之禮，然則敖氏非也。

衰于館者，案喪服臣爲君斬衰，然此時主國未聞赴告，則使者不敢以己之凶服見於主國君臣，故唯於館中服衰，出則仍以吉服。且聘享之禮仍行之與吉時同。

受禮，不受饗食

案：己國君薨，赴於主國者未至，行聘享如常禮，而主國所致饔餼則受之，若饗食則主國雖致而賓不受。**鄭注**「受禮」曰：「受饔餼也」；於不受饗食**鄭注**曰：「亦不受加」。此則與主國君薨，使者「受正不受加」同，故鄭云「亦」也。饔餼乃大禮，且前經云「唯饔餼之受」，此句又曰「不受饗食」，故經云「受禮」，鄭卽知必是受饔餼也。胡培翬正義曰：「饔餼是大禮，主國所宜致於賓者。今赴未至主國，不敢不受也。然則飧亦受之矣。」己雖有喪，然主國未聞赴告，是以不敢以己之凶事接主國之禮，故不敢不受，此蓋與出則吉服，聘享若吉同義。又饔餼旣受，則飧當亦受之矣，與遭主國君喪同。

饗食不受者，敖繼公曰：「所以不受之者，蓋以爲主君若饗食己，己有君之喪，自不宜往。故雖歸之，猶辭而不受，是亦原其禮之所由來也。」斯亦不受加之義而詳爲說之也。盛世佐謂「受禮」當作「受醴」，爲聘享後之醴賓之禮也。然「受醴」之事自與聘享同禮；此以「受禮」與「不受饗食」對言，則當仍是饗餼之禮。且與下文赴者至「唯稍受之」相對，是故宜仍從注說。

赴者至，則衰而出。唯稍受之。

案：赴於主國君者既至，則聘使得於彼國以凶服將事矣。**鄭注**曰：「禮爲鄰國闕，於是可以凶服將事矣。」此解「衰而出」之義。張爾岐曰：「禮爲鄰國闕，襄公二十三年（左氏）傳語。謂鄰國有喪，爲之徹樂也。」且既相聘問，當是結好之國，則哀樂一體。故禮爲鄰國闕，而許其聘使以凶服將事也。吳廷華章句曰：「此出當以自館至朝言。若入而行事，則當長衣練冠，與攝主同。」吳氏此說甚爲合理。蓋上文主國大夫遭君之喪，攝行大禮，乃長衣練冠而不敢純凶以行大禮；則禮賓在他國固當亦變易其服，而不敢以衰之純凶以行聘享之禮也。

主國所供飲食，則併饔餼不受，而唯稍乃受之矣。**鄭注**曰：「稍，稟食也。」記云「旬而稍」，鄭亦注：「稟食也」。賈疏曰：「周禮每云稍事，皆謂米稟，以其稍稍給之，故謂米稟爲稍。」周禮秋官掌客職曰：「賓客有喪，唯芻稍之受。」意與此經同。唯芻稍受，則他物皆不受矣。鄭注掌客曰：「芻給牛馬；稍，人稟也。」胡培翬正義曰：「或赴至，而歸饔餼亦唯受其米禾芻薪而已，其牲鼎之屬必不受之。蓋喪己君與鄰國之君有別也。稍所以受之者，以卿行旅從，從者既多，稍不可闕爾。」蓋此時赴已至，爲位而哭，衰而出，是居喪之禮，喪大記云斬衰之喪，疏食水飲，練而食菜果，祥而食肉，故此時牲鼎饔餼不受，唯稍則日常必需不可不受耳。

歸，執圭復命于殯。升自西階，不升堂。

案：使者聘畢而歸，執圭復命於殯宮（即路寢），升自西階而復命，不升于堂。**鄭注**曰：「復命于殯者，臣子之於君父，存亡同。」謂使者初奉君命而出聘，今聘歸，君雖薨，猶執圭復命于殯，不以存亡異其志也。

所以升自西階者，賈疏曰：「案禮記奔父母之喪升自西階，此復命于殯，亦升自西階。」蓋此乃歸自外奔喪之禮。而不升堂者，郝氏曰：「臣見君於堂下也。」（見儀禮集編引）然則使者執圭釋辭復命于西階，還圭後而降也。盛世佐云：「殯在路寢西階上，使者釋辭畢，北面坐，奠圭於殯南席上，降。宰亦喪服升自西階，北面坐取圭，降自西階以東。是時上介執璋立於階下少西。」殯在路寢，說見上文。於西階上者，見於禮記檀弓：「夏后氏殯於東階之上，殷人殯於兩楹之間，周人殯于西階之上。」盛氏所言使者奠圭殯南而降，宰升取圭降而東之節，雖不見於經注，然以事推之，頗合於理。上介執璋立於階下少西，亦猶平時立於使者之左也。然則宰既執圭而東藏之，則使者復又執璋升西階以復命。蓋圭璋重物，而爲聘命所主，不得略之也。

敖繼公曰：「亦衰而執圭也。」蓋上文在他國已衰服矣，故此時反國乃衰而復命也。

子卽位，不哭。辯復命，如聘。

案：使者復命時，嗣子卽於阼階下哭位，不哭。使者遍復命如平時聘歸一一復命然。**鄭注**曰：「將有告請之事宜清淨也。不言世子者，君薨也。諸臣待之亦皆如朝夕哭位。」經云「子」，卽世子將卽位者也。此時君已薨，故不稱世子；然未卽位，亦不得稱君。公羊莊公三十二年傳：「君存稱世子，君薨稱子某，既葬稱子，踰年稱君。」左氏僖公九年傳：「凡在喪，王曰小童，公侯曰子。」禮記雜記亦云「君薨，大子號稱子。」此經通言禮儀不得如公羊傳之未葬稱子某，則但稱「子」卽位，亦公羊左氏所同也。

「卽位」者，據鄭云乃卽朝夕之哭位。且經但云子卽位，而諸臣亦皆待之如朝夕哭位也。賈疏曰：「案奔喪云：奔父之喪，在家者待之皆如朝夕哭位。故知此亦然。」謂彼云在家者待之於朝夕哭位，而此經云「子卽位」，卽知在國者諸臣亦皆待之於朝夕哭位。哭位者，士喪禮小斂訖：「主人降自西階，衆主人東卽位。」則主人之位在阼階下也。喪大記「主人卽位」鄭亦注曰「阼階下之位也。」然則此時子卽位，當亦在阼階下。下文賈疏曰「朝夕哭位在阼階下西面。」然則子臣哭位皆同，蓋亦西面北上爲列歟！

子臣皆卽位而不哭者，以將有告請之事，宜清淨不宜哭也。告請之事卽下文「辯復命如聘」。**鄭注**云：「自陳幣至於上介以公賜告，無勞。」謂徧復命如上文聘歸反命之常，使者反告後上介亦以公賜告，一一復命於殯也。唯但反命而無勞。賈疏曰：「知無勞者，勞主君出命，今君薨，不可代君出命，故知無勞也。」

子臣皆哭。與介入，北鄉哭。

案：此言復命而後，子臣皆哭，使者與介亦前入近殯北鄉而哭。**鄭注**云：「使者既復命，子與羣臣皆哭。」胡培翬曰：「皆哭者，痛君親之不親受也。」蓋哀君之喪，固當哭之，先時復命不可哭，故既復命則哭之也。

使者與介入北鄉哭者，**鄭注**曰：「北鄉哭，新至別於朝夕。」謂使者與介新至，故北鄉哭，別於朝夕哭在阼階下西面之位也。

賈疏曰：「使者升階復命訖不見出文，而言與介入者，以其復命之時介在幣南北面，去殯遠，復命訖，除去幣，賓更與介前入近殯，北鄉哭，鄉內爲入，故云與介入北鄉哭也。」則「入」謂鄉內近殯也。敖繼公曰：「既復命則出，至是乃更入，蓋復命奔喪宜異其節也。」敖氏乃以此入爲入門，且謂復命訖則出。褚寅亮云：「復命不得親見君，因鄉前哭，尚非行奔喪禮，故不就朝夕哭位。哭訖出袒括髮以下，乃行奔喪禮也。」案賈氏、褚氏之說乃爲近於情理，豈新至國復命而無哭，必出而復入行奔喪禮乃哭耶？且經無「出」文，敖氏蓋必欲解「入」爲入門，故强爲曲折其說也。

出，袒括髮，入門右，卽位踊。

案：復命而哭訖，則出而袒括髮，復入卽哭位哭踊，行奔喪之禮。**鄭注**曰：「悲哀變於外，臣也。」謂使者出而袒括髮，是悲哀變於外，乃臣道也；異於子之袒括髮於殯東，變于內爲子道也。賈疏曰：「案奔喪云：至於家，入門左，升自西階東面，哭，括髮袒於殯東，是於內者，子故也。」是以鄭據奔喪變於內，而此變於外，故知此乃臣之道。

使者出門袒括髮，復入門右，卽阼階下哭位，哭踊以盡哀。**鄭注**云：「從臣位。自哭至踊，如奔喪禮。」鄭云「從臣位」，以經云「卽位」也。臣位卽阼階下西面之位。前新至而北鄉哭，此時出袒括髮，變服矣，故復入則從臣位而哭也。自哭至踊如奔喪禮者，案奔喪云「括髮袒，降堂，東卽位西鄉，哭，成踊。」則此亦卽位西鄉哭而成踊也。李如圭集釋云：「春秋傳，魯公孫歸父聘于晉，還至笙，聞君薨，家遣壇帷復命于介，旣復命，袒括髮，卽位哭，三踊而出，遂奔齊，君子善之。」案公孫歸父事見左氏宣公十八年傳，李氏引之，見歸父之爲位復命而哭踊，合於禮也。

第三十一節　聘賓有私喪

若有私喪，則哭于館，衰而居，不饗食。

案：此節言聘賓若有私喪，不敢以己喪略於國事，其所行禮之節。**鄭注**曰：「私喪，謂其父母也。哭于館，衰而居，不敢以私喪自聞于主國，凶服于君之吉使。春秋傳曰：大夫以君命出，聞喪，徐行而不反。」鄭所引春秋傳，乃公羊宣公八年傳文，引之以證使者旣奉君命出，不以私喪而廢國事，雖未入他國竟聞喪亦無反，異於國君之喪。雖不反，然徐其行。公羊傳何休注云：「徐行者，不忍疾行，又爲君當使人追代之。」然若君未使人追代，則至他國行禮如常，在館中則衰而哭也。

經云「哭于館，衰而居」則是但於館中衰服盡哀，出而行禮仍著禮服，乃不敢以私喪自聞於主國，亦不敢以己之凶服有干於君之吉使也。鄭注「凶服于君之吉使」「于」字或作「干」。校勘記云：「于，徐陳監本集釋敖氏俱作干；嚴鐘閩本通解楊氏毛本俱作于。」案今注疏本作「于」而疏中引作「干」，則「于」當是「干」之訛也。云「君之吉使」，聘乃吉事，今以君之吉事而爲使，不敢以己之私喪而凶服干吉事，故凡出館行禮，仍著常用之禮服。

「不饗食」者，敖繼公曰：「主君饗己則不往也。其致之，則斯受之，是亦異於其君之喪。」禮記雜記下曰：「三年之喪，如或遺之酒肉，則受之必三辭，主人衰絰而受之。如君命則不敢辭，受而薦之。」據此，且上文遭君喪，經云「不受饗食」，此不云「不受」，則此時主君所致命亦不敢辭也，然則敖說致斯受之，是矣。唯雖受而不食，當亦薦之。而經云「哭于館衰而居」，蓋是館中可以爲位而哭也。雜記曰：「其國有君喪，不敢受弔。」然則其國無君喪則可受弔，是可爲位矣。又盛世佐云：「唯云不饗食，則其他皆受之矣。牲牢乘禽亦得受之者，雜記云云。」以雜記云君命不敢辭，受而薦之，則自致饗食以下，宜皆受之也，唯薦而不食耳。

歸，使衆介先，衰而從之。

案：使者有私喪，歸於己國可衰而行路，然使衆介先行，己則徐行從之於後。**鄭注**云：「己有齊斬之服，不忍顯然趨於往來。其在道路使介居前，歸又請反命，己猶徐行隨之。君納之，乃朝服。既反命，出公門，釋服哭而歸。其他如奔喪之禮。吉時道路深衣。」此賓有私喪謂父母之喪，故鄭云「己有齊斬之服」，以爲父斬衰，爲母齊衰也。經云「衰而從之」，於道路衰服。鄭又明「吉時道路深衣，見此時異於吉時也。既以衰服行路，則不忍顯然趨於往來，蓋卿行旅從，斯乃國事，今己以私喪衰服，故不忍顯然往來於道路而使衆介先，己則從之。

經云使者於道路衰服從於介之後，鄭注又補敘及郊請反命後，仍徐行隨於介後，迨及公門，公納之，乃更著朝服而入公門以反命，不以凶服入公門也。賈疏曰：「以其行聘時不以凶服干君之吉使而服吉服，知此反命時亦不以凶服干君之吉使而服朝服如吉時反命矣。」敖繼公則謂「經但見其未及郊之禮耳，若君既許其反命，則朝服而帥衆介以行也。」敖氏謂及郊請反命遂更著朝服，以吉時道路深衣，及郊則朝服而入也。唯使者於彼國既已成服，經又云道路衰服，則既至己國或亦未必及郊便著朝服，但入公門爲吉使反命則除凶服更朝服爲敬耳，竊以爲仍從注說爲宜。

鄭又云反命訖出公門而釋朝服，哭而歸，行奔喪之禮。賈疏曰：「既以朝服反命，出門，去朝服還服吉時深衣，三日成服乃去之。」賈氏乃謂釋朝服還服吉時深衣，則與初歸於道路衰服不合矣。蓋經云「衰而居」又云「衰而從之」，是已成服矣，何待三日成服乃去深衣？且豈有已在他國衰服，反至己國又著深衣者耶？盛世佐云：「案奔喪之禮有二：一是平時聞赴遂歸，在道不及成服，則服深衣素委貌，至家三哭之，明日乃喪服杖於序東，所謂三日成服也。一是以君命出使不得遽歸，則成服於外，至家固已喪服，不俟三日，所謂若不得行則成服而後行也。此經所陳卽成服而後行之事。然則出公門卽反喪服矣。疏乃引未成服而奔喪者之禮以釋之，非。」盛氏所云見於禮記。奔喪篇云：「唯父母之喪見星而行，見星而舍。若未得行，則成服而后行。」鄭注：「謂以君命有爲者也，成喪服，得行則行。」則正此爲君使成服而后得行則行者也。賈氏之非明矣。

既釋服哭而歸，其他如奔喪之禮，則謂「至於家，入門左，升自西階，殯東西面坐哭，盡哀，括髮袒，降堂，東卽位，西鄉，哭成踊」諸節也。

第三十二節　出聘賓介死

賓入竟而死，遂也。主人爲之具而殯。

案：此節言聘賓已入竟而死，則遂行聘事，由上介攝其事而主國爲之具殯之事。賓入竟而死，則遂，蓋亦猶入竟而君薨則遂，以事已聞於主君故也。然則未入竟亦當告於君而反。

既入竟而賓死於彼國，則主君爲之具殯。吳廷華章句曰：「主人，主國之君。」在主國，則君主其事也。**鄭注**云：「具謂始死至殯所當用。」賈疏曰：「直云至殯所當用，明不殯於館。取其至殯，節主人供喪具，以其大斂訖，即殯，故連言殯。故下文歸介復命之時，柩止門外，明斂於棺而已。」然既云大斂訖即殯，不殯於館當殯何處？經云「具而殯」當是有殯矣。且雜記云「爲君使而死，公館復，私館不復。」是已館矣，豈既斂而去館歟？又賈疏周禮掌客曰：「在館權殯，還日以柩行」，斯又與此異。然則此疏非也。敖繼公曰：「具謂衣物之屬；殯，即其館而殯之也。尸未得歸，故權殯於此。云殯，則不以造朝矣。」敖氏之解具及殯是矣。既死而尸未得歸，固當權殯於館。然謂不以造朝，則未盡然。案下經「未將命則既斂于棺造于朝」之文，當是死於既入國至于朝「俟閒」之後，則以棺造朝。若入竟未至于朝而死，則不以造朝也。

介攝其命。君弔，介爲主人。

案：此言聘賓死，則上介攝聘事。主君來弔，亦介爲主人而受弔。介攝其命者，**鄭注**云：「爲致聘享之禮也。初時上介接聞命。」以上文命使時上介亦由君親戒之，受命遂行時上介亦立於使者左而接聞命，故此時賓死，得由上介攝其命而致聘享及問卿之禮。敖繼公曰：「初時必使上介接聞命者，其意蓋慮此也與。」案敖氏前謂：「必接聞命者，爲使者或有故，則上介攝使事，宜與聞之。」亦是此意。

君弔則上介爲主人，**鄭注**云：「雖有臣子親因猶不爲主人。以介與賓並命於君，尊也。」賈疏曰：「古者賓聘，家臣適子皆從行，是以延陵季子聘於齊，其子死，葬於嬴博之間。故鄭云雖有臣子親因猶不爲主人，以其介尊故也。」案賈氏所舉延陵季子之子死事，雖不足證賓聘而適子皆從行，然亦見有從者矣。家臣室老之從行，則已見於前。而卽或有適子親姻之從，主君來弔亦由上介爲之主人。以上介與賓同受命於君而聘，來至主國是爲國賓，主君來弔宜以國使之禮待之，故上介尊而爲主人也。敖繼公曰：「凡諸侯弔於異國之臣，君爲之主。此時其君不在，故介爲主人受主君之弔，以此時唯介爲尊故也。」敖氏所云見於喪服小記。蓋異國君臣相爲禮，乃以國爲禮，故以尊而不以親也。

敖氏又曰：「君弔蓋皮弁服。禮諸侯弔於異國之臣皮弁錫衰，主人未喪服，則君亦不錫衰。不錫衰則唯皮弁服矣。此賓死於外，雖已殯，主人蓋未喪服也。介爲主則袒免。喪服記曰：朋友皆在他邦，袒免。謂此類也。」案敖氏所云君弔之服，亦見喪服小記。小記曰：「諸侯弔，必皮弁錫衰。所弔雖已葬，主人必免。主人未喪服，則君亦不錫衰。」是云若主人未喪服，則君不錫衰但皮弁服以弔矣。唯上文賓出使而聞父母之喪，不及反則成服而衰；則此時賓死，若其子親姻從，不得卽反，當亦斂而成服矣。然則敖氏所云「賓死於外主人蓋未喪服」或未必然。若主人已成喪服，則君弔之宜以皮弁錫衰矣。又君弔介爲主人，袒免，見於喪服記。喪服記曰：「朋友皆在他邦，袒免。歸則已。」鄭注：「謂服無親者，當爲之主，每至袒時則袒，袒則去冠，代之以免。已猶止也。歸有主，則止也。」則此時介爲主人，正在他邦。若爲朋友主而袒免也。

主人歸禮幣必以用。介受賓禮，無辭也。不饗食。

案：此言賓死而介攝命行禮之事。此時主人所歸禮幣，必求合於喪祭之用。**鄭注**曰：「當中奠贈諸喪具之用，不必如賓禮。」胡培翬正義云：「此歸禮幣與上具而殯異。具而殯。蓋謂始死襲與小斂大斂及殯所用者；此歸禮則殯後之事。注以爲奠贈諸喪具之用。奠者，喪祭之名；贈者送葬之名；諸喪具，非謂棺槨衣衾之具，乃謂喪中奠贈諸事所需用之具。必以用，謂必中奠贈諸事之用。」案周禮秋官掌客云「凡賓客死，致禮以喪用」鄭注：「喪用者，饋奠之物。」賈疏：「饋奠之物者，小斂特豚一鼎大斂時特豚三鼎之類是也。」掌客所云「致禮」與此言「歸禮」一也。上文曰「

主人爲具而殯」，乃指棺槨衣衾之喪具，本非賓禮所有者；此曰「歸禮幣」，謂如饔餼等禮及所用幣，本當如上文所述之禮，此時以賓既死而具殯，則致禮幣不以賓禮之常，而必以喪用賵贈之物也。

賓既死，介攝其命，則主國以賓禮待上介，介則受之而無辭。**鄭注**曰：「介受主國賓己之禮，無所辭也，以其當陳之以反命也。有賓喪，嫌其辭之。」賈疏曰：「謂公幣私幣之屬，故鄭云當陳之以反命也。」賓禮之公幣私幣皆當陳以反命，故介且代而受之。而介自以攝代，故不辭而受。盛世佐曰：「無辭者，辟正賓也。辭謂自郊勞至於贈賄，賓皆禮辭而后受之。」此言是也。胡培翬則曰：「此辭乃不受之謂，非禮辭再辭之辭。以有賓喪，嫌其不受，故特著之。」若謂嫌其不受，則既云「介受賓禮」已見其受矣，何必更云「無辭」？鄭意蓋謂有賓之喪，介攝事而嫌其辭則若將不受而損禮，故不辭而受，然則云「無辭」仍是「禮辭」之辭。且介雖攝命，然大夫與卿之禮固自有別，上介何敢逕受主國待賓之禮，故不辭以見己之攝代，猶奉君命者不答拜之義然也。

不饗食，亦如賓之遭私喪，饗食不往，君若致之則受也。吳廷華章句曰：「爲喪主故也。」蓋介於主國待賓之喪，猶賓之待私喪也。張爾岐句讀曰：「前經云上介壹食壹饗。」盛世佐、胡培翬皆謂「此待以賓禮當壹食再饗」。案盛、胡二氏之說是也，上文已云「介受賓禮」，且介仍受介禮之壹食壹饗則不得無辭，則此處「饗食」宜是賓禮之「壹食再饗」也。

歸，介復命，柩止於門外。介卒復命，出，奉柩送之。君弔，卒殯。

案：此言介奉賓柩歸國復命，及送之還家君弔卒殯之事。介已於主國攝命行聘，歸反至國亦由介復命於君，復命之儀當亦如前經之陳幣反命諸節。而賓之棺柩則奉以至於朝門之外。**鄭注**曰：「門外，大門外也。必以造朝，達其忠心。」初使者奉君命而出，死於他國，故既聘而歸，必以柩造于朝，候介之復命，所以達其忠心，亦死生如一之義也。經言門外而鄭云是大門外者，無入門之文。且前文數言門外皆以大門爲度也。又據江永鄉黨圖考，諸侯三門曰庫雉路，復命及受命在路門外之治朝，在庫門外爲外朝，賈疏曰：「是以上賓拜賜，皆云於門外，亦在外朝矣。」此則所以經言於門外而注曰造朝也。又此賓死復命經云「柩止於門外」，下文上介死歸復命云「造于朝」，敖氏云「文互見也」，益見「於門外」即是「造于朝」矣。

賓柩止於外朝，候介之復命訖而出，乃奉柩送還至賓之家，亦猶生時之送至於家也。又君來弔之，畢殯之節，然後皆去。**鄭注**曰：「卒殯，成節乃去。」賈疏曰：「殯是喪之大節，故云卒殯成節乃去，謂君大夫盡去。」卒殯之禮蓋如雜記所言大夫死於外者，「大夫以布爲輤而行，至於家而說輤，載以輲車，入自門，至於阼階下而說車，舉自阼階，升適所殯。」既適所殯，乃謂「卒殯」也。賈疏云「入殯於兩楹之間」，然據檀弓文，孔子曰殷人殯於兩楹之間，周人殯於西階之上，則此當從周禮殯於西階上也。

若大夫介卒，亦如之。

案：此言若大夫爲介者卒，其事亦如上文賓之卒也。**鄭注**云：「不言上介者，小聘上介士也。」此經主言大聘，大夫爲上介，若卒，其法亦如賓。經言「大夫介」而不言「上介」，欲見大夫爲介則如，然則小聘時上介爲士，則從士之法矣。云「如之」，當是爲之具殯、君弔賓爲主人、歸禮以用，至反國以柩造朝、送柩至家、君弔卒殯諸事也。

士介死，爲之棺斂之。君不弔焉。

案：此言士介死，而主國爲之棺斂之，然不具殯，君亦不往弔。**鄭注**曰：「不具他衣物也。自以時服也。」以經但言爲之棺而斂，故鄭云不具他衣物；而不具他衣物，則自以時服小斂矣。胡培翬正義云：「注說恐非。士喪禮君有致襚之禮，豈他國士介死於其國而反缺斂衣物邪。方氏苞云鄭蓋以爲之棺句，謂獨具其棺而斂以親身之衣，不知經意正謂爲之棺而具衣物以斂耳。」竊以爲此說是也。蓋士介雖卑，而死於他國當亦不致但有棺而斂以時服；主君當亦不致給其棺而缺其衣物，何況士喪禮原有君使人襚送衣被之禮，士介死於彼國，主君固當爲之具備斂用之物。經言「爲之棺斂之」，棺之爲物重於衣被，棺且有之，衣被等物自不待言，唯主君但爲之具棺供其盛斂耳，而不備其殯，斯則殺於賓及上介。又君不親弔，亦異於賓及上介也。

若賓死，未將命，則既斂于棺，造于朝，介將命。

案：此言若賓死於至國造朝請命之後及次日行聘之前，則以柩造朝而由介將命。**鄭注**云：「未將命，謂俟閒之後也。以柩造朝，以已至朝，志在達君命。」經上言「賓入竟而死」，此又云「若賓死未將命」，更言之，見二者有別也，是以鄭氏以爲此專言「未將命」，然則是在已至于朝，接言於君，而未將命之時也。故曰謂俟閒之後。賈疏曰：「前云賓入竟而死，謂在路死，未至國；此經更說賓至朝，俟閒之後，使大夫致館，未行聘享，而賓在館死之事。」案前經云下大夫勞者以賓入，「至于朝，主人曰：不腆先君之祧既拚以俟矣。賓曰：俟閒」，於是使大夫致館，明日厥明訝賓於館至朝以行聘。是「俟閒」之後，賓已至朝達聘命於主君，而未行聘禮，賓於此時而死，此特言「未將命」而賓死則以柩造朝，亦見前者入竟而死，介攝其命，是不以柩造朝矣。且此重賓之志在達君命，故當斂之於棺，以柩造朝，以成其志也。

此云造于朝，當亦如上文，乃至大門外之外朝。上介將命而入廟行聘享之禮也。又未言上介，則上介死亦不以柩造朝，唯上介死而歸復命時，則以柩造本國之朝，爲報當初君親命之也。」

若介死，歸復命，唯上介造于朝。若介死，雖士介，賓既復命，往，卒殯乃歸。

案：此又言介死之事。歸復命，唯上介以柩造朝，則士介否也。以上介爲大夫，且初親受命於君，又接聞命於朝，故造于朝以復命于君；士介則位卑，初由宰命司馬戒之，故既死則不造朝。然士介若死，復命雖不以柩造朝，而賓復命訖，亦送柩至其家，待其卒殯乃歸也。**鄭注**曰：「往，謂送柩。」經特言「若介死，雖士介，賓既復命，往，卒殯乃歸」以平常禮衆介送賓至家乃歸，上經又言若賓死，「介卒復命出，奉柩送之」，又「大夫介卒亦如之」，恐士介賤，疑其不然也，故於此又特明之，雖士介賓亦送柩往其家，視其卒殯乃歸也。蓋同受命而出，今死於外，故送至家視卒殯以安之也。

又敖繼公曰：「不言君弔，其在既殯之後乎。是亦降於賓與上介也。」以上文賓卒經云「君弔卒殯」又「大夫介卒亦如之」，而此士介卒，經但言賓往卒殯，未言君弔之事。胡培翬云：「此不言君弔，略之。王氏士讓云：案士喪禮君於士有視斂禮，況奉使有勞於國，君必弔可知。」常禮君於士或視斂，今士奉使出，死而歸，君當弔之矣。唯經未言，是以敖氏以爲或在殯之後乃往弔歟！若賓與上介，則方歸君卽弔之；士介，或殯後君乃往弔，蓋貴賤有差也。

第三十三節　小　聘

小聘曰問。不享，有獻，不及夫人。主人不筵几，不禮，面不升，不郊勞。

案：此節附記小聘降殺之儀。聘有大聘，有小聘，大聘使卿，小聘使大夫，已見前述。此聘禮乃就侯伯之國大聘言之，此節復據之以明小聘之降殺。**鄭注**曰：「記貶於聘，所以爲小也。」謂其禮多貶於聘，故稱小聘。又周禮大行人曰：「凡諸侯之邦交，歲相問也，殷相聘也。」禮記聘義曰：「諸侯比年小聘，三年大聘。」「歲相問」即「比年小聘」，亦見小聘曰問也。小聘之禮，聘君所致降於大聘者爲「不享，有獻，不及夫人」。**鄭注**：「獻，私獻也。」敖繼公曰：「云獻繼不享而言，謂聘君之獻也。」說異於注。盛世佐曰：「案享與獻皆聘君之所以遺主君也。而其別有二：享必以玉帛庭實，獻則隨其國之所有而已，一也；享，君與夫人皆有之；獻，君而已，不及夫人，二也。大聘享而不獻，小聘獻而不享，輕重之差也。註以獻爲私獻，非。」案盛說是也。此經「獻」繼「享」下，不當爲私獻，若私獻，則當在「面不升」之下矣。上經但有享，不及獻，以記大聘故也。大聘有享而及夫人，小聘無享以獻而不及夫人，是其所貶也。而享以玉帛庭實，獻以國所時產，亦是輕重有別，而名稱所以異也。

主國待小聘之賓與大聘之賓亦有降殺；不筵几，謂聘時不設憑神之筵几，此亦見於本篇記：「唯大聘有几筵」，則見小聘無也，不禮，賈疏曰：「聘訖，不以齊酒禮賓。」案此當作「不醴」，說亦詳見前。面不升，**鄭注**曰：「面猶覿也。」謂私覿時不升堂，但受於庭中也，賈疏曰：「此對大聘升堂受。」不郊勞，謂小聘之賓初來時不遣使郊勞也，郊勞事在前，而此文列在後者，蓋郊勞之禮乃使大夫行之，故列在後。由此益見「有獻」之非私獻也。

凡以上諸節皆小聘對大聘之貶禮。

〔記〕唯大聘有几筵。

案：此記補敍聘時几筵，若「小聘曰問」時，則不几筵矣。**鄭注**曰：「謂受聘享時也。小聘輕，雖受于廟，不爲神位。」此經言大聘之事，前文行聘時有几筵之設，彼時鄭注「以其廟受，宜依神也。」而經又載小聘曰問之事而云「不筵几」，恐人疑小聘豈不廟受？故記特言唯大聘有几筵，鄭氏亦明注雖廟受亦不爲神位，以禮輕故爾。

其禮，如爲介。三介。

案：此言主國待小聘大夫之禮，如大夫爲大聘上介時之禮，及小聘之賓從介三人，此亦就侯伯之國言之也。**鄭注**曰：「如爲介，如爲大聘上介。」賈疏曰：「卽上文介之禮，飧饔餼及食燕之等。」

蓋待卿大夫士之禮各有常等，故不論大夫之爲大聘上介或小聘之賓，主國待之之禮，給其饔餼饗食之數，皆以大夫之禮待之也。上文已具見上介之禮矣，故此但言其禮如爲介，則可知小聘待賓之禮矣。

三介，則亦侯伯之大夫所從之介也。禮降殺以兩，故大聘之卿五介，小聘之大夫三介，且大夫爲賓，則三介皆士也。此聘禮固就侯伯之國言之，此云小聘亦然。李如圭集釋曰：「然則公之卿聘七介者，小聘使大夫五介；子男之卿聘三介者，小聘使大夫一介。」案五等諸侯及其聘臣所用之介禮，具已詳見前文。

引用書目

一、一般經類

尚書　阮刻十三經注疏附校勘記　藝文印書館
詩經　阮刻十三經注疏附校勘記　藝文印書館
左傳　阮刻十三經注疏附校勘記　藝文印書館
公羊傳　阮刻十三經注疏附校勘記　藝文印書館
論語　阮刻十三經注疏附校勘記　藝文印書館
韓詩外傳（四部叢刊）　漢・韓　嬰　商務印書館
四書集註　宋・朱　熹　台灣書店
經義述聞　清・王引之　廣文書局
群經平議（皇清經解續編）　清・俞　樾　復興書局

二、禮　類

1通禮類

周禮　阮刻十三經注疏附校勘記　藝文印書館
儀禮　阮刻十三經注疏附校勘記　藝文印書館
禮記　阮刻十三經注疏附校勘記　藝文印書館
白虎通義（國學基本叢書）　漢·班固　商務印書館
禮書（四庫全書珍本第五集）　宋·陳祥道　商務印書館
三禮考註　元·吳澄　中央圖書館藏明成化九年建昌知府謝士元刋本
禮記集說　元·陳澔　中央圖書館藏明正統十二年司禮監刋本
二禮集解　明·李黼　中央圖書館藏　明嘉靖十六年常州刋本
三禮纂註　明·貢汝成　中央圖書館藏　明萬曆乙亥年宣州刋本
禮書綱目　清·江永　中央圖書館藏　清光緒二十一年廣雅書局刋本
群經補義（皇清經解）　清·江永　復興書局
五禮通考　清·秦蕙田 方觀承　新興書局
求古錄禮說（皇清經解續編）　清·金鶚　復興書局
學禮管釋（皇清經解續編）　清·夏炘　復興書局
禮說略（皇清經解續編）　清·黃以周　復興書局

2. 儀禮類

儀禮經傳通解　宋・朱熹　中央圖書館藏清禦兒呂氏寶誥堂重刊白鹿洞原本
儀禮集釋（四庫全書珍本別集）　宋・李如圭　商務印書館
儀禮集說（通志堂經解）　元・敖繼公　大通書局
儀禮鄭注句讀　清・張爾岐　學海出版社
儀禮商（四庫全書珍本七集）　清・萬斯大　商務印書館
儀禮述注（四庫全書珍本三集）　清・李光坡　商務印書館
儀禮析疑（方望溪先生全集）　清・方　苞　中研院史語所藏
儀禮疑義（三禮疑義）　清・吳廷華　中研院史語所藏
儀禮章句（皇清經解）　清・吳廷華　復興書局
欽定儀禮義疏（四庫全書珍本十一集）　清・高宗敕修　商務印書館
禮經本義（四庫全書珍本初集）　清・蔡德晉　商務印書館
儀禮古義　清・惠　棟　中研院史語所藏　世楷堂藏板
儀禮釋官　清・胡匡衷　中央圖書館藏　同治八年研六閣重刊本
儀禮管見（皇清經解續編）　清・褚寅亮　復興書局
儀禮經注疑直（安徽叢書）　清・程瑤田　中研院史語所藏
儀禮集編（四庫全書珍本二集）　清・盛世佐　商務印書館

儀禮學（皇清經解續編）　清・王聘珍　復興書局
讀儀禮記（皇清經解續編）　清・張惠言　復興書局
禮經釋例（百部叢書集成文選樓叢書）　清・淩廷堪　藝文印書館
儀禮正義（四部備要）　清・胡培翬　中華書局
禮經校釋　清・曹元弼　中央圖書館藏　清光緒十八年吳縣曹氏刋本
儀禮識誤（四庫全書珍本別集）　宋・張　淳　商務印書館
儀禮經注疏正譌（皇清經解續編）　清・金日追　復興書局
儀禮古今文異同疏證（皇清經解續編）　清・徐養原　復興書局
儀禮古今文疏義（皇清經解續編）　清・胡承珙　復興書局

3. 禮圖類

三禮圖（通志堂經解）　宋・聶崇義　大通書局
儀禮釋宮（百部叢書集成守山閣叢書）　宋・李如圭　藝文印書館
儀禮圖（通志堂經解）　宋・楊　復　大通書局
朝廟宮室考（皇清經解續編）　清・任啟運　復興書局
儀禮釋宮增注（百部叢書集成指海）　清・江　永　藝文印書館

鄉黨圖考（皇清經解） 清・江　永 復興書局
儀禮圖（皇清經解續編） 清・張惠言 復興書局
群經宮室圖（皇清經解續編） 清・焦　循 復興書局
燕寢考（百部叢書集成指海） 清・胡培翬 藝文印書館
禮書通故 清・黃以周 華世出版社

三、小學類

爾雅 阮刻十三經注疏附校勘記 藝文印書館
說文解字注 漢・許　慎 清・段玉裁 藝文印書館
廣韻 廣文書局
經典釋文（四部叢刊） 唐・陸德明 商務印書館

四、其他類

國語（四部備要） 周・左丘明 中華書局
荀子集解 周・荀　況 藝文印書館
呂氏春秋（四部備要） 秦・呂不韋 中華書局
楚辭注（楚辭補註） 漢・王　逸 藝文印書館
困學紀聞（四部備要） 宋・王應麟 中華書局

戴東原集（皇清經解）　清・戴　震　復興書局
經韻樓集（皇清經解）　清・段玉裁　復興書局